고 신일철 교수(1931–2006)

신일철,
그의 철학과 삶

신일철,
그의 철학과 삶

이재영 외

KOREA
UNIVERSITY
PRESS
고려대학교
출판문화원

책머리에

올해는 고려대학교 철학과에서 41년간 강단을 지키셨던 고 신일철 선생님이 돌아가신 지 10년이 되는 해다. 우리 제자들은 1991년 가을부터 선생님과 함께 한 달에 한 번 동서양철학을 망라한 철학적 주제를 놓고 토론 모임을 시작했고, 2006년 1월 선생님이 돌아가신 뒤에도 석 달에 한 번 모임을 계속해 왔다. 선생님은 가셨지만 여전히 우리와 함께 자리를 같이하면서 말씀을 하고 계시는 것처럼 느낀 것은 나 혼자만이 아니었다.

그러던 어느 날 김성진 선생님께서 신 선생님이 돌아가신 지 10년이 되어 가는데 선생님의 사상을 기리는 뜻 깊은 작업을 해야 하지 않겠느냐는 제안을 하셨다. 각자 자기 일에 바빠서 세월이 그만큼 흐른 줄 몰랐다. 문득 선생님이 살아 계셨을 때 고희 기념 논문집을 만들자고 해놓고는 차일피일 미루고 완성하지 못하다가 갑자기 선생님께서 돌아가신 뒤에 1주년 기념으로 『논쟁과 철학』을 냈던 일이 떠올랐다. 이번에도 시간을 놓치고 나면 언제 이런 일을 할 수 있을지 아무도 몰랐다. 예전과 달리 어느 대학을 막론하고 한창 구조 조정 중인 상황에서 생존하려면 실적을 쌓아야 하는 제자들이 선뜻 이 일을 맡겠다고 나서기 힘들었기 때문이다. 또 돌아가신 지 10년

밖에 안 되었는데 학문적 평가를 하는 것은 시기상조가 아닌가 하는 염려도 있었다. 하지만 세월이 흐르면서 선생님에 대한 기억이 하나 둘씩 흐려져 가기도 하고, 한국 사회에서 진정한 의미의 철학함을 보여 주신 선생님의 업적을 손상됨이 없이 보존하는 일이 더 중요하다는 데 의견의 일치를 보았다. 시간이 흐를수록 이런 일을 하기는 점점 더 어려워질 것이라는 우려도 크게 작용하여 더 늦기 전에 선생님에 대한 평가 작업을 하기로 하였다.

이 책의 1부에는 선생님의 학문 세계에 대한 평가의 글을 실었다. 우선 고려대학교 철학과의 강단에서 철학을 강의하신 이래 2003년 서울디지털대학교의 석좌교수로서 교양인을 위한 철학을 강의하시기까지 반세기에 걸친 선생님의 철학관에 대해서 김성진 선생님께서 학문적인 평가를 하였다. 그리고 선생님의 학문적 업적을 15권의 저서를 중심으로 크게 주제별로 북한 주체사상 비판, 사회철학, 역사철학으로 나누고 각각 윤평중 교수, 신중섭 교수, 김창래 교수가 맡아서 학문적 평가를 하였다. 이 세 분야는 이 책의 출판기념회와 함께 열리는 학술대회에서 평가할 선생님의 학문 영역을 대표하는 분야로 선정하였다.

선생님이 학문에 입문한 석사학위 논문의 주제이기도 한 화이트헤드의 철학에 관해서는 이 분야의 권위자인 연세대학교의 문창옥 교수에게 집필을 의뢰하였다. 화이트헤드 철학의 한국 유입에 관한 연구를 구상하고 있던 문 교수는 이 제의에 기꺼이 응해 주었다. 선생님의 박사학위논문이기도 한 신채호의 역사사상에 대한 평가는 정인재 선생님이 맡아 주셨다. 동학에 관한 업적에 대한 평가는 마침 자신의 박사학위논문을 심사하셨던 선생님께 대한 도리라면서 김용휘 박사가 선뜻 맡아 주었다. 현대 철학 분야는 영미 철학, 독일 철학, 프랑스 철학으로 나누어 각각 이유선 교수, 김정현 교수, 홍은영 박사가 맡아서 집필하였다.

철학자로서 선생님의 업적의 상당 부분이 언론 매체를 통한 현실 참여 글쓰기였던 만큼 이 방면에 대한 평가가 반드시 필요했는데 한승완 박사가 어려운 작업을 흔쾌히 맡았다. 선생님의 저서 가운데 세 권의 수필집인 『한국을 탐구한다』, 『주체성의 위기』, 『새 시대의 한국인』은 1960년대에서 1980년대에 이르기까지 선생님이 쓰신 글 중에서 대표적인 것들을 모은 것이어서 그 제목의 의미를 서평 형식으로 분석하기로 하고, 각각 최희봉 교수, 양성만 교수, 이재영 교수가 집필하였다.

제자들이 어느 시기에 들었든지 간에 선생님의 강의는 명강의로 정평이 나 있었다. 참고로 1975년 7월 18일자 경향신문을 보면 "오늘의 반성과 내일의 희망을 다지는 젊은이의 광장 〈명강〉—성실하고 뭔가 남는, 알기 쉽고 알찬 강의, 새로운 지식을 전달하려는 끊임없는 노력이 보이는 강의"라는 제목으로 당대의 명강의를 소개하고 있는데, 연세대학교의 정석해, 이화여자대학교의 김흥호, 동국대학교의 양주동, 서강대학교의 남덕우, 이기백, 서울대학교의 박한상, 고려대학교의 이항녕, 김상협, 서상철 교수의 이름과 함께 선생님의 이름이 올라 있다. 우리의 기억 속에만 있는 선생님의 명강의는 선생님의 강의안보다도 더 잘 정리되어 있는 김성호 박사의 강의노트 덕에 평가를 할 수 있게 되었다. 서양철학사, 사회철학, 현대철학의 사조는 이유선 교수, 현대 영미철학, 지식의 문제는 박병철 교수, 역사철학은 김창래 교수가 자신들이 선생님의 강의를 들었던 시절을 회상하면서 평가를 해 주었다.

2부는 선생님과의 대화로 꾸며 보았다. 선생님이 남겨 놓으신 글 중에서 자신의 학문과 삶에 관해서 쓴 「나의 철학적 인생론—비극적 인생의 의미」, 「나의 철학적 독해—도상에 있는 존재」, 「고대철학과 50년의 회고—서양철학」과 부친에 대해서 쓴 「나의 아버지 신언준을 말한다」, 친구 박종구와 민영빈에 대한 회고담을 실었다. 2005년 8월 10일 '광복 60주년 · 8월의 독립운동가 도산 안창호 선정 기념 학술회의'에서 발표한 「도산의 시민적 민족주의와 '대공주의' 노선—'대공주의'는 대독립당 통합을 위한 연합노선」은 선생님이 공식적으로 남겨 놓은 마지막 글이다. 부친 신언준 선생이 도산 선생과 만난 1927년 이래 대를 이어 80년간 지속되었던 인연이 막을 내리고 있는 기념비적인 글이며, 이 글을 쓴 시점이 세 차례 항암 치료가 끝나고 병원에서 더 이상 해줄 것이 없다고 최후 통첩을 했던 때로 한쪽 눈이 실명 단계에 이르렀는데도 건강이 허락하는 마지막 순간까지 펜을 놓지 않으셨던 선생님의 모습을 떠올리게 하는 글이다. 짧은 글이지만 선생님의 정년퇴임 만찬사를 실은 것은 선생님이 아직도 살아 계셔서 말씀하시고 계시는 것 같은 느낌을 받기 때문이다. 그날 안암동 로터리 한 음식점에서 열린 정년퇴임 만찬에서 선생님은 그 자리에 참석하셨던 이강수 선생님을 가리키면서 "라이벌인 신촌의 Y대학에서 와 주신 것에 특별히 감사한다"며 분위기를 편안케 하시고는 준비해 온 답사를 읽으셨다. 선생님의 글은 시간 순서대로 실어서 선생님이 우리에게 말씀하시는 것처럼 느끼게 하였다.

선생님께 드리는 글은 우선 선생님의 절친한 친구인 시사영어사 민용빈 회장의 회고록에서 선생님과 관련된 내용을 발췌해서 하나의 글로 만들었다. 윤사순 선생님이 후배이자 동료로서 쓴 글은 2007년 『논쟁과 철학』 출판기념회 때 추도사로 읽으셨던 글을 본인이 손질한 것이다. 선배이자 동료인 김용준 선생님의 글은 『논쟁과 철학』에 실린 것을 요약해서 실었다. 김창래 교수의 글은 『고려대학교 철학과 60년사』에서 선생님에 해당하는 부분만 발췌해서 실었다. 「교수님과 관장님」은 철학과 제자이면서 도서관 직원으로서 가장 가까이서 선생님을 모셨던 방준필 교우가 써 주었다. 선생님의 유일한 취미인 낚시에 관한 글이 많은데 낚싯대도 안 잡아 본 제자가 쓸 수는 없었다. 최소한 손맛을 아는 사람이 써야 할 것 같은데 제주도 출신인 오상무 교수는 바다 낚시를 좋아하고 강원도 출신인 손병석 교수는 민물 낚시를 좋아한다고 해서 최종적으로 손병석 교수가 글을 쓰게 되었다. 「스승 스케치」는 선생님의 자료 확인 작업을 하면서 아들 영석 씨와 선생님을 회상하는 이야기를 나눈 것을 바탕으로 해서 선생님을 묘사해 본 것이다. 마지막 글은 선생님을 떠나 보내며 이유선 교수가 쓴 추도사를 실었다.

3부는 선생님의 연보와 저술 목록이다. 애당초 우리가 갖고 있던 선생님의 저술 목록은 현재의 3분의 1에 해당하는 분량이었다. 거기에다 선생님이 정년퇴임 하시면서 그때까지 신문에 실렸던 글들을 복사해 놓으신 것을 유족들로부터 건네받고, 그 이후 10년간의 글들은 인터넷에서 확인하였다. 한곽희 교수는 80편이 넘는 논문들을 일일이 찾아 주었다. 하지만 워낙 자료가 많은 데다 제자들이 각자 갖고 있던 자료들이 일치하지 않는 부분이 많아서 확인 작업을 하는 데 애를 먹었다. 국립중앙도서관의 자료도 정확하지 않은 걸 보면서 정보화 시대에 1차 작업의 중요성을 실감하였다. 2015년 여름방학 기간에 1차 목록을 작성한 뒤 2016년 1월 8일 우리는 선생님의 자료가 보관되어 있는 맏사위 홍덕표 사장의 사무실을 방문하였다. 선생님이 갖고 계시던 책들은 전부 고대 도서관에 기증하였고, 선생님의 글이 담긴 저작들만 보관되어 있었다. 자료를 한데 모아 놓은 덕에 확인 작업이 쉬워져서 완벽하지는 않지만 상당히 정확한 저술 목록을 갖게 되었다. 미진한 부분은 시간을 두고 확인을 해서 보완할 예정이다. 자료 확인 작업 중에 『뉴라이트와 시장의 철학—한국 자유주의의 새로운 모색을 위하여』의 원래 제목이 『한국자유주의와 시장의 철학』이었다는 것을 확인할 수 있었던 것도 소득이었다. 선생님께서 이유선 교수에게 출판사에서 제목이 바뀌었다고 말씀하신 것이 사실이었음을 확인한 것이다. 손만 대면 부서질 것 같은

1950년대의 책부터 비교적 깨끗한 2005년까지의 자료들을 일일이 만져 보면서 모두 9차례에 걸쳐 선생님이 남기신 자취를 확인할 수 있는 영광을 주셔서 고맙다고 했더니 이런 날이 오기까지 10년간의 기다림이 헛되지 않은 것 같아 오히려 감사하다고 대답하던 유족들에게 다시 한 번 감사의 말씀을 드린다.

이 책은 기억 속의 선생님을 불러내어 오늘날 한국에서 철학한다는 것이 우리에게 어떤 의미가 있는지에 관하여 철학적 대화를 시도하려는 것이다. 선생님이 남겨 놓으신 방대한 자료를 정리하여 보존하고 선생님에 대한 각자의 기억을 한데 모아 집단 기억으로 공유하는 것이 이러한 시도의 출발이라고 생각한다. 선생님의 궤적을 훑으면서 무엇보다도 선생님이 경학에 머물고 있는 제자들에게 철학함의 모범을 보여 주셨다는 사실을 깨닫게 되었다. 얼핏 생각하기에 단순 작업에 불과한 선생님의 저술 목록 확인 작업을 하면서 누군가는 1차 작업을 정확히 해야 한다는 사명감을 갖게 되었고, 그 작업 시간 내내 선생님을 만날 수 있었다는 게 행복했다. 아무쪼록 이 책이 선대 학자들의 평가에 인색한 우리 학문적 풍토에서 선생님의 학문에 대한 후속 연구를 위한 초석이 되고, 고려대학교 철학과 2세대 학자에 대한 학문적 평가의 시작이 됨으로써 한국 철학계에 학문적 뿌리를 세우는 일에 도움이 되길 바란다.

이 책이 나오기까지 격려해 주신 윤사순 선생님, 정인재 선생님, 김성진 선생님께 감사의 말씀을 드린다. 학술대회와 출판기념회를 주최하도록 도움을 준 김창래 고려대학교 철학과 학과장과 오상무 철학연구소장을 비롯한 여러 교수님들께도 감사의 말씀을 드린다. 이 책에 글을 실어 준 모든 분들, 그리고 건강상의 이유를 비롯하여 피치 못할 사정으로 직접 참여하지 못하였으나 물심양면으로 성원해 준 많은 분들, 수익성을 고려하지 않고 인문학을 위해서 선선히 출판을 결정해 준 고려대학교출판문화원의 여러분들께 감사의 말씀을 드린다. 더불어 저술 목록을 일일이 확인하는 데 처음부터 끝까지 동참해 준 강용수 박사에게 심심한 감사의 말씀을 드리고 싶다.

2016년 봄 무등산 자락에서
글쓴이들을 대표해서 이재영 씀

차례

책머리에 7

1부 선생님의 학문 세계

신일철의 철학하기와 한국철학 김성진 19
국가이성론으로 본 한국현대사—신일철의 주체사상비판과 송두율의 북한철학을 중심으로 윤평중 49
신일철의 사회철학—'시민적 자유주의'를 중심으로 신중섭 84
신일철의 역사철학—역사: 과학과 문학의 사이 김창래 120
고 신일철 선생님의 화이트헤드 철학 연구를 놓고 문창옥 139
단재 신채호의 역사사상 연구 정인재 166
신일철의 동학 연구—근대적 인권사상과 민족주의 운동 김용휘 190
신일철의 자유민주주의론에 대한 소고—그의 영미철학 연구를 중심으로 이유선 206
세계관적 지성인으로서 신일철의 세계 성찰—실존철학에서 비판철학까지 김정현 225
회상의 언저리에서—신일철 선생님과 프랑스 구조주의 강의 홍은영 254
신문 논설을 통해 본 '자유주의' 철학자의 한국 사회 참여 한승완 265

서평 『한국을 탐구한다』 최희봉 284
『주체성의 위기』 양성만 298
『새 시대의 한국인』 이재영 317

강의안 분석 신일철 교수의 '서양철학사' 강의 이유선 332
신일철 교수의 '사회철학' 강의 이유선 338
신일철 교수의 '현대철학의 사조' 강의 이유선 343
'현대영미철학' 강의에 대한 회고 박병철 348
'지식의 문제' 강의에 대한 회고 박병철 356
역사철학 강의 김창래 361

2부 선생님과의 대화

나의 아버지 신언준을 말한다 369
나의 철학적 인생론—비극적 인생의 의미 372
고대 철학과 50년의 회고—서양철학 383
정년퇴임 만찬 답사 391
84동기의 '마음의 고향' 394
나의 철학적 독해, 도상(途上)에 있는 존재 400
도산의 시민적 민족주의와 '대공주의' 노선 418
50년을 지켜본 친구 민영빈 429

생각나는 사람들	민영빈	430
신일철 선생 추모집 간행에 부쳐	윤사순	439
신일철 교수를 다시 생각한다	김용준	443
고려대학교 철학과 60년—서양철학	김창래	447
교수님과 관장님	방준필	451
신일철 선생님의 '낚시만세'	손병석	455
스승 스케치	이재영	460
한국 철학계의 큰 별이 지다 —고 신일철 교수님을 추모하며	이유선	467

3부 연보·저술 목록

연보 473

저술 목록 477

필진 소개 530

1부

선생님의
학문 세계

신일철의 철학하기와 한국철학

김성진 한림대 철학과 명예교수

I. "근본에서 생각하기"와 "주변인"의 철학하기

신일철은 철학의 첫째 특징을 "근본에서 생각하기"로 꼽는다.[1] 그러면 그의 철학하기는 어떤 '근본'에서 출발했을까?

그는 초등생 나이의 어린 시절에 겪은 "주변인" 체험을 고백하며, 이 체험이 그를 철학으로 인도한 동기가 되었음을 지적한다.

> 상해 태생으로 중국어가 모국어처럼 되어 소학교 입학 후에도 우리말이 서툴러 놀림을 많이 받았다. 이런 이중 언어의 장벽을 극복하는 주변인적 고민이 나로 하여금 철학에 관심을 갖게 한 심층의식의 동기가 아니었나 생각한다.[2]

그는 우리 민족의 "주변인"적 상황을 어린 나이에 체험했다.

> 상해에서 여객선이 인천항에 입항할 때 어린 내가 어머니에게 "저게 어느

1 신일철, 1장, 「철학이란 무엇인가」, 고등학교 『철학』, 교사용 지침서, 2002.

2 신일철, 「나의 철학적 독해, '도상에 있는 존재'」, 『한국철학회 50년—역대 회장의 회고와 전망』, 철학과현실사, 2003, 42-43쪽.

나라냐?"고 물었다고 한다. 주로 영국의 조계지 도시의 번화가 상해를 보며 살다가 가난에 찌든 것 같은 게딱지 집들의 인천을 내가 바라볼 때, 모친은 나에게 "저것이 너의 나라란다."고 일러주었을 때, 어린 내가 얼마나 실망스러웠는지 대답도 안 했다고 한다. 나는 이렇게 식민지 조국으로 돌아왔다.[3]

그 때 비로소 나에겐 한낱 외국이었던 한국을 나의 조국으로 눈앞에 발견한 것이다. 다시 말하면 수난의 조국에로 망명한 셈이다. 조국을 여읜 여린 가슴으로 자란 나는 해방과 더불어 애국가와 태극기의 물결 속에 조국을 실감했다.

그러나 그 조국은 너무나 너절하고 못난 모습으로 그 정체를 드러냈다. 8·15 해방과 더불어 정치적 독립의 탈은 썼으나 마음의 자립은 여간 어려운 것이 아니었다.[4]

신일철은 "'사상가' 집안"의 출신 배경에서도 철학의 길로 들어서게 된 동기를 찾는다.

그러나 나는 중학 시절부터 『철학 입문』(三木清 등), 『서양철학 이야기』 등에 지적 호기심을 느끼게 되었다. 우리 집안은 선친이 중국 상해 『동아일보』 특파원으로서, 도산 안창호, 백범 김구 등 독립 운동의 거성을 도운 독립운동가요 언론인이었으므로, 당시의 '사상가' 집안이었다. 1938년에 중병으로 향리에 돌아와 작고했는데 그때까지 우리 집에는 일제 고등계 형사가 와서 지켰다. 어려서부터 나만은 애국가를 알고 태극기를 알게 되었다.[5]

3 신일철, 「나의 철학적 독해, '도상에 있는 존재'」, 43쪽.

4 신일철, 『한국을 탐구한다』, 탐구신서 31, 탐구당, 1964, 3쪽.

5 신일철, 「나의 철학적 독해, '도상에 있는 존재'」, 42쪽.

※ 부친 신언준(申彦俊): 동아일보 상해 · 남경 특파원, 우리나라 신문 역사상 최초 해외특파

신일철이 말하는 "주변인" 체험은 우리 민족이 근대로부터 현대로 넘어가는 세계사적 전환기 격변의 와중에서 역사의 주역이 되지 못하고 "주변인"으로서 생존의 길을 찾아 헤매야 했으며, 스스로 자기 운명을 개척하지 못하고 외세의 압력에 이끌리고 굴복해야만 했던 당시의 국가적 현실에 기인한다. 그것은 민족과 국가 전체가 겪었던 체험이면서 동시에 민족의 구성원 개인들도 어떤 형태로든 각자의 상황에서 각각의 방식으로 견뎌내야만 했던 체험이었다. 그리고 신일철은 '철학하기'를 자신의 과제이면서 또한 우리 민족 전체의 과제요 시대적 사명으로서 받아들인다. "사상가" 집안 출신으로서, 그리고 우리 민족의 현실적 위기 상황을 눈앞에 보면서, 그는 철학이야말로 자신의 평생의 과제요 사명으로서 받아들임에 주저하지 않았음을 간략히 이렇게 고백한다:

> 중학 시절 서북의 명문이라 해서 '평고보(平高普)'로 총칭되는 학창 시절, 저는 유달리 서점을 많이 드나들었다. 그러는 동안에 학문의 왕도는 철학이라는 데 눈뜨게 되었다. 해방 공간에서 사상 문제가 분단과 독립의 주된 관심사가 되었다. 지금 돌이켜보면 그 사상, 철학은 이데올로기였다.[6]

그는 자신을 언급하면서 항상 우리 민족을 함께 언급한다. 예를 들면, "내가 누군가?"를 물으면서 동시에 "우리 민족은 어디에 왔는가?"를 묻는다.[7] 이 물음과 함께, 그는 주체성의 문제를 제기한다. 그리고 '나'의 주체성 문제와 '우리 민족'의 주체성 문제를 함께 제기하며, 이 두 문제가 현실적으로 거의 불가분의 문제인 듯이 접근해 간다. 33세의 신일철은 자신의 심정

원, 만보산 사건 취재 보도 등 활동, 1987년 독립유공자 국민훈장국민장 추서.

※ 신언준 관련: 민두기 엮음, 『신언준 현대 중국 관계 논설선』, 문학과지성사, 2000 및 본서, 신중섭, 「신일철의 사회철학—'시민적 자유주의'를 중심으로」 참조.

6 신일철, 「나의 철학적 독해, '도상에 있는 존재'」, 42쪽.

7 신일철, 『주체성의 위기』, 수문서관, 1977, 9쪽.

을 이렇게 토로한다:

> 조국을 찾아다니는 마음의 방황은 계속되었다. 4·19와 더불어 빛나는 조국의 첫 씬이 나타나는 듯싶더니 다시 수난의 길은 시작되었다. 사실 아직도 나는 조국을 찾지 못했다고 고백하지 않을 수 없다. 이것은 나의 고백만이 아니라 30대의 모든 젊은이들의 공통된 심정이라고 생각한다. 한국을 탐구해야겠다.[8]

그가 제기하는 주체성의 문제는 우리 민족의 정체성 혼란의 문제에서 출발했다. 이것은 그의 성장기가 우리 민족의 극심한 정체성 상실의 시기였으며, 이제는 어떻게 해서든지 정체성을 다시 회복해야만 하는 시기라고 보았기 때문이다. 이것이 바로 그가 말하는 "아이덴티티 크라이시스"(identity crisis)이다. 이러한 자기정체성의 위기는 한편으로는 민족의 문제였으며, 동시에 그것을 신일철은 자신의 철학적 탐구 과제로 받아들인다. 왜 그랬을까?

> 「아이덴티티 크라이시스」(identity crisis). 이야말로 뼈저린 존재상실의 허무요, 소속불명의 허전함이다. 이처럼 내가 누군지 모르는 자아상실의 인간을「주변인」이라 한다. 비록 몸은 한국 땅에 살면서 여기 이 땅에 소속하지 못하는 소외된 인간이 주변인인 것이다. 인간은 서로 다른 두 곳에 동시에 있을 수 없다. 그러나 개화 이래 한국인은 왕조사회와 개화의 이질적인 두 흐름을 동시에 살아야 했고 식민지의 굴레와 독립을 위한 반항의 대극을 동시에 살아야 했다. 자유롭도록 순치되었으면서도 자유의 버림을 받는다는 이율배반을 몸소 소화시킨다는 것이 얼마나 어려운 일인가.
>
> 인간이 서로 다른 두 문화 속에 동시에 살아야 한다는 것은 곧 내가 누군지 확인할 길 없는 혼혈아의 아픔과 같은 것이다. 서로 다른 두 가지 중

8 신일철, 『한국을 탐구한다』, 3-4쪽.

그 어디에도 자신을 소속시키지 못하는 소속불명의 방황이 다름 아닌 「주체성의 위기」인 것이다…

아직도 「내가 누군가?」라고 애타게 절규하는 외마디 소리가 텅 빈 공간을 메아리친다. 끝내 그 물음에는 아무도 대답해 주지 않는다. 그 응답자는 자기 자신일 것이기 때문이다.[9]

신일철이 애국심이나 민족 사랑을 직접 말로 언급하고 가르친 경우를 나는 기억하지 못한다. 그러나 그의 철학은 항상 우리 민족을 염두에 두고 실천되었음을 나는 확신해 의심치 않는다. 민족적 정체성이란 한 민족이 자신을 어떤 존재로 이해하는가에 기초하며, 이 점에서 보아도 그것은 철학적 과제다. 그리고 민족의 자기정체성은 그 구성원 중 하나인 나의 정체성과 분리되지 않는다는 것이 신일철의 생각이고 신념이며 또한 마음으로도 그렇게 받아들였다. 물론 우리는 나의 국적이나 민족을 떠나 하나의 독립된 개인으로서, 또는 세계인으로서 철학을 할 수도 있다. 어차피 진리는 인류 공통의 진리 아닌가?! 그러나 이것은 신일철의 관심사는 아니었다. 그가 평생을 철학자로서 탐구하고 가르치고 저술 활동을 펼쳤지만, 민족의 정체성 문제를 외면한 적이 없으며, 민족과 분리된 한 개인으로서의 자기를 강조하거나 철학적 토대로 삼은 경우를 나는 기억하지 못한다.

왜 그는 철학자로서, 그리고 철학적 탐구에서, 자신과 민족을 그토록 분리시키지 않았을까? —그것은 그가 우리 민족을 그토록 사랑했기 때문이다. 우리 민족의 운명을 그토록 염려했기 때문이다.

그러면 그는 무엇을 그렇게 염려했을까? — 그의 염려는, '혹시 우리 민족은 철학 없는 민족, 또는 철학 할 줄 모르는 민족이 아닐까?'라는 걱정이

9 신일철, 『주체성의 위기』, 9-10쪽.

었다. 다른 말로 표현한다면, '주체성 없는 민족, 자기정체성을 모르는 민족이 아닐까?'라는 걱정이다.

만약 이런 걱정이 사실로 드러나면 어떻게 되는가? —한국 사람들은 제대로 생각할 줄 모르는 사람들이고, 생각이 없는 민족이 되어 버린다.

신일철에게 이 걱정은 결코 터무니없거나, 비현실적이거나, 또는 일부러 사서 하는 걱정이 아니었다. 그것은 바로 한국인들에 대해서 일본인들이 펼친 "思想不在論의 陰謀" 때문이다.

> 우리 주변에는 오랫동안 「과연 한국 사상이 있느냐」의 의문과 더불어 「한국사상의 不在」가 통념으로 되어 왔다. 그 통념은 아직 우리 머리 속에도 잔존해 있으나 그것을 扶植한 것은 주로 일제 관학자들의 어용적 학문 사역에서 비롯한다. 일본 군국주의는 개국 이래 征韓論 발상에 나타난 것처럼, 계속 한민족에 대한 음모론적 논리로 일관해 왔고, 그것은 마침내 한국 민족의 존재 부정에까지 이르렀다.
>
> 일제 어용 한국 연구는 한국 역사를 왜곡하고, 한국 사회의 「內在的 발전」을 부정하는 데 집중되었고, 「한국사의 他律性」「停滯論」 심지어는 「日鮮 同祖論」까지 들고 나와 한국 민족의 자율적 자치 능력을 역사적으로 부정함으로써 그들의 한국 强占을 정당화하려고 했던 것이다.[10]

결국 일본은 단지 군사력과 정치 · 외교적 술수로만 조선을 강점해 버린 것이 아니었다. 한민족은 정신적으로도 미성숙하다는 것을 내세움으로써 그들의 한반도 합병과 통치를 사상과 이론적으로도 정당화하려 했으며, 그것이 바로 그들의 "思想不在論의 陰謀"였음을 신일철은 지적한다. 해방을 맞이하고 난 이제 뒤늦게나마 우리 한국인은 일본이 싸움을 걸어 온 사상전

10 신일철 외, 『韓國의 思想家 十二人』, 현암신서 26, 현암사, 1975, 8쪽.

(思想戰)도 어떻게든 마무리 지어야 하지 않는가?

문제는 그뿐만이 아니다. 먼저 싸움을 걸어온 상대는 일본이지만, 그러나 오랜 세월 동안 주권을 잃은 채 외세에 지배당하면서 식민주의 교육과 편향된 문화정책에 오염된 마음 상태는 정치적 해방을 맞은 이후에도 자신과의 내면적 갈등을 피해갈 수 없다. 사실 우리 민족은 한반도의 지정학적 여건 때문에 이미 오래전부터 대륙 중화권의 영향력 안에서 생존해야 했으며, 정치적 자립과 문화적 자기정체성 문제는 우리 내부에서도 줄곧 사대사상(事大思想) 또는 사대주의(事大主義) 논쟁을 동반해 왔다. 이제 동아시아에서 근대화의 선두주자가 된 일본은 한반도를 거쳐 대륙 내부로 진격해 들어감으로써 문화사적 영향력의 방향마저도 역류시키는 것 같은 효과를 초래했으며, 우리 민족의 사상적 주체성 회복의 과제도 이제는 과거와는 전혀 다른 상황에 들어섰다. 한편으로는 전통 문화사의 관점에서 우리의 정신적, 문화사적 정체성을 찾아야 하지만, 또 한편으로는 뒤처진 근대화 과정을 어떻게 하루빨리 따라잡고 현대화의 대세에 합류할 수 있는가 하는 과제가 한꺼번에 밀어닥친 상황이다.

II. 한민족의 자아관 확립을 위한 철학적 '자기치료'

따라서 여기에는 철학적이며 동시에 심리학적인 자아관(自我觀) 확립의 과제가 자연스럽게 뒤따른다. 당시의 국내 여러 철학자들은 우리의 민족적 열등의식과 문화적 자기폄하를 지적하였으며, 새 시대의 한국인에게는 문화민족으로서의 건전한 자긍심 회복이 필요함을 역설하였다. 정치적 안정과 국가 경제의 부흥에 못지않게 중요한 것이 바로 한국인으로서의 문화적 자존감을 회복하고 민족적 자기정체성을 확립하는 과제라고 생각했다. 당시 우리 민족을 철학자의 시각에서 관찰한 사례로는 예를 들면 소흥렬(蘇興

烈) 교수의 지적이다.

> 우리는 자칫하면 우리 민족성을 탓한다. 우리도 모르는 사이에 이것은 버릇이 되어 버렸다. 잘못되는 일이 있으면 의례히 한국인의 사고방식이 나쁘기 때문이라고 해버리는 버릇도 있다. 한국인의 사고방식에 대한 우리의 견해는 우리의 부정적인 민족개념을 그대로 나타내 보여준다.[11]

그는 "우리의 부정적인 민족개념"이 치료 대상이며, 이 치료를 철학의 과제라고 본다. 말하자면 이러한 "부정적 민족개념"이 본격적인 검증 대상이 되어야 하고, 그 치료와 극복의 길을 찾아야 하며, 이것이 앞으로 우리가 감당해야할 미래의 '철학하기'의 과제임을 그는 강조한다.

> 그러나 미래의 이야기는 다시 철학적인 문제를 제기한다. 어떠한 사유형식이 미래의 한국사회와 문화가 요청하는 것일까? 이것은 미래의 우리 문화가 어떤 유형의 문화이어야 할 것인가라는 문제를 제기한다.[12]

박종홍(朴鍾鴻) 선생도 같은 문제의식을 공유했다. 실제로 그는 한 걸음 더 나아가서, 자랑스럽고 훌륭한 한국사상이 이미 오래전부터 존재해 왔음을 찾아내고 확인하는 것이 우리 철학자들의 과제이고 자신의 간절한 소망이자 신념임을 기회가 있을 때마다 피력한다. 예를 들면 그의 「韓國思想의 方向」이 그렇다.

> 우리에게도 우리 祖上들의 古典이 있고 思想이 있는 것입니다. 남의 생각이나 남의 偉人을 보고 살던 「생각의 구걸」에 지친 우리는 우리의 偉人 우리의 古典이 갖고 싶어진 것입니다. 우리 民族도 위대한 꿈을 엮어보고

---

11 蘇興烈, 「韓國人의 思惟形式」, 『韓國思想叢書 VI』, 태광문화사, 1975, 161쪽.

12 蘇興烈, 「韓國人의 思惟形式」, 174쪽.

싫어진 것입니다. 理想이 없는 民族은 죽은 民族이나 다름없기 때문입니다. 20세기의 神話로서 나타난 共產主義의 思想的 侵略을 막아내는 길도 바로 여기에 있다고 생각되는 것입니다.[13]

그는 이러한 민족적 소망이 결코 근거 없는 것이 아님을 강조한다. 왜냐하면 한 민족의 삶과 그 민족의 사상은 불가분의 관계이기 때문이다:

우리는 한국 사람이다. 우리는 한국사상을 문제 삼기 전에 이미 한국 사람으로서 살고 있다. 한국 사람이 한국 사람으로서 사는 데서 한국사상도 생겨났으며 또 문제로 삼게도 된 것이다.[14]

이것을 최동희(崔東熙) 교수는 이렇게 받아들인다.

우리는 韓國 사람이다. 우리는 韓國思想을 문제 삼지 않을 수 없다는 것을 (박종홍은) 論證하고 있다. 韓國 사람으로서 산다는 것과 韓國思想을 문제 삼는 것의 필연적인 關聯을 論據로 내세우고 있다.[15]

한반도의 지정학적 위치와 한민족의 문화사적 과거에 대해서도 박종홍의 해석은 대륙의 중화권(中華圈)과 섬나라 일본에 대한 사대주의적 열등의식(事大主義的 劣等意識)을 뒤집어버리는 것이다.

日本이 大陸과 직접 交易을 하기 이전에 있어서 완전히 韓國의 文化圈 속에서 자라났다고 하여도 過言이 아니다. 그 이후에도 佛敎文化를 비롯하여 近代의 儒敎文化만 하더라도 韓國을 떠나서 日本文化를 생각할 수 없다.

---

13 崔東熙, 「洌巖 朴鍾鴻과 韓國哲學史—하나의 序論으로서」, 『韓國思想叢書 VI』, 311쪽.

14 朴鍾鴻, 「韓國思想硏究의 構想」, 韓國思想硏究會, 『韓國思想叢書 I』, 태광문화사, 1975, 9쪽.

15 崔東熙, 「洌巖 朴鍾鴻과 韓國哲學史」, 313쪽.

그러나 韓國文化는 大陸의 文化를 섬나라에 紹介하는 데 그의 使命이 그친 것은 아니다. 佛敎文化도 儒敎文化도 우리 民族의 生活理念에 의하여 濾過 攝取됨으로써 그 精粹가 하나의 새로운 綜合的인 形態를 가지고 獨自的인 우리의 것으로 나타났다.

〔…〕

半島인 만큼 北胡 南倭의 威脅 밑에 安逸할 날이 거의 없었다 하여, 그러므로 제대로 獨特한 文化의 꽃을 활짝 피어 보지 못하였다고 생각하는 사람들이 없지 않다. 마치 半島라는 地理的 條件이 우리 民族 文化의 不遇한 運命을 決定짓기나 한 것처럼.

그러나 古代의 그리이스, 르네상스時代의 이탈리아는 半島가 아니었던가. 우리 民族이 南北으로 外寇에 시달려 왔음은 事實이다. 그렇다고 깊이 박힌 文化의 뿌리조차 말라버렸던 것은 아니다.

나는 韓半島가 半島니까 오히려 한번은 이 地球 위에서 人類文化에 燦然한 寄與를 하는 날이 오고야 말 것을 믿어 마지않는다. 잠꼬대 같은 헛소리라고 비웃어도 좋다. 나는 분명히 그 可能性을 確信한다.[16]

박종홍 선생의 이러한 "確信"과 사명감에 신일철은 적극 동참한다. 8·15 해방과 함께, 한민족은 이제 "정치적 독립", "경제적 독립"과 함께 "사상적 독립"을 위해서도 진지한 노력을 기울여야 하며, 이것은 그 본질에 있어서 철학과 사상의 문제라는 것이다.[17] 그리고 이 과제야말로 한국의 철학자들이 담당해야 하지 않는가? 그러면 일본인들이 주장하는 "思想不在論"을 어떻게 반박해야 할까? 우리에게는 그러면 철학이 없는 걸까? 아니면 있는데도 불구하고 그것이 무엇인지 모르거나 아직 찾지 못한 걸까? — 신일철은 이 질문에 정면으로 부딪쳐간다. 이 시대를 사는 철학자로서 할 일이 있

16 朴鍾鴻, 「韓國思想의 方向」, 『韓國哲學硏究』, 上, 상게서, 1987, 1-2쪽.

17 이 문제의식을 신일철은 박종홍과도 공유한다. 박종홍, 「韓國思想硏究의 構想」, 『韓國思想叢書 I』, 11쪽 참조.

다면, 그것은 바로 이 질문에 답을 찾는 것이라고 생각했다. — 현대 한국인에게 이보다 더 중요한 문제가 있는가? 이 과제를 자기 과제로 받아들이지 않으면서도 나는 한국의 철학자라 할 자격이 있을까? — 이것을 그는 이렇게 표현한다.

> 내가 유독 민족주의에 관심이 깊고 박종홍선생을 모시고 한국사상연구회를 하며 박종홍교수가 『한국 사상』에 한국철학사를 연재하도록 격려한 것도 이런 연유에서다. 필자가 서양철학을 전공하면서도 석굴암 등 한국 미술사에 관심이 깊은 박종홍선생을 사숙하고 '한국 민족도 철학이 있는 민족'임을 자부하고 싶었다.[18]

이제 신일철은 '한국 민족도 철학이 있는 민족'임을, 아니, "思想不在"가 아니라 한국 민족이야말로 그 어느 민족 못지않게 철학적 사고와 사상이 풍부한 민족임을 입증하는 작업을 시작하며, 이 작업에 혼신의 노력을 기울인다. — 이것은 사실 우리 모두의 소망이다. '철학할 줄 모르는 민족'에 속하고 싶은 사람은 아무도 없을 것이다. 그리고 한국의 철학자들이야말로 '철학하는 한국인' 대열에 앞장서야 할 것 아닌가? 한국의 철학자라면 누구나 이 과제의 필요성과 중요성을 당연히 공감하고 그 과제 수행에 동참해야 하지 않을까? — 바로 이러한 민족의 소망과 필요에 부응해서 신일철은 이 과업을 직접 자신의 것으로 짊어졌음을 먼저 언급해 놓겠다.

III. '韓國思想硏究會' 활동과 『韓國思想』지 발간

8·15 해방 이후, 그리고 6·25 사변과 남북 분단 이후의 상황에서 '한국 민

---

18 신일철, 「나의 철학적 독해, '도상에 있는 존재'」, 43쪽.

족'의 철학을 찾아 나선 신일철의 첫 행보로 꼽아야 할 것은 동인지(同人誌) 『韓國思想』의 발간이다. 그 직접적인 동기는 동학사상(東學思想)에 대한 관심이었다. 문학석사 학위를 갓 취득한 26세의 신일철은 최동희 교수와 함께 천도교 교중 청년들의 교리토론회 모임을 알게 되었고, 그들이 구상하고 있던 '동학사상연구' 기획의 범위를 더 확장시켜서 『한국사상』이라는 표제의 동인지를 기획하였고, 1957년 7월에 창간호를 출판하였다. 표제를 바꾼 이유는 "동학사상연구라면 한 종파에 머무르는 감이 없지 않으므로 민족 전체의 입장에서 우리 것을 찾아보자는" 의도였다고 한다.[19]

이 창간호에 박종홍, 김상기(金庠基) 두 분의 기고를 간곡히 청탁하여 함께 게재한다. 박종홍 선생의 글 제목도, 또 그 내용도 창간호 발간의 취지와 한국철학 탐구의 기본 정신과 목표의식을 널리 선포하는 것으로서, 「韓國思想硏究의 構想」이라는 제목으로 실렸다. 박종홍 선생의 그 유명한 「韓國哲學史」는 1961년의 제3집에서부터 게재된다.

그로부터 5년 후, 신일철 최동희 등은 동인지 『한국사상』 발간의 동지들과 함께 1963년 2월 15일자로 '韓國思想硏究會'라는 명칭의 정식 연구단체를 발족시키고, 박종홍 선생을 회장으로 모신다. 당시에 박종홍 선생을 모시고 함께 일한 편집위원으로는 이상은(李相殷), 홍이섭(洪以燮), 이항녕(李恒寧), 최동희, 신일철, 김의환(金義煥), 이광순(李光淳) 등으로 확인된다.[20] 그때 이후 박종홍 선생은 1976년 작고하실 때까지 13년 동안 이 연구회 운영과 『한국사상』 발간을 이끌었고, 총 11회에 걸쳐 본인의 「한국철학사」를 연재하였다. 그를 뒤이어 회장직을 맡은 이상은 선생은 박종홍 선생을 추모하는 특집호 권두언에서 이렇게 요약 한다:

19 "한국사상연구회 창립 제15주년 記念放談", 참석자: 최동희, 신일철, 윤사순, 표영삼 등 총 8인, 「韓國思想史의 構圖」, 『韓國思想叢書 VIII』, 韓國思想硏究會, 태광문화사, 1975, 19쪽.

20 신일철, 「復刊에 즈음하여」, 『韓國思想叢書 I』, 2쪽.

行政的인 運營에 있어서 本 硏究會의 發展을 圖謀하여 왔을 뿐 아니라, 특히 韓國思想의 硏究活動에 있어서도 크나큰 業績을 통해 우리나라 學界에 크게 이바지하였다. 곧 韓國思想 第一卷에는 「韓國思想硏究의 構想」이라는 卷頭論文을 실어 本 硏究會가 나아갈 方向과 目標를 提示하였고 나아가 學界에 韓國思想에 대한 硏究意欲을 크게 불러 일으켰던 것이다. 또한 이 글은 우리 民族의 主體的인 自覺을 높이는 데에도 이바지한 바가 크다. 그리고 『韓國思想』 제3집부터 계속 「韓國哲學史」를 執筆하였다.[21]

'한국사상연구회'는 창립 10주년을 맞이하면서, 그때까지 15년 동안 발간된 『한국사상』지 총 10권의 내용을 모아서 "『테마中心』으로 재배열해 낸 일종의 重刊版" 출판을 기획한다.[22] 이것이 실현되어 1975년에 『韓國思想叢書』 I · II · III의 3권이 발간되었다. 이와 같은 총서 발간은 그 이후에도 계속되어 2002년까지만 해도 모두 10권이 넘는다.

'한국사상연구회' 회원들의 활동과 『한국사상』지 발간은 '한국사상' 또는 '한국철학'이라는 개념마저도 아직 생소하던 우리 학계와 우리 사회에 적지 않은 변화를 가져왔고, 이제는 철학의 분류 방식에 있어서도 '동양철학'과 '서양철학' 말고도 '한국철학'이 제3의 철학 영역으로 자리 잡도록 하는 데 크게 기여했다. 이 점을 신일철은 이렇게 지적 한다:

지금까지 회고해 보면 1950년대부터 60년대에 걸쳐 한국사상에 대해 관심이 전혀 없을 때에 시작했다는 데 의의가 있다 하겠고, 다음은 동학 또

21 李相殷, 卷頭言, 韓國思想 第14輯, 洌巖 朴鍾鴻博士 追慕 特輯號, 『韓國思想叢書 VI』, 韓國思想硏究會, 태광문화사, 1975, 10쪽.

22 신일철, 「復刊에 즈음하여」, 『韓國思想叢書 I』, 1쪽.

는 천도교 관계에 관심이 있는 분들이 이 「한국사상」을 냈음에도 不拘하고 어느 종파에 국한시키지 않고 객관적인 입장에서 운영하려고 애썼고, 또 천도교 측에서도 매우 관대한 태도로 아량을 베풀어 學界의 公器로서 硏究誌를 편집한 데 의의가 있었다 하겠습니다.[23]

그뿐만이 아니다. '한국사상연구회'의 활동과 『한국사상』지 발간의 취지 자체가 사실은 우리 민족의 삶과 생활세계의 모든 영역을 포괄하는 문제의식에서 출발하였기 때문에, 기고문의 주제 선택에 있어서도 단군(檀君) 신화로부터 현대에 이르기까지 우리 민족의 삶과 사상을 함께 다룰 수 있는 거의 모든 학문 영역들이 포함되었으며, 집필진 구성에 있어서도 문학, 역사, 시인, 언론계, 정치학, 경제학, 철학, 종교학, 교육학, 민속학, 자연과학 등 여러 분야의 대표적 인사들이 포함되었다. '韓國哲學'을 탐색하는 과제에 임해서는 동양철학과 서양철학의 구별은 전혀 고려 대상이 아니었다. 어느 쪽의 전공자이든 불문하고 모두 한국사상에 대한 관심에서 접근했으며, 공통의 목표 아래에서 각자의 주제를 찾아 창의적이고 비판적인 논지를 펼쳤다.

한국인의 사상과 철학을 찾아 나서는 목적이 배타적 민족주의나 쇼비니즘을 지향하는 것은 결코 아니었다. 오히려 한민족(韓民族)의 특수성과 세계적인 보편성 사이의 연관성과 균형을 찾으려는 것이 본래의 구상 목표였으며, 이제는 본격적인 근대국가를 건설하기 위한 철학과 정신적 토대를 구축함으로써, 세계 속에서 우리 민족이 걸어가야 할 길을 뚜렷이 밝혀냄이 우리의 목표이고 과제임을 신일철은 강조한다:

근대적인 민족국가를 건설하기 위해서는 거기에 합당한 정신적인 토대

23 "한국사상연구회 창립 제15주년 記念放談", 참석자: 최동희, 신일철, 윤사순, 표영삼 등 총 8인, 「韓國思想史의 構圖」, 『韓國思想叢書 VIII』, 8쪽.

를 마련하지 않으면 안 된다는 것입니다. 거기에는 보편적인 민족적인 일체감을 가지고 근대적인 시민으로서의 어느 한 계층이라도 소외감을 갖지 않는 일체감을 형성한다든가 또는 세계 속에서의 자기 민족이 걸어가야 할 길을 뚜렷이 밝혀 놓는다 하는 것이 모두 다 근대적인 민족국가 건설의 과제가 될 것입니다. 여기에서 주의할 점은 근대적인 민족국가 건설의 과제 속에서도 그 운동이 세계사적인 연관을 무시해서는 안 될 것입니다. 대체로 민족주의나 또는 그에 따른 국학 연구가 쇼비니즘에 빠져서 자기 것은 무엇이든지 옳고 남의 것은 과소평가하는 경향으로 흐를 수도 있습니다.[24]

신일철에 의하면, 당시에는 학술적으로 정리된 한국사상 관련 자료가 워낙 적었기 때문에, 외국에서도 "한국에 관한 책이라면 우리의 『韓國思想』誌는 꼭 갖추어야 한다는 것"이 상식으로 되었고, "일본 학계에서 우리 『韓國思想』의 논문들이 허다히 인용"되며, "78년도에 미국 하바드 엔칭" 연구소도 한국의 철학과 사상 관련 자료를 찾으러 왔다가 유일하게 구입해 가져간 것이 『한국사상』 전질(全帙)이었으며, 일본 동경대학교 역시 『한국사상』 전질을 갖추어 놓았다.[25]

IV. 신일철의 문제의식과 한국철학 모색의 접근 방법론

신일철은 1975년에 발간된 『韓國의 思想家 十二人』의 서장(序章)으로서 「韓國思想序說」이라는 제목의 논문을 기고하며, 여기에서 그는 한국철학 모색을 위한 자신의 방법론적 원칙을 체계적으로 정리하여 밝힌다.[26] 이 서

24 "한국사상연구회 창립 제15주년 記念放談", 상게서, 16쪽.

25 "한국사상연구회 창립 제15주년 記念放談", 상게서, 12쪽.

26 신일철 외, 『韓國의 思想家 十二人』, 5-42쪽.

설(序說)의 세부 목차는 다음과 같다.

韓 國 思 想 序 說

一. 韓國思想의 定立

思想不在論의 陰謀 / 韓國思想의 槪念規定

固有思想의 限界 / 思想의 事大圈 / 受容과 變容

二. 民族思想의 發想

民族的 一體化 / 精神史的 始源 / 傳統 이데올로기의 命脈

三. 敎學思想의 變遷

自主性의 開花 / 排佛崇儒 周邊 / 性理學의 理解

四. 韓國을 위한 主義

實學의 意味 / 東學과 保國 / 開化와 自强 / 主體的 自我批判

이 목차만으로도 우리는 그가 구상하는 한국사상 탐구의 전체적 윤곽을 짐작해 볼 수 있다. 그가 제시하는 이 주제들에 대한 그의 연구와 집필 활동은 그의 나이 26세이던 1957년에 『한국사상』지 창간호를 발간하면서 본격적으로 시작되었으며, 『韓國을 探求한다』(1964), 『申采浩의 歷史思想 硏究』(1975), 『主體性의 危機』(1977), 『동학사상의 이해』(1995) 등 다수의 저서와 다른 수많은 논문들에서도 지속적으로 다루어진다. 한국인의 사상과 철학을 모색하면서 그는 특히 다음의 몇 가지 방법론적 원칙을 밝힌다.

1) '철학'보다 '사상' 개념을 선호하다

한국인의 철학과 사상을 찾아가는 그의 행보는 우리 한국인의 역사적 삶의 체험과 생활세계의 변화 과정의 현장을 철학자의 눈으로 관찰하는 데에서 출발한다. 삶의 구체적 체험과 구체적 실천 방식을 담아내기 위해서는 좁은 의미의 이론화된 철학보다는 '사상' 개념을 적용함이 훨씬 더 유리하다고 보는 것이 신일철의 생각이다. 그의 말을 들어보자.

「思想」은 좀 애매하긴 하나 좁은 의미의 철학에 국한되지 않고 인생과 세계에 대한 包攝的 理解 내지는 자연 · 인간 · 사회에 대한 보다 논리적이고 개념화된 원리적인「생각」에 해당하며, 특히 實踐과 결부된「이데올로기」의 냄새를 강하게 풍긴다…

널리 사회적 현실에 대한 이론 또는 知性的 洞察과 아울러 實踐의 지침이 되는 것이면 무엇이나「사상」이란 말로 통용되어 온 것이 아닌가 한다. …한마디로「한국 사상이란 한국인의 사상이다」라고 정의할 수 있겠다.[27]

2) 한국인의 부정적 자아관의 긍정적 전환

신일철은 헐버트의 견해를 예로 들면서, 우리의 잘못된 민족적 자아관을 벗어날 것을 호소한다. H. B. 헐버트는 일본에 비해 한국의 근대화가 뒤처진 이유가 "자기문화에 대한 (한국인의) 자존심이 강했기 때문"이라고 해석하며, 열등감 문제는 오히려 일본인들의 문제임을 지적한다.

일본사 전반에 걸쳐서 청일전쟁 이전에는 한 번도「사대(事大)」를 하지 못했고 그 때문에 사대 못한 데서 오는 열등감이 깊었다.[28]

그래서 신일철은 오히려 우리 민족 내부의 문제를 이렇게 지적한다.

"한국사회의「내재적 발전」을 부정하고,「한국사의 타율성」,「停滯論」,「日鮮同祖論」" 등을 내세우는 일제 어용 한국 연구의 폐해, 그리고 "한반도

27 신일철 외,『韓國의 思想家 十二人』, 11쪽.

28 Homer B. Hulbert, *The passing of Korea*, Yonsei University Press, 1969; 신일철,『主體性의 危機』, 신일철 수상집, 수문서관, 1977, 356쪽.

의「半島」적 성격과 동아시아 전통 사회의 사대주의적 성격을 악의적으로 강조"하고, "메이지(明治) 일본의 脫亞論적 근대화"를 자랑하는 선전에 오염된 일부 국내 지식인과 학자들의 오류 등을 정확히 꿰뚫어 보아야 하며, 개화 이후 우리가 받아들인 서구 사상이 일본을 거쳐 亞流化된 것이 아닌지도 검토해야 한다는 것이다.[29]

3) 외래문화의 주체적 수용과 변용

신일철은 민족들 사이의 문화적 교류가 이미 고대로부터 전 세계적으로 보편화된 현상임을 전제한다. 그리고 바로 이러한 문명의 교류와 이동이 인류 발전의 필수 조건이었음도 인정한다. 그렇다면 왜 우리 한반도에서는 이러한 보편적 현상을 긍정적으로 평가하지 말아야 하는지를 묻는다.

> 한 민족이 외래문화나 사상을 수용했을 때 수용한 쪽에는「사상의 주체성」을 인정하지 않는다는 소박한 문화론이 널리 유포되어 있는데, 이는 문화나 사상의 國籍性을 通時的으로 요청하는 지나친 가정으로서 이 가정을 월권적으로 적용할 때, 猶太 민족 이외의 모든 유럽의 기독교 국가들에는「사상의 주체성」이 없다는 유치한 편견에 사로잡히는 것이다.

> 지난날 독립 문명의 지위에 있던 중국 문명이 오늘날에는 어김없는 서구화에 의한 서구 문명의 주변 문명이 되었고, 특히 그 서구 마르크스주의 사상의 주변적 지위도 부인할 수는 없는 엄연한 사실이다. 또한 러시아 문명도 기실은 서구의 주변 문화로서 성립된 것이다.
>
> 동아시아에서「事大」란 中華的인「禮」의 文化秩序에 그 일원으로 內屬하는 것을 말한다. 儒教의 受容인「中國化」는 곧 文明化이며, 오늘의 내셔널리즘적「편견」으로 斷罪해서는 안된다.

29 신일철 외,『韓國의 思想家 十二人』, 8-9쪽.

「中國化」는 그 당시의 진취적 문화 수용의 성격으로 인정할 줄 알아야 할 것이다. 中國化 · 儒教化가 禍였다고 보는 것은 오늘의 관점에서이고, 그 당시에는 「事大化」가 일본 등은 오랑캐시되어 도저히 엄두도 못내는 문화적 성취였고 자랑스러운 문화적 자존심의 바탕이 된 것이다.[30]

4) 문화와 사상의 교류에 대한 긍정적 평가

고유사상(固有思想)의 한계를 인정함과 동시에 외래사상의 주체적, 능동적 수용도 인정함이 바람직하다는 것이 문화권 사이의 상호 교류에 대한 신일철의 적극적 해석이다. 그는 고유사상의 협소한 기준을 강요함은 사대주의적 열등의식의 잔재로서 자기비하 콤플렉스의 표현에 불과할 수 있음도 지적한다. 한국사도, 한국사상도 전통사회가 속했던 공동의 문화권, 공동의 사상권역을 구태여 부정하려드는 것은 억지라는 것이다.

동아시아 사회에서는 한국이나 일본 · 월남 등이 「근대적」 국가 형성 이전부터 「中華主義」적 문화의 공동성에도 불구하고 각기 독자적인 민족사와 민족 문화의 형성을 인정할 수 있는 상한선을 고대에까지도 소급해 볼 수 있다는 점에 유의할 필요가 있다.

유럽의 어느 나라, 그것이 프랑스든 영국이든 간에 그들의 사상이 모두 기독교에 歸一한다고 단정해도 반론을 제기할 수 없듯이, 동아시아의 중국, 한국, 일본, 월남 등이 대개 유교 문화권 내지는 儒學의 사상 풍토에 속한다고 함은 그 주장이 곧 비판이 될 수는 없다. 그리고 그것이 한국 사상의 부정도 될 수 없다. 다만 근대주의적 관념의 색안경으로 한국 고유의 사상 부재를 음모하려는 경우에만 부당하게 유교화가 수치인 것처럼 과장되는 것이다.[31]

---

30 신일철 외 저, 『韓國의 思想家 十二人』, 16-17쪽.

5) 한민족의 사상적 근대화

신일철은 우선 우리 민족의 사상적 근대화의 연원을 찾아 나선다. 이미 언급했듯이, 그는 한국철학을 조망함에 있어 서양철학과 동양철학의 관점들을 모두 적용한다. 일본에 비하여 정치 · 사회적 체제의 근대화가 늦어진 한국의 상황을 염두에 두면서, 그는 우리 민족의 사상적 근대화는 언제 시작되었는지를 묻는다. 그리고 그는 한민족의 사상적 근대화가 자생적으로 일어났으면서 동시에 서양의 사상도 적극 수용함으로써 형성되었음을 지적한다. 말하자면, 우리의 서양사상 수용이 타의 강제에 의해서가 아니고 자발적이고 주체적이며 능동적인 태도로 수행되었다는 것이며, 동양과 한국 및 서양의 사상적 만남의 장소가 한반도였음을 이렇게 지적한다:

> 필자가 한국 근대 철학의 '데카르트'를 찾다가 결국 동학 사상과 단재 신채호의 역사철학을 우리 근대 사상의 기둥으로 삼게 되었다. 대개 국사학계에서는 단재를 '민족사학'의 연원으로 삼는다. 그러나 필자는 단재의 사상적 기초가 허버트 스펜서 · 헉슬리의 '사회진화론'임을 밝히는 데 학적 희열을 느꼈다. 단재의 유명한 민족사학의 명제 '아(我)와 비아(非我)의 투쟁'은 다윈의 진화론의 생존 경쟁, 적자생존의 원리에 기초하여 대한자강회(大韓自强會)의 '자강주의'였고 한국에 처음 수용된 서구 사상이 사회진화론의 민족주의였음을 밝히는 데 힘썼다. 〔…〕 한국 사상과 민족주의에 대한 저의 학적 관심에서 단재 연구가 동양 사상이 아닌 서양철학의 관점에서 해명될 수 있었으므로 서양철학 전공과 단재 신채호 연구가 긴밀한 관련이 있었음을 밝혀두고 싶다. 최제우의 '시천주(侍天主)', 동학의 '인내천(人乃天)'도 역시 서양 사상의 안경으로 보면 그 명암이 더 뚜렷이 드러난다.[32]

31 신일철 외 저, 『韓國의 思想家 十二人』, 14-15쪽.

이렇듯 단재 사상을 "서양 사상의 시각에서 해석하는 데 대한 국사학계의 반발도 만만치 않았"지만, 그러나 "한국사학계의 권위 이기백(李基白) 교수가 전국 국사학 대회 기조 연설에서 단재 사관의 서양철학적 해석이 적확함을 발표해 주심으로써 내가 '구제'된 학은을 잊지 못한다"고 고백한다.[33]

결국 그는 한국인 고유의 사상을 모색함에 있어서, 한국인만의 사상적 순수성이나 문화적 '순혈통주의'를 고집하지 않는다. 오히려 그는 민족이나 국가의 사상적, 문화적, 정신적 주체성을 중요시하며, 이것을 외래사상을 적극 수용하고 재해석하고 재창조할 수 있는 역량도 포함하는 개념으로서 받아들인다. 이것이 바로 그가 말하는 문화권 사이의 "수용(受容)과 변용(變容)"이다.

이것은 그가 일차적으로는 박종홍 선생의 다음과 같은 관점에 동조하는 것이다.

> 그리하여 나는 現代에 있어서도 우리 民族文化의 位置를 그의 綜合的인 性格에 있어서 봄이 타당하다고 생각하는 동시에 그것이 우리의 主體性을 통하여 새로운 創造로 展開되는 방향으로 나아가야 한다고 생각한다.
>
> 〔…〕
>
> 文化의 攝取는 빈 동이에 물을 붓는 것과는 다르다. 그러기에 注入도, 受容도 아닌 攝取가 아닌가. 그저 속이 비었다고 攝取가 可能한 것은 아니다. 더구나 模倣이 아니라 새로운 綜合과 創造가 可能하기 위하여서는 攝取에 適合한 素質의 有無가 고려 안 될 수 없다.[34]

---

32 신일철, 「나의 철학적 독해, '도상에 있는 존재'」, 43-44쪽.

33 신일철, 「나의 철학적 독해, '도상에 있는 존재'」, 44쪽.

34 朴鍾鴻, 「韓國思想의 方向」, 『韓國哲學硏究』, 上, 3쪽.

6) 한국인의 문화적 주체성과 창의성 확인

여기에서 신일철은 외래문화의 수용이 초래할 수 있는 위험성을 완전히 부정하거나 무시하지도 않는다. 반면에 우리 한민족의 경우 전 세계에 자랑할 만한 주체적 문화 창조의 뚜렷한 증거가 있음을 잊지 않고 지적한다. 즉 "吏讀文字와 한글 창제"가 그 대표적 사례다. 이 창의력을 그는 우리 민족의 "독창적 自己決定 능력"이라고 이름 붙인다.

> 그러나 주변 문명이 大文明에 흡수 · 동화될 때는 비록 文化受容이 그 출발에서는 바람직한 것이라 하더라도 결국 자기 존립의 부정에 이르고 만다. 그렇지 않고 능동적으로 大文明을 주체적으로 수용하여 원리면에서 그 문화를 借用했으면서도 독창적인 自己決定 능력을 증대시킨다면 그 바탕 위에서 주변 문명으로부터의 독립이 가능하다는 것이 토인비의 견해이다. 中國化 이후에도 한국 문명은「文化變容」을 통해서 독창성을 발휘한 증거는 얼마든지 들 수 있다. 한 예로 10만 자나 되는 漢字의 借用에도 불구하고 우리 민족은 吏讀文字, 그리고 言文一致의 28자 表音文字인 한글을 창제 사용한 것이 이를 웅변으로 말해 준다. 이렇듯 사상의 주체성을 논하는 전제로서 우리는 언어와 문자의 독립성, 즉 民族語와 國字의 堅持를 들 수 있다.

> 실로 한국 민족은 흡수 동화력이 강한 漢族文化의 引力圈에 직접 연접해 있는 지리적 여건에도 불구하고 한국 문화가 중국에 동화되지도 않고 한 省이나 지방으로 흡수되지도 않은 역사적 현실이 바로 이 민족의 끈질긴 주체성의 저력을 말해 준다.[35]

---

35 신일철 외, 『韓國의 思想家 十二人』, 17쪽.

7) 민족적 주체성, 구심점, 일체감, 그리고 능동적 자존의지

앞에서도 지적되었듯이, 신일철이 생각하는 민족적 주체성(民族的 主體性)은 민족이 공유하는 정신적 연대의식이면서 동시에 정서적 유대감을 전제하는 만큼, 그것은 생활공동체로서의 민족적 존립 의지로 그 힘을 발휘하는 것이다. 박종홍 선생이 말하는 생활과 철학의 관계는 쌍방향적 관계로 이해될 수 있으며, 따라서 생활에서 사상이 찾아진다면, 또한 사상으로부터 생활을 이끌어가는 지침도 자연스럽게 주어지게 될 것이다. 여기에서 신일철은 민족의 사상과 민족 단위의 생존의지의 연관성을 본다. 이 내용을 여기 인용하면 아래와 같다.

> 이제「한국 사상」의 잠정적 개념 규정을 내릴 때가 왔다. 넓은 의미의「한국 사상」은 박종홍 교수의 이른바「우리는 한국 사람이다. 우리는 한국 사상을 문제 삼기 전에 이미 한국 사람으로서 살고 있다. 한국 사람이 한국 사람으로서 사는 데서 한국 사상도 생겨났으며 또 문제로 삼게도 된 것이다.」라는 전제에서, 넓은 의미의 한국인의 생활이 있고 보면「한국 사상」도 있게 마련이라는 發想이다. 이러한 발상은 한국인의 생활 속에 受容·變容된 외래 사상도 모두가 한국 사상으로 간주할 수 있게 해 준다. 한 세기 전에 수입되어 우리 민족의 생활과 사고 속에 어느 정도 토착화된「한국 기독교」도, 그리고「한국 불교」나「한국 유교」도 물론 모두「한국 사상」의 범주에 귀속하게 된다.[36]

결국 신일철은 외래문화의 수용 자체는 얼마든지 긍정적으로 평가될 수 있다는 입장이다. 어느 민족에서든 그 민족의 생활방식과 문화의 변화와 발달은 그 자체만으로서 고립되기보다는, 오히려 다른 민족이나 문화권과

---

36 신일철 외,『韓國의 思想家 十二人』, 18쪽.

의 조우와 교류를 통해서 이루어져 왔다는 역사적 현실을 인정하는 경험주의적 태도를 그는 존중하는 것이다. 그래서 "한국인의 생활 속에 受容·變容된 외래 사상도 모두가 한국 사상으로 간주할 수 있다"고 본다.[37]

그는 이와 같은 변용과 수용이 어떤 경우에 긍정적으로 평가될 수 있는가에 대한 판단 기준도 제시한다. 그것을 신일철은 한 민족의 구성원들로 하여금 민족적 일체감(民族的 一體感)과 능동적 자존의지(能動的 自存意志)를 형성하고 행사할 수 있도록 이끌어가는 주체적 구심점(主體的 求心點)이라고 표현한다.

> 외래 사상의 수용과 변용에서 문제되는 것은 그 주체적 求心點이며 그 중심은 다름 아닌 민족의 능동적 自存意志이다. 따라서 「한국 사상」은 그 주체가 韓民族이며 韓民族의 「민족 사상」으로 이해되어야 한다. 민족 사상은 한편으로는 밖으로부터의 外勢 침투에 대한 저항적 「민족주의」로 나타나고, 안으로는 한반도 내의 여러 갈래 주민들이 같은 동포라는 횡적 연대감을 넓혀 가는 民族的 一體感의 전개 과정, 즉 「내 나라 의식」의 보편화로 나타난다.
>
> 한반도의 주민들이 그 유래와 기원은 어떻든 간에 「우리는 다 같은 한국인이다」라고 하는 同胞感, 다시 말해서 하나의 민족으로서 共屬感을 가졌을 때부터 「韓民族」의 형성과 더불어 그 민족 집단의 非制度的 이데올로기로서 건국 신화·民俗·언어·역사 즉 문화의 공동체에 기초한 넓은 의미의 사상이 형성된 것으로 볼 수 있다.[38]

37 신일철 외, 『韓國의 思想家 十二人』, 18쪽.

38 신일철 외, 『韓國의 思想家 十二人』, 19쪽.

Ⅳ. 신일철의 한국사상 연구와 그 파급효과

1) 개인 연구 업적의 효과

연구 주제가 무엇이든 불문하고 모든 학술적 탐구에 적용되어야 할 한 가지 기본적인 요구가 있다면, 아마도 김충렬(金忠烈) 교수의 지적을 참조해서 좋을 것이다.

> 다시 말하면 論理가 아무리 서 있다 하더라도 實證이 되지 않는 한 특히 哲學史로서는 쓸모가 없다는 생각이다.[39]

신일철의 한국사상 탐구는 그러면 바로 이 요구에 대해서 무엇을 증거 자료로 제시할 수 있을까? — 바로 이 점에서 우리는 놀라운 사실을 확인하게 된다. 그 자신이 의도한 '한국인의 철학하기' 또는 '철학하는 한민족'의 진면목을 찾아 나서는 작업은 이미 1960년대 초반 그의 나이 30대 초반에서부터 본격적으로 시작되었다. 특히 그는 '한국사상연구회', '한국철학회' 등과의 공동연구 외에 자신만의 개인 연구 작업에 맹렬히 매진하였으며, 바로 이 작업이야말로 앞에서 언급된 한국사상사 실증 자료들을 여러 분야의 방대한 문헌에서 찾아내어 확인하고 수집하고 분석과 평가 대상으로 처리해 나가는 작업이었다. 그리고 그 결과들을 여러 권의 저서와 편저로 출간하였고, 또한 다수의 학술지에 기고하였다.

추가로 지적되어야 할 사항이 한 가지 더 있다. 그의 연구 방식은 동양과 서양의 역사, 철학, 종교 등에 관한 폭넓은 이해와 정보 자료들을 바탕으로 전개된, 말하자면 동서 비교철학과 비교문화학적 관점들을 필요한 경우마

---

39 한국철학회 편, 『韓國哲學硏究』, 上, 동명사, 1977, 47쪽.

다 활용하였으며, 이것은 우리 민족의 사상을 이해하고 평가함에 있어 그 효과 또한 기존의 한국사상 연구에 획기적인 발상의 변화를 가져왔다. 여기서 말하는 그 '효과'란 일차적으로 그의 책들을 읽는 독자들의 체험 효과이다. 하나는 놀라운 분량의 정보와 철학적 사색으로 이끌리는 사고 체험이다. 또 하나는 우리 현대를 살아가는 한국인으로서 우리 자신의 현재의 모습을 그 형성 과정의 과거에로 소급해 가면서 사상사적 심층의 차원에서 새롭게, 그리고 더 정확하게 이해하는, 실로 철학적 깨우침의 놀라움 체험(thaumazein)에 동참하게 된다는 것이다. 여기에서는 그의 저술활동 초기의 두 가지만을 간략히 소개함에 그치고, 다른 자료들에 대해서는 본서에 게재된 목록을 참조하기를 권한다.

일반 독자를 위한 신일철의 한국사상 탐구 저술은 학술 논문과 달리, 흔히 수상록(隨想錄) 형식을 취한다. 탐구 주제 또한 한국의 전통 사상이나 철학, 또는 한국 고유의 종교나 예술 등 특정 영역에 국한시키지 않고, '한국'과 '한민족' 자체를 탐구한다는 의미에서 야심차고 대담하게 『韓國을 探究한다』로 잡는다.[40]

이 주제는 철학자의 눈으로 본 '한국'과 '한민족'의 모습이라는 점에서만 보더라도, "주체성의 위기" 또는 우리 민족의 "자기정체성" 문제를 다루기 위한 배경으로서, 또는 준비 작업으로 볼 수도 있다. 실제로 그로부터 13년 후, 46세가 된 그는 『主體性의 危機』를 출간함으로써[41] '철학하는 한민족'에 대한 자신의 연구가 구체적으로 어떤 의도에서, 어떤 자료들을 다루었으며, 어떤 성과를 거두었는지를 세상에 공표했다. 두 권의 분량을 합치면 총 732쪽에 달한다.

---

40 『韓國을 探究한다』, 탐구신서 31, 탐구당, 1964, 총 337면. 신일철은 당시 33세.

41 『主體性의 危機』, 수문서관, 1977, 총 395면.

우리 민족의 '철학하기'에 대한 그의 관점과 탐구 방법론을 정확히 이해하기 위해서는 여기 또 한 권의 저서를 함께 고찰함이 도움이 된다. 앞에서도 언급한 『韓國의 思想家 十二人』은 원효로부터 한용운, 신채호 등에 이르기까지 우리 민족의 대표적 사상가로 선정된 12인에 대한 공저자 12인의 글들을 본문으로 담고 있으며, 그 앞에는 별도의 「序章」을 게재하였고, 그 제목이 「韓國思想序說」로서 신일철의 글이다.[42] 그리고 이 글은 제목만 「韓國思想의 흐름」으로 바뀌어서 2년 후에 『主體性의 危機』의 맨 마지막 장으로 다시 수록된다.

2) 신일철과 '한국사상연구회' 활동 이후의 파급 효과

지금 뒤돌아 보건대, '한국사상연구회'의 활동과 『한국사상』지 발간은 사실 국내적으로 보아도 우리 민족의 사상과 철학에 대한 관심을 널리 확산시켰으며, 철학 이외의 다른 여러 학문분야 전공자들도 공동연구에 참여하게 됨으로써 '학제적(學際的)' 또는 '다학문적(多學問的)' 차원에서 한국철학 연구의 붐을 유발시키는 '르네상스'적 효과를 가져왔다고 단언할 수 있다. 그 때 이후로 한국철학 연구가 우리나라 학계의 대세요 뚜렷한 트렌드가 되었다는 것은 아래의 몇 가지 증거만으로도 충분히 확인된다.

1) 1974년에 당시 한국철학회장 柳承國 박사의 기획과 국내 저명 철학자 16분의 기고로 『哲學思想의 韓國的 照明—韓國思想의 새로운 創造를 위하여』가 출간되었다.[43]

---

42 신일철, 「序章—韓國思想序說」, 신일철 외, 『韓國의 思想家 十二人』, 7-42쪽.

43 韓國哲學會 編著, 『哲學思想의 韓國的 照明—韓國思想의 새로운 創造를 위하여』, 一志社, 1974.

2) 한국철학회는 1974년 金泰吉 회장 재임 시에 본격적인 韓國哲學史 발간을 기획하며, 이 사업은 1977/78년에 『韓國哲學硏究』 上 · 中 · 下권, 그리고 1987년에 『韓國哲學史』 上 · 中 · 下권의 출판으로 마무리되었다.

3) 1981년에 성균관대학교는 李東俊 교수의 적극적 노력에 힘입어 유학대학 소속의 독립 학과로서 한국철학과를 창설하여 한국철학 전공자 양성의 터전을 마련하였다.

4) 성균관대학교 한국철학과 대학원생 중심으로 1988년에 '한국철학사연구회'가 결성되었으며, 그 이후 연구논문집 『한국철학논집』, 『한국유학사상논문선집』, 『한국실학사상논문선집』, 『다산실학사상논문선집』, 그리고 다수의 원전자료집을 출간하였다. 그 외에도 이 학회의 한국철학 연구 업적으로서 『한국철학사상사』(1997)와 『한국철학사상가 연구』(2002)가 출간되었다.

5) 한국철학회 주관의 한국철학 관련 공동연구도 1998년 5월 30일 춘계학술대회에서 "철학사와 철학—한국철학의 패러다임 형성을 위하여"라는 주제로 송석구 회장 재임 시에 다시 시도되었고, 19명의 발표자가 참여하였으며, 1999년에 『철학』지 별책 4권(단행본)으로 출판되었다.[44]

6) 당시 정부 주도로 1978년에 韓國精神文化硏究院이 설립됨으로써 국가 차원에서도 '韓國學' 또는 '韓國精神文化'라는 표제를 내걸고 한국사상과 철학도 포함하는 포괄적인 연구를 지원하는 공식 기구가 발족되었으며, 그 설립 배경과 운영에는 직접 혹은 간접적으로 철학계의 여러 인사들도 참여

44 한국철학회 편, 『철학사와 철학—한국철학의 패러다임 형성을 위하여』, 철학과현실사, 1999.

하거나 영향력을 발휘하였다. 이 기관의 설립 취지에는 "과거 천 년의 누적된 패배의식에서 벗어나 앞으로 천 년은 우리가 역사의 주체"가 되기 위한 "의식혁명"을 선도하겠다는 목표도 포함되어 있다는 점에서 한국사상의 연구는, 적어도 부분적으로는, 국가적 지원 대상에도 포함된 셈이다. 시기적으로 보아도, 韓國精神文化硏究院의 한국사상과 한국철학 관련 연구 업적은 『韓國哲學思想연구』(1982), 『韓國思想大系』(6 vols, 1990) 등 1980-90년대에 가장 활발히 수행되었음을 알 수 있다.[45]

참고문헌

민두기 엮음, 『신언준 현대 중국 관계 논설선』, 문학과지성사, 2000.

蘇興烈, 「韓國人의 思惟形式」, 『韓國思想叢書 VI』, 태광문화사, 1975.

朴鍾鴻, 「韓國思想硏究의 構想」, 『韓國思想叢書 I』, 태광문화사, 1975.

______, 「韓國思想의 方向」, 『韓國哲學硏究』, 上, 동명사, 1987.

신일철, 「철학이란 무엇인가」, 고등학교『철학』, 교사용 지침서, 2002.

______, 「나의 철학적 독해, '도상에 있는 존재'」, 『한국철학회 50년—역대 회장의 회고와 전망』, 철학과현실사, 2003.

______, 『한국을 탐구한다』, 탐구신서 31, 탐구당, 1964.

______, 『주체성의 위기』, 수문서관, 1977.

신일철 외, 『韓國의 思想家 十二人』, 현암신서 26, 현암사, 1975.

______, "한국사상연구회 창립 제15주년 記念放談", 「韓國思想史의 構圖」, 韓國思想硏究會, 『韓國思想叢書 VIII』, 태광문화사, 1975.

45 韓國精神文化硏究院 또는 현 韓國學中央硏究院 홈페이지 참조.

崔東熙, 「洌巖 朴鍾鴻과 韓國哲學史—하나의 序論으로서」, 『韓國思想叢書 VI』, 태광문화사, 1975.

한국철학회 편, 『철학사와 철학—한국철학의 패러다임 형성을 위하여』, 철학과현실사, 1999.

韓國哲學會 編著, 『哲學思想의 韓國的 照明—韓國思想의 새로운 創造를 위하여』, 一志社, 1974.

Hulbert, Homer B., *The passing of Korea*, Yonsei University Press, 1969.

국가이성론으로 본 한국현대사

신일철의 주체사상비판과 송두율의 북한철학을 중심으로[1]

윤평중 한신대 철학과

1. 국가철학으로서의 국가이성론

국가의 본질을 철학적으로 사유(思惟)한다고 할 때 서로 겹치는 두 가지 통로가 있다. 그중 하나는 국가의 주권성을 법적으로 체현하는 최고법인 헌법의 본질과 그 구체적 함의를 철학적으로 성찰하는 방법이다.[2] 또 하나는 국가라는 정치공동체의 본질에 대한 탐구지평에서 오랜 역사를 갖는 '국가이성'(Staatsräson, raison d'état)의 이념과 실천에 대한 분석이다. 하지만 오늘날 후자, 즉 국가이성 개념에 귀속되는 일반적 이미지는 다소 음습하다. 국

1 신일철의 주체사상연구 논저에는 크게 3가지가 있다. 『북한 '주체철학'의 비판적 분석』(서울: 사회발전연구소, 1987), 『북한주체철학 연구』(서울: 나남출판, 1993), 『북한 주체사상의 형성과 쇠퇴』(서울: 생각의 나무, 2004)가 그것이다. 이 가운데 『북한주체철학 연구』는 「북한 '주체철학'의 비판적 분석」을 제1부로 삼고 새로운 내용인 제2부 「북한 '주체철학'의 전개」를 덧붙여 펴낸 확장판이다. 『북한 주체사상의 형성과 쇠퇴』는 『북한주체철학 연구』의 일부와, 대중서인 『북한정치의 시네마 폴리티카』(이지북)의 일부를 종합해 '한국현대사강좌'의 일환으로 펴낸 책이다. 북한을 다룬 신일철의 또 다른 대중서로는 『평양의 봄은 오는가』(시사영어사, 1999)가 있다.

이하 신일철의 주체사상연구 논저에 대한 언급에서 『북한 '주체철학'의 비판적 분석』은 『분석』으로, 『북한주체철학 연구』는 『연구』로, 『북한 주체사상의 형성과 쇠퇴』는 『형성』으로 약칭한다.

2 이 작업을 나는 헌법철학이라는 이름으로 논변해, 한반도 현대사와 통일의 전망과 관련해 제시한 바 있다. 졸저 『급진자유주의 정치철학』(대우학술총서 593, 아카넷, 2009) 제7장 「국가와 헌법의 정치철학—한반도 분단과 통일시대와 관련하여」를 참고할 것.

가이성 개념 자체가 권위주의적인 과거의 유산으로 각인되거나, 강권적 통치주체로서의 국가권력에 대한 정당화 기능을 수행해 온 것으로 여겨지고 있기 때문이다.

국가이성론이 서구 제국주의에 의해 악용된 사례도 그렇거니와, 특히 독일이나 일본 같은 후발(後發) 민족주의 정체(政體)가 권위주의적 과대국가를 정당화한 국가유기체설과 국가이성론을 결합함으로써 세계사의 파열음을 낸 경험은 국가이성론의 현대적 적합성에 의문을 제기하게 만든다. 자유민주주의가 당연시되는 오늘의 상황에서는 더욱 그렇다. 자유민주주의 패러다임은 국가를 사회계약론에 입각한 다원주의 정치질서의 한 부분으로 상대화시킨다. 국가가 전횡을 휘두른 군사독재의 아픈 상처가 아직 치유되지 않은 한국현대사의 맥락에서는 국가이성의 개념 자체가 오해되기 십상이다. '민주화 이후 민주주의'의 시대에조차 한국적 과대국가 현상에 큰 변화가 없는 것이 엄연한 현실이다.

그러나 국가의 본질에 대한 철학적 해명으로서의 국가이성론은 이 모든 우려를 뛰어넘는 본원적 의의와 심원한 현실적 함의를 지닌다. 국가이성의 철학적 문제설정은 민주적 입헌정치가 일반화한 주권국들의 장(場)인 현대세계에서도 여전히 타당할 뿐 아니라 강력한 설명력을 갖는다. 성숙한 민주국가에서도 국가의 정체성을 흔드는 국내외적 위기가 계속 빈발하기 때문이다. 중대 체제위기가 구조화한 한반도 상황이 그 대표적 사례다. 한반도의 분단과 전쟁, 그리고 북한 발 핵 위기로 압축되는 남과 북 두 주권국가 사이의 사활적 체제경쟁은 일각의 기대와는 달리 종료의 기미를 전혀 보이지 않고 있다. 남북의 생사를 건 투쟁은 그 본질에서 결코 이완되지 않고 있는 것이다.

정치사상사에서 국가이성이란 말이 마키아벨리와 연관해 제기되는 것이 통례이므로, '악의 교사'라 불린 마키아벨리에 대한 선입견이 국가이성의 개념사에도 큰 영향을 미쳤다. 하지만 마키아벨리 자신은 국가이성이란 단어를 어느 곳에서도 직접 사용한 바 없다. 기독교 윤리와 현실정치의 통합을 주장하면서 마키아벨리즘을 맹렬히 비판했던 이탈리아의 보테로(1544~1617)가 반(反)마키아벨리즘의 기치를 내걸고 출판한 책 제목 자체가 국가이성이었다는 사실(史實)도 우리의 관점에서는 무척 흥미롭다.[3] 이는 개념사의 문맥에서 볼 때도 국가이성의 이념에 대해 부정적 선입관을 갖고 접근하는 관행이 적절치 않다는 점을 시사한다.

개념사에 대한 역사학적 재조명도 필요하지만 국가이성에 대한 철학적 조망은 한반도 현대사에 대한 정치철학적 성찰이라는 맥락에서 볼 때 훨씬 더 중요하다. 우리의 과거 · 현재 · 미래를 관통하는 핵심에는 대한민국이라는 국가의 본질 문제가 자리하고 있다. 국가철학의 맥락에서 대한민국을 논할 때 한반도 전체의 정통성을 두고 경합하고 있는 상대인 조선민주주의인민공화국의 존재를 빠트릴 수 없다. 분단 상태인 한반도에서 북한의 체제쇠락과 동행한 북핵 위기가 정전체제의 약한 고리를 통타(痛打)하고 있기 때문이다.

제2차 세계대전 이후 세계 어느 나라도 타국에 대한 핵선제공격 가능성을 지금의 북한 정부처럼 국제외교무대에서 공언하는 국가는 존재하지 않는다. 만약 한반도에 다시 전면전이 발생한다면 그것은 1950년 김일성의 군사적 모험주의가 재앙을 가져왔던 것과는 비교 자체가 불가능한 인류사적 대참화가 될 게 분명하다. 민족 전체의 사멸을 불러올 수도 있고 또 다른 동아시아 국제전쟁이나 세계대전 촉발의 방아쇠가 될 수도 있는 엄중한 문

3 국가이성 개념을 독립적인 책 제목으로 채택한 첫 논자는 『국가이성론』을 쓰면서 마키아벨리를 비판한 이탈리아의 G. Botero이다. 플라톤 이래 철학자들이 국가론을 논하면서 국가이성과 유사한 이념을 오랫동안 탐구해 온 것이 주지의 사실이다. 보테로가 책 제목에서 명시적으로 국가이성 개념을 사용하기 이전에도 국가이성론과 비슷한 논변이 정치/도덕 분리론과 정치/도덕 통합론의 형태로 오랫동안 개진되어 왔다.

제다. 격랑이 휘몰아치는 한반도 상황이 국가이성의 실천적 중요성을 사자후로 웅변하고 있는 것이다.

2. 신일철의 북한주체철학 비판과 국가이성론

모든 한국인은 북한이라는 국가의 존재가 제기하는 근본 질문을 회피할 수 없다. 북한은 우리에게 어떤 존재인가? 잠시 떨어져 살고 있는 까닭에 언젠가는 통일되어 함께 살게 될 같은 민족인가? 아니면 우리를 호시탐탐 넘보고 있는 적(敵)에 불과한가? 반만년 역사를 공유한 한민족임과 동시에 상대방을 멸망시키려 했던 적대국가의 특성이 모순적으로 교차하는 특수 관계인가? 북한체제와 인민을 나누어, 그 체제는 극복 대상이지만 북한 인민의 삶은 우리의 시민적 삶과 공존할 수 있는가? 남의 자유와 북의 평등을 조화시킨 제3의 통일국가 수립은 한국인의 지상명제인가? 한반도 평화를 정착시켜 미래의 통일한반도로 나아가기 위해서도 이런 근본적 질문에 대한 철학적 성찰이 필수적이다.

다시 강조하거니와 북한이라는 국가의 본질에 대한 사상적 질문은 한국 시민 모두가 예외 없이 직면해야만 하는 필연적 주제이다. 신일철의 주체철학 연구가 빛을 발하는 것은 바로 이 대목에서이다. 동 · 서양의 방대한 학문적 스펙트럼을 섭렵하고 있는 신일철 철학에서 주체사상연구와 북한탐구는 중핵이자 뼈대에 해당한다고 할 수 있다. 철학자로서 신일철의 존재이유가 한반도 역사현실과의 사상적 대결에 있다고 한다면 '북한문제'야말로 '사상가 신일철'의 실존을 관통하는 핵심 테마인 것이다.

여기서 북한문제란 한반도의 북쪽을 통치하고 있는 조선민주주의인민공화국의 존재가 한국현대사에 던지는 온갖 문제들의 집합을 지칭한다. 이런 관점에서 보자면 북한문제는 단연 한반도 현대사 최대의 도전이자 과제이다. 일본제국주의가 발호하던 시절 대륙의 상하이에서 태어나 평양의 김일성대학을 다니다 6·25전쟁을 전후해 극적으로 월남한 신일철이 북한이라는 단일 주제와 관련해 다수의 역저를 남긴 건 자연스러운 결과인 것이다. 하지만 신일철은 개인의 실존연관성을 훨씬 뛰어넘는 보편적 북한담론을 창출한다. 신일철의 주체사상비판은 북한이라는 국가의 사상적 에센스를 외과의사의 메스처럼 냉철하게 해부해 보여 준다. 엄정한 그 토대 위에서 한반도 현대사의 동역학을 작동시키는 국가철학을 모색하는 것이 가능하다. 신일철의 북한연구는 특히 진보적 통일철학의 대표자라 할 수 있는 송두율의 내재적 접근법의 한계를 그림처럼 선명하게 보여 준다.

국가이성론을 학문적으로 정식화함으로써 국가이성 개념을 현대화한 대표 주자는 단연 마이네케를 들 수 있다. 그는『국가이성의 이념』에서 "국가이성은 국가행동의 원리이자 국가의 운동법칙이다"라고 선언한다.[4] 원래 권력과 윤리의 조화 가능성에 대해 낙관적 견해를 가진 합리적 국가주의자에 가까웠던 마이네케는 제1차 세계대전의 참화를 온 몸으로 겪으면서 국가의 악마적 양면성에 새삼스레 개안하게 된다. 전쟁을 경험하면서 '존재와 당위, 자유와 필연, 일반적인 것과 개체적인 것' 사이의 길항이 국가와 전쟁의 문제에서 극적으로 심화되고 확장되는 걸 체험하게 되는 것이다.

그 결과 마이네케는 "각 국가에서 각 순간에 행동의 이상적인 선(線), 즉 하나의 이상적인 국가이성이 존재한다"고 강조하게 된다.[5] 하지만 그는 권력충동에 의한 행동(힘, Kratos)과 도덕적 책임(도덕, Ethos)을 통합하려는 지적 노력을 결코 포기하지는 않는다. 즉 힘과 도덕이 하나가 되어 국가를 세우고 역사를 만들어야 한다고 역설하는 것이다. "국가이성에 의한 행동은

4 한글 번역본 제목은『국가권력의 이념사』이다. F. 마이네케,『국가권력의 이념사』(한길사, 2010), 53쪽.

5 마이네케, 같은 책, 54쪽.

빛과 어둠 사이를 끊임없이 오가므로", 국가의 정치행동이 자기충족적인 고도의 합리성과 합목적성을 요구한다고 말하는 마이네케가 마키아벨리의 국가론에 대해 입체적인 태도를 취하는 건 자연스러운 결과일 것이다.

국가이성론의 계보를 추적해 온 중세유럽사 전문가인 게인 포스트는 국가이성의 핵심을 다음과 같이 다섯 가지로 간명하게 요약한 바 있다.[6] 첫째로 개인의 이익에 대한 공동선의 우위, 둘째로 위기상황에서 예외적 수단의 인정, 셋째로 더 높은 차원의 목적을 위해 희생될 수 있는 일반 도덕률에 대한 일시적 타협의 정당화, 넷째로 더 큰 불행을 방지하기 위한 작은 불행의 용인, 다섯째로 목적이 정당화하는 수단이 바로 그것이다. 이로써 우리는 국가의 철학적 이해와 관련해 힘과 도덕을 결합시키려고 했던 마이네케의 노력이 미완의 것으로 남을 수밖에 없었던 본원적 사정을 짐작할 수 있다.

마이네케와 게인 포스트가 요약한 국가이성론 담론의 궤적을 감안하면 북한, 즉 조선민주주의인민공화국의 국가이성을 논하는 것은 자연스러운 논리 전개에 해당된다. 이런 맥락에서 주권국가인 북한 국가철학의 에센스는 단연 주체사상이라는 사실을 신일철의 주체사상비판이 투명하게 논증한다. 바꿔 말하면 북한 국가행동의 원리이자 운동법칙을 투명하게 규정한 이념이 바로 주체사상이며 그 가운데서도 핵심이 유일사상체계 확립 10대 원칙이다.[7] 즉 국가로서의 북한의 본질은 주체사상과 유일사상체계 10대 원칙으로 압축된다.

진보적 성향의 논객뿐 아니라 양심적 통일주의자들은 남북의 현 체제가 모두 문제가 있기 때문에 두 체제가 각기 변화하는 과정 가운데 상호접점을 찾아야 한다고 주장하는 경향이 있다. 북을 일방적으로 추종하는 극소수의

6 Gaine Post. 이는 임승휘, 「두 '국가이성'의 대립」, 『프랑스사 연구』, 제1호, 17쪽에서 재인용.

7 신일철, 『형성』, 155~165쪽.

종북주의자들을 논외로 한다면, 진보 인사들은 남의 자유민주주의와 북의 조선식 사회주의 사이의 '변증법적 통합'을 역설하는 경우가 많다. 통일한국은 일원화 모델이 아니라 자유민주주의와 사회주의적인 민주주의가 상호 수용하는 공존체제로 형상화되어야 한다고 주장하는 경우가 통일담론의 전형적 이념형일 것이다.

진보적 통일담론의 한 정형(定型)은 남북한 모두에게 있어 전부 아니면 전무라는 제로섬 게임(전쟁과 상호파멸)은 수용 불가능하다는 사실을 전제하고 출발한다. 양쪽 체제이념을 서로 양보해서 상호수렴이 가능한 쪽으로 접근해 가야 한다고 주장한다. 남북의 두 국가를 수렴해서 제3의 통일국가로 지양해야 한다는 주장을 종합해 변증법적 통일담론이라고 부른다면, 변증법적 통일담론은 통일한국의 이념적 통합작업에서 재구성된 주체사상이 한 당사자가 될 수밖에 없다고 역설한다. 진보적 역사해석을 한반도에 적용해서 주체사상을 사회민주주의 방식으로 변용시키는 것이 가능하다는 주장이다.

이런 변용 작업에서 핵심적인 것은 주체사상의 출발점인 '세 개의 원리성 기술(statement)'에 대한 적극적 재해석의 시도이다. 즉 주체사상의 '인간중심의 철학, 인민대중 주체설, 인민대중 자주성과 창조성에 대한 테제'를 보편이론의 시각에서 재해석하는 것이 가능하다는 논변이다. 이런 재구성 작업은 첫째, 주체사상의 인간중심주의를 보편사적 휴머니즘과 동근원적(同根源的)이라고 본다. 둘째, 인민대중 주체설은 기존 사회주의 이론의 계급 환원주의를 극복하고 사회주체의 다원화를 승인함으로써 인간을 역사의 주체로 상승시킨 커다란 성과로 여겨진다. 셋째, 인민대중의 자주성 · 창조성 테제는 마르크스의 인간중심주의와 결합해 현대 민주주의 이론과 실천의 핵심인 인민주권론으로 격상 가능하다는 주장을 편다.

변증법적 통일론자들은 주제사상의 세 개의 원리성 자체가 민주사회주의의 주장에 접근하므로 주체사상과 민주사회주의의 접목이 가능함과 동시에 그런 접합의 시도가 통일이념의 토대가 된다고 주장한다. 주체사상의 원리와 대응한다고 이들이 보는 민주사회주의의 원리는 인도주의와 인간해방의 논리, 계급독재와 일당영도체제 폐기, 폭력배제와 민주적 사회법치적 국가구현으로 요약된다. 이렇게 정리된 민주사회주의가 사상의 원점(原點)에서 주체사상과 유사하다는 것이다. 하지만 주체사상과 민주사회주의의 만남을 부각시키는 통일담론에는 커다란 결함이 있다. 주체사상에 대한 이론적 이해가 일면적인 데다 이론체계와 북한의 현실을 잘 아우르지 못한다. 주체사상 이론과 실천에 대한 이해의 빈곤은 자유민주주의와 북한식 사회주의 이념의 변증법적 통합이라는 궁극적 구도 자체를 무망한 것으로 만든다.

변증법적 통일담론이 주목한 주체사상의 세 가지 원리는 결코 주체사상의 전모를 드러내지 않는다. 신일철만큼 그 결함을 명징하게 분석한 논자도 찾기 쉽지 않다. 주체사상을 공식적으로 총괄 정리해서 북한 사회과학출판사가 1985년 10권으로 출간한 『위대한 주체사상총서』(이하 『총서』로 표기)에 의하면, 주체사상의 세 가지 원리는 1, 2권에서 서술된 주체사상의 철학적 원리와 사회역사 원리에서 추출한 것이다.[8] 물론 주체사상에 대한 재독해 작업이 모든 문건에 대한 고려를 반드시 포함해야 되는 것은 아니다. 그러나 주체사상을 하나의 이념체계로 존재케 한 필수적 구성요소를 삭제한 채 주체사상을 철학적으로 논하는 것은 정당화될 수 없다. 주체사상에 대한 피상적 이해가 범하는 오류는, 주체사상이 이들 세 가지 원리에 의해

8 신일철은 『분석』, 118~127쪽에서 이 체계 전체를 상세히 다룬다. 참고로 『위대한 주체사상 총서』 총 10권의 각 권 제목은 다음과 같다. 1권: 주체사상의 철학적 원리, 2권: 주체사상의 사회역사 원리, 3권: 주체사상의 지도적 원칙, 4권: 반제 반봉건 민주주의 혁명과 사회주의 혁명 리론, 5권: 사회주의-공산주의 건설 리론, 6권: 인간개조론, 7권: 사회주의 경제건설 리론, 8권: 사회주의 문학건설 리론, 9권: 령도 체계, 10권: 령도 예술.

'시작'되지만 그 실질적 내용을 배반하는 형태로 '귀결'된 채 북한 사회에서 실행되고 있다는 사실을 간과하는 데 있다. 신일철의 저작들은 이를 촌철살인으로 폭로한다.

『총서』의 논리구조에서 세 가지 원리는 서론에 해당되며, 그것들은 본론과 각론을 거쳐 "수령의 영도론"으로 귀결된다. 바꿔 말하면, "사람이 모든 것의 주인이며 모든 것을 결정한다"는 "사람 중심의 철학"인 주체사상에서 핵심을 이루는 것은 일반 인민이 아니라 수령이다. "사람의 운명 개척의 근본 방도를 정확히 밝혀주는 혁명적 세계관인 주체철학에서 핵을 이루는 것은 주체의 수령관"이기 때문이다.[9] 여기서 우리가 주목해야 하는 사실은, 모든 것의 주인임과 동시에 자주적이고 창조적이며 의식적인 사람이라는 존재가 "당과 수령의 령도를 받는 인민대중"과 주체사상 안에서는 정확히 동의어라는 것이다. 사람의 자주성과 창조성이 "수령의 교시로만 의식화"되기 때문에 수령의 '령도'를 거부하거나 반대하는 이들은 주체사상의 구도 안에서는 사람이라고조차 할 수 없다. 보편사적으로 널리 승인되고 있는 기본적 인권을 북한이 승인하지 않고 반체제사범에 대해 반인륜적 조치를 일삼는 북한의 논리 아닌 논리를 우리는 이로부터 짐작할 수 있다.

주체사상의 인간중심 테제는 변증법적 통일담론의 해석 방식으로는 정리될 수 없다. 보편사적 인간 중심주의는 그 인간이 개체가 됐던 공동체적 존재이던 그 존재가 자기 결정의 주체임을 뜻한다. 영도자에 의해서만 '사

---

9 신일철, 『분석』, 107쪽 및 『연구』, 161~170쪽 참조. 『철학사전』(평양 : 사회과학원 철학연구소, 1985년), 516쪽 참조(이하 『사전』으로 약칭). 김일성 탄생 70세 기념으로 김정일이 1982년 3월 31일 "전국 주체사상 토론회"에 보낸 논문인 「주체사상에 대하여」는 1985년판 『사전』에 재수록된다. 이 논문은 주체사상의 맹아 격이라고 할 수 있는 『철학강좌』(김일성 대학 방송강의록, 극동문제연구소 복사본, 1974년)(이하 『강좌』로 약칭)의 내용을 집약해서 체계화한 것이며, 동일한 내용이 『총서』로 집대성된다. 변화된 것은, 주체의 수령관에다가 "수령에 대한 충실성을 후계자에게 대를 이어 완성"한다는 세습정당화 논리가 덧붙여졌다는 사실이다. 『사전』, 499쪽 참조.

람'으로 승인될 수 있다는 주체사상의 인간중심테제는 보편사적 인간 중심주의와 공존하기보다는 충돌할 가능성이 훨씬 높다. 인민대중 주체설과 인민대중의 주체성 · 창조성 테제도 수령론과 논리적으로 공존할 수 없음은 물론이다. 인민이 자신의 주인이고 역사의 주체이며 창조적인 존재라는 주장과, 오류를 범할 수 없는 수령의 지도에 의해서만 비로소 인민이 사람으로 간주될 수 있다는 주장은 철학적으로 화해 불가능하며 논리적 모순관계에 놓여 있는 주장들이다.[10] 신일철은 이를 '일인 우상화를 위한 철학적 합리화' 시도가 논리적 파탄에 이른 것으로 본다.

주체사상의 세 가지 원리들에 대한 정확한 평가는 국제 공산주의운동과 마르크스주의의 역사라는 포괄적 맥락에서만 가능하다. 사실 이론적 엄밀성과 깊이, 그리고 사상체계의 정합성이라는 학술적 기준에서 보자면 주체사상의 논술 수준은 사뭇 초라하기 짝이 없는 것이다.[11] 신일철은 이를 그 자체 학문적 성격은 취약한 데 비해 사회주의 선전물 성격이 강했던 『볼셰비키 당사(黨史)』 같은 소련의 당 교과서들을 북한이 무비판적으로 수입하고 억지로 짜깁기해 변조함으로써 논변의 수준이 한층 낮아질 수밖에 없었던 주체사상 형성사의 필연적 산물이라고 비판한다.

신일철이 강조하는 주체사상의 선전 선동술 측면도 물론 엄존한다. 하지만 내가 보기에 주체사상은 자족적인 이론체계 자체로서의 의의보다는 북한체제의 성립과 북한 현실과의 연계라는 실천적이고 역사적인 구도에서 더 중요성을 갖는다.[12] 사람중심론, 인민대중 주체설, 인민대중 자주

10 신일철, 『연구』, 151쪽.

11 신일철, 『형성』, 108쪽.

12 마찬가지로 마오쩌뚱의 『모순론』도 철학적으로 볼 때 심오하거나 독창적인 이론 수준을 과시하는 것은 아니다. 『모순론』을 평가함에 있어서 그 이론적 기여보다는 국제 공산주의 운동사에서 한 절정을 이룬 중국식 사회주의 혁명을 이끈 실천적 강령이라는 사실을 감안해서 조명해야 한다.

성 · 창조성 테제는 마르크스주의 이론구도 속에서 보면 객관주의적 경제 결정론과 대극(對極)을 이루었던 주관주의(또는 주의주의 · voluntarism)의 한 극단적 변형이다. 이는 신일철의 비판을 떠나서도 마르크주의 이론사의 풍요한 성취에 빗대어 보면 명백한 퇴행의 성격을 갖는다는 사실을 부인하기 어렵다.

주체사상에 대한 변증법적 통일담론 방식의 선택적 독해는 주체사상의 이론과 북한의 현실을 종합적으로 아우르지 못하는 근본적 결함을 낳는다. 주체사상의 세 원리와 민주사회주의의 기본강령들을 접합하려하는 일체의 시도는 북측의 주체사상에 의한 사회실천이 민주사회주의와 거리가 너무나 멀다는 사실 앞에서 좌초하기 마련이다. 둘 사이의 유사성이 단지 문자 형식상의 유사성에 국한될 때가 대부분이기 때문이다. 근본적으로 주체사상의 실천 지향적 성격을 고려할 때, 이론과 실천 사이 연계성의 결여라는 문제점은 가히 치명적이다.

주체사상을 민주사회주의와 연결시키는 작업이 설득력을 가지려면, 민주사회주의(또는 사회민주주의) 이론과 실천에 대한 최소한의 이해가 필수적이다. 민주사회주의는 인도주의/민주/자유/공정/상조를 뼈대로 삼아 계급독재와 일당체제를 거부한다. 나아가 민주사회주의는 폭력혁명 노선을 거부하고 민주적 법치국가를 지향하면서 역사적으로 주로 서구에서 실행되었다. 반면 민주사회주의를 혁명의 배반자라고 비난하며 적대시했던 정통 마르크스주의가 레닌주의와 스탈린주의에 의해 체현되면서 구 소련이나 동구의 스탈린주의적 현실사회주의 국가에서 실험되었음은 주지의 사실이다.

주체사상이 스탈린주의의 북한판 변용이라는 데 우리가 어느 정도 동의할 수 있다면, 사회주의 이론과 실천의 역사라는 시각에서 보아도 주체사상과 민주사회주의의 화해는 불가능에 가깝다. 우리는 지금의 북한체제 안에서 사람이 모든 것의 주인이라는 명제, 그리고 인민의 역사적 주체성과 자주성 · 창조성이라는 주체사상의 테제가 얼마나 실천되고 있는지를 물어야 한다. 하지만 오늘날 북한의 현실은 주체사상의 본질과 핵심이 사람 중심론이 아니라 수령 중심론임을 증명한다. 따라서 주체사상의 사람 중심론을 민주사회주의의 인민주권론과 무리하게 연결시키려 하는 모든 시도는 북한체제의 현실과 주체사상의 실천적 성격을 호도(糊塗)하게 된다. 나중에 살펴보겠지만 그 길은 정확히 송두율의 북한담론이 빠져 들어갔던 함정이다.

북한사회를 이념적 · 실천적으로 규율하고 통제하는 3대 문건은 헌법, 노동당 규약, 그리고 '유일사상체계 확립의 10대 원칙'이다. 현대의 민주공화정적 법치국가에서 헌법이 갖는 최고법적 성격은 스탈린 체제를 모태로 한 현실사회주의 국가에서는 크게 변질된다. 형해화한 사회주의 헌법은 대개 장식적이고 외견적인 특성을 보인다. '조선민주주의 인민공화국의 주권이 인민에게 있다'고 선포한 북한헌법도 장식적인 특징을 여실히 드러낸다. 흥미로운 것은 이런 북한헌법의 형식성이 차츰 북한 현실의 내용을 담아내는 방향으로 수정되어 갔다는 점이다.

첫 번째 중요 계기는 1998년 수정된 '조선민주주의 인민공화국 사회주의 헌법'에 대한민국 헌법 전문(前文)에 상응하는 서문(序文)이 신설된 점이다. 국가의 근본이념과 원리를 밝힌 이 서문은 북한이라는 국가 전체가 "위대한 수령 김일성동지의 사상과 영도를 구현한 주체의 사회주의 조국"임을 선포하며 헌법 자체가 "김일성 헌법"임을 명시하고 있다. 이어 2009년 개정된 헌법에서는 "김일성 민족"이라는 개념까지 등장했다. 그렇다면 헌법과 노동당 규약은 어떤 관계에 있는가? 주권자와 집권정당도 헌법을 지켜야 하는 현대 민주주의의 입헌정치 모델과는 달리 북한헌법은 "조선민주주의 인민공화국은 조선로동당의 영도 밑에 모든 활동을 진행한다."(제11조)

고 하여 국가에 대한 당의 우위를 분명히 한다. 노동당 규약이 헌법보다 상위의 법 규범임을 밝히고 있는 것이다. 이어 2010년 9월 28일 개정된 당 규약은 마르크스 · 레닌주의의 유산을 완전히 삭제해 당의 성격을 "위대한 수령 김일성 동지의 당"으로 규정하고 북한이라는 국가 자체를 "김일성 조선"으로 명기하고 있다. 당 규정과 사상 및 노선에 "김정일 동지"와 "선군정치"를 포함시킴으로써 수령의 혈통과 혁명과업의 전통을 일체화하고 있는 것은 물론이다.

나아가 헌법 위에 있는 노동당 규약과 유일사상체계의 관계는 어떤가? 노동당 규약에 의하면, "조선로동당은 오직 위대한 수령 김일성동지의 주체사상, 혁명운동에 의해 지도"되며, "유일사상체계를 세우는 것을 〔…〕 기본원칙으로 삼는다." 당 규약보다 "당의 유일사상체계 확립의 10대 원칙"이 상위에 자리한 근본원리라는 것이다. 결국 북한이라는 주권국가를 규율하는 법규범 위계에서 헌법 위에 당 규약이 놓이고 당 규약 위의 최고 정점에는 유일사상체계 확립의 10대 원칙이 자리한다. 여기서 우리는 '김일성 헌법에서 김일성 민족을 거쳐 김일성 조선'으로의 이행이라는 헌법과 당 규약의 변천 과정이 전혀 새로운 게 아니며, 1974년에 선포된 유일사상체계 확립의 10대 원칙에 의해 이미 선취되어 있다는 점을 확인할 수 있다. 헌법과 당 규약상의 변화는 이를 뒤늦게 추인하거나 사후적으로 정당화한 데 불과하다.

결국 국가로서 북한의 본질과 내용은 유일사상체계 10대 원칙이 정확히 반영한다. 10대 원칙은 신일철이 반복해 논증한 것처럼 주체사상의 에센스 그 자체인 것이다. 이 10대 원칙은 김일성 유일통치를 동어 반복적으로 선언하는 명제들의 집합이어서 아무런 정당화나 논변을 필요로 하지 않는다. 한마디로 김일성 · 김정일 통치의 "절대성"에 대한 거듭된 재확인과, "무조건적" 복종을 요구하는 국가종교의 대(大)정치율법이자 사회 10계명으로 정의된다. 신일철은 이를 '현대판 신정(神政)정치인 동시에 북한형 공산화 대용종교의 경전'이라고 명명한다.[13]

예컨대 유일사상체계 원칙 3은 "위대한 수령 김일성 동지의 권위를 절대화하여야 한다."고 주장하며 원칙 5는 김일성의 교시가 '무조건적으로 집행되어야 한다.'고 강조한다. 그 결과 주체사상은 "인간의 존엄성과 인간의 기본권을 옹호하는 민주주의의 철학적 기초를 부정하면서 〔…〕 수령 개인숭배를 정당화하는 어용철학"으로 타락한다.[14] 더 중요한 것은 유일사상체계 확립 10대 원칙이 국가운영뿐 아니라 북한 인민의 생활 영역에서 현지 교시나 생활총화 등의 형태로 관철되어 왔다는 사실(史實)이다. 연륜이 짧은 김정은 정권에서 10대 원칙은 김정은의 정통성을 옹위하기 위해서라도 더 교조적이고 혹독한 방식으로 적용되고 있다. 북한의 2인자이자 김정은의 후견인이기도 했던 장성택 숙청은 10대 원칙의 필연적 발현에 지나지 않는다.[15]

'김일성 헌법 · 김일성 민족 · 김일성 조선'이라는 법적 표현은 유일사상체계의 내용을 사후에 합리화한 용어에 불과하다. 핵무장을 정당화하고 있는 북한 국가이성의 논리를 정확히 이해하기 위해서도 유일사상체계 원칙이 중요한 것이다. 유일사상체계의 출발점인 원칙 1은 "당의 유일사상체계를 세우는 사업을 끊임없이 심화시키며 대를 이어 계속해 나가야 한다."고 명시한다. 결론인 원칙 10은 "위대한 수령 김일성 동지께서 개척하신 혁명과업을 대를 이어 끝까지 계승하며 완성해 나가야 한다."고 다시금 강조한다. 주체사상의 알파요 오메가이자 권력 3대세습의 정당화 논리인 수령론

---

13 신일철, 『형성』, 163쪽.

14 신일철, 『현대 사회철학과 한국사상』(문예출판사, 1996), 219~220쪽.

15 국제정치학자임과 동시에 북한 전문가로서 국정 현장의 최전선을 경험한 논자가 북한의 유일체제에서 2인자 장성택이 통과한 곡절 많은 행로를 창조적으로 해석한 최근의 텍스트로는 라종일, 『장성택의 길—神政의 불온한 경계인』(서울 : 알마, 2016) 참조.

과 후계자론의 결합은 이렇듯 유일사상체계 확립 원칙에 의해 일찌감치 정초된 바 있다. 외부세계의 회의적 시각과는 판이하게 수령의 아들에 이어 손자만이 수령의 자리를 이을 수 있었던 건 현재의 북한 법규범과 국가운영 원리의 필연적 귀결이다.

1974년 김정일은 김일성의 전폭적 지지를 기초로 자신에의 권력 승계를 합리화하기 위해 유일사상체계를 최고규범화했다. 김정일이 죽고 김정은으로의 세습이 이루어진 오늘까지 북한사회를 규정하는 이 핵심 원리에는 아무런 본질적 변화도 없다. 유일사상체계의 폐쇄성과 자기완결성도 갈수록 심화되어 갔다. 더 중요한 것은 역사상 그 누구도 꿈꿀 수 없었던 전체주의적 절대 권력을 한 손에 독점한 김정일이 북한이라는 국가의 현실과 전체 인민의 삶을 유일사상체계에 맞추어 송두리째 재편하는 데 성공했다는 사실이다. 그 결과가 바로 오늘의 조선민주주의인민공화국이다. 이 점 김정일은 역사상 그 어떤 통치자도 가지 못했던 길을 갔으며 3대 후계자 김정은은 아버지의 궤도 위에서 이탈하지 않고 있다. 아니 이탈할 수 없다는 것이 더 정확한 지적일 터이다.

수령에 대한 '절대성, 무조건성, 신조화, 신념화', 즉 이른바 '충실성의 4원칙'을 생활화시켜 대를 이어 혁명과업을 수행할 후계자론을 김정은은 국가운영의 뼈대와 통치의 정당성의 토대로 삼고 있다. 김정일이 남긴, '핵무기를 포함한 대량살상무기 능력을 계속 확장시켜 나라를 보위하라'는 유훈은 북한이라는 국가 자체와 유일지배체제를 동일시하는 김씨 일가가 독점한 북한 버전의 국가이성의 발현이다. 핵무장이야말로 북한이라는 국가의 본질인 유일체제를 지키는 최후의 안전판이라는 인식인 것이다. 외교적 협상과 경제협력으로 북핵 폐기가 가능하다는 주장이 북한 국가이성의 엄중함과 그 논리구조를 경시한 데서 나온 소망사고인 정치철학적 이유가 여기에 있다.

주체사상의 이론과 실천에 대한 이해의 빈곤은 변증법적 통일담론을 공허한 것으로 만든다. 우리는 한국사회에서 구현돼 왔던 자유주의가 매우 왜곡된 것이며 자유민주주의의 역사적 성과조차 제대로 제도화시키지 못한 불완전한 형태의 것임을 인정한다. 자유민주주의의 형식적 성격을 극복하고 내용을 충실히 하는 작업이 우리사회에서 부단히 진행되어야 마땅하다. 이런 규범적 믿음은 제대로 된 자유민주주의의 가능성이 남한사회에서 구체적으로 쌓여가고 있으며 점차 확장되고 있다는 현실 진단과 동행한다. 남한의 자유민주주의가 성숙해지고 본격적 궤도에 이른다면 그 이행의 행로가 민주사회주의에 접근해 갈 가능성도 배제할 수는 없을 것이다.

그렇다면 북한의 경우 주체사상에 의해 전면적으로 규정되는 것처럼 보이는 북한식 사회주의의 이론과 실천에 민주사회주의적인 잠재력이 조금이라도 엿보이는가? 나아가 그 방향으로 변화의 전망과 출구가 가능한가? '현실은 그렇지 않지만 규범적으로 그렇게 되어야 하며 이론가로서 나는 그렇게 희망한다'는 대답 외에 변증법적 통일담론이 어떤 답을 예비하고 있는지는 매우 모호하다. '남한 자유민주주의와 북한 주체사회주의 사이의 변증법적 통합'이라는 구호가 남북 두 국가의 본질에 대한 철학적 반성을 결여할 때 남는 것은 공허한 수사학뿐이다. 더 심각한 것은 현란한 변증법적 통일담론의 함의가 정치적으로 치명적인 함의를 생산할 수도 있는 개연성이다. 국가이성론으로 조감한 송두율의 북한철학이 그 대표적인 사례에 해당한다.

3. 송두율의 북한철학

2003년 9월 송두율은 오랜 유랑을 뒤로한 채 한국으로의 귀국을 감행한다. 그 결과는 참혹했다. 그는 실정법에 의해 처벌되기 전에 '해방 이후 최대의 간첩'으로 여론재판에 의해 정죄된다. 그 후 9개월 가까이 감옥생활을 하고 2심 재판에서 집행유예를 선고받은 후 독일로 출국한다. 그리하여 세상을 떠들썩하게 한 37년 만의 귀향은 '미완'의 것으로 남았다. 엄청난 논쟁을 불러온 '송두율 사건'을 제대로 이해하기 위해서는 그의 북한담론을 먼저 살펴보아야 한다. 송두율 북한철학의 발전사적 맥락에서 본다면 그를 유명하게 한 '내재적 접근법'의 연원은 20대 후반 독일 유학 시절 박사논문 주제로 선택한 유럽 사상가들의 동양왜곡에 대한 반발로 소급된다. 군사독재의 모순이 격화되던 1960년대 중반 한국을 떠나 독일에 도착한 청년 송두율을 맞은 것은 68사태의 현장이었다. 불붙기 시작한 학생운동은 전통과 관습에 대한 급진적 의문을 불가피하게 했다. 송두율은 변화의 중심지였던 프랑크푸르트 대학에서 하버마스의 지도로 「헤겔과 마르크스와 베버의 동양세계관」을 주제로 27세인 1971년에 박사학위를 받는다.

『계몽과 해방』이라는 제목의 이 처녀작의 문제의식은 송두율의 학문세계를 근원적으로 규정한다. 서양이 생산한 오리엔탈리즘 담론의 정점에 서 있는 세 사상가가 바로 헤겔, 마르크스, 베버인데, 동양에서 서양의 한 가운데로 건너와 '세계 속의 나'를 탐색하고자 한 송두율이 이들과 대결한 것은 자연스러운 선택이었다. 독일관념론의 완성자인 헤겔은 자신의 역사철학에서 아시아를 '역사 없는 역사'로 규정한다. 역사를 역사답게 만드는 운동과 변화가 없고 인민의 자유를 꿈꾸지 못했으며 근본적으로 정체되어있는 역사가 바로 '동양적 전제주의'의 역사라는 것이다.[16] 헤겔이 묘파한 변증법적 역사발전 단계에서 동양이 가장 저급한 자리에 놓이는 것은 불가피한 결론이었다.

헤겔의 관념변증법을 뒤집은 마르크스는 아시아의 특징인 역사적 무변동성과 동양적 전제주의의 원인을, '미분화된 자연경제'가 예증하는 '생산

16 송두율, 『계몽과 해방』(한길사, 1988), 75쪽.

과 재생산의 자체 목적을 벗어나지 않은 촌락공동체' 생산양식의 영구화, 즉 아시아적 생산양식에서 찾는다.[17] 토지사유가 금지되고 농업과 가내수공업만이 연계된 '촌락체제'에서 자급자족적 촌락공동체들은 살아남기 위해서라도 엄청난 관개시설 건설작업에 필요한 대중노동력 투하에 동원될 수밖에 없었고, 비트포겔이 묘사한 동양적 전제정이 그 지휘 역할을 맡았다는 것이다. 그러나 헤겔의 관념론과 마르크스의 유물론을 동시에 비판한 막스 베버는, '왜 아시아에서는 근대 자본주의가 출현할 수 없었는가'를 종교사회학의 주된 과제로 삼는다. 자본주의의 맹아를 가능하게 한 프로테스탄트 윤리와는 다르게 아시아적 종교성에서는 전체론적 질서관, 주술적 전형화, 비전문적 교양인에 의한 국가통치, 혈연적 공동체의 한계 때문에 '전(前) 자본주의적이고 전(前) 시민적인 비합리성'이 지배할 수밖에 없었다는 것이다.

송두율은 이들 세 대가의 동양관을 비판한다. 헤겔의 약점은 동양이 변증법적 역사철학의 '개념 속에서, 그리고 유럽을 위해서'만 설정됨으로써 동양 전체가 타자화 · 식물화된다는 것이다. 베버의 진단을 따른다면 동양이 운명적 질곡을 벗어나기 위해서는 자본주의적 합리성을 채택하는 수밖에 없기 때문에 동양은 결코 능동적 주체일 수 없다. 그런데 마르크스는 아시아적 생산양식을 지리적으로 규정하는 대신, '반(半)개화된' 아시아와 자본주의적 서양 사이의 비판적 상호작용 속에서 아시아가 점차 주체화될 수 있는 가능성을 열어놓음으로써 아시아에 대한 헤겔과 베버의 결정론을 넘어선다고 송두율은 평가한다. 『계몽과 해방』의 「1985년 추고(追稿)」는 송두율의 이런 사상적 출발점을 선명하게 보여 준다.[18]

헤겔-마르크스-베버를 관통하는 계몽의 흐름은 인류보편사적 시각에

17 송두율, 같은 책, 92쪽.

18 송두율, 같은 책, 188~209쪽.

서 아시아의 비참함을 진단하고 계몽의 해방적 기능을 설파한다는 것을 송두율은 시인한다. 하지만 그는 곧 '계몽이 하나의 새로운 식민화를 가져오고 주체성을 파괴한다면 도대체 이 계몽은 누구를 위한 계몽인가?'라는 통절한 질문을 제기한다. 결국 계몽과 해방이 '보편성과 주체성을 통일'시키는데 기여하지 않으면 진정한 계몽과 해방일 수 없다고 송두율은 역설한다. 이는 보편과 특수의 만남에 대한 성찰을 운명적으로 강요받을 수밖에 없었던 한 아시아 출신 유럽지식인으로서의 송두율의 변경(邊境)적 위치를 반영한다. 이런 경계인적 자의식은 여러 형태로 변용되면서 지속적으로 송두율의 학문세계를 규정한다. 코스모폴리탄적임과 동시에 민족주의자임을 원하는 송두율의 지적 노력이 이를 증명한다. 그 생생한 실례가 바로 북한에 대한 내재적 접근법의 응용인 것이다. 강건한 아시아적 길에 대한 송두율의 집착은, 물신화된 서양과 비주체적 남한체제에 대한 대안이라고 그가 확신한 주체사회주의에 대한 짝사랑으로 귀결된다. 사상가 송두율은 민족주의의 아름다운 그림을 과신한 만큼 보편적 민주주의의 요구를 과소평가하는 함정에 빠진다. 이는 한 개인의 사상적 실족(失足)에 국한되지 않는 엄중한 질문을 우리에게 던진다. '무정부상태인 국제정치의 지평에서 소국의 민족주의가 설 자리는 어디인가?'라는 질문이 바로 그것이다.

사회주의와 공산주의 사회에 대해 구미에서 제시된 학문적 분석의 기본틀은 냉전적 대치상황의 소산인 '전체주의 이론'이었다. 이는 사회주의 사회의 특징을 공산당의 권력독점, 제도화된 테러와 숙청, 통제경제, 단일 이데올로기의 지배 등으로 보는 입장이다. 그러나 이런 분석틀은 자유민주주의를 이미 절대적 가치체계로 전제하면서 사회주의를 타파해야 할 대상으로만 여기는 한계를 갖는다고 송두율은 본다. 예시된 전체주의적 속성들이 이른바 자유세계에 속한 많은 나라들에서도 발견된다는 점에서도 문제가 있었다. 이 분석틀에 비해 1960년대 이후 제기된 탈이데올로기적 양 체제

'수렴이론'은 평화공존을 지향하면서 기능주의적 접근을 제창함으로써 전체주의론보다는 진일보했으나 여전히 현실 사회주의의 독자성을 간과한다는 문제점을 극복하지 못했다는 것이 송두율의 해석이다.

이런 약점들을 극복하기 위해 제시된 것이 '내재적 접근법'이다. 즉 '사회주의의 이념과 현실을 안으로부터 분석하고, 사회주의가 이룩한 성과를 그 사회가 설정한 이념에 비추어 검토해야 한다'는 주장이다. 내재적 분석법은 동독 연구가인 루츠(P.C. Ludz)와 사회주의 비교연구가인 바이메(K.V. Beyme)의 작업에 의해 창도되었고 송두율의 1982년 교수자격논문인 '소련과 중국사회주의 비교연구'라는 학문적 성과로 이어졌다.[19] 송두율은 이 분석틀을 사상 최초로 북한에 적용시킴으로써 북한연구의 지평을 크게 확장시켰다. 북한에 대한 내재적 연구는 반드시 다른 사회주의 국가와의 비교연구를 전제해야 한다고 그는 역설한다. 북한 사회주의가 보편적인 계급모순과 특수한 민족모순의 해결이라는 두 과제를 동시에 안고 있기 때문이다. 두 모순의 "동시적 해결과제가 북한사회주의의 내재적 이념인 주체사상으로 표현되고 있다"는 게 송두율의 핵심적 주장이다.[20] 북한 사회주의의 핵은 주체사상이며 역으로 북한사회주의는 주체사상의 구현인 것이다. 흥미롭게도 신일철과 송두율의 북한관은 이 지점에서 서로 조응하지만 둘의 만남은 거기까지다.

주체사상에 대한 송두율식 내재적 판독법은 다음 다섯 가지로 요약된다.[21] 첫째, 철학적으로 주체사상의 '사람이 모든 것의 주인이며 모든 것을 결정한다'는 '인간의 자주성, 창조성, 의식성' 테제는 결코 주의주의나 유아

19 송두율, 『소련과 중국』(한길사, 1990).

20 송두율, 「북한사회를 어떻게 볼 것인가」 『역사는 끝났는가』 所收(당대, 1995), 212쪽. 이 글은 원래 송두율, 『현대와 사상』(한길사, 1990), 114~125쪽에 같은 제목으로 실렸다.

21 송두율, 「북한사회의 내재적 비교연구」, 『역사는 끝났는가』 所收, 219~250쪽 참조. 이 글도 같은 제목으로 송두율, 『현대와 사상』, 126~154쪽에 실렸다.

론으로의 퇴행이 아니며 역사유물론이나 마르크스주의에서의 일탈도 아니다. 오히려 그것은 위대한 사회주의적 전통을 북한의 현실에 맞게 습합(習合)시킨 것으로 보아야 한다. 둘째, 북한 사회주의 정치사상의 핵인 수령의 영도는 단지 북한에 국한된 현상만은 아니고 구소련이나 동구권에서도 당의 영도적 역할에 의해 선취된 바 있다. 당의 영도의 본질을 수령의 영도에서 찾는 주체의 정치사상도 북의 현실에 실천적으로 대응하는 북한형 '카리스마적 지배양식'으로 독해될 수 있다는 것이다. 송두율에 의하면 "수령의 유일적 영도체계는 나아가 혁명과 건설에서 노동계급의 당과 대중을 연결시키는 데서도 핵심적 문제로 파악되고 있다."[22]

셋째, 사회주의 경제는 소유문제, 경제관리문제, 그리고 상품과 화폐관계가 그 핵심으로서 북한의 '자립적 민족경제'는 이 문제들에 대한 북한의 독자적 대응을 보여 주며 한동안 상당히 의미 있는 성과를 거두었다는 것이다. 송두율은 이를 "북한의 독특한 주체적 발전노선"이라고 평가한다.[23] 넷째, 주체사상의 국제정치적 시각은 우리식 사회주의의 견결함에 대한 변함없는 충실성으로 대변된다. 다섯째, 남북통일문제를 바라보는 주체사상의 시각에서 핵심은 '자주성의 실현' 여부이며 좀더 구체적으로는 '남한을 자주화하는 것이 자주적 통일을 위한 전제이며 담보'이다.

북한 사회주의에 대한 내재적 분석의 키워드는 한마디로 자주성으로 집약된다. 주체사상의 철학적 핵심명제인 "인간의 자주성, 창조성, 의식성이 개체성의 관점보다는 인민 또는 민족의 집단적 주체를 보다 강조하고 있다"는 송두율의 언명은 정곡을 찌른 지적이다.[24] 주체사상의 화두는 결국 북한 민족주의의 자주성과 존엄성에 대한 반복적 강조로 압축된다. 북한이

22 송두율, 「북한의 이데올로기와 주체사상」, 『역사는 끝났는가』 所收, 278쪽.

23 송두율, 「북한사회의 내재적 비교연구」, 『역사는 끝났는가』, 244쪽.

24 송두율, 「북한사회의 내재적 비교연구」, 228쪽.

나라와 민족의 독립과 존엄을 모든 경우에 강박증 비슷하게 강조하는 이유가 이제 선명해진다. 결론적으로 송두율은 "수령 · 당 · 인민대중이라는 하나의 사회적 유기체로서 큰 가정을 이룬다는 주체사상이 〔…〕 현재 북한이 처한 여러 난관을 돌파하는 강력한 무기로서 그 생명력을 보여줄 수 있을 때, 통일한반도의 역사 속에서는 물론 인간해방을 위한 인류의 모든 사상적 노력의 좌표 위에도 정당한 평가에 다른 주체사상의 위상은 기록될 것이다."라고 마무리한다.[25]

신일철과 송두율의 북한담론을 정확히 평가하기 위해서나 북한 자신의 주장을 제대로 평가하기 위해서도 이 대목에서 우리는 민족 개념이 한국인에게 갖는 의미를 다시 조명해 볼 필요가 있다. 일제 식민통치의 경험, 나아가 전쟁과 분단의 비극으로 상징되는 한반도 현대사는 근대 민족주의의 핵심인 통일 민족국가 수립을 한민족 전체의 거족적 비원(悲願)으로 승격시켰다. 열강에 휘둘려 온 우리의 비참한 역사 때문에 민족의 자주성과 존엄성 테제가 숭앙(崇仰)의 대상으로 쉽게 이어지는 것도 이해할 만한 현상이다. 그리하여 민족주의는 남북을 막론하고 성스러운 이름이 되었다.

하지만 민족주의는 본질적으로 우리와 남을 나눈 후 우리만의 단결을 지향하는 닫힘의 논리라는 측면이 엄존한다. 남의 목소리는 잊히고 우리의 목소리는 극대화되는 경향을 갖는다. 상상의 공동체인 민족이 이데올로기적 실체로 전화(轉化)하면서 빚어내는 부작용과 역기능에 대한 보고로 세계사는 가득 차 있다. 국제관계에서 방어적 민족주의와 공세적 민족주의의 경계도 그리 선명하지 않다. 대내적으로도 민족주의는 열린 사회의 덕목인 다원주의를 위협할 수 있으며, 시민적 자유와 인권을 훼손할 수 있고, 집단적 감성을 강조함으로써 개인의 감수성을 침해할 수도 있다. 그러나 이 모든 문제점에도 불구하고 한반도의 지정학은 한국 민족주의를 거의 운명적

25 송두율, 「북한의 이데올로기와 주체사상」, 291~292쪽.

인 것으로 만든다. 중요한 것은 민족주의의 장점을 십분 살리면서 그 특유의 폐쇄성과 배타성을 극복하는 지혜를 찾는 길이다.

이런 맥락에서 주체사상에서 체현되는 북한 민족주의를 바라볼 때 민족주의에 수반되는 부작용과 그림자가 그 빛을 압도하고 있는 것으로 보인다. 송두율의 내재적 접근법이 북한 민족주의의 빛은 부풀리고 그림자는 축소시킴으로써 북한의 현실에 대한 엄정한 접근을 어렵게 하는 것은 '경험적 · 비판적 이론'으로서의 내재적 접근법의 심각한 결함이 아닐 수 없다. 송두율식 내재적 접근법의 한계는 먼저 철학적이고 정치사상적인 차원에서 드러난다. 가장 핵심적인 문제는 모든 것의 주인이며 자주적이고 창조적이며 의식적인 사람이라는 존재가 '당과 수령의 령도를 받는 인민대중'과 정확히 동의어라는 신일철의 비판이다. 여기다 수령 무오류설이 더해지면서 사태가 훨씬 악화된다.

앞서 밝혔듯이 철학적으로 인민의 주체성 · 창조성 테제는 그 주체가 어떤 존재이든 자기 결정적 존재임을 의미할 수밖에 없다. 수령의 지도에 의해서만 사람이 될 수 있다는 수령론과 논리적으로 공존하기 어려운 것이다. 수령 · 당 · 인민대중의 유기체적 성격에 대한 강조는 이런 딜레마를 빠져 나가기 위한 논리적 장치인 것으로 짐작된다. 하지만 철학적 궤변에 가까운 이런 논법은 보편적 정당화의 기준을 충족시키지 못한다. 보다 심각한 것은 주체사상이 인간중심의 철학과 인민의 주체성 · 창조성의 테제로 아름답게 시작하지만 그 실질적 내용을 배반하는 형태인 수령절대주의로 귀결된 채 북한사회에서 실행되고 있다는 현실이다. 철학적 정당화에 실패한 내재적 접근법은 궁색한 체제변호 이데올로기로 퇴행해 갈 위험성 앞에 직면한다.

북한의 우리식 사회주의 경제, 국제정치, 통일관은 문제가 더 심각하다. 수십만에서 수백만에 이르는 인민이 아사한 1990년대 중후반 '고난의 행군'이 웅변하는 북한경제의 현실은 주체사회주의의 무능과 비효율성에 대해 역사가 내리는 총체적 실패 선고에 가깝다. 수령절대주의 사회에서 절대적 지도자가 인민과 국가에 대해 지는 책임도 절대적일 수밖에 없다는 명백한 사실을 호도하는 어떤 시도도 정당화되기 어려운 것이다. 하지만 비록 고난의 행군 발발 이전에 쓰인 글이긴 하지만 송두율은 "스스로가 민주화되지 못한 조건에서 상대방의 민주화를 요구하는 모순은 말할 것도 없고, 사회보장을 최고의 정책기준으로 설정한 상대편[북한—인용자]에 비하여 [···] 사회복지정책을 충분히 수행하지 못하는 조건에서 상대방에게 인민을 더 이상 '착취'하지 말라고 요구"하는 한국을 오히려 꼬집는 현실감각의 빈곤을 드러낸다.[26] 북한의 경제위기가 이미 1970년대부터 누적되기 시작했다는 사실을 감안하면 '북한전문가 송두율'의 인식의 지체는 놀라울 정도이다.

이제 우리는 송두율의 북한철학에 대한 근본적 질문에 이르렀다. '자주성과 주체성이 언제 어디서나 타당한 명제인가?'라는 질문이 그것이다. 계몽과 해방이 자주성을 침해하면 온전한 계몽과 해방이라 할 수 없듯이 계몽과 해방을 배제한 자주성도 불구의 것일 수밖에 없다. 내재적 접근법이 정당화하려는 주체사상과 북한 민족주의의 경우는 이 딜레마를 극명히 보여준다. 주체사상의 우리식 사회주의를 구원하려는 송두율의 필사적 노력은 근본적 한계에 부딪히고 말았다. 계몽과 해방이라는 보편논리에 대한 반대항으로서의 자주성 테제에 집착한 나머지 자주성의 긍정적 측면까지 유실될 위험을 맞고 있기 때문이다.

이것보다 더 근원적인 질문은 '북한 민족주의가 결코 포기하려 하지 않는 자주성이 과연 인민 개개인의 자주인가? 아니면 수령의 자주인가?'라는 의문이다. 물론 인민의 자주성과 수령의 영도는 분리 불가능한 유기적 동

26 송두율, 「사회주의의 위기와 한반도」, 『현대와 사상』, 112쪽.

일체라는 준비된 답변이 다시 돌아오겠지만 위에서 분석한 것처럼 이는 철학적으로 정당화되기 어려운 대답이다. 이 질문은 결국 민족주의의 이름 아래 인민이 고통받고 노예화된 상황, 즉 민족 자주성의 미명 아래 철저히 인민의 주체성이 박탈당하는 이율배반적 상황을 어떻게 설명할 것인가의 난문(難問)으로 이어진다.

철학자 송두율의 내재적 접근법은 이런 질문들에 대해 철저히 침묵한다. 2003년 한국으로의 그의 귀국 자체가 이런 질문들에 대한 우회적 답변으로 해석될 수도 있다고 나는 본다. 귀국 이래 거듭된 그의 모호한 발언은 결국 자신이 평생 잡고 씨름한 북한 민족주의라는 화두의 치명적 균열을 인정할 수도 없고, 또한 인정하지 않을 수도 없는 자신의 궁색한 상황을 반영하는 것처럼 보인다. 결국 '경계인 송두율'은 준엄한 대한민국의 국가이성 앞에서 난파의 위기를 맞게 된다.

'송두율 사태' 후 한국을 떠난 그는 자신의 경험을 담은 『미완의 귀향과 그 이후』를 펴내 한국사회의 '야만적인' 현실을 고발한다.[27] 자신을 속죄양으로 삼은 후에도 그걸 깨닫지 못하는 한국사회 고유의 '침묵과 망각의 카르텔'을 깨트리려 시도한다. 역사적 기록물이자 고해서인 『미완의 귀향』은 국가보안법을 통렬히 비판하면서 시작한다. 그의 표현에 의하면 '17세기적 기준'에도 미치지 못하는 희대의 악법이 짓누르는 우리 사회의 암울한 풍경을 절절히 고발하고 있는 것이다. 나는 동시대의 수많은 사람들이 동의하고 송두율이 역설하는 것처럼 국가보안법이 반문명적이고 반인륜적이라는 데 동감한다. 그를 차가운 감방 안으로 몰아넣은 국보법이 악법이라는 사실은 너무나 명백하다.

동시에 이 책은 송두율의 절박한 자기변호의 문건이기도 하다. 『미완의 귀향』은 반독재투쟁의 선봉에 서서 탄압받아 온 양심적 지식인이자 남

27 송두율, 『미완의 귀향과 그 이후』(후마니타스, 2007년).

북한과 고금동서를 회통(會通)하며 주유(周遊)한 경계인의 명성을 뒤로 한 채, 하루아침에 '위선적인 기회주의자'이자 '회색분자'이며 '사상적 간통'을 범한 '두더지'로 번롱(翻弄)되고 만 자신의 존재이유를 한국 공론장에서 되살리려는 개인적 호소문이기도 한 것이다. 모든 책은 저자가 지향하는 공적 · 사적 목표에 함께 봉사한다. 아무리 내밀한 기록이어도 일단 출판되면 공적 성격을 지니며 공적인 작품도 결국 지은 이 내면의 투영이다. 이 점 『미완의 귀향』도 마찬가지이며 송두율은 이 두 목표를 일체화시키려 노력한다. 그러나 그의 이런 노력은 성공을 거두지 못했다. 거기에는 중대한 철학적 이유가 있다.

나는 지식인의 공적 존재 이유가 지식생산과 권력 비판에 있다고 생각한다. 송두율은 내재적 접근법이라는 지식체계를 산출하는 데 기여했고 반독재민주화 투쟁이라는 권력비판가의 임무도 수행했다. 지식인의 이러한 사회적 정체성을 궁극적으로 의미 있게 만드는 가장 중요한 지표는 자기정합성(정직성, integrity)인데, 『미완의 귀향』이 펼치는 변론은 이 잣대를 충족시키지 못한다. 자기정합성이 특히 지식인에게 중요한 이유는 너무나 자명하다. 지식인은 자신의 입론이나 학설을 변론하는 존재이며 그 논변에 대한 공론장의 비판과 반비판을 흔쾌히 수용하는 사람이다. 토론의 결과 스스로의 입장에 변화가 있다면 그것을 정당화할 수 있어야 하며 그런 변화가 자신의 삶의 궤적에서 갖는 의미를 투명하게 설명해야 한다. 물론 자기정합성이라는 규준으로 예전에 요구되었던 이론과 실천의 통합, 즉 학자의 학설과 실존적 삶 사이의 조화까지 요구하는 것은 현대의 기준으로는 지나치다. 현대 지식인의 자기정합성은 논변과 학술적 신념의 일관성으로 규정될 수 있는 정도의 것이다. 자기정합성에 의해 견인되지 않는 지식생산과 권력비판은 공허한 것이거나 최악의 경우 거짓으로 타락한다.

지식인으로서의 자기정합성을 물을 때 송두율에게 가장 아픈 부분이 북한 노동당 입당 문제이다. 여기서 나는 실정법 위반 여부에 대해 말하는 것이 아니다. 그는 이 문제에 대해 계속 비밀로 해 오다가 2003년 국정원 조사에서 북한 노동당 입당 사실을 처음으로 시인했다. 그의 답변에 의하면, 1973년 최초입북 시에 필요한 '통과의례' 정도로 생각했고 그 후 이 문제를 지금까지 '잊고 지냈다'는 것이다. 그렇다면 노동당 입당이 왜 지식인 송두율의 자기정합성을 뒤흔들 정도로 심각한 문제인가? 당 · 국가 체제인 현실사회주의와 북한체제의 구조와 속성에 대해 누구보다 밝은 전문가로서 노동당 입당이 갖는 심중한 의미를 그가 몰랐을 가능성은 거의 없다.

이보다 더 심각한 것은 북한 노동당에 입당함으로써 그가 국가체제로서의 북한을 '선택'하게 되었다는 정치적 귀결에 있다. 송두율은 한국의 국가이성에 대적(對敵)하는 북한의 국가이성을 선택한 셈이다. 경계인을 표방해 온 실천적 지식인에게 이 선택의 결과는 돌이키기 어렵다. "남이냐 북이냐라는 양자택일의 논리가 아니라 남과 북이 공유하는 관계를 중시하는 논리"를 스스로의 존재이유로 표방해 온 이력이 부인되기 때문이다.[28] 그 결과 "기존의 경계선을 허물어 이쪽과 저쪽이 모두 숨 쉴 수 있는 틈을 만드는 사람"인 경계인의 자화상도 무너진다.[29] 이 문제의 심각성과 비교하면 2003년 가을 그가 내놓은 '대국민사과'와 '대한민국 법규 준수', 그리고 '독일국적 포기' 등의 선언은 해프닝에 지나지 않는다. "헌법을 준수하겠다는 서약은 할 수 있어도 그 하위법인 국가보안법을 준수하겠다는 약속은 할 수 없다"는 송두율의 말 자체가 대한민국 헌법의 본질에 대한 몰이해를 폭로한다. 나아가 법의 차원을 떠나 지식인의 자기정합성의 잣대에 비추어도 성립할 수 없다는 사실이 명백히 드러난다.[30]

---

28 송두율, 『미완의 귀향』, 61쪽.

29 송두율, 같은 책, 101쪽.

30 송두율, 같은 책, 275쪽.

4. 국가이성론으로 본 북한문제

현실로 다가온 북 핵미사일 실천배치는 북한문제의 심화와 확대를 의미한다. 모든 국가적 어려움과 인민의 희생을 무릅쓰고 북한이 핵무장으로 매진한 이유도 북한 지도부의 시각에서 볼 때는 무정부사회[31]에 가까운 세계에서 자신의 힘과 도덕을 나름의 방식으로 통합해 먼저 자국(自國)의 안전을 확보한 후 한반도 패권경쟁과 역사전쟁의 주도권을 획득하고자 한 데 있다. 바꿔 말하면 북의 시각에서 볼 때는 핵무장이야말로 조선민주주의 인민공화국의 국가이성의 발현이다. 북한문제의 핵심은, 이런 북한의 국가이성을 대한민국의 국가이성과 국제사회의 합리성이 용인할 수 있는가 하는 점이다.

북한문제의 근원은 대한민국과 조선민주주의 인민공화국이 각각의 독립국가 탄생의 출발점부터 서로를 규정했으며 한 때 상대방을 무력을 동원한 국가절멸 직전상황까지 몰고 간 데서 비롯한다. 헤겔의 말마따나 '국가의 본질이 개체이며, 개체성 속에는 타자에 대한 부정이 포함되어 있다'는 진실을 남북관계의 시원(始原)보다 더 명징하게 예증하는 사례도 드물다. 따라서 북한문제는 결코 북한의 문제만은 아니며 한반도의 현재와 미래를 성찰하는 모든 시민의 문제이기도 하다. 북한문제에 대한 관점의 차이는 한국현대사에 대한 다른 해석과 평가로 이어진다. 상이한 해석 틀은 분열의 씨앗일 뿐 아니라 한반도의 현재와 미래, 그리고 통일의 전망에 대해 상호 충돌하는 이념적 근원이다. 2015년 말, 보수와 진보진영의 역사전쟁으로까지 비화했던 국사교과서 국정화 문제가 단적인 사례이다. 북한문제가

31 무정부사회는 무정부상태와는 다르다. 무정부사회는 공통규준이나 행동규범이 철저히 부재한 무정부상태와, 공통규범과 법질서가 온전히 작동하는 질서사회 사이의 중간 항으로서, 강대국의 패권주의와 약육강식이 발호하지만 국제법과 국제규범으로 그것을 조율하려하는 과도기적 공간이라 할 수 있다.

'하나의 사회, 충돌하는 여러 해석'으로 이어지면서 무한갈등과 극한대립의 원천이 되고 있는 것이다. 천안함 폭침과 연평도 포격, 북 핵무장과 통일방법론에 대한 대응책을 둘러싼 국론분열은 그런 근본적 관점 차이의 현상적 증례일 뿐이다.

잘 알려진 것처럼 3차와 4차 북핵실험의 전략적 함의는 1·2차 때와는 매우 달랐다. 초보적이었던 1·2차와는 달리 3차와 4차 실험은 핵무기의 실전능력을 증명하는 것이 목표였기 때문이다. 2012년 12월 은하 3호 장거리 로켓발사 성공에 이은 2013년의 3차 핵실험으로 북한은 인도와 파키스탄에 이어 NPT(핵확산 금지조약)체제 바깥의 '실질적 핵보유국'(real nuclear power)이 되었다. 당시 헤이글(C. Hagel) 미국 국방장관이 상원 인사청문회 과정에서 밝힌 그대로이다. 이는 1994년 미·북 제네바 합의 이후 20년 동안 지속된 한반도 비핵화 시도의 종말을 뜻한다. 그동안 협상으로 북핵문제를 일괄 타결하려는 모든 합리적 노력들은 북한의 집요한 핵보유의지 앞에 파탄을 맞고 말았다. 북한이 수소탄 실험이라고 자부한 4차 핵실험은 이를 또 다시 투명하게 보여 주었다.

단기적 성과에 대한 집착 때문에 북의 지연전술에 말려든 한국과 미국의 협상 패턴은 총체적 실패로 귀결되었다. 2012년 4월의 개정헌법 서문에 핵보유를 김정일의 최대 업적으로 명기한 북한이 2013년 1월에 외무성 성명으로 '비핵화 논의 자체를 거부한다'고 선언했던 것은 당연한 수순이었다. 핵과 관련된 북의 진정한 의도를 둘러싼 논쟁에도 완전한 종지부가 찍혔다. 북이 핵개발을 포기하는 대가로 대규모 경제지원을 원한다는 해석은 오판(誤判)으로 판명됐다. 한반도 정전협정이 평화협정으로 바뀔 때 핵을 폐기하겠다는 북의 공언(公言)도 허언(虛言)으로 드러났다. 핵이라는 절대무기의 존재와 유일체제의 보위(保衛)가 서로 뗄 수 없이 얽혀 있다는 북한 문제의 핵심이 폭로되었다.

이런 관점에서 보면 북핵문제는 보다 근원적이고 포괄적으로 해명되어야 할 북한문제의 한 부분일 뿐이다. 나아가 북한문제의 핵심, 즉 남북관계의 현실과 미래, 그리고 통일의 전망은 신일철과 송두율의 북한담론이 암시하듯 국가이성론의 관점에서 보아야만 엄정한 독해가 가능하다. 북한변화의 궤적을 북한사회 내부의 시각으로 추적하는 시각을 송두율 방식으로 '내재적'이라 부른다면, 내재적 관점에서 볼 때 '북 핵무장과 3대 세습은 필연적이다'는 판단이 도출된다. 이런 판단에는 몇 가지 전제가 깔려 있다. 첫째, 여기서 '필연적'이라는 표현은 가치판단을 배제한 극(極)사실주의적 명제다. 둘째, 북한의 공식적 언술이 북한당국에 의해 통제되는 단성성(單聲性)에 기초해 있으므로 이 판단에 리더십 3대 계승과 핵무장을 보는 북한 인민의 목소리는 반영되지 않았다. 셋째, 이런 필연성의 개념은 권력승계 과정의 미래에 대한 예측을 포함하지 않는다는 것이다.

나는 앞 문단에서 북핵무장과 3대세습의 정당성 · 부당함 여부에 대한 가치판단을 일단 절제한 채 그 논리와 현실을 정의했다. 하지만 북한 버전의 국가이성론에는 치명적 결함이 존재한다. 조선민주주의 인민공화국의 주권자인 근로인민의 입장이 결락(缺落)되어 있다는 점이 그것이다. 민주주의의 본질적 규정인 '인민의, 인민에 의한, 인민을 위한 정체(政體)'를 현재의 북한체제가 부인하고 있기 때문이다. 북한의 일반의지를 육화한 수령(治者)과, 수령에게서 정치적 생명을 부여받은 인민(被治者)의 동일성을 강변하는 논리는 과체중의 김정일 · 김정은 부자(父子)와 피골이 상접한 인민들 사이의 대비 앞에 허망하기만 하다. 치자와 피치자의 선험적 동일성으로 민주정체(政體)의 본질을 사유하는 논법은 피치자에 의한, 그리고 피치자를 위한 민주정체의 지평을 민주주의에서 삭제하는 유혹에 빠진다.

북한은 아마도 그 유혹을 현실화한 최악의 사례 가운데 하나일 것이다. '북한 기근의 정치경제학'은 수백만 명의 목숨을 빼앗아간 대참사가 북한

당국의 주장처럼 국제사회의 제재나 자연재해에 기인한 것이 아니라 수령유일지배체제의 구조적 결함 때문임을 시사한다. 대량아사로 상징되는 북한경제의 만성적 위기상황은 근원적으로 북한 국가이성의 한계에서 비롯된다. 유일통치의 경이적인 성공(?)은 국가로서의 북한의 쇠락과 인민들의 고통을 대가로 지불한 채 얻은 것이다. 북한 인민과 북녘 땅의 피폐한 형상은 3대 세습과 핵무장을 정당화하는 북한 국가이성의 근본적 약점을 폭로한다. 한 정치체제가 세습을 할 수도 있을 것이며 강권통치를 해야 할 사정이 있을 수도 있고 핵무장을 할 수도 있을지 모른다. 하지만 거기에는 기본적인 전제가 있다. 세습과 독재 아래서 자유로운 삶까지는 아니더라도 국민이 대량으로 굶어죽지는 말아야 한다는 점이다. 두말할 필요도 없이 이는 국가이성의 기본 가운데 기본이 아니던가? 김씨 일문에게는 수십 수백만 인민의 생명보다 유일지배체제의 존속과 자신의 안전이 더 중요하다. '고난의 행군'조차 체제보위의 관점에서 북한 지도부가 면밀히 통제한 자취가 역력하기 때문이다. 시장통제 조치나 화폐개혁 실패 등은 통제경제의 기본인 식량공급조차 포기한 정권이 생존을 위해 뛰는 인민의 발목을 잡는 형국이다. 과감한 개혁 · 개방만이 북한에 숨통을 틔울 수 있겠지만 개혁과 개방이 유일지배체제를 위협하리라는 사실도 명백하다.

김씨 일문의 유일통치의 딜레마는 북한이라는 국가가 살기 위해서는 체제를 개혁해야 하지만 개혁하면 유일체제의 존속이 위태로워진다는 점에 있다. 이는 유일지배체제가 내장한 반(反)국가성의 징표다. 북한이 시도했던 제한된 해외투자 유인책이나 개방정책이 미봉책에 머무를 수밖에 없었던 근본적 이유가 여기에 있다. '종심이 짧은 북한'에서 중국식의 해안지역 우선개발 정책을 시행할 수 없는 지정학적 까닭도 있지만, 보다 중요한 이유는 유일지배체제의 기안자이자 집행자인 김정일과 김정은이 북한의 덩샤오핑이 될 수 없기 때문이다. 대국으로 굴기하고 있는 중국의 기세도 마오의 치세 동안에는 출발하기 어려웠다는 교훈을 상기해 보라. 마오와 스탈린의 개인숭배도 대단했지만 그들은 자식 문제에서만은 담백했다. 마오의 큰 아들은 한국전쟁에서 전사했고, 독일군에게 포로로 잡힌 스탈린의 장자(長子)도 포로교환을 거부한 채 자식을 냉대한 아버지 때문에 자살했다.

유일지배체제에 입각한 3대 세습과 핵무장의 최대 결함은 그것의 반(反)국가성과 동행한 반(反)인민성에 있다. 국가가 인민을 먹이지도 못하는 상황에서 먹고 살려 발버둥치는 인민들을 정권이 오히려 막아서며, 카스트제도가 무색할 계급사회를 고착시키고, 강제수용소가 상징하는 공포와 억압으로 유지되면서, 모든 국가적 자원을 총동원해 핵무장으로 치닫는 체제가 정치적 정통성과 정당성에 입각한 국가이성을 주장할 길이 있는지 이해하기 어렵다. 조선민주주의 인민공화국의 역사에 만약 어떤 진보의 자취가 있었다하더라도 유일지배체제와 세습은 세상에 존재하는 어떤 진보와도 별 관련이 없다는 진실이 북핵 위기로 더욱 분명해졌다. 북한 인민의 총체적 고통을 동반한 북 핵무장은 북한 국가이성의 반(反)이성적 성격을 증언하는 생생한 지표로 해석될 수밖에 없다.

분단체제론이 극명하게 묘사하듯이 남북한의 기득권층은 반세기 동안 상대방을 적대시하면서도 서로를 필요로 하는 적대적 의존관계를 맺어 왔다. 전 세계가 새로운 정치경제 질서를 구축하기 위해 숨 가쁘게 달려가고 있는 21세기에도 한반도 위기상황에 본질적 변화는 없다. 나는 그런 질곡의 원천을 남북의 국가이성론의 충돌, 특히 북한 국가이성론의 반이성적 성격에서 찾을 수 있다고 생각한다. 전 세계적 냉전구도가 사라졌다고는 하지만 패권적 초강대국인 미국의 공세적 세계전략과, 이에 맞선 중국의 부상으로 초래된 동아시아 긴장상황은 오히려 강화되고 있다. 아직 냉전의 섬으로 남아 있는 한반도 상황이 미국과 중국의 세계전략과 결부되어 실타

래처럼 꼬여 갑자기 폭발할 수도 있는 가능성은 2010년의 천안함 · 연평도 사태, 2015년의 DMZ 목함지뢰 도발이 촉발한 남북군사 대치가 증명한다. 하지만 가장 중대한 문제는 단연 북핵 위기일 터이다.

변증법적 통일담론의 가장 큰 한계는 민주공화정과 자유민주질서를 핵심으로 하는 대한민국의 국가이성과, 유일사상체계와 주체사상을 중핵으로 하는 조선민주주의 인민공화국의 국가이성 사이에 철학적 접점이나 정치적 중간지점이 발견되지 않는다는 명징한 사실을 간과하는 데 있다. 다시 강조하거니와 북한문제는 한반도의 현재와 미래를 성찰하는 모든 자유시민의 실존적 문제이다. 국가이성론으로 조망해 본 북핵 위기는 한반도를 둘러싼 진짜 문제가 무엇인지를 극명히 보여 준다. '국가행동의 원리와 국가의 운동법칙'으로 표상되는 국가이성의 문제를 한반도 현대사처럼 직설(直說)하는 공간도 드물다.

마키아벨리적인 국가이성론의 현대적 적실성을 논할 때 군주정에 대한 지지 여부는 문자 그대로 시대착오적인 언설로 취급될 터이다. 그러나 총체적 위기상황에서 국가의 명운이 문제가 될 때, 즉 정치공동체의 근본질서 건립과 존속이 최대의 화두일 때 비르투를 갖춘 지도자가 필수적이라는 사실은 변치 않는다. 한국현대사의 관점에서는 '군주' 이승만과 박정희가 바로 그런 지도자이며 북한의 시각에서는 '군주' 김일성과 김정일이 그런 지도자일 것이다. 마키아벨리의 시각에서 남북의 행로가 결정적으로 갈라지는 대목은 한국이 위기시대의 리더십에서 평상시대의 리더십으로의 교체를 성공적으로 실행한 반면, 북한은 위기시대의 리더십으로 국가의 본질을 축소 · 왜곡한 지점에서 발견된다. 인민의 대량아사를 불사하면서까지 항상적 전쟁상황을 강변함으로써만 존속 가능한 북의 선군정치는 『군주론』의 교훈을 일면적으로 수용해 형해화한 사례이다.

마키아벨리적인 국가이성론의 요체는 『군주론』에서 『로마사 논고』로의 필연적 이행에 있다.[32] 즉 위기상황에서의 한시적 권력집중을 탈피해 시민의 자유에 기초한 혼합정으로 전환해 가야 한다는 통찰을 감안하면 북한이라는 국가의 실패는 이미 예정된 것이나 다름없다. '자유로운 인민이 도시를 통제하는 나라에서만 번영이 싹튼다'는 마키아벨리의 주장을 상기해 보라. 조선민주주의 인민공화국의 본원적 결함은 공화정의 본질인 혼합정의 요소를 질식시킨 수령유일체제를 국가행동의 원리와 국가운영의 법칙으로 삼은 데 있다. 체제를 발전시키는 생산적 긴장과 역동성의 사멸이 그 결과이다. 북한 수립 후 유일사상의 제도화까지 그런대로 북한 사회의 활력이 유지되었던 것과도 비교가 되는 대목이다.

이는 '각 국가가 각 순간에 채택하는 이상적 국가이성'의 행로가 낳은 역사의 대비(對比)가 아닐 수 없다. 결론적으로 말하자면, 대한민국의 성취의 근본 경로는 정확히 마키아벨리적인 국가이성론의 길을 따라간다. '현대의 군주'인 이승만과 박정희가 견인한 위기시대를 건너 87년 체제가 상징하는 '자유시민이 통제하는 공화정'으로 성공적으로 진화한 것이다. 21세기 한국의 과제는 이런 공화주의적 혼합정의 가능성을 더 내실화해 굳건히 뿌리내리는 데로 모아져야 한다. 그럴 때 마키아벨리의 말처럼, 공화정의 질서와 함께 가는 시민들이 더 자유로운 존재가 될 수 있을 것이다.

현재의 한반도 위기는 강대국들의 국제관계와 동북아 패권다툼의 만화경에 의해 빚어지고 있는 것이기도 하지만 그 근본에는 대한민국과 조선민주주의 인민공화국의 국가이성의 충돌이 자리한다. 지금의 위기상황은 뜨거운 철학적 결의와 냉엄한 정치현실의 상호 교직(交織)이 배태하는 국가이성의 모습을 비장한 방식으로 증언한다. 결국 한반도의 모든 인간은 시민이거나, 아니면 인민으로서 삶을 영위한다. 국가이성론의 맥락에서 그 중

---

32 마키아벨리, 『군주론』(서울대출판문화원, 2011)과 마키아벨리, 『로마사 논고』(한길사, 2009) 참고.

간에 선 '경계인'의 존재는 원천적으로 불가능하다. 정치공동체 안에서 살 수밖에 없는 인간의 운명은 그만큼 엄중한 것이다.

신일철의 사회철학
'시민적 자유주의'를 중심으로

신중섭 강원대 윤리교육과

1. 신일철의 사상적 역정

한 사상가의 철학적 사유는 그가 산 시대와 밀접한 연관이 있다. 혁명의 시대에는 혁명의 철학이 나오고 평화의 시대에는 평화의 철학이 나온다. 비록 철학사에는 그 철학이 나온 시대사적 맥락은 사라지고 주장만 남지만 그의 주장은 그가 당면했던 시대적 문제에 대한 지적 고뇌와 사색의 산물이다. 그러면서도 동시대에 산 사상가들의 철학이 다른 이유는 그의 삶의 궤적에 고유성과 독자성이 있기 때문이다.

신일철은 1931년 중국 상해 프랑스 조계에서 태어났다. 부친 신언준이 동아일보 상해 특파원으로 활동하고 있었기 때문이다. 1931년이면 조선은 사라지고 대한민국은 아직 탄생하지 못한 엄혹한 시기였다.

그의 부친 신언준은 1904년 평안남도 평원군에서 태어나 정주 오산 고보를 졸업했다. 그는 함석헌의 오산 학교 동창이었다. 1923년 중국으로 건너가 항주 영문 전수 학교와 오송 정치 대학에서 수학하였다. 그 뒤 중국의 언론 기관에서 일하다 1929년부터 동아일보 중국 주재 특파원으로 일하였다. 1936년 병을 얻어 고향으로 돌아와 요양을 하다 1938년 1월에 33세로 세상을 떠났다.

신언준은 도산 안창호가 주도한 흥사단에서 일하기도 하였다. 그는 중국 정계의 요인들과 직접 인터뷰를 하였으며, 1933년 5월 노신을 은신처에서 만나 약소 민족 해방책이나 식민지 · 반식민지 체제하에서의 국수주의 문제들을 논의한 방문기를 『신동아』에 발표하였다. 그는 중국 정세 보고 논설을 동아일보와 국내 여러 잡지에 정력적으로 발표하였다.[1]

신언준은 중국 공산당에 대하여 기본적으로 반마르크스주의 입장을 견지하였다고 한다. 중국이나 한국과 같은 경제적으로 낙후한 지역에서는 분배보다 생산이 더 시급한 문제이며 계급 투쟁보다 협동(작)조합 운동이 더 효과적이라고 생각하였기 때문이다. 특히 공산당의 폭력성에 대해서도 매우 비판적이었다.

그런데 흥미롭게도 신언준은 이미 1931년에 "실험주의의 철학자 호적"을 『동광(東光)』에 소개하면서 '프래그머티즘', '과학 문명의 옹호', '개인주의', '자유주의적 정치론'을 언급했다. 1931년은 신일철이 태어난 해이다. 호적은 당시 중국의 유명한 철학자로 프래그머티즘을 '실험주의'로 번역하고, 그것이 대진(戴震)(1723~1777)의 '박학(樸學)'과 깊은 연관이 있을 것이라고 짐작했다.

신언준에 따르면 호적은 미국에서 존 듀이를 스승으로 삼고 듀이 철학을 상속했다. 신언준은 호적에 따라 듀이의 프래그머티즘의 핵심을 다음과 같이 정리했다.

> 실험주의는 한 방법이다. 즉 문제를 연구하는 방법이다. 이 방법은 사실을 신중하게 수구(搜求)하고 대담하게 가설을 제출하고 다시금 신중하게

1 민두기 엮음, 『신언준 현대 중국 관계 논설선』, 문학과 지성사, 2000. 이 책은 600쪽이 넘는 책으로 신언준이 발표한 글들이 실려 있다. 신언준에 대해서는 이 책의 해제 「신언준(1904-1938)과 그의 중국 관계 논설에 대하여」를 참고하였다.

그 실증을 구하는 것이다.

모든 의의 있는 사상은 실제상 효과를 발생한다. 그 효과가 바로 그 사상의 의의다. 어떠한 사상이든지 의의의 유무를 알려면 바로 그 사상이 실제에서 어떠한 효과를 발휘하는가를 볼 것이다. 또 그 효과를 승인할 그 당시의 효과를 볼 것이고 다른 때의 효과 여하는 볼 바가 아니다. 또 어떠한 사상이든지 만일 실제상 효과가 없다면 그 사상은 바로 거짓말에 불과할 것이다.

사상은 실제상 곤란에서 생긴다. 곤란을 해결하기 위해서 사상하게 되고 사상한 결과 의난(疑難)이 해결된다. 그 사상 작용에 의하여 경험이 보다 풍부하게 되어 곤란한 환경에 대응하는 힘이 그만큼 커진다. 즉 사상은 응용에서 생겨서 응용에서 끝난다. 다시 말하면 사상은 옛날의 경험을 운용하여 현재의 생활을 돕고 또 장래의 생활을 예비하는 것이다. 사상의 작용은 연역법만도 아니고 귀납법만도 아니다. 사상력을 표현하는 방법이 형식 논리학에 있지 않고 참된 경험으로 가설의 기초를 만들게 하고 여러 가지 가설을 비판하는 능력을 가지게 한다.

요컨대 그의 기본 사상은 '증거와 사실 주중(注重)'이란 한 마디로 요약할 수 있다. 그의 문예나 정론이 모두 그 실험주의의 응용이라고 그는 누누이 자술하였으며 그가 다반으로 쓰는 말이 '실험주의적 태도'와 '증거를 내놓고'의 두 마디다. 이 두 마디는 바로 그의 학문적 정신을 대표한 표어다.[2]

신언준은 당시 '과학 실험실의 태도'를 고조하는 호적의 실험주의적 정신은 "현재 여론계의 큰 위험은 지상학설(紙上學說)에만 치중하고 현재의 중국 사회가 필요로 하는 문제를 실제로 고찰하지 않는 것이다"라고 비판하면서 "주의론은 좀 적게 하고 문제를 좀 많이 연구하라"고 강하게 주장하였다고 소개하였다.

2 『신언준 현대 중국 관계 논설선』, 162-163쪽.

신언준은 호적에 따르면 모든 가치 있는 사상은 반드시 세 가지 단계를 경과한다고 말하였다.

1) 구체적 문제를 대상으로 하고, 그 문제의 여러 가지 방면의 사실을 연구할 것
2) 일생의 경험과 학식에 근거하여 그 문제에 대한 여러 가지 해결 방법을 제기할 것
3) 일생의 경험과 학식에다가 상상력을 가하여 각종 해결 방법이 어떠한 효과가 있는가를 추상(推想)할 것.

이것이 바로 실험주의 방법으로 이 방법의 핵심은 '사실 존중과 증거', '대담한 가설, 소심한 구증(求證)(가설에는 대담하고 구증에는 조심하라)' 이라고 하였다.[3]

뿐만 아니라 신언준은 양계초, 장군매 등과 같은 유심론자들이 내세운 '과학파산론'에 맞선 호적의 '과학적 인생론'을 소개하고 있다. 호적은 "오늘날 가장 무근거하고 유해한 요언(妖言)은 서양 문명을 유물론이라 비방하고 동양 문명을 정신적이라고 존숭하는 것이다."라고 하였다. 신언준은 호적이 "서양 근대 문명에 대한 우리의 태도"에서 말한 문명론을 다음과 같이 정리하였다.

모든 문명은 반드시 두 개의 인자로 된 것인데 하나는 물질 즉 자연계의 세력과 질료를 포괄한 것이다. 또 하나는 정신 즉 일개 민족의 총명, 재지(才智), 감정과 이상을 포괄한 것이다. 다시 말하면 문명이란 것은 한 민족이 그 자신의 환경에 적응한 전부 성적을 가리킨 것으로 모든 문명은 인간의 심사지력(心思智力)과 자연계의 질과 역(力)이 합하여 된 작품이니 결

---

3 『신언준 현대 중국 관계 논설선』, 165-167쪽.

코 어떤 문명은 정신적, 또 어떤 문명은 물질적이 될 수 없다고 하였다.[4]

신언준은 호적이 서양 문명을 찬미하였으며, 서양 문명의 특색을 다음과 같이 정리하였다고 소개하였다.

첫째, 인생의 목적은 행복인 것
둘째, 빈궁은 죄악인 것
셋째, 쇠병(衰病)도 죄악인 것
서양 문명은 물질적 향락을 중요시하는 이용 후생의 문명이라는 것이다.[5]

신언준은 「비개인주의적 신생활」이라는 제목으로 호적의 개인주의에 대한 입장을 소개하였다. 호적은 듀이의 말을 인용하여 개인주의를 가(假)개인주의와 진(眞)개인주의로 분류하였다.

1) 가개인주의는 위아주의(egoism), 진개인주의는 개성주의(individuality)라 하고 가개인주의는 자사자리(自私自利)하는 주의라 하여 이를 배척하고 진개인주의는 독립적 사상으로 자기의 사상에 대하여 완전히 책임을 지는 '독립된 사람'을 가리킨 것이라 하였다. 또 제3종의 개인주의는 독선적 개인주의로서 종교상의 극락원, 천당 등의 이상, 기타 숙세(叔世) 은둔 생활이 다 여기에 속한 것인데 무엇보다도 위험한 주의라 하였다. '비개인주의적 신생활'은 세 가지의 근본 관념에 있다 하였다.
2) 사회는 여러 세력이 종합하여 된 것이므로 사회를 개조하려면 반드시 사회의 여러 세력을 개조해야 할 것.
3) 조금이라도 개조하려면 시시각각 연구하는 태도로 절실한 조사, 정세

4 『신언준 현대 중국 관계 논설선』, 167-168쪽.

5 『신언준 현대 중국 관계 논설선』, 168쪽.

한 고려를 하여 대담한 가설을 제출하고 실험적 증명을 제출해야 한다.

4) 비개인주의적 신생활은 분투적이다. 구사회를 신사회로 전환하기 위하여 끊임없는 분투를 해야 한다.

나아가 신언준은 「자유주의적 정치론」이란 제목으로 호적의 정치에 대한 주장을 소개하였다. 호적은 북경대학교 여러 교수와 함께 '우리의 정치 주장'을 통해 '호(좋은) 정부'를 표방하였는데 '호정부'는 제일 헌정적 정부, 제이 공개적 정부, 제삼 계획 있는 정치라 하고 1) 소극적으로는 영사 무폐(營私舞弊)의 불법 관리를 배척할 것 2) 개인의 자유, 개성의 발전을 애호할 것을 주장하였다. 이 자유주의적 정치론은 실험주의 철학의 필연적인 산물이다. 그러나 현재의 국민당 정치는 호적의 자유주의와 정반대로 '일당전제', '당화 교육', '사상 통일' 등 극단적 반자유주의 정치를 실행하고 있다고 신언준은 진단하였다. 당시 호적은 프랑스 인권 선언과 비슷한 인권 옹호론을 제창하여 국민당의 개성 · 자유 압박을 비난하였다고 소개하였다.[6]

신일철은 부친이 소개한 프래그머티즘과 자유주의 등에 깊은 관심을 가지고 연구하였다.

어릴 때 중국에서 돌아온 신일철은 평양에 정주하여 평양고보를 졸업하고 김일성대학에 진학하였다. 그때의 인연으로 북한 주체철학의 실질적인 창안자인 황장엽과 후에 직접 교유하게 된다. 그러나 그의 김일성대학 생활은 오래 지속되지 못했다. 김일성이 소련과 중국을 등에 업고 남침을 감행하였기 때문이다.

신일철은 남하하여 국군에 입대하여 초급장교로 근무한다. 그의 군 생활은 순탄치 못했다. 군 생활 중 중병에 걸려 화양 어느 농가에서 극진한 치

6 『신언준 현대 중국 관계 논설선』, 169쪽.

료를 받고 생명을 구한다. 그때의 은혜를 잊지 못하여 그 가족과 교유를 이어갔다. 자신을 구해 준 부부를 부모처럼 생각하였다.

신일철은 어진 심성을 갖춘 휴머니스트였다. 동족상잔이 진행된 비참한 전쟁 가운데 꽃핀 훈훈한 사랑이야기는 그가 뒤에 쓴 「'지겟군 부대'와 담요 열 장」[7]이라는 수상(隨想) 속에 애잔하게 녹아 있다. "동행했던 두 장교를 여관방에 보내고 나는 책임상 도망병을 막기 위해 장정 속에서 같이 자기로 했다. 입김으로 희게 성에가 끼는 싸늘한 겨울밤이었으나 피곤할 대로 피곤한 몸은 곧 깊은 잠이 들었다. 다음날 아침 혹시 탈주자가 생기지 않았나 하고 소스라쳐 눈을 뜬 나는 온몸에 무게를 느끼면서 놀라지 않을 수 없었다. 내 몸 위에 열 장의 담요가 덮여 있는 것이 아닌가. 고작해야 한 달 남짓 한글을 가르쳐 준 선생이 추울세라 자기의 담요를 덮어 주었는지, 아니면 장교가 사병들과 같이 땅 위에서 자는 것을 갸륵히 여겨서 그랬는지는 그 후에도 그 영문을 말해주는 이는 없었다." 문맹(文盲) 병사들이 호된 기합에 주눅이 들고 업신여김만 받는 것을 보고 저녁 때마다 등불의 심지를 돋우어 놓고 이들에게 한글을 가르치기 위해 야학반을 시작하여 한글을 깨우치게 한 인연으로 장정들이 자신보다 어린 초급장교에게 담요를 덮어 준 것이다.

6·25 남침전쟁은 유엔군의 지지와 자유를 지키려는 남한 사람들의 분투로 공산 세력을 퇴각시켰지만 한반도는 냉전체제 아래에서 이념의 전장으로 남았다. 그러나 전쟁의 참화를 딛고 대한민국은 산업화와 민주화를 성공적으로 이룩한 인류 역사상 최초의 나라가 되었다. 인구 5천만 이상의 국가가 이렇게 성공한 사례는 인류 역사상 처음이었던 것이다.

신일철은 이 모든 역사를 고스란히 체험하면서 일생을 보냈다. 그가 남

7 이 글은 『한국인』 11, 사회발전연구소, 1983년 6월호에 게재되었고, 뒤에 『새 時代의 韓國人』(1987)에 전재되었다.

한에 정착하여 고려대학교 교수로 평생을 보내는 동안에도 역사의 격동이 멈추질 않았다. 한일 협정과 4·19, 5·16쿠데타, 유신과 12·12, 5·18, 6·29, 민주화와 남북정상회담, 끊임없는 북한의 도발, 공산권의 몰락을 몸소 지켜보았다. 그의 사상적 역정은 그가 몸소 체험한 역사의 현장을 반영한 것이다. 역사적 사건에 대한 사상적 대응이었고, 역사가 당면한 문제를 해결하려는 사상의 모험이었다.

신일철의 사상사적 관심은 여러 분야에 걸쳐 있다. 신일철은 화이트헤드에 대한 석사 논문을 쓰고 강단에서는 주로 서양 철학사, 인식론, 역사철학, 사회철학, 현대사상 등을 강의했지만, 그의 글쓰기는 동학 · 신채호의 역사사상 · 월남 이상재 · 도산 안창호 사상을 위시한 한국사상, 마르크스 레닌주의 비판, 주체사상 비판, 프랑크푸르트 학파 · 포퍼 · 하버마스 · 롤스 · 하이에크 · 노직 · 자유주의 · 고르바초프 등 폭넓은 분야에 걸쳐 있다.

신일철이 이렇게 다양한 분야에 걸쳐 지적 관심을 보인 이유는 그가 처한 역사적 상황과 밀접한 연관이 있다. 그는 일제시대에 태어났고 부친이 언론인으로 독립운동을 한 까닭에 민족에 대한 관심은 당연한 것이었다. 그리고 그가 청소년기를 보낸 고향, 평양은 해방과 함께 분단되어 공산화가 되었다. 이러한 역사적인 비극적 상황은 공산주의와 주체사상에 관심을 갖는 계기가 되었다. 자유민주주의를 표방한 남한이 산업화와 민주화에 성공하면서 사회적 문제를 야기하게 되었는데 이러한 문제는 그를 분배와 정의 문제로 이끌었다. 특히 자유주의와 정의로운 분배 문제는 그의 마지막 지적 관심사가 되었다.

신일철은 사상적으로 조숙하여 고등학교 시절에 동학에 관심을 가지게 되었다. 그는 동학의 인내천 사상을 왕조사가 종말을 고하고 근대적 민주주의의 서막을 알리는, 조선의 사상사적 전환을 알리는 목소리로 이해한다. 우리 민족사에서 근대의 시작은 동학에서 시작되었고, 동학농민운동을 근대적 민족의 자각의 과정으로 이해했다. 동학은 민족의 영혼이며 행동하는 민족의 역사 창조였다는 것이다.

신일철은 8·15 해방 후 민족을 되찾으려는 정신적 방황과 고민 속에서 동학을 만났다고 술회하였다. 서럽고 학대받아 온 우리 민족의 민중 의식을 동학에서 발견했다는 것이다. 그가 고등학교에 다닐 때 선친 신언준의 동지였던 남조선 천도교 청우당 당수 소춘 김기전 선생이 한복 차림으로 그의 하숙집을 방문했다고 한다. 이미 작고한 동지의 옛정을 잊지 않고 그의 아들을 찾은 것이다. 그 후 매일 아침 모란봉으로 산책하는 소춘 선생을 동행하여 민족 정신에 대한 많은 것을 깨우칠 수 있었고 드디어 동학의 가르침을 전수받았다는 것이다. 작고한 부친의 동지를 통해 동학으로 민족에 대한 의식화 교육이 이루어졌다.

이후 그는 간간이 동학과 한국 사상에 대한 글을 쓰면서 박종홍, 최동희 등과『한국사상』을 발간하였다. 동학을 통해 '민족'에 의식화된 신일철은 위대한 독립운동가요 민족사관의 확립자인 신채호의 역사사상을 연구하여 단행본을 발간하였다. 서양철학을 연구한 신일철은 역사학자와 차별화된 시각에서 신채호의 역사사상에 대하여 예리한 분석을 하였다. 한국사학자 이기백[8]은 신일철의『신채호의 역사사상 연구』는 단재 사학을 객관적으로 보면서, 서양이나 중국 근대 사상과의 교류 속에서 이해하려고 한 점, 그의 사학을 고정된 것으로 보지 않고 스스로 발전해 나간 것으로 본 점을 높이 평가하였다. 단재와 같은 위대한 민족주의 역사학자를 숭앙하지 않고 엄정한 학문의 대상으로 삼았다는 점에서 그동안의 단재사학 연구와 완연한 차별화를 이룩했다는 것이다.

이 글에서 집중적으로 다루려고 하는 신일철의 사회철학의 초점은 자유주의에 맞추어질 것이다. 신일철은 오랜 기간의 저술을 통해 무수히 많은

---

8 이기백,「단재사학의 객관화」,『신동아』, 354-356쪽.

사회 사상가들을 거론하였다. 그가 논의한 사회철학자와 학파에는 프리드리히 하이에크, 카를 포퍼, 한나 아렌트, 로버트 노직, 리처드 로티, 위르겐 하버마스, 존 롤스, 카를 마르크스, 막스 베버, 프랜시스 후쿠야마, 에리히 프롬, 피터 드러커, 다니엘 벨, 김일성, 안창호, 신채호, 이상재, 프랑크푸르트 학파, 프래그머티즘, 동학사상 등이 포함되어 있다.

신일철의 사회철학은 한국 사회가 추구해야 할 바람직한 사회상에 대한 철학적 탐구라 할 수 있다. 그가 관심을 가졌던 한국 사회는 빠르게 변했기 때문에 그의 관심도 이에 따라 변했다. 그의 사상적 편력은 일제 강점기의 독립사상, 개화기의 전통 사상, 마르크스와 공산주의 비판, 주체철학 비판, 자유주의로 이어졌다. 이 글은 그가 말년에 집중하였던 하이에크 철학의 수용과 비판, 보완에 논의를 집중할 것이다.

신일철의 하이에크에 대한 본격적인 관심은 1990년에 시작되었다. 그는 1990년 4월에 발간된 김상협 선생의 고희기념논문집에 실린 「자유민주주의의 몇 가지 철학적 기초—Hayek, Nozick과 Rawls를 중심으로」에서 하이에크의 신자유주의를 논의하였다. 그러나 신일철이 하이에크를 여러 사회철학자 가운데 한 사람이 아니라 우리 사회에 많은 시사점을 줄 수 있는 중요한 철학자로 다룬 것은 그 자신이 『시장의 철학』을 발간한 2001년 전후이다. 이때부터 그는 '시장의 철학'이라는 큰 주제 아래 하이에크의 '자생적 질서론'에 집중하면서 시장의 철학적 기초와 하이에크의 '시장의 철학'에 내재한 한계를 극복하려는 지적 모험을 감행하였다.

신일철은 시장에 완전한 자유를 주려고 한 하이에크의 '시장의 철학'에 내재한 한계를 한나 아렌트의 '정치적인 것'의 부활을 통해 보완하려고 하였다. 그의 『시장의 철학』의 핵심어였던 '시장'과 '시민'이 '시민적 자유주의' 또는 '공화주의적 자유주의'로 진화한 것이다. 이 글은 신일철의 사회철학의 핵심을 '시민적 자유주의'로 규정하고, 그것의 철학적 의미를 살펴볼 것이다.

2. 신일철과 하이에크

현대 정치철학에서 자유주의에는 두 가지 유형이 존재한다. 하나는 사회 · 경제적 평등의 실현을 목적으로 정의론을 내세운 평등주의적 자유주의로 그 대표자는 롤스이다. 다른 하나는 개인의 권리를 중심으로 자연권적 자유를 옹호하는 리버테리어니즘으로 그 대표자는 노직이다. 노직의 『아나키, 국가 그리고 유토피아』는 롤스의 『정의론』에 대한 비판서로 나온 것이다. 롤스의 복지국가적 평등주의는 평등주의적 자유주의를 대표하고 노직의 보수적 자유주의는 자연권적 자유주의를 대표한다. 이들은 정치적 자유주의의 가치를 공통적으로 받아들이고 있다는 점에서 여전히 '자유주의'로 불리지만, 분배 문제에서는 상반된 입장을 견지하고 있다.

신일철은 하이에크의 신자유주의를 노직의 자연권적 자유주의의 선구로 이해한다. 이들은 개인의 자유권을 존중하면서 재분배론에 반대하는 보수적 리버테리어니즘을 공유하고 있다는 것이다. 한때 보수주의자라는 오명으로 매도되었던 하이에크의 신자유주의와 로크적 전통 위에 선 노직의 최소국가론을 고전적 자유주의의 부흥으로 파악한 것이다.

애덤 스미스와 로크의 고전적 자유주의가 현대에 신자유주의나 자연권적 자유주의와 같은 리버테리어니즘으로 부흥하게 된 배경에는 사회주의의 쇠퇴와 복지국가가 유발한 현실적인 문제가 있다. 뿐만 아니라 현실 사회주의나 재분배적 복지국가는 인간의 자유와 양립하기 어렵다는 비판이 힘을 얻게 되었다. 신일철은 미국의 레이거노믹스, 영국의 대처리즘, 고르바초프의 페레스트로이카는 하이에크의 신자유주의의 외침에 다시 귀를 기울인 것으로 설명한다.

신일철이 하이에크의 신자유주의를 전폭적으로 지지하는 것은 아니다. 그는 하이에크의 자유주의가 낡은 자유방임의 시장경제를 시대착오적으로 옹호함으로써 자본주의 체제 아래에서 경제적 약자에 대한 사회적 보장에 대해서 냉정함을 유지하는 것에 대해서는 부정적인 평가를 내린다. 그럼에도 불구하고 하이에크의 사회철학적 아이디어에는 몇 가지 빛나는 시사점이 있음을 인정하고 이를 재검토하려고 하였다.

시장의 발견

신일철이 하이에크에 관심을 가지게 된 계기는 지난 세기 지구의 거의 반을 이념적으로 지배하였던 사회주의의 붕괴였다. 사회주의의 붕괴를 전혀 예측하지 못한 상황에서 실제로 일어난 붕괴를 보고 지적 충격을 받았다. 그때까지 이러한 세계사적 사건에 대한 설명이 거의 없었기 때문이다.

그러나 그는 사회주의의 실패 원인에 대한 설명이 이미 1944년 발간된 하이에크의 『노예의 길』에서 제시되었다는 것을 발견하였다. 그는 6·25이후 대학생 시절 문교부 반공주의 권장도서로 발간된 『노예의 길』의 첫머리를 보았지만, 당시 그에게 그것은 보수주의적 사회주의 비판서의 한 권에 불과하다는 인상만 남아 있었다고 한다.

그는 사회주의의 붕괴를 목도하면서 오직 하이에크만이 오래전에 사회주의의 실패를 반공주의의 통속논리가 아니라 시장의 논리로 이론적으로 해명했다는 사실을 발견했다. 그는 북한의 갱생도 시장을 복원하는 것 외에 다른 방법이 없다는 것을 확신하게 되었다. 그는 사회주의의 실패 원인이 시장의 부재에 있었으며, 북한의 변화 가능성을 시장에서 발견한 것이다. 그는 2004년 말에 발간된 그의 『뉴 라이트와 시장의 철학』에서 하이에크를 통해 '시장'을 발견한 것에 대해 다음과 같이 말했다.

> 필자는 '시장'이라는 키워드로 사회주의의 대실패를 이론적으로 설명할

수 있는 열쇠를 얻었다. 필자가 평생 공부한 철학책에서는 '시장'의 사상이나 '시장의 철학'을 본 일이 없다. 우리는 시장경제 속에서 살고 시장교환으로 사회적 관계를 맺어 왔다. 1970년대 한국의 '근대화' 경제 개발이 '한강의 기적'을 일으킨 원동력도 역시 시장 시스템이었으나 그것이 바로 '자본주의'라고 말하기를 기피해 왔다.

'자본주의'의 어두운 면은 잘 알려지고 그것에 대한 좌파의 '진보주의'는 목소리가 유달리 높았으나 '자본주의'의 밝은 면, 그 무궁무진한 활력에 대해서는 제대로 인식하지 못했다. 이제 '자본주의'라는 이름의 사회시스템은 중앙권력이나 좌파적인 대중선동의 포퓰리즘이 아니라 시민사회적 전통에 기초한 민영화, 자유 시장 시스템인 것이 분명해졌다. 칼 마르크스가 창시하고 지난 반 세기 이상 지구상의 절반을 물들였던 맑스-레닌주의의 '시장부정' 이데올로기 정치는 역사적 실험을 거쳐 그 실패를 여실히 드러내게 되었다. (…)

여기서 비로소 『노예의 길』의 저자인 하이에크의 탁견을 듣게 되었다. '아직은 시장 시스템을 능가하는 대안을 인류는 고안해 내지 못했다'라는 것을.[9]

(나는) 뒤늦게 하이에크의 '자생적 질서'론과 그의 자유시장주의 이론을 만나게 되었다. 하이에크는 필자에게 지금까지 가졌던 '사회'관에 대한 발상 전환을 하라고 충고한 것이 된다. 진보적 개혁의 외침에서는 사회란 진보적 혁명가나 새로운 유토피아를 선동하는 개혁가들에 의해 언제나 고장난 장난감을 뜯어 고치듯이 아주 새롭게 만들 수 있는 것처럼 보인다. 그러나 사회란 '만들어 내는 질서(made order)'와 전혀 다르다는 것이 하이에크의 사회관이었다.[10]

---

9 신일철, 『뉴 라이트와 시장의 철학』, FKI미디어, 2004, 9쪽.

10 『뉴 라이트와 시장의 철학』, 12쪽.

신일철은 하이에크를 통해 '사회'를 '생겨나온 질서'로 '자생적 질서'로 이해하게 된다. 나아가 자생적 질서론을 받아들여 권력에 의한 명령질서는 '이성의 교만'이고, 그것은 구사회주의의 원죄라고 말한다.

3. 하이에크의 자유주의

하이에크는 자신의 자유주의에 대해 다음과 같이 말한다.

> 자유주의란 (…) 사회 현상 속에서 생긴 자생적 또는 자발적 질서의 발견에서 연유한다. 그러한 질서는 중앙의 지령으로 만들어진 그 어떤 질서보다도 훨씬 더 넓은 범위에 걸쳐서 사회 전체 성원의 지식과 기능을 유효화하는 질서이고 그 결과 그러한 강력하고 자발적인 질서의 형성력을 가능한 한 충분히 활용할 수 있는 질서이다.[11]

하이에크 신자유주의의 철학적 기초는 역사 속에서 관습과 전통으로 살아있는 자생적 질서의 존재에 대한 신념이며 이는 이성적으로 구성된 인위적 질서와 대조적인 것으로 작위적 · 계획주의적 사회 형성으로는 포괄할 수 없는 영역, 즉 구성주의적 계획으로 관리 · 통제해서는 안 되는 인간의 개인적 사적 영역과 그런 개인적 자율이 관행적으로 이룩해 놓은 일반적 규칙의 영역이다. 개인의 자율적인 사적 영역을 침해하지 않고, 자생적 질서를 존중하기 위해서 정부는 자의적 행동을 멈추고 일반적 규칙의 집행 이외에는 다른 모든 강제력을 행사하지 말아야 한다.

---

11 F. Hayek, *Studies in Philosophy, Politics and Economics*, R.K.P, 1967, p.162. 신일철, 『현대 사회철학과 한국사상』, 문예출판사, 1997, 18-19쪽에서 재인용.

자생적 질서

하이에크는 자신이 옹호하는 자유주의를 진화론적 자유주의라고 하였다. 진화론적 자유주의는 자유를 타자의 강제가 없는 상태로 정의하였다. 자유를 '…로부터 자유'라는 소극적 자유로 파악한 것이다. 이러한 자유는 이성적으로 설계된 유토피아에서는 구현될 수 없다는 입장을 견지했다. 곧 구성주의적 합리주의에서는 구현될 수 없다는 것이다.

하이에크에 따르면 자유는 이성적으로 계획된 질서가 아니라 자생적 질서(spontaneous)를 통해 구현될 수 있다. 자생적 질서는 계획이 아니라 역사적으로 형성된 규칙(rule)의 체계이다. 이 규칙은 인위적인 것이 아니라 관습과 전통 속에서 생성된 것이다. 하이에크는 '많은 사람들이 참여하였으나 특정 개인의 의도대로 만들어진 것이 아닌 질서'를 자생적 질서라고 하였다. 하이에크는 언어, 시장, 화폐 등을 자생적 질서로 보았다. 시장에서 자생적으로 형성되는 가격은 내가 많이 받고 싶다고 해서 내 의도대로 받을 수 있는 것이 아니라는 것이다. 정부의 통제 가격이나 국정 가격, 배급 가격은 시장 가격이 아니다.

통상적으로 질서는 통치자가 행정력과 경찰력으로 유지해 가는 것이고, 혼란에 빠지면 계엄령 질서도 나온다. 이런 질서는 중앙권력이 만든 설계주의적 질서로 어떤 독재자나 당파나 정부가 설계해서 만든 질서일 뿐이다.

신일철은 '시장적 사고'가 없는 사고의 전형적인 사례로 스탈린의 공산주의를 든다. 스탈린은 불확실성의 근원인 자유시장을 없애고 국가 배급제를 만들었다. 그 결과 소련 사람들은 필요한 물건을 사기 위해 국영상점에서 긴 줄을 서야 했다. 소련 경제를 '행렬 경제'라고 한 이유도 여기에 있다.[12]

북한의 김일성과 김정일도 시장의 불확실성을 제거하기 위해 배급가격,

---

12 『뉴 라이트와 시장의 철학』, 13쪽.

국정가격을 거의 50년간 고정시켜 가격 변동이 없게 하였다. 이것은 실제 가격이 없다는 것을 의미한다. 가격이 없으면 경제 측정 단위가 사라져서 중앙 계획의 통제 경제는 사상누각이 된다고 하였다. 그러나 신일철의 분석에 따르면 북한에 자생적 질서가 전혀 없는 것은 아니다. 이미 1960년대에 북한에서도 농민시장, 암시장이 번창하였는데 이것은 자생적 질서의 일환이라는 것이다. 김일성도 이런 시장을 그대로 두라고 했다. 농촌의 아낙네들이 남의 집 부엌에서 달걀을 파는 것을 법으로 막는다면 수많은 범죄자가 발생할 것이라고 우려했기 때문이다.

나아가 신일철은 우리의 정치에서도 이런 '시장적 사고가 빈곤한' 아마추어 정책을 강행하여 '한국병'이 도지는 원인을 제공한다고 우려하였다.

하이에크는 이성에 의해 구성된 유토피아의 사회 질서는 진정한 질서가 아니고 비자생적 질서이기 때문에 개인의 자유를 보장해 줄 수 없다는 것이다. 하이에크의 인간질서에 대한 입장은 인간 정신이 문화적 진화과정의 산물이기 때문에 사회질서 역시 역사적 · 자생적이라는 것이다. 하이에크는 진정한 질서를 의식적 통제나 인공적 구성, 합리적 설계(rational design)의 소산으로 보지 않는다.

하이에크는 구성주의적 합리주의의 오류는 데카르트의 기계론적 이원론과 긴밀한 관계가 있으며 대자연의 코스모스의 외부에 있는 정신적 실체의 개념을 선정한 지점에서 구성주의적 합리주의의 오류가 나왔다고 주장한다.[13] 하이에크가 말하는 코스모스는 자생적 질서의 관념과 동일한 것으로 비구성주의적 · 자연적 형성에 속한다.

신일철은 '이성의 한계'를 확신하고, 무비판적 이성의 위험성을 우려한 존 그레이의 하이에크론을 인용하고 있다. 그레이는 이성에 대해 하이에크와 같은 태도를 견지한 철학자로 폴라니, 비트겐슈타인, 오크쇼트를 들 수 있다고

13 F.A.Hayek, *Sensory Order*, Basil Blackwell, 1984, pp. 4-5.『현대 사회철학과 한국사상』, 17쪽.

하였다.[14] 신일철은 일본학자의 말을 빌려 다음과 같이 말한다.[15]

> 이성에 해당하는 지를 명시적 지(explict-knowing)라고 한다면 알고는 있으면서도 언어로 표현할 수 없고 설명할 수도 없는 앎이 폴라니가 말하는 암묵지(tacit-knowing)이다. 이처럼 명시적으로 말할 수 있는 이성지보다는 오히려 경험의 형성과 통합에 이바지하는 보다 근본적인 지가 암묵지이며 이것이 인간정신의 근본적 능력이라고 주장하는 점에서 폴라니도 이성지의 한계를 깊이 자각했던 것이다. 비트겐슈타인이 "말할 수 없는 것에 대해서는 침묵할지어다."라고 한『논리철학논고』의 명제는 '말할 수 있는 것'의 한계를 분명히 하고 말할 수 없는 지의 영역을 인정한 점에서 이성의 한계를 자각한 것이 된다. 하이에크의 자생적 질서론이 후기 비트겐슈타인 철학의 '언어 게임'과 긴밀한 관계가 있고 〔…〕 따라서 '언어 게임'은 일종의 자생적인 암묵지의 영역에 속한다고 보여진다.

하이에크의 자생적 질서 이론은 비트겐슈타인의 '언어 게임'과 긴밀한 관계가 있다. 언어 게임은 그 게임이 수행되고 있다는 것 이외에는 아무런 근거를 가지지 않으며, 언어 게임의 전모를 파악하고 그것의 본질을 언어로 표현할 수는 없다. 이렇게 해석된 '언어 게임'은 자생적인 암묵적 지의 영역에 속한다고 할 수 있다. 이미 하이에크는 언어를 전형적인 자생적 질서의 모델로 제시하였다. '언어 게임'이나 암묵지는 습관과 전통에 의해 자생적으로 이룩되는 규칙이고 질서이므로 인위적으로 의도적으로 설계된 것은 아니다.

신일철은 폴라니, 오크쇼트, 비트겐슈타인이 직시한 이성과 합리성의 한계에 대한 통찰은 역사 속에서 살아 움직이는 생활방식이나 초의도적인

14 J. Gray, *Hayek on Liberty*, Basil Blackwell, 1984, p.114.『현대 사회철학과 한국사상』, 19쪽.

15 落合仁司,『保守主義의 社會理論』, 經草書房, 57쪽,『현대 사회철학과 한국사상』, 19-20쪽.

전통이나 관습이 문화적 진화과정의 산물이라는 자생적 질서 이론의 철학적 기초가 될 수 있다고 해석한다.

> 진보는 인간 이성의 형성과 변용의 과정이며, 우리에게 알려져 있는 가능성뿐만 아니라, 우리의 가치와 욕망이 계속적으로 변화해가는 적용과 학습의 결과로 생각하는 것이 옳은 이해이다.[16]

하이에크에 있어서 규칙이란 누가 설계한 것도 아니고 어느 누구도 그 이유를 알 수 없는 사회과정의 산물이다. 규칙은 법으로 발전한다. 자생적 질서로서 규칙은 개정될 수 있다고 믿는다.

사회정의를 국가가 실현하려고 하면 자유를 침해하게 되고 전제정치의 폭거가 되고 '노예의 길'로 나아간다. 하이에크에 있어서 정의는 시장경제에 있어서 교환적 정의일 뿐이다. 정부의 역할은 교환적 정의, 즉 거래 당사자들의 선택의 자유를 보장해 주는 것이다.

하이에크를 지지하는 사람들이 서구 자유민주주의 국가에서 나온 분배와 평등을 지향하는 정책을 모두 사회주의적이라고 부르는 이유는 복지국가가 설계주의에 기초해 있기 때문이다. 민주주의 안에서 이성적인 계획을 통해 좀 더 나은 사회를 건설하려는 복지국가나 이성적으로 설계한 유토피아를 혁명적인 방식으로 실현하려는 공산주의 사이에 본질적인 차이가 없다는 것이 하이에크의 결론이다.

하이에크의 이러한 결론은 『노예의 길』과 거의 같은 시기에 출간된 포퍼의 『열린사회와 그 적들』과 차이가 난다. 포퍼는 당시 서구사회의 복지국가를 닫힌 사회를 지향하는 것으로 보지 않았다. 포퍼는 당시 출현한 나치즘이나 공산주의를 닫힌 사회로 규정하고 서구 민주주의 사회를 열린 사회로

---

16 F. Hayek, *Constitution of Liberty*, p.40.

규정하면서 닫힌 사회의 철학적 지지자들을 플라톤, 아리스토텔레스, 헤겔, 마르크스에서 찾았다.

포퍼와 하이에크는 유토피아 사회이론에 대한 비판에서는 입장을 같이 한다. 그러나 포퍼는 서구 복지국가를 유토피아 사회이론에 포함시키지 않았고, 하이에크는 유토피아 사회이론으로 보았다. 그들은 복지국가론에 대해서 입장을 달리한 것이다. 크레스피니(Crespigny)는 하이에크의 자유주의를 오늘의 미국의 자유주의와 비교하여 다음과 같이 서술했다.

> 확실히 하이에크의 자유주의는 오늘날 미국에서 자유주의라는 이름으로 통용되는 것과는 전혀 다르다. 하이에크는 국가의 규제로부터의 자유를 강조하고 매디슨이나 토크빌, 액튼과 동일한 전통 위에 서 있다. 그러나 현대의 리버럴한 미국인들은 자유를 참여와 유효한 선택으로 간주하고 볼테르나 루소의 '구성주의적 합리주의'에 크게 접근하고 있다. 하이에크가 여러 가지 권력에 엄격한 제한을 두고 그것에 대한 깊은 회의를 가진 한편 오늘의 자유주의는 국가통제적이나 분배적 자유나 사회적 진보를 위한 민주적 정부의 간섭을 기대한다. 하이에크가 버나드 맨드빌, 아담 스미스와 같이 진보와 자생적 질서의 유익한 사회적 효과를 강조하고 있는 데 반해 리버럴한 미국인들은 면밀한 계획에 기초한 사회의 근본적인 재구축을 추구한다.[17]

신일철은 자유주의를 하이에크보다는 좀 더 넓게 해석한다. 현대 미국의 정치사상에서 '리버럴리즘'은 민주, 공화 양당이 공유하는 미국 정신의 전통으로 이해하고 있다.[18]

---

17 Anthony de Crespigny, "F.A. Hayek, Freedom for Progress", *Contemporary Political Philosophers*, Mead, 1975, p.51. 『현대 사회철학과 한국사상』, 17-18쪽에서 재인용.

18 『뉴 라이트와 시장의 철학』, 10쪽.

국가의 역할

미국의 구성주의적 · 계획주의적 자유주의와 대비되는 하이에크의 자유주의에는 보수주의적인 요소가 들어 있다. 그러나 그가 반민주주의적이거나 권위주의적인 것은 아니다. 정부의 무제한의 간섭을 배제한다는 점에서 '작은 정부'를 옹호한다.

하이에크는 '작은 정부'를 옹호하여 "반대해야 할 것은 민주주의가 아니라 무제한적 정부다"라고 하였다. 제한 없는 국가권력의 행사만을 비판한 것이다. 하이에크는 『노예의 길』에서 대중 민주주의를 비판하였다. 민주주의가 자유 실현을 위한 도구로 제한되지 않고, 그것 자체가 목적이 되면 민주주의도 전체주의 대열에 들어선다는 것이다. 이것은 바이마르 공화국이 나치의 수중에 들어간 당시 독일의 역사를 지켜보고 내린 자유주의자의 결론이었다.

하이에크는 자유주의적 시민사회 전통 위에 서지 않은 민주주의는 나치 독재와 같이 '예종의 길'로 타락할 수 있다고 본 것이다. 신일철은 이것을 즉 '리버럴 데모크라시'는 민주주의가 자유주의의 전통 위에 서야 한다는 것을 의미하는 것으로 해석한다. 민주주의만 있고 자유시장, 민영화, '법의 지배'와 같은 자유주의의 기틀이 없으면, 민주주의는 '큰 정부'를 낳고 궁극적으로 정치만능에 빠져 전체주의 독재가 된다고 본 것이다.

하이에크는 자생적 사회질서 아래서 국가와 정부의 역할은 자유경쟁을 촉진하는 것이라고 하였다. 정부의 권력은 올바른 행위에 대한 일반적 규칙의 집행에만 한정되어야 한다는 것이다. 개인은 사법이나 형법의 규칙 이외에 어떤 강제력에도 따르지 않을 수 있는 것이 자유사회의 특징이라는 것이다.

하이에크가 말하는 법의 지배는 정부에 의한 인위적인 분배 또는 사회정의를 포함하지 않는다. 신일철은 하이에크의 자유주의는 경제적 낙오자나 사회경제적으로 불운한 사람들에 대한 사회보장을 고려하지 않는 보수적 사회이론이라는 결정적 결함을 가지고 있다고 생각한다. 하이에크에 있어서 사회보장의 문제는 국가의 의무가 아니라 자선의 문제가 된다.

하이에크와 케인즈

하이에크가 일반인에게 널리 알려지게 된 계기는 『노예의 길』(1944)의 출간이다. 신일철은 하이에크가 『노예의 길』에서 전개한 자유론의 발원을 케인즈가 1924년 옥스퍼드 대학에서 행한 "자유방임의 종언"에서 찾는다. 하이에크는 케인즈의 "자유방임의 종언"을 설계주의 또는 구성주의(constructivism) 철학의 부흥으로 이해한 것이다.

하이에크는 케인즈와 인간적으로는 친밀한 관계를 유지하였지만 그의 경제 관리주의에 대해서는 비판의 날을 세웠다. 하이에크는 케인즈의 통화관리, 투자관리 정책을 '구성주의적 틀'의 반복으로 이해하였기 때문이다.

단순하게 자유냐 계획이냐로 구분하여 하이에크와 케인즈의 경제철학을 구분한다면 하이에크는 자유, 케인즈는 계획이다. 케인즈의 자유방임주의 비판은 계획주의, 국가개입주의 옹호다. 케인즈는 자본주의 경제를 자유방임하면 무정부상태로 나아가 경제가 혼란에 빠진다고 생각하였다. 이런 상태에서 벗어나는 길은 정부 개입밖에 없다는 것이 케인즈 경제철학의 결론이다.

하이에크의 『노예의 길』은 이러한 케인즈식 계획에 대한 통렬한 비판이다. 서구 자유민주주의 국가는 제2차 세계대전 이후 케인즈의 조언에 따라 경제에 적극적으로 개입하기 시작하였다. 케인즈의 세계가 열린 것이다. 하이에크는 이러한 케인즈의 현실적 승리가 재앙이라고 생각하였다. 물론

하이에크의 주장은 당시 현실 경제 정책에 반영되지 못하였으나, 『노예의 길』은 사회주의나 파시즘에 대한 강력한 비판서로 환영받았다.

『노예의 길』에서 하이에크는 케인즈의 개입주의나 사회주의 경제 체제, 파시즘은 같은 종에 속하는 것으로 모두 '노예의 길'을 따라가는 것으로 보았다. 케인즈식의 국가 개입주의는 필연적으로 사회주의로 귀착된다는 것이다. 케인즈식의 국가 개입주의와 공산주의식의 계획 경제는 전체주의를 초래한다는 점에서 본질적인 차이가 없다는 것이다. 그러나 서구 자유민주주의 국가들은 공산주의에 대해서는 적대적이었지만 케인즈의 개입주의는 환영하였다. 양자가 동종이라는 하이에크의 주장을 인정하지 않은 것이다.

하이에크는 케인즈의 국가개입주의는 사회주의의 계획주의와 차이가 없는 구성주의의 소산이라고 단정했다. 구성주의는 머릿속에서 관념적으로 이상사회를 구상하고 그것을 현실에 실현하려고 한다. 하이에크는 서구 자유민주주의 사회에서 성행한 케인즈식 구성주의를 고전적 자유주의와 구별하기 위해, 합리주의를 진화론적 합리주의와 구성주의적 합리주의로 구분하였다. 하이에크는 케인즈의 자유주의는 진정한 자유주의가 아니라 구성주의적 합리주의에 속한다고 주장하였다.[19] 하이에크에 따르면 구성주의적 합리주의는 사회주의다.

하이에크의 이러한 구분은 자유주의와 반자유주의의 경제를 새롭게 구획하는 것이다. 우리는 일반적으로 케인즈의 국가 개입주의나 복지국가를 자유주의의 한 변형으로 이해하지만, 하이에크의 구분법에 따르면 그것은 자유주의가 아니라 사회주의와 동일한 범주에 속한다. 곧 구성주의적 합리주의에 속한다. 하이에크의 자유주의에 대한 새로운 구획은 서구 정치사상에서 자유주의와 비자유주의, 자유주의와 사회주의에 대한 일반적인 구획

19 F. Hayek, *Studies in Philosophy, Politics and Economics*, R.K.P., 1967, p.85. 『현대 사회철학과 한국사상』, 16쪽.

과는 크게 다른 것이다. 하이에크의 구분법에 따르면 서구 복지국가, 사회민주주의는 공산주의와 함께 구성주의적 합리주의 진영에 속하며, 자유주의의 범주에 포함되지 않는다.

4. '시장주의'를 넘어서

신일철이 하이에크의 자유주의가 낡은 자유방임주의 시장경제를 시대착오적으로 옹호하고, 경제적 약자에 대해 냉정함을 유지했다는 판단을 일관적으로 유지한 것은 아니다. 그는 뒤에 하이에크를 자유방임주의자라고 한 주장은 수정한다.

신일철은 1990년의 글에서는 하이에크 자유주의의 결정적인 난점을 다음과 같이 지적했다.[20]

> 하이에크의 자유주의는 경제적 낙오자나 사회경제적으로 불행한 사람들에 대한 사회보장이 고려되지 아니한 보수적인 사회론이라는 결정적 결함을 가지고 있다. 이런 원칙에 따라서 그에 있어서 사회보장의 문제는 가진 자의 자선의 문제가 되고 만다.

신일철의 이런 해석은 하이에크의 법의 지배에 대한 해석에서 나온 것이다. 법의 지배는 정부에 의한 인위적인 분배적 또는 사회적 정의의 실현을 위한 행동을 허용하지 않으며 분배적 정의의 이상을 실천적으로 추진할 수 있는 권리를 정부가 가질 수 없다고 보기 때문이다. 자생적 질서와 법의 지배는 분배적 정의와 상충관계에 있기 때문이다.

신일철은 하이에크를 통해 시장을 발견하고, 시장 참가자는 사리사욕

---

20 『현대 사회철학과 한국사상』, 18쪽.

만을 가진 원자적 개인이 아니라 복수적 공동체의 '시민 윤리'로 성숙된 민주 시민이어야 한다는 사실에 기초하여, 『시장의 철학—하이에크와 '시장적 사고' 에세이』를 집필하였다. 이 책의 키워드는 '시민'과 '시장'이다. 하이에크는 '시장'만을 중시했지만 그는 '시민'을 함께 중시함으로써 하이에크의 철학에 전적으로 동의하지 않는다는 것을 알 수 있다.

그는 "인류는 아직 시장보다 더 탁월한 정보시스템을 창안해 내지 못했다"는 하이에크의 명제에 공감하면서도 "시장주의를 넘어설 수 있는 대안을 내놓지 못한 것 같아 마음 한구석에 텅빈 것 같은 느낌을 가진다."[21]고 말함으로써 하이에크의 시장주의는 극복해야 한다는 생각을 가지고 있었음을 알 수 있다.

그는 『시장의 철학—하이에크와 '시장적 사고' 에세이』의 후기에서 "만각(晩覺)이라 할까. IMF 이후 필자는 하이에크, 막스 베버를 읽어서 뒤늦게 '시장'에 눈떠서 과학의 인식론을 접고 '시장의 인식론'에 관심을 기울여 어설픈 글발로 오늘의 '시장의 철학' 논집을 내놓게 되었다. 그렇지만 건전한 시장질서의 기초에는 '법의 지배'와 시민적 윤리의 에토스가 있어야 함을 새삼 강조해 두고 싶다."[22]고 하였다.

신일철은 "시장주의를 넘어설 수 있는 대안을 내놓지 못한 것 같아 마음 한구석에 텅빈 것 같은 느낌을 가진다."고 하였다. 그러나 그는 막스 베버가 『프로테스탄트 윤리와 자본주의 정신』에서 전개한 '시장'이 합리주의 에토스 · '법의 지배'와 결합해야 건전한 시장경제가 성숙할 수 있다는 주장을 받아들임으로써, 시장주의를 넘어설 수 있는 길을 발견하였다. 물론 하이에크도 자생적 질서로서 시장이 지속적으로 발전하고 유지되기 위해서 '법의 지배'는 필수적이라고 보았다.

---

21 신일철, 『시장의 철학—하이에크와 '시장적 사고' 에세이』, 시사영어사, 2001, 3쪽.

22 『시장의 철학—하이에크와 '시장적 사고' 에세이』, 287쪽.

이런 맥락에서 신일철은 개발독재로 성공한 우리나라와 같은 신흥공업국은 중앙권력의 강화에 의한 '큰 정부'와 중앙지령경제를 되풀이해서는 안 된다고 말한다. 뿐만 아니라 권력의 연줄을 사용하여 큰돈을 벌겠다는, 막스 베버가 질타한 '천민자본주의'에서 벗어나야 한다고 하였다.

신일철을 하이에크로 이끈 것은 하이에크의 사상 자체에 대한 매력이 아니라, 하이에크의 눈으로 사회주의 경제의 파탄을 바라보면서 사회주의의 실체를 보았기 때문이다. 뿐만 아니라 그는 아직도 자본주의 시장 경제 속에서 빈곤 추방과 번영을 누렸으면서도 구사회주의나 회고적인 진보주의 정서에 사로잡혀 있는 한국의 젊은이들을 경계하기 위해 하이에크의 사상을 소개하였다.

신일철은 스스로 진보임을 자처하는 한국의 많은 젊은이들이 사회주의의 붕괴를 목도하고서도 북한 김씨 일가의 세습독재를 너그럽게 용인하고 거기에 더 가까이 갈수록 보다 진보라고 믿는 아이러니한 현상까지 생겼다고 말한다. 그들은 시장적 사고가 빈곤하여 과잉 평등, 경쟁이 없는 '대등원망(對等願望)'을 앞세우고, 공정한 시장 경쟁에서 우열이 판가름 나는 기업 풍토와 시장적 정의에 대해서도 거부감을 갖는다는 것이다. 그들은 시장적 사고가 빈곤하여, 개혁도 중앙 권력의 불호령 '지령'으로만 가능하다는 '큰 정부' 신앙에 젖어 있다는 것이다.

신일철은 하이에크의 자생적 질서인 시장 이론을 발견하고 마르크스·레닌주의의 실패 곧 구소련이나 중국·북한의 실패를 '중앙 사령탑적 지령경제'에서 찾은 것이다. 사회주의는 시장을 폐지하고 사유재산권을 부정함으로써 평등주의적 공동체를 꿈꾸었지만 결국 실패하였다는 것이다. 그는 '시장'의 부재가 사회주의 붕괴의 실제 원인이라는 사실을 하이에크를 통해 발견한 것이다.

마르크스는 노동의 분업에서 생긴 소유의 격차와 사유재산제에 기초한 근대 부르주아 경제제도에 '자본주의'라는 이름을 부여하고, 자본주의를 폐지함으로써 공산주의 유토피아를 건설할 수 있다고 믿었다. 마르크스는 시장의 폐지에 의해 자유로운 인간 평등의 사회가 실현될 수 있다는 오류를 범하게 되었다. 국가 사회주의는 시장이 없는 중앙지령주의였고, 시장의 전폐는 시민사회의 압살을 초래하였다고 신일철은 분석한다.

신일철은 하이에크가 자생적 질서의 전형적인 사례로 제시한 '시장'이 사회주의의 실패를 설명할 수 있는 좋은 이론이라고 보지만, 시장이 모든 문제를 해결할 수 있다고 믿는 '시장원리주의'에는 반대한다. 그는 다음과 같이 말한다.

> 모든 분야, 온갖 문제를 시장원리로 풀 수 있다고 망상하는 시장 만능의 '시장원리주의'는 결코 옹호될 수 없다. 시장주의라 하더라도 시장원리가 적용되는 영역과 시장원리로는 해결이 안 되는 '시장실패'의 영역을 구분해야 한다. 부실 국영기업의 민영화가 대세이지만 국방을 군사용역회사에 맡길 수는 없는 노릇이다. 국방을 비롯하여 경찰, 소방, 소득의 재분배, 환경 보호, 안전망 구축 등의 문제는 선진 자본주의 국가에서도 국영이나 민주적 통제 하에 두고 있다.[23]

신일철은 민주주의 특히 '국민에 의한 정부'의 이념에 입각하여 이런 '시장실패' 분야의 민주적 통제는 정당화될 수 있다고 본다. 중앙권력의 분권화, 법의 지배, 자유언론, 시민사회의 자유 민권과 같이 가는 자유주의를 받아들인 것이다. 이렇게 함으로써 백만장자의 '탐욕의 복음'이었던 자유방임 자본주의를 지양하고 인간의 얼굴을 가진 자유기업 시스템이 경제의 토대가 된 사회를 바람직하다고 본 것이다.

---

23 『시장의 철학—하이에크와 '시장적 사고' 에세이』, 285쪽.

신일철은 좌익진영에서 '인간의 얼굴을 한 사회주의'가 촉구되었던 것처럼 중도 우익에서도 '인간의 얼굴을 가진 시장경제 · 자유기업'의 건실한 길을 개척하려는 사회개선의 노력을 게을리해서는 안 된다고 본 것이다. 그는 좋은 사회에 대한 자신의 생각을 다음과 같이 정리하였다.[24]

> 자본주의는 반드시 소멸되고 그 다음의 새 사회 발전단계가 사회주의 사회라는 마르크스의 도그마는 크게 빗나갔다. 자유시장, 자유기업 제도는 중앙지령주의형 사회주의의 소멸 후에도 살아남았다. 자유시장 없는 중앙권력의 명령경제는 필연적으로 군사주의 독재로 귀착되는 것을 보았다. 앞으로의 진보는 이 자본주의 시장 경제와 민주주의의 발판에서 그 '미완의 프로젝트'를 점진적으로 꾸준히 개선시켜 가는 것이다. 역사적 실험의 결과를 무시하고 공상의 허공에 유토피아를 그리는 낡은 진보주의 정서는 실패했다. 개인과 공공선의 실현에 기초한 시민은 구별되어야 한다. 우리는 시민적 자유가 향토와 이웃, 민족과 인류와 공공선의 실현을 외면한 '원자적 개인'이 아닌 '더불어 살기' 공동체의 '공공성(publicity)'에 기초한 공공선의 실천에도 힘쓰는 것과 병행되어야 한다. 시장주의가 '공공선'의 실현과 '공공권' 추구를 외면한 것이어서는 안 된다. 시민정신은 사회적 공생(共生)의 바탕 위에 서 있다.

신일철의 사회철학은 그가 처한 현실을 직시하면서 부정적인 현실을 극복할 수 있는 방법에 대한 모험이었다. 그의 사회철학적 탐구의 모험은 그가 태어나 겪은 시대상을 그대로 반영한다. 일제시대에 태어나 고향인 북한에서 청년시절을 보내고 분단과 6·25의 와중에 남하하여 분단된 한국에서 장년기를 보내면서 경험한 모든 것들이 그의 사회철학에 녹아 있다.

그의 사회철학은 한국적 사회철학의 문제의식과 더 나은 사회를 향한 이

24 『시장의 철학—하이에크와 '시장적 사고' 에세이』, 286쪽.

념적 지형에 대한 탐구를 여실히 보여 준다. 그의 사회철학은 근대 이전의 한국적인 것으로서 신채호와 동학, 북한의 체험과 분단이 반영된 공산주의와 주체철학에 대한 비판, 남한의 권위주의에 대한 문제의식에서 출발한 포퍼와 프랑크푸르트학파에 대한 관심, 1990년 이후에는 산업화된 한국사회에 대한 관심에서 나온 하이에크, 노직, 롤스의 자유주의에 대한 성찰과 비판으로 이어졌다.

그리고 1990년에 발생한 현실사회주의의 몰락은 그에게 또 다른 하나의 지적 도전으로 다가왔고, 이런 지적 도전에 대한 응답을 하이에크의 자생적 질서론에서 찾았지만, 하이에크의 자유주의가 안고 있는 한계도 명확하게 통찰하고 원자적 개인과 시장 자유주의가 원자적 개인주의를 넘어서 '공공선'과 '공공권'을 확보해야 한다는 공공성의 철학으로까지 확장된다. 하버마스와 아렌트의 독해에서 나온 것이다. 그리고 한국 자본주의의 문제점으로 지적된 정실자본주의를 넘어서기 위해서는 막스 베버의 합리주의적 에토스, 도산 안창호의 정신이 필요하다고 본다.

한마디로 신일철의 사회철학은 그가 태어나고 자란 한반도에서 한국의 전통 사상을 외면하지 않으면서 산업화되고 근대화된 한국사회에서 바람직한 사회가 무엇인가에 대한 끊임없는 고뇌와 지적 모험의 결실이다.

5. 시장 자유주의의 보완

영국의 철학자 이사야 벌린은 「자유의 두 개념」(1958)이라는 논문을 발표하여 논쟁을 불러일으켰다. 그는 자유를 '소극적 자유'와 '적극적 자유'로 분류하고 근대 자유주의의 토대는 '소극적 자유'였다고 주장했다. 이 자유는 '구속에서의 자유', '강제가 없는 상태'를 의미했다. 근대 초기 자유주의는 절대왕권의 폭정에서 벗어나 개인의 자유를 쟁취하는 것이 목적이었기 때문에 외적 강제가 없는 상태를 '자유'로 규정하는 것은 자연스럽다.

벌린뿐만 아니라 하이에크, 포퍼도 이런 자유를 옹호했다. 특히 1930년대 이후 참다운 개인의 자유를 유린하는 집단주의의 발흥을 간파한 사람들은 '적극적 자유'의 이름으로 집단주의가 발흥하는 것을 경계했다. 포퍼는 '자유사회의 적'으로 마르크스주의와 나치를 지목하면서 그것들의 철학적 뿌리로 플라톤, 아리스토텔레스, 헤겔을 설정했다. 하이에크는 이러한 전체주의의 뿌리를 데카르트에서 유래한 '구성주의적 합리주의'에서 찾았다. 하이에크는 '적극적 자유'의 실현을 앞세운 케인즈주의, 복지국가의 이론은 마르크스주의와 차이가 없는 사회주의의 일부라고 비판했다.

'적극적 자유'를 비판하고 '소극적 자유'를 옹호하는 이들은 '참다운 자아'를 개인이 아닌 민족적 자아로 설정하거나, 자아를 종족, 계급, 국가와 동일시할 때 나치와 스탈린주의가 출현한다고 보았다. 벌린과 하이에크, 포퍼는 나치와 스탈린주의에서 개인의 자유가 파괴되고 유린되는 역사적 현장을 목격했기 때문에 철저하게 '강제의 부재'인 '소극적 자유'를 자유주의의 기초로 설정하였던 것이다. 이들은 '적극적 자유'라는 아름다운 이름으로 등장한 파시즘, 마르크스주의, 사회주의가 한결같이 개인의 자유를 유린하고 전체주의적인 '형무소 국가'를 만든 것을 목도하였기 때문이다.

특히 하이에크는 나치의 대중 선동적 죄악을 폭로하려고 하였다. 민주주의라는 명목을 내걸고 국가 · 민족 사회주의를 표방한 '압제자'에게 현혹되어 투표를 통해 자유를 포기하고, 자유로부터 도피하는 현상을 보고 이것을 '적극적 자유'와 연결시켰다. 하이에크는 이런 현상이 당시 영미 국가에서도 다른 이름으로 세력을 확장하고 있다고 우려했다. 하이에크는 케인즈의 복지국가가 강권적인 큰 정부를 초래할 수 있다는 점에서 공산주의와 같은 전체주의적 요소를 지니고 있다고 생각했다. 그는 평생 '정치적 자유'와 '민주주의'에 대한 강한 경계심을 가지고 있었다.

그러나 신일철은 하이에크의 자유주의로 충분하지 않다고 본다. "자유주의는 '정부실패'를 비판하면서 국방, 자유시민의 법질서 수호를 위해 '시장 실패'를 보완하기 위해서는, 시장원리나 경제적 효율성을 초월해 자유질서의 조국을 수호하기 위해 기꺼이 목숨을 거는 공화주의적 조국애와 손잡지 않을 수 없을 것이다."라고 말한다.

그는 공화주의에는 '노블레스 오블리주'와 같은 귀족사회의 유산 중에서 오늘날 다시 살려야 할 '시민의 덕'이 있다고 생각한다. 위대성과 영광의 공동체인 자유 시민사회에 '시민적 덕'과 같은 공화주의적 가치관의 전통이 없으면 나치나 좌파패권적 선동과 게르만 민족주의와 같은 집단주의적 파시즘 정서에 휩쓸려 민주주의가 천민적 중우 정치로 타락한다고 주장한다. 이것이 바로 하이에크가 민주주의를 경계한 이유이다.

신일철은 하이에크의 사상을 받아들이면서도 '정치적 자유'에 대한 그의 완강한 거부에 대해서는 비판적인 눈길을 늦추지 않았다. '정치적 자유'를 배제하고 '경제적 자유'만을 강조한 하이에크의 시장주의에 대해서는 무엇인가 미진함을 느꼈기 때문이다. 신일철의 이러한 생각은 하이에크의 해석이나 한나 아렌트[25]에 대한 글에 분명하게 드러나 있다.

신일철은 아렌트도 하이에크나 포퍼와 다름없는 자유주의 사상가로 평가한다. 아렌트는 대중선동의 포퓰리즘, 다수의 폭정, 개인의 자유를 박탈한 전체주의에 철저하게 대항했기 때문이다. 그럼에도 불구하고 아렌트는 자유를 정치철학적인 측면에서 해석하여 '공공적 관계에 대한 참가, 공적 영역 가입'을 함축하는 '정치적 자유'의 중요성을 강조했다는 점에서 하이에크나 포퍼와 구별된다.

아렌트는 개인의 자유와, 개인의 소유권에 기초한 '소극적 자유'인 'liberty'와 '정치적 자유'를 'freedom'으로 구분하면서 자유시민의 공화주의

25 『뉴 라이트와 시장의 철학』, 197-216쪽.

적 공동체의 창설에서 자유 사회를 옹호하려고 하였다. 아렌트는 동물 수준의 생존을 위한 '노동(labour)'이나 장인의 공정, 기예인 '일(work)'과는 다른 정치적 공공권에서 언어를 매개로 정치에 참여하는 '활동'에서 참다운 자유인의 완성된 모습을 보았다.

신일철은 하이에크식의 소극적 경제적 자유를 누리는 사람은 사적 자유의 영역에 매몰된 사람이고 공공적 공간에서 '활동'하는 인간이 되어야 완전한 인간이 될 수 있다는 아렌트의 주장을 수용한 것이다. 아렌트는 먹고 사는 문제에만 몰입하는 인간은 공화주의적 공동체 의식이 없어 시민으로서 자격이 없다고 보았다. 아렌트는 『인간의 조건』에서 "사적 생활만을 보내는 인간이나 노예와 같이 공공적 영역에 진입하는 것이 허용되지 않는 인간, 또는 야만인처럼 공공적 영역을 수립하려고 하지 않는 인간은 완전한 인간이 아니다"라고 말했다. 아렌트는 정치적 공공권의 이상적인 모델을 그리스 자유 시민들의 폴리스에서 찾았다.

신일철은 아렌트의 자유민권의 정치적 원형을 미국혁명에서 찾으면서, 시민적 자유의 보장을 넘어 시민이 새로운 시민공화의 정치체를 조직해 내는 정치적 공공성의 행위에서 '활동'의 본보기를 찾았다고 평가한다. 이것은 피와 땀으로 뭉치는 민족공동체의 내셔널리즘과는 다른 공화주의적 자유의 정치라고 평가한다. 혈연을 중시하는 인종주의의 '민족'과 달리 다양한 형태의 연대가 형성된 정치적 공공권에서 비로소 '시민정신'이 탄생한다는 것이다.

아렌트적 정치질서를 형성하는 개인들은 자기 이익을 넘어선 공공성, 공동성을 받아들여 자발적으로 질서에 참여하고 따른다. 곧 시민의 덕을 갖춘 시민만이 아렌트가 말한 '활동'하는 시민이 될 수 있다. 그리고 시민의 '활동'이 가능하기 위해서는 평등성과 상호성에 기초한 공공적 공간이 존재해야 한다.

신일철은 아렌트의 '정치적 자유'는 각 개인의 개성을 존중하고 위로부터 강제된 나치즘적 평등성과 획일주의를 반대한다는 점에서 대중민주주의와 구별된다고 본다. 아렌트의 공화주의적 정치 사상이 시민적 덕과 정치 활동에서의 위대성을 추구함으로써 '정치적인 것'을 되살리려 한 점을 높이 평가한 것이다. 신일철은 다음과 같이 말한다.

> 아렌트가 벌린이나 하이에크의 자유주의에 대해, 정치적 영역에서 자유시민의 공화주의적 '자유' 정치를 보완하려고 한 점에서 두 줄기 자유사회론은 서로 상호 보완적일 수 있다. 보다 성숙된 현대 자유주의의 인종적 민주주권보다는 다원적 시민연대의 정치적 공공권의 '시티즌십'과 자유시장의 하이에크적 자유주의가 손잡는 데서 더욱 튼튼한 기반이 구축될 수 있다. 여기서 '시민적 자유주의'의 새 길이 열릴 수 있을 것이다.[26]

신일철은 20세기 정치철학에 '이데올로기 정치'에서 '민주적 시민정치'로의 패러다임의 전환이 일어났다고 본다. 이런 패러다임을 주도한 사람으로 한나 아렌트를 꼽으면서 여기에 로티와 하버마스를 첨가한다. 이들은 공통적으로 '공공권(公共圈)'에서 '강제 없는 합의'의 시민정치를 지향했다.

신일철은 아렌트와 하버마스의 유사성에 주목한다. 이들은 정치를 이데올로기와 '노동'과 같은 '도구적 행위' 영역이 아니라 언어의 영역으로 파악했다. 하버마스는 정치를 '상호행위'의 영역으로 왜곡되지 않은 커뮤니케이션 행위에서 '강제 없는 합의'가 얻어지는 '공공성'의 영역으로 인식했다는 것이다. 이와 달리 마르크스주의는 도구적 행위인 노동 안에 인간의 언어를 포함시켜 공공권의 영역을 인정하지 않았다. 이렇게 하여 인간의 상호행위인 언론과 정치 영역은 무시되고, 정치가 사상의 의식화 등 인위적 조

26 『뉴 라이트와 시장의 철학』, 199-200쪽.

작의 체계가 되었다는 것이다.

신일철에 따르면 구 공산권 사회에서는 토론과 비판이 질식되고 언론의 자유가 없었다. 곧 정치가 없었다는 것이다. 마르크스와 부르주아 사상가들은 경제만을 중시하고 '경제 · 사회 문제' 해결이 인간 생활의 전부인 것처럼 착각하도록 만들었다는 것이다. 신일철은 노동 · 생산 중심의 '사회적 인간'의 대두로 '정치적 인간'이 쇠퇴한 20세기의 상황을 비판하면서 정치를 복권하려고 한 사람이 바로 아렌트라는 것이다. 그러면서 신일철은 '정치적 활동'을 지식이 아니라 '기예'에 가깝다고 본 아렌트의 정치 예술론이 '정치적 인간'의 복권이라는 관점에서만 본다면 포퍼나 로티보다 우월하다고 말한다.

아렌트를 높이 평가한 신일철은 하이에크의 '자유의 조건'을 아렌트의 정치철학으로 재해석한다.[27] 자유주의적 시민사회의 문명전통이 존립하고 성숙하기 위해서는 하이에크의 '법의 지배'와 아렌트의 자유시민의 공화주의적 '덕의 정치'의 결합에서 자유주의의 새로운 진로를 모색할 수 있다고 본 것이다.

신일철은 하이에크도 자생적 질서만으로 민주주의가 천민적 중우 정치로 타락하는 것을 막을 수 없다고 믿고, '다수자에 의한 지배'의 선거 제도 하에서 자유주의적 가치가 퇴색하는 것을 막기 위해 입법회의를 하원과 상원으로 나누었다고 해석한다. 하이에크는 하원은 이해(利害)의 다수성을 대표하고, 상원은 덕에 의한 정치를 행해야 하므로, 상원의 덕에 의한 정치를 가능하게 하기 위해서는 임기를 15년간 보장하여 집단 이기주의의 영향에서 벗어나 '현인(賢人)의회'의 역할을 해야 한다고 생각하였다.

하이에크는 50대 전후의 인격자로 구성된 원로원 같은 상원을 '노모테타에(Nomothetae)'라 불렀으며 이것은 베버가 말한 '명사(名士, Honoramores)'

---

27 『뉴 라이트와 시장의 철학』, 114-115쪽.

와 유사하다. 신일철은 '명시적 지식'이 아니라 '암묵적 지식'의 중요성을 강조한 하이에크의 지식론에서 '덕의 정치'의 원형을 찾는다. '노모테타에'의 '현인의회'는 노련미와 함께 균형 잡힌 현명한 가치 판단을 할 수 있는 유덕한 시민대표로 이루어져 있기 때문이다.

라틴어 'Virtu'에서 유래한 공화주의적 '시민의 덕'은 동양의 인덕과 구별되는 자기가 속한 공동체를 융성하게 발전시키려는 '감투정신'과 같은 것이다. 신일철은 '시민의 덕'에는 통치자의 덕도 포함된다고 생각하였다. 위대한 자유주의 국가의 건설자나 현명한 지도자의 예지, 활력, 공명심, 공공적인 질서에 대한 사랑과 희생정신, 운명과 필연의 장막을 뚫고 자기의 기업을 융성시키려는 상인의 덕 정신, 기업가 정신까지도 포함된다고 해석한다. 그의 이러한 해석은 '시민'과 '시장'이 함께 활력을 유지하는 '시장의 철학'을 반영하고 있다.

뿐만 아니라 신일철은 하이에크의 상원이 '현인의회'가 되어야 한다는 주장을 아렌트의 '정치적 자유'와 유사한 것으로 해석함으로써 자신의 '공화주의적 자유주의'의 철학적 기초를 마련하려고 하였다. 이렇게 본다면 신일철의 '시민적 자유주의' 또는 '공화주의적 자유주의'는 자신의 '시장의 철학'에 '정치적인 것'을 보강한 것으로 해석할 수 있다. 그는 하이에크와 아렌트를 자신의 논리로 결합함으로써 한국의 자유주의가 나아가야 할 길을 제시하였다.

6. 맺음말

신일철은 20세기 초 우리 사회에 처음으로 수용된 '사회'는 그 본체가 시민사회형으로 자유주의의 산물로 규정한다.[28] 그는 우리 사회가 이러한 자유주의

28 『뉴 라이트와 시장의 철학』, 8쪽.

에 뿌리를 내려야 한다고 주장한다. 그는 자유주의의 특징 가운데 하나가 자유시장과 민영기업이고, 이것이 없어지면 극우든 극좌든 '국가독점자본주의'를 만들어 시민의 자유를 말살하게 된다고 믿었다. 자유시장과 민영기업을 허용하는 '경제적 자유'를 시민적 자유의 기초로 해석한 것이다.

신일철은 70여 년의 역사적 실험을 거쳐 사라진 소련형의 사회주의 모델은 '사회'를 말살하고 1당 독재의 '중앙계획 · 중앙지령'의 당 조직으로 변모하고, 반시민적 · 반사회적인 중앙 권력화의 '큰정부'가 되어 마침내 망했다고 분석한다. 뿐만 아니라 나치와 볼셰비키 전체주의는 공통적으로 시민적 자유권, 민영화, 자유시장을 없애고 국유화 · 국영화로 자유민권 지향의 '자유주의'를 자신들의 사상적 기반으로 하지 않아 쇠망하였다는 것이다.

신일철에 따르면 자유주의는 공산주의나 나치즘과 같은 하나의 이데올로기가 아니라 근대 시민사회에서 이룩된 문명 전통이다. 자유주의는 의회민주주의, 복수정당제, 법의 지배, 개인의 기본권인 자유권, 자유시장 경제를 모두 포괄하는 문명의 기틀이라는 것이다. 이렇게 함으로써 자유주의를 다른 이데올로기와 차별화하려고 하였다. 그에게 있어 자유주의를 거부하는 것은 문명을 거부하는 것과 동일하다.

신일철의 자유주의에 기초한 정치철학과 사회철학은 그가 살아온 한국사회의 문제 해결을 모색하는 과정에서 나온 것이다. 그는 '근대화' 정책의 한계에서 생긴 국제적 기업 경쟁력 저하, 강성노조, 고임금, 저효율, 저성장, 소득구조의 악화, 청년 실업, 청소년 범죄, 과잉복지에 대한 요구, 포퓰리즘, 신용불량, 친북반미 등을 '한국병(Koreanensis)'으로 명명하고 이것을 고칠 수 있는 처방전을 서구의 정치사상에서 찾았다. "한국의 건전한 자유주의 질서의 수호를 위해서는 탐욕적 치부욕을 '자유방임'으로 정당화해서는 안 되며 '천민적 자본주의'의 잔재를 청산하고 거듭나는 자기 정체성의 재발견이 요청된다."[29]고 하였다.

그는 “오늘날 한국과 같은 포퓰리즘의 바람몰이에서 자유사회를 수호해 내기 위한 방벽으로 자유시민의 공화주의적 발상을 고려해 볼 가치가 있고, 지적 · 사상적 모색을 도모할 수 있을 것이다”[30]라고 믿는다. 이러한 모색의 결과로 나온 것이 바로 하이에크와 아렌트의 결합인 ‘시민적 자유주의’ 또는 ‘공화주의적 자유주의’이다.

---

29 『뉴 라이트와 시장의 철학』, 110쪽.

30 『뉴 라이트와 시장의 철학』, 115쪽.

신일철의 역사철학

역사: 과학과 문학의 사이

김창래 고려대 철학과

신일철의 역사철학적 연구의 성과는 세 가지로 남겨졌다. 첫째는 역사 방법론에 대한 연구이고, 둘째는 시의적 문제로서의 역사에 대한 다양한 단편들이고, 셋째는 단재의 역사 사상에 대한 연구이다. 세 번째 연구가 가장 방대하고 또 가장 많이 알려진 것이기는 하지만 다음의 두 가지 이유에서 이는 논의에 포함시키지 않는다. 동양학에 대한 필자의 천학이 그 첫째 이유이고, 이 연구가 앞의 두 연구에 대비해 갖는 내용상의 이질성이 둘째 이유이다. 다음의 글은 '서양철학으로서의 역사철학'에 대한 신일철의 연구에 관심을 제한한다. 우선 학술적인 성격이 강한, 역사 방법론에 대한 연구에 집중하고(1~5절), 역사철학적 단편들은 그 사회적 의의에 주목하여 보론의 형식으로 다룰 것이다(6절).

1. 역사 방법론을 보는 근본 관점

역사 방법론에 대한 철학적 성찰을 담은 두 편의 논문이 8년의 간격을 두고 발표되었다. 「역사적 이해의 기준 문제」(『고려대학교 논문집』, 15권, 1969, 75~102)와 「역사의 과학성 문제」(『철학연구』, 철학연구회 편, 14권, 1977, 21~36)가 그 둘이다. 이 글에서 신일철은 역사가가 걷는 길 또는 걸어야 하는 길을 모색하며 역사와 역사 서술의 본질에 대한 사색을 전개한다. 이 사색의 결론을 간략히 선취하면 다음과 같다. 역사는 과학적이어야 하지만 과학이기만 해서는 안 되고 문학적이어야 하지만 과학이 아니어서도 안 된다. 역사는 과학과 문학의 중간에 놓인 어떤 것이기 때문이다. 나는 위 두 논문에 전개된 신일철의 역사 사유를 정리하고 음미하려 한다. 이를 통해 '과학과 문학의 사이에서 팽팽한 줄다리기를 하며 자신의 양면적, 중간적 지위를 유지하고 있는 역사'라는 인간 활동의 독자성과 본질에 대한 이해가 제공될 수 있기를 기대한다. 언급한 두 논문은 각기 「기준」, 「과학성」으로 약한다.

2. 주도적인 물음

사색의 출발점은 '역사'라는 말의 "다의성"(「과학성」, 21), 정확히는 이의성이다(「기준」, 76~77 참조). 역사는 한편으로 과거에 일어난 "사건(res gestae)" 자체를 의미하지만 다른 한편 그 "사건에 대한 기록(historia rerum gestarum)"(「기준」, 76)을 뜻하기도 한다. 역사라는 말이 갖는 이 두 의미가 두 개의 상이한 역사철학의 근원과 토대를 이룬다. '사건으로서의 역사' 위에 "사변적 역사철학"이 세워지고 '사건에 대한 기록으로서의 역사' 위에 "비판적 역사철학"이 기초한다. 전자의 역사철학은 실제로 일어났던 사건들로 구성된 하나의 보편사를 구성하려는 "형이상학"이고, 후자의 역사철학은 역사 서술의 가능 조건에 대한 탐구, "역사적 언어의 인식론적 비판"에 주력하는 "역사 인식론"(「기준」, 77)이다. 탈— 또는 반형이상학적 시대인 현대에 가능한 그리고 허용 가능한 역사철학은 물론 후자뿐이다. 전자는 "사실 숭배"(「과학성」, 22), "사변적 … 구축"(「기준」, 77) 등 스스로 해결할 수 없는 "인식론적 난점"(「과학성」, 22)에 빠져들기 때문이다. 이 같은 이유에서 신일철은 역사 및 역사철학의 의미를 분명하게 한정한다. 역사란 "사건이나 사실 그 자체가 아니라 그것에 대한 탐구, 지식"이고, 역사에 대한 철학은 목적론적 종말론적 형이상학이 아니라 "역사적 지식의 인식론적 연구"이다. 이 같은 의미 제한으로부터 일단 다음의 물음이 뜻 있게 제기된다. 역사는 "과학과" 꼭 같은 의미에서 "과학적인가?"(「기준」, 77)

이 물음은 물론 역사의 '과학성'에 대한 물음이고 과학으로서의 역사와 그렇지 않은 것을 구분해 주는 '기준'에 대한 물음이다. 그리고 이 물음이 사변적 역사 형이상학에 대한 반대로부터 배태된 것인 한에서 그에 대한 답변 또한 단적인 긍정이어야 할 것으로 보인다. 그렇다면 「기준」과 「과학성」의 저자는 '역사는 과학이어야 하고 그 이상도 이하도 아니라고 주장하는 완고한 역사 실증주의자'인가? 실제로는 그렇지 않다. 저자는 역사의 과학성이라는 덕목을 역사의 "필요조건"(「기준」, 77)으로 인정할 뿐이지 충분조건으로 간주하지는 않기 때문이다. 그러므로 사변적 역사 형이상학의 공허함을 경계하며 역사의 과학성에 관한 물음을 던진 저자는 이제 역사 실증주의의 빈곤함을 지적하며 역사의 문학성에 대한 물음을 추가로 던진다. "역사는 지식인가 아니면 스토리 내지 내러티브에 불과한가?"(「기준」, 78) 다소 부정적인 톤으로 제기된—이 톤은 물론 잘못된, 즉 저자의 의도에 맞지 않는 의상이다—이 물음은 실은 역사는 과학이라는 하나의 얼굴을 필수적으로 갖지만 동시에 문학이라는 다른 얼굴도 갖지 않으면 안 된다는 사실을 암시하고 있다. 그러므로 「과학성」과 「기준」이 함께 제기하는 '역사란 무엇인가?'라는 물음은 실은 역사가 갖는 과학과 문학이라는 두 얼굴 간의 갈등과 긴장의 본질에 대한 물음이다. '역사'라는 하나의 인간 활동 안에서 과학적 엄밀성과 문학적 상상력이 함께 움직이고 있다. 신일철의 역사 사유는 이 두 얼굴 간의 관련에 대한 사색이다.

이 사유는 이 문제에 대한 일련의 논쟁의 재구성을 통해 진행된다. 논쟁의 한 진영에는 역사의 과학성을 강조하는 역사 실증주의자들이 포진해 있고, 다른 진영에는 역사의 문학성을 추구하는 역사 관념론자들이 대립해 있다. 역사 실증주의자들은 "역사는 지식을 획득하려는 인간의 탐구인 점에서 과학적 지식과 본질적으로 동일한 성격과 구조를 갖추고 있고", 따라서 역사가는 자연과학자가 자연 현상을 설명하듯 역사 현상을 "설명해야 한다"고 주장한다. 이때의 설명은 '왜?'라는 물음에 대한 일상언어적 답변이 아니라, 피설명항을 하나 이상의 일반 법칙에 포섭하는 이른바 '법칙 연역적 설명(deductive nomological Explanation)'이다. 이 입장의 저변에는 이른바 역사의 주체라는 인간도 근본적으로는 인과 법칙이 지배하는 자연의 일부라는 생각이 놓여 있다. 반면 역사 관념론자들에 의하면 역사가는 과거로부터 주어진 제한된 소재만을 가지고 과거의 사건들을 뜻이 있고 플롯이 있는 하나의 연속적인 줄거리로, 이해할 수 있고 납득할 수 있는 전체 이야기로 구성해 내야 한다. 즉 역사는 "본래 스토리(story) 또는 내레이티브(narrative)의 성격을 가지고", 역사가는 "과거의 사건들을 연속 계열형으로 이야기를 이어가는 해설자"(「과학성」, 35)이다. 이 입장의 근거에는 인간 행위로 구성되는 역사는 일반 법칙의 지배를 받는 자연이 아니므로 여기서는 자유로운 인간의 행위 의도에 대한 이해가 주된 과제라는 생각이 놓여 있다. 신일철은 이 두 입장을 "조화〔롭게〕 하여"(「과학성」, 36) "제3의 종합"에 도달하고 이를 통해 "역사적 탐구 고유의 논리를 구축하려"(「기준」, 75) 한다. 물론 이 새로운 탐구 논리는 역사의 과학성과 문학성 모두에 대한 존중을 가능하게 해야 할 것이다.

과학과 문학이 모두 역사의 얼굴인 한에서 이 같은 화해와 중재의 노력은 물론 필요하고 또 불가피하기도 하다. 왜냐하면 역사의 문학성이 그 비과학성의 입증이어서는 안 되고, 또 그 과학성이 문학성의 제거를 위한 빌미가 되어서도 안 되기 때문이다. 일단 신일철은 역사의 두 얼굴을 모두 인정한다. 그러나 이렇게 일견 중립적으로 보이는 입장에도 불구하고—뒤에 가면 분명해지겠지만—그는 실은 역사 관념론 쪽에 기울어 있다. 그의 출발점은 실증주의가 팽배해진 이른바 과학 시대로서의 20세기 학문의 세계에서 전통적인 역사 연구에서는 분명했던 위대한 문학적 전통의 소멸에 대한 우려이고, 그의 목표는 역사(History)를 하나의 "역사 서술(Historiography)"(「기준」, 79; 「과학성」, 22)로 승인하여 역사 서술의 참된 논리를 제공하는 것이기 때문이다. 그는 이렇게 쓴다.

> 만일 역사 서술이 스토리로서의 서술 형식과 부분들을 어떤 전체와의 관련에서 이해하는 역사 해석의 기능을 더욱 강조한다면 다시 문학과 철학의 거리는 좁혀질 수 있고 위대한 역사 서술이 지녔던 위대한 문학적 전통과 도덕적 비전을 다시 회복할 수 있을 것이다.(「과학성」, 36)

분명 서술로서의 역사의 과제는 단순히 확인되고 실증된 사실의 제시가 아니라 그 사실들을 재료 삼아 큰 전체상을 제공하는 것이다. 이것이 물론 역사가의 "본질적 직능"(「기준」, 77)이다. 그러나 이 과제의 본질성이 과학성이라는 최소한의 필요조건의 충족이라는 의무로부터의 방면을 의미하는 것은 아니다. 그러므로 과학성은 역사를 위한 일차적인 최소한의 필요조건이고 문학성은 역사의 내용적 풍부를 담보하기 위한 이차적인, 그러나 역시 필수적인 조건이다. 이 두 얼굴이 함께 있을 때 우리는 과학적으로 엄밀하고 문학적으로 풍부한 역사에 대해 논할 수 있을 것이다. 결국 이 탐구의 주도적인 물음은 다음과 같이 정리된다. '역사는 어디까지 과학이고 어디부터 문학인가? 역사가는 어디까지 설명해야 하고 어디서부터 이야기해야 하는가?'

3. 역사의 두 얼굴—과학과 문학의 사이

역사는 일어난 사실 자체가 아니라 역사 서술이고 따라서 역사가의 과제도 일어난 그대로의 사실의 단적인 제시, "모사"(「기준」, 80)가 아니라 하나의 서술이다. 물론 이 서술은 어떤 방식으로건 탐구자의 관점을 반영하는, 사실의 가공이 아닐 수 없다. 서술하는 자는 자신의 관점에서 서술할 수밖에 없기 때문이다.(「과학성」, 22~23; 「기준」, 80 참조) 이 가공은 사실을 일반 법칙에 포섭하는 '설명'일 수도 있고, 사실을 행위자의 내적 의도에 비추어 보는 '이해'일 수도 있다. 전자의 길을 걷는 이른바 역사 실증주의의 대표자는 법칙 연역적 설명의 논리를 제공한, 그리고 「역사에서 일반 법칙의 기능」이라는 논문의 저자인 헴펠(Hempel)이고, 후자의 길을 걷는 역사 관념론의 대표자는 19세기 독일 해석학의 '이해'의 전통을 영국적 판본으로 변형해서 수용한 콜링우드(Collingwood)이다. 우선 이 두 진영의 논리를 따라가 보며 비교 및 종합을 위한 지평을 확보하기로 하자.

역사 실증주의자들은 역사가도 설명하고 있고 또 설명해야 한다고 말한다. 다시 말해 설명되어야 하는 역사 현상을 "경험적 규칙성의 일반 현상의 한 경우로 포섭"(「과학성」, 27)하고 있고 또 그렇게 해야만 한다는 것이다. 마치 "성냥불을 가까이 댄 〔…〕 수소 풍선의 폭발"이 "풍선 속의 수소는 발화점이 낮고 〔…〕 발화한 수소의 부피는 급격히 팽창한다"(「과학성」, 27~28)는 일반 법칙 아래 포섭되어 설명되듯이, 역사에서 일어났던 여러 민중 봉기와 혁명도 '독재자의 폭압은 민중의 분노의 원인이고, 열사의 죽음은—마치 불붙은 성냥개비처럼—민중의 분노를 급격히 팽창시킨다'는 일반 법칙에 포섭, 설명될 수 있고 또 되어야 한다는 것이다. 여기에 전제된 것은 물론 자연 현상과 역사 현상이, 자연과학과 역사학이, 자연과학적 (법칙-연역적) 설명과 역사적 설명이 "동일하다는 가정"(「과학성」, 30)이다. 물론 이 같은 논리와 관련해, 역사학자는 실제로 "일반 법칙에 대해 언급하려고 하지 않으며 알려고 하지도 않는다"(『기준』, 84)는, 그리고 설령 그가 일반 법칙이 포함된 설명문을 사용한다 할지라도 그는 여전히 일반 법칙의 "소비자일 뿐이지 생산자는 아니라"(『기준』, 83~84)는, 즉 일반 법칙의 정립은 역사가의 일차적 관심사가 아니라는 반론이 제기되었다. 그러나 헴펠은 여전히 역사적 설명 안에 일반 법칙이 포함되어 있고 이 법칙은 역사가의 언어 안에서 분명한 기능을 행사한다고 주장한다. 물론 그는 역사적 설명에서는 일반 법칙이 "개인 심리학 및 사회 심리학에 관한 보편적 가정"에 불과한 경우가 많고 이 가정을 자연과학적 설명에서와 같이 엄밀하게 "공식화"하는 것은 "불가능하다"(『기준』, 83)는 사실은 인정한다. 그러나 이 같은 일련의 상대화에도 불구하고 그는 여전히 이것이 역사학자들이 설명할 때 법칙을 사용하지 않는다는 것을 의미하지는 않는다고 강변한다. 물론 역사적 설명이 자연과학적 설명과 같이 엄밀한 법칙 연역적 형태를 취하는 것은 아니지만, 여기에서도 일반 법칙의 분명한 기능이 인정되는바 이 또한 자연과학적 설명의 한 유형으로 간주되어야 한다는 것이다. 실제로 헴펠은 역사적 설명을 "설명 스케치(explanation sketch)" 또는 "과학적 설명형의 보다 완화된 수정(weaker version of the scientific model)"(『기준』, 84)이라고 하여 그 과학성의 요구를 대폭 완화하였으나, 이 상대화된 설명 또한 "그 기본적 성격과 구조에 있어서는 자연과학이나 사회과학과 다를 바 없는 인식적 지식"(『기준』, 85)이라는 주장만큼은 굽히지 않았다. 역사 실증주의의 결론은 하나다. 역사학 역시 자연과학과 마찬가지로 하나의 과학이고 역사학자 또한 정도의 차이는 있을지언정 자연과학자와 마찬가지로 설명하고 있다. 그런 한에서 역사적 설명에서 일반 법칙의 기능은 분명히 인정되어야 하고 역사학자 역시 설명해야 한다는 과학적 요구의 구속력도 승인되어야 한다.

반면 역사 관념론자들은 자연과 역사의 그리고 자연과학과 역사학의 '동일성'이라는 헴펠의 가정을 부인하고 이 두 세계의 그리고 두 학문의 "다름"을 논의의 출발점으로 삼는다. 자연 현상을 일반 법칙에 포섭하여 설명하려는 자연과학자와는 달리 역사가의 "관심"은 "일회적이고 비반복적인 일련의 사건"(『과학성』, 30)을 향하고 있다. 그가 원하는 것은 예를 들면 18세기 프랑스에서 단 한 차례 일어났고 그 후 단 한 번도 반복되지 않았던 바로 '그 혁명'에 대한 앎이지, 모든 혁명에 보편적으로 적용되는, '혁명에 관한 일반 법칙'의 정립이 아니다. 역사에서 보편성의 주장은 역사적 사건들의 일회성의 삭제를 의미할 뿐이다. 왜냐하면 보편성의 장막은 마치 "모든 소가 검게 보이는 어두운 밤"(헤겔, 『정신 현상학』, 19)과도 같은 것이기 때문이다. 그래서 신일철은 "역사적 사건이 일반 법칙의 한 사례로 간주되자마자 역사는 상실된다"(『기준』, 86)는 오크쇼트의 문장을 인용한다. 이렇게 역사가의 관심이 법칙의 보편성이 아니라 사건의 일회성을 향하고 있다면 역사가는 어떻게 설명하는가? 자연과학적 설명과는 대비되는 몇 가지 모델이 제시된다. 오크쇼트가 제시한 "연속 계열형(continuous series model)"(『과학성』, 31)이 그중 하나인데 이것은 관련된 일련의 사건들을 그 "계기와 연결"(『기준』, 86)에 주목하여 하나의 연속성 있는 시리즈로 "연결짓는" 작업이다. 이 경우 역사가는 설명하는 과학자가 아니라 빈틈없이 잘 짜여진 이야기를 만들어 가는 "스토리-텔러", "플롯 텔러"이다. 콜링우드 역시 역사가의 탐구 대상은 "자연적 사건이 아니라 이성의 요청에 따르는 인간의 행위"라고 하면서 이 외적 행위를 불러온 내면의 이유를 이해하는 것이 역사가의 과제라고 주장한다. 즉 외적 행위를 그 내적 "이유에 의해서 이해하는 것"이 초점인데, 이것이 이른바 "재사고(rethink)" 내지 "재연(reenactment)"(『과학성』, 31)이라는 방법이다. 예를 들어 "주사위는 던져졌다"고 외치며 루비콘 강을 건너는 카이사르를 이해하기 위해 상상적으로 카이사르가 되어 그의 내면에서 진행되었던 사고를 '재사고'하고 그가 실제로 행했던 일련의 행위들을 상상적으로 '재연'해 보는 것이다. 이 같은 상상적 실험을 통해 카이사르의 도강, 로마에로의 진격이라는 "행위를 그 행위자의 행위 이유 또는 사상에 의해서 설명하는 것"(「과학성」, 32)이다. 역사 관념론자들의 공통된 입장도 단순하다. 역사의 영역에서는 어떤 보편화의 관심도 나타나지 않고 오로지 일회적인 행위에 대한 내면적 이해, 그리고 그렇게 이해된 일련의 사건들이 하나의 전체상을 이루도록 그 의미 관계를 파악하거나 구성하는 것만이 문제이다.

역사 실증주의와 역사 관념론, 두 입장 사이의 간격은 결코 좁아 보이지 않는다. 한쪽에서는 일반 법칙의 정립, 정립된 법칙에 의거한 설명이 문제라 하고, 다른 쪽에서는 일회적 사건의 파악, 파악된 사건들 간의 의미 관계의 표현이 과제라고 말한다. 관념론자가 보기에 실증주의자들은 일회적이고 반복 불가능한 사건을 "재현 가능한 것"으로 간주하여 일반 법칙의 한 사례로 환원하고 이 보편성의 장막 아래서 개별적 사건의 의미에 대한 역사가의 "해석의 역할을 무시해"(「과학성」, 30)해 버린다. 역사라는 활동이 단순한 사실 수집이라는 기계적 작업 이상이어야 한다면—이 사실을 부정하는 역사가는 없을 것이다—이 지적은 귀담아 들을 필요가 있다. 그러나 실증주의자의 관점에서는 충분한 과학적 검증 없는 해석이란 "비과학적인 이야기, (…) 고작해야 반합리적 활동 아니면 준과학적 활동"(「기준」, 78)에 불과할 뿐이다. 이 관점에서 보면 과거의 행위자와의 상상적 동감을 통해 그럴싸한 이야기를 꾸며 내는 관념론자의 방법은 "감정이입적"(「기준」, 88) 픽션에 불과하다. 더욱이 이는 '아마 카이사르가 이런 이유에서 그렇게 행위했겠지' 하는, 가설을 정립하는 발견적(heuristic) 기능은 할 수 있을지 모르지만 그 가설이 참이라는 확증은 하지 못한다(「기준」, 88 참조). 이는 "카이사르를 이해하기 위해 카이사르가 될 필요는 없다"(베버, 『학문론 선집』, 428)라는 베버의 딜타이 비판을 떠올리는 구절이다. 이 비판에도 일리는 있다. 실제로 재사고와 재연을 통해 갖게 된 이른바 그럴싸한 이유가 실제의 이유였다는 보장은 없기 때문이다. 이것은 바야흐로 과학자로서의 역사가가 그 타당성을 입증해야 할 가설이고 이를 위해서는 다양한 일반 법칙의 도움이 필요할 것이다. 이렇게 역사라는 하나의 인간 활동 안에서 두 개의 얼굴, '설명하고 검증하는 과학성'과 '해석하고 이야기하는 문학성'의 갈등이 지속되고 있다. 그렇다면 이렇게 외관상 강력하게 대립하고 있는 두 얼굴 간의 화해의 가능성은 있는가? 있다면 어디에 있는가? 신일철은 "카(Carr)와 드레이(Dray)의 관점에서 제3의 종합에 도달할 수 있다"(「기준」, 75)고 말한다.

4. 제3의 길

필자가 보기에 신일철은 역사의 본질에 대한 카의 직관에서 출발하는 것으로 보인다. 실제로 역사란 "역사가와 사실 사이의" 그리고 "현재와 과거 사이의 끊임없는 대화"(카, 『역사란 무엇인가』, 24; 「기준」, 91; 「과학성」, 22 참조)라는 카의 유명한 문장은 무리 없이 다음과 같이 번역된다. 역사란 '해석하고 이야기하는 문학적 본성과 설명하고 검증하는 과학적 본성 사이의 무한한 대화'이다. 이 대화의 관점에서 본다면 참된 역사의 본성은 쉽게 규정된다. 과학적으로 검증된 사실이 없다면 역사는 '공허한' 이야기일 뿐이다. 반면 사실이 문학적으로 해석되지 않는다면 역사는 '맹목적' 재료에 불과하다. 과학 없는 문학은 공허하고(leer) 문학 없는 과학은 맹목이다(blind). 과학적으로 검증된 사실에 문학적 해석이 더해져서 과학과 문학의 중간에 놓인 어떤 것으로서의 역사가 가능해진다. 이 역사 규정은 신일철이 역사 실증주의와 관념론의 논쟁의 화해의 한 통로로 제시했던 드레이의 관점, 즉 "포괄 법칙형 설명"이 역사를 위한 "필요조건이기는 하나 결코 충분조건이라고 인정하지는 않는다"(「기준」, 94)는 관점에 입각해서도 쉽게 정당화된다. 이제 이 규정과 더불어 우리는 지금까지의 우리 논의를 이끌어 온 물음, '역사는 어디까지 과학이고 어디부터 문학인가? 역사가는 어디까지 설명해야 하고 어디서부터 이야기해야 하는가?'에 답할 수 있게 되었다. 일단 과학성이라는 역사의 한 얼굴이 '사실의 확정'이라는 작업을 진행해 주어야 하고, 이 토대 위에서 문학성이라는 역사의 다른 얼굴이 과학적으로 확정된 '사실에 대한 해석'을 진행해야 한다. 그리고 이 해석의 결과는 다시 근본적으로는 "이론 의존적 관찰"(「과학성」, 22)을 할 수밖에 없는 과학적 역사 연구가를 이끄는 인도자가 된다. 역사는 과학에서 출발해서 문학으로 완성된다. 그리고 이 완성은 다시 과학적 역사 연구의 새로운 출발점이다. 그러므로 역사란 과학과 문학의 부단한 공동 작업, 순환적 상승의 결과물이다.

> 과학적 역사학을 표방하는 전문적 연구가 보다 높은 일반사 서술의 자료가 되고 그 자료 위에서 다시 위대한 역사가의 통찰에 의한 역사 해석이 산출되고 그 해석이 다시 사실의 확정을 위한 선택 작용과 평가 작용에 도움을 줄 때 역사는 보다 높은 고지로 발전할 수가 있을 것이다. 역사에 있어서 사실과 해석의 관계는 과학에서의 사실과 가설과의 관계와 별로 다를 바 없다. 과학의 장점은 그 검증성에 있다. 과학적 역사학의 연구 태도는 역사가의 위대한 통찰의 산물인 역사적 가설들의 타당성과 그 객관성을 보증해 주는 데 크게 공헌한다. 우리가 우려하는 것은 과학적 역사학을 지지하는 역사 연구가들이 사실의 확정 과정에만 골몰한 나머지 과거로부터의 위대한 역사 서술의 전통을 망각하는 일이다.(「과학성」, 36)

과학으로서의 역사와 문학으로서의 역사의 종합, 그리고 이를 통한 역사 실증주의와 역사 관념론의 화해. 이것이 일단 도달한 결론이다. 그러나 이미 앞서 지적되었고 또 이 인용문의 마지막 부분에도 암시되어 있듯이 신일철이 이 두 극단의 정확한 중도를 걸었던 것은 아니다. 최종적으로 그의 중점은 해석과 해석으로서의 역사의 의미에 놓인다. 「기준」의 종결부에서 그는 "결국", 즉 자신의 역사 사색을 통해 최종적으로 확인한 "역사적 탐구의 본질은 무엇인가?"라고 묻는다. 이 물음은 역사의 과학성이라는 필요조건을 충족시키고 난 후 역사가가 과거의 사건 내지 사건들을 해석할 때 궁극적으로 무엇을 해야 하는가의 물음이다. 즉 역사적 해석이라는 작업의 궁극의 지향점에 관한 물음이다. 신일철은 이렇게 답한다.

> 그것은 〔…〕 '총괄' = '조직 개념'에 의한 종합이다. 〔…〕 이 탐구의 본질은 '해석(interpretation)'이다. 〔…〕 결국 역사적 이해의 기준은 역사적 통찰에 나타나는 '총괄 개념'의 발상(abduction)에 있게 된다. 다시 말해서 준과학적인 '포괄 법칙에의 포섭'이나 경험적 개연적 규칙성의 실증적 지지가 역사 서술의 제1차적 자료 정리의 단계에서는 필요한 것임을 인정하나 그런 측면에서는 '역사적'인 '탐구(inquiry)'의 특성이 드러나지 않는다. 역시 역사적 탐구는 역사적 해석의 발상이 다산적으로 풍부히 감행되는 데서 드러난다. 물론 이 역사적 해석의 발상, 다시 말해서 역사가 어떤 사건을 다른 사건과의 관련 가운데서, 보다 큰 역사적 문맥의 한 부분으로 파악하려는 것이 역사가의 '창조적 종합'이라 부를 수 있을 것이다. 〔…〕 역사적 행위나 사건들에 대해서 그것이 실제로 '무엇(what really)이었는가?'에 대한 끊임없는 탐구, 이것이 역사적 이해의 보다 근본적인 기준이라고 필자는 본다.(「기준」, 98)

이것이 신일철의 역사 사유가 최종적으로 도달한 결론이다. 과학으로서의 역사가 믿을 만한 사실 확정의 작업을 해 준다면, 이 토대 위에서 문학으로서의 역사는 바야흐로 해석이라는 작업에 임한다. 그리고 해석하는 역사가는 해석되어야 하는 과거가 "무엇(what)이었는가?"라고 묻는다. 이 물음, '무엇인가?'('what is?', 'was ist?', 'ti esti?')는 바로 물어지는 것의 본질(ousia), 즉 물어지는 것과 이와는 다른 것 사이의 본질적 차이에 대한 물음이다(아리스토텔레스, 『토피카』, 101b 참조). 결국 '역사란 무엇인가?'라는 물음에 대한 신일철의 마지막 대답은 과거에 일어난 일련의 사건들의 본질에 대한 연구라는 것이다. 이 같은 본질 파악은 과학적 탐구의 결과가 아니라 "역사적 통찰"(「기준」, 99)의 산물이다. 바로 이것이 과학을 필요조건으로 갖기는 하지만 과학에 불과할 수는 없는 역사를 과학으로부터 구별해 주는 '본질적 차이', 즉 과학과 문학의 중간에 서 있는 역사의 '본질'이다.

5. 평가

「기준」과 「과학성」, 이 두 논문은 역사의 문제에 대한 철학의 성찰도 일천하고 역사철학을 목적론적 역사 형이상학과 동일시하던 70년대 한국 철학계에 비판적 역사철학이라는 새로운 학문 분야를 소개한 연구이다. 이 점에서 저자의 선구자적 역할은 분명 높게 평가되어야 한다. 또한 영미 분석 철학계의 역사철학 논의를 소개하면서도 실증주의에 경도되지 않고 역사 관념론적 단초를 강화하는 방향으로 논의를 이끌어 간 것도 저자의 균형 잡힌 사유의 결과였으리라 사료된다. 이것은 저자가 역사 실증주의와 관념론 간의 논쟁을 옳게도 19세기에 있었던 밀의 자연과학주의적 과학 일원론과 딜타이, 베버, 리케르트 등 독일의 과학 이원론자들 사이의 논쟁에 비추어 파악하고 있었기(「기준」, 88~89 참조) 때문에 가능했을 것이다. 다만 저자의 제자로서 같은 종류의 연구에 오래 종사해 온 본인에게 남는 한 가지의 아쉬움은 '먼저 사실을 확정하고 그 후에 해석하라'는, 이른바 역사 연구의 단계설의 소박성이다. 언젠가 가다머는 같은 문제를 거론하며 "1001번째의 역사가가 뭔가 흥미로운 것을 발견하기 위해 1000명의 역사가가 사실 확정에 매달려야 한다는 말인가?"(가다머, 『전집』, 2권, 227)라고 물은 바 있다. 인간 역사성의 본질은 역사적 규정성으로부터 자유로운 순수한 사실은 없다는 데 있다. 그 의미에서 단계설은 왜곡하는 유혹이다. 그러나 단계설의 헛됨을 파악할 수 있기 위해 우선은 단계설의 유혹에 빠지지 않으면 안 된다. 내가 기억하기에 1970년대의 한국 철학계의 상황이 그러했다. 그러고 난 후 우리는 적절한 단계를 거쳐 이른바 단계설의 허위까지도 파악하게 된 것이다.

6. 보론—역사철학적 단편들과 그 사회적 의의

지금껏 상론해 온 두 편의 논문이 발표되고 다시 10년의 세월이 흐른 후에 출간된 『현대 철학 사상의 새 흐름』(집문당, 1987)이라는 책에는 「역사관의 탐구」라는 장이 있고 여기에는 역사에 관한 7편의 에세이가 실려 있다(이 글들은 「역사관」이라 약함). 이 중 6편은 10년 전 출판된 『주체성의 위기』(수문서관, 1977)라는 책에 이미 수록되었던 글들이다. 10년이 지난 후 이 글들을 다시 모아 세상에 내놓으며 신일철은 책의 머리말에서 그 이유를 이렇게 밝혔다. "이 철학 에세이집에는 이전에 냈던 『주체성의 위기』 중 역사철학적 단편들도 다시 수록했다. 역사철학은 논자의 주된 관심 분야이기 때문이다"(『현대 철학 사상의 새 흐름』, 8). 그러나 유독 역사철학적 단편들만을 두 번에 걸쳐 세간에 내놓아야 했던 이유를 단지 개인의 학문적 관심만으로 설명할 수 있을까? 그렇지는 않은 것 같다. 이 같은 추정의 이유는 다음이다. 역사에 대한 신일철의 사색은 이중의 부정으로 특징지을 수 있다. 첫 번째 부정은 사변적 역사 형이상학에 대한 반대이고 두 번째 부정은 역사 실증주의에 대한 반대이다. 나는 이 이중의 부정의 필연성이 바로 같은 글을 두 차례에 걸쳐 한국 사회의 대중들에게 소개하지 않을 수 없었던 이유라고 생각한다. 왜냐하면 내가 기억하는 당시 한국 사회에는 이 두 문제와 관련해서 유난히 큰 혹세무민의 가능성이 있었기 때문이다.

이미 언급했듯이 신일철은 역사라는 말을 생기한 사건 자체가 아니라 "인간 활동의 기록"(「역사관」, 292), "'씌어진 역사', 역사 서술"(「역사관, 293)로만 이해한다. 이는 역사란 "사건 그 자체"라는 그리고 역사가의 과제는 "역사 그 자체의 법칙, 패턴, […] 궁극적 의미를 알아"(「역사관」, 259)내는 것이라는 사변적 역사철학의 주장에 대한 간접적 반대이다. 마치 100년 전 딜타이가 헤겔의 역사철학을 비판하던 그 톤으로 신일철은 시작과 끝을 가진 "보편사의 독단"(「역사관」, 263)을 비판한다. 물론 두 사람의 비판의 포인트는 조금 다르다. 딜타이의 비판이 역사의 배후에서 섭리하는 초월적 실체를 해체하고 역사적 삶의 생동성과 실재성의 권리를 회복해 주려는 삶의 철학적 문제 제기의 발로였다면, 신일철의 비판은 역사 형이상학이 "역사의 미래를 과학적으로 예언할 수 있다."(「역사관」, 284)고 주장하는 역사 법칙주의(Historicism)로 자라나고 이 같이 결정된 미래에 대한 역사 법칙주의적 확신이 인간과 인간적 자유에 대한 폭력을 불러올 수 있다는 실천철학적 우려에서 출발한다. 여기서 역사 법칙주의란 "역사 필연론과 역사적 예측에 대한 신앙"(「역사관」, 284)을 의미한다. '신앙'이라는 말에 이미 암시된 바이지만 역사 법칙주의자는 모든 역사적 단계는 미리 정해진 '그 하나'의 목적(telos)을 가지고 있고 오로지 이 목적의 실현을 위해서만 존재한다고 믿을 뿐 아니라 이 믿음을 광신적으로 전파하기도 한다. 문제는 "역사신(歷史神)"(「역사관」, 285)을 섬기는 이 "대용 종교"(「역사관」, 284)가 불신자들에게도 예정된 역사의 행로에 참여할 것을 강요하고, 역사를 창조하는 인간을 역사의 목적 실현을 위한 도구로 이용할 뿐 아니라 많은 경우 희생의 제물로 삼는다는 점이다. 이 맥락에서 신일철은 포퍼의 『역사 법칙주의의 빈곤』의 헌사를 인용한다. "역사적 운명이라는 준엄한 법칙을 신봉한 파시스트와 코뮤니스트의 희생물이 된 온갖 신조, 국적, 민족에 속하는 무수한 남녀에의 추억에 바친다”(「역사관」, 284). 이 헌사에 대한 공감 그리고 한국 현대사에 드리운, 이 헌사와 결코 무관하지 않은 어두운 그림자에 대한 우려가 신일철로 하여금 자신의 역사철학적 사색의 결과를 두 차례에 걸쳐 한국의 대중들에게 전하게 했을 것이다. 그가 보기에 역사는 인간이 만들고 역사가 인간을 위해 존재함에 틀림없는데, 시대는 역사의 법칙이 인간을 만들고 인간은 필연적 법칙에 의해 규정된 역사의 목적 실현을 위해 존재한다고 호도하고 있었기 때문이다. ‘역사 법칙의 필연성’과 ‘이 법칙으로부터의 인간의 자유’가 결코 공존할 수 없다는 사실, 그리고 시대의 대중들이 이 사실을 보지 못하고 있다는 사실을 신일철은 정확하게 보고 있었다. 실제로 1970, 80년대의 한국 사회는 민주화 투쟁과 반체제 운동의 경계가 희미해졌던 혼돈의 시대였다. 암울한 현실에 좌절한 적잖은 대중들에게 사회주의는 모든 문제를 해결해 주는 만능열쇠로 여겨지는 경향이 분명 있었다. 약속된 미래에 대한 맹목적 낙관은 약속의 이면을 보지 못하게 한다. 당시의 대중들은 이 만능열쇠가 그 행로가 결정된 역사 안에서 “인간의 능동성을 삭제하고”(「역사관」, 284) 결국 역사로부터 인간을 “추방”(신일철, 『현대 사상의 모험』, 세계사, 1966, 377)하리라는 사실을 내다보지 못하고 있었다. 신일철이 시대의 대중들에게 두 차례에 걸쳐 역사철학적 메시지를 던지지 않을 수 없었던 이유이다. 그 메시지는 이렇게 말한다. “인간이 역사의 주체다”(같은 책, 377). “역사관에 있어서의 인간의 복권이 문제이다. 역사는 인간이 창조한다”(같은 책, 381).

역사 법칙주의와 역사 결정론에 대한 반대는 사변적 역사 형이상학에 대한 반대로 이어지고 이는 다시 역사철학은 역사적 인식의 가능 조건을 밝히는 역사 인식론에 국한되어야 한다는 견해로 이어진다. 당연한 귀결로 신일철은 과학으로서의 역사의 이념을 표방해야 할 것처럼 보인다. 그러나 신일철은 역사는 “과학이고 〔…〕 그 이상도 이하도 아니라”는 따라서 “역사가의 임무"도 "단순한 기록"과 "설명"에서 "끝나야"(「역사관」, 297) 한다고 주장하는 역사 실증주의자에 반대해서 이렇게 말한다. 역사는 단순한 "사건들의 나열 이상의 것"(「역사관」, 305)이고 "인과적 설명 이상의 이해"(「역사관」, 275)를 요구한다. 그렇다고 신일철이 역사의 과학적 측면을 완전히 부정한 것은 물론 아니다. "사실의 확정"이라는 과제에서 역사는 "과학과 다를 바 없음"(「과학성」, 33)을 그가 긍정했다는 점은 이미 지적한 바 있다. 다만 역사는 과학에 머물러서는 안 되고 그 이상의 무엇이어야 한다는 것이 그의 주장이다. 왜냐하면 단순한 사실 확정으로서의 역사는 천박한 "사실숭배"(신일철, 「역사란 무엇인가?」, 『새 시대의 한국인』, 삼육출판사, 1987, 167)와 "문서 숭배"(신일철 외, 『20세기 교양 명저』, 시사영어사, 1981, 76)를 넘어설 수 없기 때문이다. 그렇다면 역사가 과학 이상이어야 하는 이유는 무엇인가? 우리는 이미 이 물음에 대한 신일철의 답변을 들은 바 있다. 역사가는 사료 비판의 과학적 과제를 방기해서도 안 되고 일회적 행위에 대한 내면적 해석을 외면해서도 안 된다는 것, 따라서 역사는 설명하는 과학적 본성과 이해하는 해석학적 본성의 결합물이라는 것이 그 답이었다(3, 4절 참조). 이것은 물론 옳은 답이지만, 학문의 답이고 학자의 답이다. 우리가 이 이론적인 답만으로 만족한다면 우리는 신일철에게서 너무 적게 듣는 것이다. 지금 우리가 경청해야 할 것은 학자 신일철의 답이 아니라 시대의 위기에 마음 쓰는 실천적 지식인 신일철의 답이다. 내가 아는 한 후자의 신일철은 이른바 "과학주의" 앞에 선 인문학의 "위기"(『현대 철학 사상의 새 흐름』, 192)를 우려하고 있었다. 과학주의(Szientismus)란 "과학적 방법을 신앙"하고 과학적 "객관성의 미신"(같은 책, 190)에 홀려 학문 일반을 자연과학과 동일시하는, 다시 말해 자연과학이 아닌 정신과학 내지 인문학을 자연과학에로 환원하는 태도를 말한다. 그러므로 과학주의자의 모토는 다음과 같다. '모든 학문은 학문으로 남기를 원한다면 자연과학이 되어야 한다.' 문제는 과학

시대의 소시민들이 이 말을 단적인 참으로 여기고 있고, 과학 시대의 정신 나간 정신과학자들이 이 요구를 열광적으로 실천하고 있다는 점이다. 이 세태에 직면해 신일철은 이렇게 썼다. 오늘날 "역사가들은 '역사과학'이라는 새 술어를 써 가면서 과학적 방법의 사도라고 자처한다"(「역사관」, 277). 이것이 신일철이 철학하던 20세기 말—물론 지금도 상황은 바뀌지 않았다—인문학이 실제로 처했던 상황이었다. 자연과학이 아닌 따라서 자연과학과는 다르고 또 영원히 다르게 남아야 할 학문들이 너도 나도 자연과학의 흉내를 내고 자신의 얼굴에 칼집을 내어 통계와 도표, 인과 법칙적 설명 등 자연과학적 외양을 새겨 넣는 이른바 "과학론적 성형수술"(마크바르트, 「정신과학의 불가피성에 관하여」, 108)을 받는 데 여념이 없다. 자연 이상인 역사적 현실성이 자연의 법칙으로 환원되고 자연과학 이상인 역사가 인과적 설명만 하는 시대, 그 시대의 특징은 "해석의 빈곤"이고 "문화적 가치에 대한 깊은 이해를 얻으려는 통찰의 가난함"(「역사관」, 279)이다. 그리고 이 빈곤에 수반되는 결과는 인문학의 "탐구 영역의 독자성의 상실"(「역사관」, 307)이고 인문학으로서의 역사의 "자기 부정"(「역사관」, 277)이다. 이것이 바로 신일철의 역사철학적 단편들이 우려해 마지않았던 인문학의 위기라는 것이다. 이 위기는 "역사학이 자연과학을 모델로 한 실증주의적 방법에 매몰되고 자연적 사건과는 구별되는 인간의 사상, 목적, 의도, 가치 등에 의해 행해지는 행위를 무시하여 역사가 그 자율성을 잃고 사회과학에로 해소되는" 위기 그리고 "자연과학의 방법이나 실증주의의 논리로는 파악할 수 없는 인문과학, 특히 역사와 예술에 관한 방법론에 특수성이 인정될 수 없는 위기"(『현대 철학 사상의 새 흐름』, 186)를 말한다. 철학자가 이 위기에서 심각한 위기의식을 느꼈고 과학 시대의 소시민들에게 반복해서 철학의 메시지를 던졌다는 것은 당연한 일이다. 왜냐하면 인문학의 위기는 "인문과학적 이해"를 통해서만 얻을 수 있는 "인간적 진리"(『현대 철학 사상의 새 흐름』, 185)

의 위기이고, 이 위기의 최종 결과는 "인문적 교양의 고귀한 가치", 즉 "인문과학과 인문적 교양의 죽음"(같은 책, 191~192)이기 때문이다.

신일철의 역사철학적 사유는 역사 법칙주의와 역사 실증주의에 대한 반대다. 각각의 반대 이유는 자명하다. 전자가 역사 법칙의 필연성을 주장하면서 인간적 자유를 박탈하여 역사의 주체로서의 인간을 역사로부터 추방하기 때문이고, 후자가 자연 이상인 인간을 자연으로 환원하여 자유롭게 의욕하고 행위하는 인간을 법칙 연역적 설명의 대상, 보편 법칙 아래 포섭되어야 하는 하나의 사례로 축소하기 때문이다. 역사 법칙주의자와 역사 실증주의자가 걷는 길의 끝에는 '자유로운 인간의 죽음'이 놓여 있고, 이 두 길에 대한 반대, 신일철의 역사철학적 사유의 근저에는 철학의 마지막 관심사로서의 '인간'이 서 있다. 나는 34년 전 어느 강의실에서 들었던, 휴머니스트 신일철의 말을 또렷하게 기억하고 있다. "다양한 철학들이 있지만 모든 철학은 궁극적으로 '인간'에 대한 학문 이상 다른 것이 아니다!"

고 신일철 선생님의 화이트헤드 철학 연구를 놓고

문창옥 연세대 철학과

I

필자는 신일철 선생님을 개인적으로 알지 못한다. 오래전 학부 시절 어느 학회에서 누군가가 선생님을 소개하는 현장을 멀리서 지켜본 것이 전부다. 과학철학을 연구하고 강의하신다 했던 것 같다. 필자도 한때 과학철학에 관심을 가지고 이런저런 글들을 읽은 적이 있지만 이 분야 글들이 가진 과도한 "투명성" 때문에 이내 포기하였다. 철학은 신비주의적 요소를 놓고 씨름하는 이성의 작업이라는 화이트헤드의 주장에 공감하는 필자의 성향 때문일 것이다. 그런데 지금 필자 앞에 화이트헤드의 철학에 관한 선생님의 글들이 있다.

「A. N. Whitehead의 "有機體의 哲學"研究—그의 有機的 自然을 中心으로」(석사학위논문)
「Whitehead의 "事件" 概念—새로운 形而上學에의 길」(1955)
「科學과 宗教—Whitehead의 所說을 中心으로」(1956)
「Whitehead의 自然觀—Whitehead 哲學研究(2)」(1958)

「Whitehead의 Aestheticism」(1965)

한국전쟁의 아픔이 맨살에 남아 더없이 곤궁하고 피폐했을 시절에 선생님께서는 어떤 연유로 화이트헤드의 사변철학에 들어서시게 된 것일까? 오래된 기록에 의하면 해방 전후로 과학철학을 포함한 영미철학은 1940년대 후반 연희전문 출신의 정석해, 박희성, 김준섭 선생님에 의해 소개되었다. 정석해 선생님은 1930년 파리대학에서 수학과 과학사를 전공하여 졸업하고 광복 직후부터 1961년까지 연희전문에서 프랑스철학과 과학철학을 강의하셨고, 박희성 선생님은 1937년 미시건대에서 변증법을 주제로 박사학위를 받고 고려대에서 강의하셨다. 김준섭 선생님은 주관주의와 직관을 주제로 1953년 컬럼비아대학에서 박사학위를 받고 귀국한 후 과학철학을 중심으로 몇몇 대학에서 강의하시다가 후일 서울대에 부임하셔서 관련 분야의 여러 후학을 길러 내신 걸로 알고 있다. 이런 전후 사정으로 미루어 짐작컨대 아마도 고려대학교 강의실에 화이트헤드를 소개한 분은 박희성 선생님일 것이다. 신일철 선생님과 동년배이셨던 필자의 은사 오영환 선생님은 정석해 선생님에게서 화이트헤드의 텍스트들을 소개받고 또 같이 읽으셨다고 하니 아마 신일철 선생님도 사정이 비슷했을 것이다.

오영환 선생님으로부터 신일철 선생님이 화이트헤드를 연구하셨다는 말을 전해 들은 적이 있긴 하다. 하지만 이 글들을 받아보기 전까지는 선생님께서 이런 연구를 문헌으로 남겨 놓으신 줄은 전혀 알지 못했다. 전적으로 필자의 과문 탓이다. 어쨌든 필자가 아는 한 이들은 모두 우리말로 된 최초의 화이트헤드 연구문헌에 속한다. 학위논문은 〈단기 4289년 9월 1일〉 제출로 되어 있다. 오영환 선생님이 "화이트헤드의 시간관"으로 석사학위 논문을 제출한 것이 4293년 10월경이었으니 대략 4년 정도 이른 시기다. 그런데 누군가 이 날짜에 육필로 줄을 긋고 '1956년 9월 1일'로 수정해 놓았다. 5천 년 역사가 2천 년이 채 안된 서구의 셈법에 의해 지워지고 있는 현장이다. 필자의 세대에서 보더라도 한 세대 족히 앞선 시기이니 오늘날의 세대로서는 환산하기 어려워 그랬을 것이라 이해가 된다. 나머지 글들 역시 세로쓰기와 무거운 국한문혼용체로 작성되어 그 세월을 가늠할 수 있겠다.

필자가 화이트헤드의 글에 관심을 가지고 읽기 시작한 것은 박사 논문을 준비하던 1980년대 중반이다. 그러니까 선생님이 학위논문을 제출한 지 딱 30년 정도 지난 시기이겠다. 당시 화이트헤드의 저술들 가운데 우리말로 번역된 것은『과학과 근대세계』,『교육의 목적』,『종교론』정도였던 걸로 기억한다. 그런데 이들 번역서 앞 또는 뒤에 화이트헤드 철학을 소개하는 우리말 해제가 달리곤 했는데 여기에는 몇 가지 전형적인 표현들이 들어 있었다. '사건', '단순정위', '전도된 구체성의 오류', '기계론적 세계관', '뉴턴의 자연관', '아인슈타인의 상대성 이론', '양자론', '세 시기로 나뉘는 화이트헤드의 사상 전개' 등등. 그런데 화이트헤드 철학에 입문한 후, 정작 서양 학자들의 글 속에서는 이런 표현들이 그다지 눈에 띄지 않음에도 우리글에는 마치 상징어처럼 자주 등장하는 까닭이 무엇인지 궁금했다. 그런데 선생님의 글을 대하고 이런 궁금증이 풀렸다. 선생님은 당신의 글 곳곳에서 이들 표현을 사용하고 있다. 화이트헤드 철학을 거시적으로 소개할 때면 필자 역시 이따금 이런 개념들을 사용한다. 그런 만큼 필자 또한 부지중에 선생님의 연구에 힘입고 있는 셈이다.

선생님의 연구는 그 표제어들이 보여 주듯 대체로 '사건', '기계론적 세계', '유기적 자연이해', '과학과 종교', '유기체 철학' 등으로 요약되는 화이트헤드 철학의 큰 줄기를 따라 거시적으로 추적하고 있다. 오늘날의 시선에서 보자면 소박하지만 당대 서양학자들의 연구 진척 상황이나 우리 학계의 학문적 역량에 비추어 본다면 단순한 도전을 넘어 하나의 모험이었다고 하지 않을 수 없겠다. 서양의 경우도 이 시기에는 사실상 체계적인 연구서는 물론이요 깊이 있는 입문서가 나오지 않은 때였다. 물론 1932년 화이트헤드의 영국인 후학이자 동료였던 D. Emmet가 초보적인 소개서라 할 수 있는 *Whitehead's Philosophy of Organism*을 출간하여 당시로서는 생소했을 "유기체철학"을 유럽학계에 알리기는 하였다. 그리고 1950년에 프랑스에서 Félix Cesselin이 *La Philosophie Organique de Whitehead*를 출간하는 데 아마도 이는 Emmet의 작업에 힘입었을 것으로 보인다.

화이트헤드 철학에 관한 본격적인 '연구'를 담고 있는 최초의 글은 1941년 P. A. Schlipp이 편집한 *The Philosophy of A.N. Whitehead*에 실린 논문들로, 선생님의 참고 문헌 목록에도 들어 있고 부분적으로 인용도 하셨다. 하지만 체계를 갖춘 연구서이자 입문서라고 할 수 있는 것은 I. Leclerc의 *Whitehead's Metaphysics*과 W. A. Christian의 *Interpretation of Whitehead's Metaphysics*인데 각각 1958년과 1959년에 출간되었다. 이 두 저술은 지금도 화이트헤드 철학에 입문할 때 서양 학자들조차 권할 만큼 깊이와 균형을 갖춘 저술로 평가되며, 필자 역시 이 두 권으로 입문하였다. 그리고 이 두 저서와 같은 비슷한 시기인 1958년에 케나다 국적의 제자 A. H. Johnson이 *Whitehead's Philosophy of Civilization*을 출간하여 화이트헤드 철학에 함축된 문화, 문명의 문제를 읽어 내었다. 이어서 1961년에 D. Sherburne은 *A Whiteheadian Aesthetic: Some implications of Whitehead's Metaphysical Speculation*을 출간하여 화이트헤드 철학에서 우주론과 미학 분리시켜 문제화한다. 그래서 화이트헤드 철학의 미학적 측면은 비교적 이른 시기에 학계에 소개되었다고 할 수 있겠으나 오늘날까지도 화이트헤드의 철학적 이념에서 완전히 해명되지 못한 몇 안 되는 주제 가운데 하나로 남아 있다. 1966년에 이르러 V. Low는 자신의 저술 *Understanding Whitehead*에서, 신일철 선생님의 기술 속에 등장하는 시기 구분, 즉 화이트헤드 철학 사유에 들어 있는 관심 전환에 따른 초기, 중기, 후기의 구분이 타당하지 않으며 연속적 발전사로 읽어야 한다고 주장하였으나 당시는 큰 쟁점이 되지 않았다. 물론 최근에 이르러 I. Stenger나 B. Latour 같은 유럽의 사회정치학계나 과학기술학계의 연구자들이 Low의 시선을 계승하여 중기의 자연철학과 후기의 형이상학을 아우르는 시각에서 화이트헤드의 사유를 활용하고 있다. 화이트헤드에 대한 입문을 넘어 전문적인 연구가 본격적으로 전개된 것은 Claremomt대학의 부설연구소인 Center for Process Studies에서 정기 학술지 *Process Studies*를 발간하기 시작한 1970년대 이후의 일이다.

필자가 이렇게 초기 연구사를 다소 장황하게 나열한 까닭은 선생님의 학위논문 등에 나타난 연구 성과를 당대의 다른 연구 성과들과 비교 평가하기 위해서가 아니라, 오히려 선생님의 기본 연구가 서양에서조차 본격적인 입문서나 주제별 연구서가 출간되기 이전에 이루어졌다는 사실을 분명히 하고자 하는 의도에서이다. 필자의 개인적인 경험이다. 학부 시절 칸트의『순수이성비판』을 읽은 적이 있었다. 우리말 입문서가 두어 종 있었던 것으로 기억한다. 변증론 부분까지 아주 어렵사리 읽었다. 당시 그렇게 읽으면서 줄곧 머릿속에 든 생각이 있었다. "칸트, 사람이 아니다!" 철학의 거대한 논증체계를 직접 경험한 적이 없었던 필자에게 칸트의 섬세한 구성적 논의는 놀라움 그 자체였다. 후일 대학원에 진학하면서 이 생각은 많이 퇴색되어 갔지만 결정적으로 칸트라는 인물이 내 머리 속에서 왜소해진 순간이 있었다. 그것은 상당 시간에 걸쳐 화이트헤드의『과정과 실재』를 읽고 그 대강을 요해했을 때였다. 적어도 그때의 느낌에 따르면 칸트는 그저 그런 사람이었고 화이트헤드야말로 사람이 아니었다. 선생님은 어떻게 화이트헤드의 후기 저작들을 읽어 내셨을까? 제대로 된 입문서 하나 없이! 필자는 선생님의 글을 논쟁적으로 평가할 위치에 있다고 생각하지 않는다. 다만 화이트헤드 철학을 연구하는 후학으로서 선생님의 연구 자취를 잠시 들여다

보고 정리하여, 혹 후일에 있을지 모를 또 다른 후학을 위해 우리의 학계에 화이트헤드 연구에 초석을 놓은 분이 누구이며 무엇을 문제 삼고 있었는지를 증언해 두는 것이 도리일 것이라 생각할 뿐이다.

특히 위의 논문들 가운데 두 글, 즉 학위논문과 「Whitehead의 Aestheticism」은 우리 학계에서 볼 때 학술사적으로 대단히 의미 있는 연구 성과를 담고 있다는 점을 지적하지 않을 수 없다. 사실 이 두 글을 접하고 필자는 잠시 놀란 것이 사실이다. 선생님의 학위논문은 화이트헤드의 『과정과 실재』(Process and Reality)에 구축된 우주론의 구도를 문제 삼고 있고, 미학 논문은 미의 문제를 중심으로 화이트헤드의 가치론을 다루고 있다. 그런데 앞에서 밝혔듯이 당시는 화이트헤드의 우주론을 직접 문제 삼을 만큼의 선행 연구가 축적된 상황이 아니었다. 이는 서양 학자들조차 그 즈음까지는 화이트헤드 철학을 체계적으로 온전히 이해하지 못하고 있었다는 것을 의미한다. 필자가 선생님이 학위논문에서 보여 준 시도를 모험이었다고 보는 것은 이 때문이다. 또한 화이트헤드 철학에 함의된 가치론, 특히 미학적 측면은 오늘날까지도 쟁점으로 남아 있는 미완의 주제이다. 물론 선생님보다 몇 해 앞서 Sherburne이 미학적 함축을 해명해 놓고 있기는 했지만 그의 논의는 오직 미적 가치에만 국한되어 있고 가치론 일반을 문맥으로 하고 있지 않다. 그렇기에 중기 자연철학에서 후기 형이상학에 산재해 있던 가치와 미의 문제를 아우르고 있는 선생님의 이 연구는 그 깊이 여부를 논외로 하고 충분히 주목할 만한 선구적 시도였다고 해야겠다. 아래에서 필자는 이 두 연구에 들어 있는 논의를 지금의 언어로 번역 풀이하여 소개하는 것으로 선생님의 연구를 뒤늦게나마 계승하고자 한다. 더불어 이처럼 소중한 기회를 제공한 조선대학교 이재영 선생님께도 고마움을 표하고 싶다.

II

선생님은 학위논문의 서론 말미에서 다음과 같이 쓰고 있다.

> 본 소론이 의도하는 바는 현대철학자 중 가장 탁월한 상상력과 철학적 사색을 통해서 자기 고유의 철학적 체계를 확립한 Whitehead라는 대사상의 거인을 이해하고, 다시 그의 "유기체철학"을, 낡은 재래의 자연관을 부정하고 새로운 유기체적 자연관을 확립하는 측면에서, 그의 전 체계를 핵심적으로 포착하고자 한다. Whitehead 이전의 모든 철학을 낡은 무생명적 자연관으로서 비판, 부정하고 19세기까지의 현대과학의 성과 위에 새로운 자연관을, 그의 독자적인 범주도식(Categoreal Scheme)으로 체계화한 데까지 이르려고 한다.(5-6쪽)

이렇게 선생님의 연구의도가 포괄적이었던 만큼이나 본문에는 '단순정위'(12쪽 이하), '아인슈타인의 상대성이론'(48쪽 이하), '양자론'(50쪽 이하) 등과 같은 체계 외적 개념들 외에도 우주론의 키워드라고 할 수 있는 범주적 개념들이 거의 빠짐없이 거론되고 있다. '현실적 존재로서의 사건'(65쪽 이하), '창조력'(89쪽 이하). '가능적 존재로서의 영구적 대상'(103쪽 이하), '구체화의 원리로서의 신'(127쪽 이하) 등이 그것이다. 그리고 결론에서는 "Whitehead의 '유기체 철학'을 그의 유기적 자연(organic nature)을 중심으로 논술하고, 그의 범주도식의 중요한 몇 개를 들어 총체적으로 그의 철학을 체계화하였다"(135쪽)고 쓰고 있다.

이 소절에서는 선생님의 남긴 언어적 흔적들을 실마리로 삼아, 선생님이 추적하고 있는 화이트헤드의 우주론 안으로 다시 들어가 그 구도의 대강을 살피기로 한다.

1. 화이트헤드가 기본적으로 『과정과 실재』(*Process and Reality*)에서 하고 있는 작업은 구체적인(생성하는) 실재를 가능한 한 충실하게 기술하는 일이었다. 이 기술의 대상에는 세계 그 자체는 물론이요, 인간과 그 온갖 정신적, 신체적 행위 및 신의 존재까지 포함된다. 그가 이런 작업을 기획하게 된 데는 전통 형이상학이 일상의 자연 언어에서 파생되는 범주들에 매달려 실재를 분석하고 기술하는 데 몰두하다가 급기야 '상대성이론'과 '양자론'으로 상징되는 현대의 과학적 우주론 앞에서 당혹해하고 있던 현실을 극복하려는 데 있었다. 주지하다시피 파르메니데스에서 연원한 서구의 전통 형이상학은 실재를 다양한 방식으로 기술하거나 설명해 왔다. 하지만 이런 일련의 시도는 당대의 과학적, 문학적, 예술적, 종교적 영역에서 전제되는 실재 이해와 만나면서 화해와 갈등을 거듭해 왔다. 어느 경우나 그 전제들은 특정한 관심을 가지고 특정한 시각에서 독자적으로 구축되는 것들이다. 말하자면 그것들은 각기 자신의 한계에 매몰되어 있었던 셈이다. 화이트헤드는 이런 전제들이 하나같이 각 관심 영역에 따라 구축되는 것이라는 점에서 추상이라고 보았다. 따라서 이제 구체적인 실재를 온전히 기술해 내려면 무엇보다도 먼저 철학은 이런 추상들을 제거해야 한다. 추상은 우리의 안목을 차단하여 실재의 구체적인 실상에 다가서는 일을 방해하기 때문이다. 그래서 그는 이따금 철학을 '추상관념에 대한 비판자'라 부르기도 한다. 사람들은 추상관념의 실천적 유용성에 현혹되어 추상을 실재 그 자체로 오인하는 경우가 많았다. 이것은 과학과 철학과 상식에서 흔히 통용되는 환원주의적 사유의 배후에 놓여 있는 그릇된 착상이다. 그는 이를 '잘못 놓인 구체성의 오류'(the fallacy of misplaced concreteness)라 부른다. 선생님의 표현으로 하자면 '전도된 구체성의 오류'이다. 결국 『과정과 실재』의 사변철학은 전통의 형이상학은 물론이요 자연과학, 종교, 예술, 상식, 문명 일반에 명시적, 묵시적으로 전제된 추상들을 비판하고 해체하는 데서 출발하여, 이런 전제들

로부터 자유로운 새로운 범주체계로 실재 자체의 '구체적' 실상을 담은 우주를 그려 내는 데서 끝나고 있다고 말할 수 있다.

2. 화이트헤드는 이 그림을 구상하기 위한 단서로, 인간에게 가장 직접 주어지는 실재, 곧 "경험 행위 그 자체"에 주목한다. 우리의 경험 행위 자체는 우리에게 가장 직접적 구체적으로 주어지는 사태이다. 자기에로의 이런 데카르트적 회귀는 당시의 여러 철학자들, 예컨대 하이데거나 사르트르 같은 실존주의자들은 말할 것도 없고 니체나 베르그송의 주장에서도 공통적으로 발견된다. 아마도 19세기에서 20세기에 이르는 서구의 사유가 무의식적으로 공유한 이념이었던 것으로 보인다. 그런데 화이트헤드의 특이성은 우리의 경험 사건을, 우리가 타자 존재(실재)와 교섭하면서 우리 자신을 구성해 가는 통로이자 재료로 간주하고 있다는 점이다. 특히 화이트헤드는 이런 경험의 특성을 존재하는 것들 전체에로 유비적으로 일반화하여, 모든 존재자들 또한 모종의 경험 행위를 통해 자기를 만들어가고 있는 것으로 상정한다. 요컨대 모든 존재자들은 '타자와 교섭'(실재를 경험)하는 가운데 존립한다는 것이다. 여기서 인간과 세계 간의 존재론적 구별은 철폐되고 인식과 존재의 구별도 사라진다. 이 점은 종종 『과정과 실재』를 앞에 둔 초심자들을 당혹스럽게 한다. 이런 당혹감은 선생님의 글 「Whitehead의 Aestheticism」 15쪽에도 이미 시사되어 있기에 그대로 인용해 본다.

> '현실적 사실은 미적 경험의 사실이다.' 이 말은 형이상학적인 명제이지만 경험이라는 개념을 하나의 형이상학적 범주로 사용하는 화이트헤드에게 있어서는 인식론적 명제이기도 하다. 그의 경험의 이론은 일견 형이상학과 인식론의 혼동같이 보인다. 그러나 그는 인식의 형이상학을 기도했다고 보는 점에서 그 혼동은 일단 그의 입장에서는 납득될 수 있다.

그런데 화이트헤드에 따르면 나의 존재는 경험을 통해 구성되는 것이기에 '나는 있다', '나는 존재한다'고 우리가 확인하고 언표할 때마다 사실상 '나'는 달라진다고 해야 한다(『과정과 실재』 75). 나의 존재는 경험에 선행하는 불변의 실체가 아니라 그때그때의 경험이 빚어내는 사건적 존재일 뿐이기 때문이다. 그렇기에 파르메니데스가 옳게 간파했듯이 불변하는 존재란 언제나 사유의 산물이다. 그러나 그는 그것이 추상적 존재('공허한 현실태 vacuous actuality')(『과정과 실재』 29)임을 간과했다. 그래서 그는 헤라클레이토스의 통찰을 그림자의 세계로 전도시키는 오류를 범했다. 그리고 2천 년 넘게 이 전도된 존재 이해는 바뀌지 않았다. 화이트헤드는 이 전도된 세계이해를 재차 전도시킴으로써 '사건으로서의 존재'를 진정한 실재로 복원한다. 진정한 의미의 구체적 존재는 여건들을 경험하면서 자신을 만들어 가는 과정적 존재로서의 주체이다. 더구나 이 과정은 한시적인 것 또는 일시적인 것이다. 그것은 자신의 생성을 마감하는 경험에서 주체성(현실성)을 상실하고, 후속하는 새로운 생성 주체에 객체(가능태)로 주어진다. 이는 주체(현실태)의 소멸이다. 주체의 이런 생성과 소멸의 과정은 다음과 같은 방식으로 반복된다. 즉 임의의 생성은 그에 앞서 생성을 마감한 가능태로서의 완결된 존재들과 그 밖의 다른 가능태들을 경험하면서 생성을 시작한다. 이 생성의 과정은 이들 가능태를 자신 속에서 최대한 풍부하고 강력하게 통일시키는 동시에 현실화시키는 과정이다. 이런 통일이 성취되는 지점 내지 현실화 과정이 끝나는 지점이 바로 주체가 생성을 마감하는 지점, 소멸하는 지점, 그래서 가능태가 되는 지점, 또 그래서 새로운 생성에 주어지는 객체가 되는 지점이다.

화이트헤드는 이처럼 생성 소멸하는 것으로 유추된 미시적 존재를 '현실적 존재'(actual entity) 또는 '현실적 계기'(actual occasion)라 이름하고, 이들의 자기 구성과정을 일차적 의미의 생성, 곧 '합생'(concrescence)이라 부른다. 선생님이 '현실적 존재로서의 사건'이라고 옮기신 것은 이것이다. 아무튼 변화하는 세계는 이렇게 생성하는 사건 존재들의 구성체이다. 물리적 우주에서 문제가 되는 시간이나 공간까지도 이들의 구성체다. 이들의 생성과 소멸은 시공간에 존재론적으로 선행하는 미시적 양자(quantum) 사건으로서, 시간이나 공간은 이들의 계기(succession)와 공존(co-existence)에서 파생되는 관계적 특성들에 불과하기 때문이다. 이것은 화이트헤드의 형이상학이 20세기 초 물리학의 테제였던 '양자론'이나 '상대성이론'을 담아 내는 지점이기도 하다. 이렇게 현실적 존재는 화이트헤드의 우주론에서 중심이 된다. 세계와 신은 물론이요 인간과 인간의 다양한 활동들, 예컨대 감각 경험, 정서, 의지, 사유, 상상 등도 모두 이들 존재의 사례이거나 이들 존재의 자기 구성과정에서 출현하여 기능하는 요인으로 분석되고 또 기술된다. 그래서 또한 그가 사용하는 범주들은 언제나 인식론적 함축과 존재론적 함축을 함께 가지고 있다. '존재한다'와 '인식한다'라는 사건은 모두 현실적 존재의 자기구성에 속하는 경험의 과정일 뿐이라는 것이다. 화이트헤드의 철학에서 존재론과 인식론은 별개의 탐구 영역일 수 없는 까닭은 여기에 있다.

3. 그런데 이처럼 현실적 존재가 '경험의 계기'(moment)로부터 유추된 것이라는 사실에서, 우리는 철학사 교과서에서 발견하는 화이트헤드 철학의 핵심 이념 두 가지를 짚어 볼 수 있다. 우선 고대 그리스 이후 서양의 사유를 지배해 온 정태적인 실재관(실체와 속성의 논리)에 대한 거부를 읽어 낼 수 있다. '사건'으로서의 현실적 존재는 그것의 생성과정에서 '살아 있다'. 앞서 지적했듯이 이 과정이 종결될 때, 그것은 다수의 객체 가운데 하나가 되어 새로운 생성의 과정에 여건(data)으로 주어져 계승된다. 그리고 이렇게 현실적 존재들이 끊임없이 생성하고 소멸하는 역동적인 장(field)이 바로 우리의 현실세계, 곧 지금의 우주시대(our cosmic epoch)이다. 현실적 존재들

하나하나의 생성은 소우주적(microcosmic) 과정이요, 이들의 생성과 소멸을 바탕으로 구성되는 우주의 생성은 대우주적(macrocosmic) 과정이다. 화이트헤드의 사변철학은 이 두 가지 과정을 분석하려는 시도라고 할 수 있고, 흔히 그의 철학을 '과정철학'(process philosophy)이라 부르는 것은 바로 이런 의미에서이다.

다음으로 현실적 존재들이 경험의 계기에서 유추된 것이라는 점은 이들 존재가 상호 의존하는 것임을 시사한다. 왜냐하면 그것들은 타자를 경험하는 가운데 주체로서 존립하거나, 타자의 경험을 구성하는 객체로서 존립할 수 있을 뿐이기 때문이다. 그것들은 타자와의 관계를 떠나서 '나 홀로' 존립할 수 없다. 그것들은 관계의 그물망 속에서 상호 내적으로 연관되어 있다. 그 어떤 존재도 이 그물망에서 자유로울 수 없으며 그 그물망 속에서만 자신의 정체성을 가진다. 화이트헤드가 자신의 철학을 '유기체의 철학'(philosophy of organism)이라 부르는 것은 이 때문이다. 요컨대 선생님이 '단순정위'라고 옮겨 놓으신 'simple location'을 근간으로 했던 근대의 기계론 철학에 대한 반역의 선언이다.

4. 그런데 이렇게 생성하는 현실적 존재를 중심에 놓는 분석, 즉 현실적 존재들의 구성체로서의 우주에 대한 기술은 『과정과 실재』에서 화이트헤드가 세계를 분석하는 두 가지 방식 가운데 하나이다. 다른 하나는 이들 존재와 그 구성체인 세계를 근본적으로 규정하는 원리적 존재 또는 범주적 존재로 분석하는 것이다. 전자가 고대나 근대의 원자론적 분석과 같이 횡적인 분석이라면 후자는 종적인 분석이다. 이 역시 고대나 근대의 형이상학에 흔히 등장하는 원리로부터의 분석 방식과 같다. 대표적으로 플라톤의 형상과 수용자 및 제작자에 의한 우주 분석이 그렇고 아리스토텔레스의 질료와 형상 및 부동의 동자라는 구도를 통한 세계 분석도 그 사례라 할 수 있다. 선

생님의 글에는 이따금 전자의 기술 방식도 언급되어 있지만 기본적으로 후자의 구도가 중심에 놓여 있다.

그런 만큼 이제 후자의 분석을 좀 더 들여다보기로 하자. 여기서 화이트헤드가 상정하는 분석항, 즉 생성의 과정을 근원적으로 규정하고 있는 '원리적 존재'는 선생님이 각각 '창조력'과 '영구적 대상'으로 옮겨 놓으신 '창조성'(creativity)과 '영원한 객체'(eternal objects), 그리고 '신'(God)이다. 『과정과 실재』보다 두 해 앞서 출판된 『종교란 무엇인가』(*Religion in the Making*)에서 이 세 원리적 존재가 '형성적 요소'(Formative Elements)로 특화되어 등장하고 있는 것으로 미루어 이들은 우주론에 대한 화이트헤드의 초기 구상에 이미 자리하고 있었던 것으로 보인다. 아무튼 화이트헤드에게서 창조성은 현실적 세계에 새로움(novelty)으로의 추이(passage)라는 성격을 부여하는 무규정적인 힘이다. 영원한 객체들은 한정의 형식이라는 기능을 가진다. 그래서 이들은 무규정자인 창조성을 한정하여 구체적인 현실을 빚어 낸다. 그리고 신은 현실적이면서도 비시간적인 존재로서, 창조성과 영원한 객체들을 매개함으로써 창조성을 규정된 창조성으로 전환시키는 동시에 영원한 객체들을 현실화시키는 역할을 한다. 신은 추상적인 가능태로서의 영원한 객체들을 창조성에 진입시켜 현실적 존재의 생성을 가능케 하는 원리적 존재라는 의미이다. 그래서 이들의 상관관계를 단순화해서 볼 때 화이트헤드의 우주론은 형상, 수용자, 제작자를 상정하고 있는 플라톤의 우주론과 사뭇 유사한 구도를 가지고 있다. 실제로 화이트헤드는 그간의 문명사적 발전을 고려하여 플라톤의 우주론을 재구성할 필요가 있다고 역설하기도 한다.

5. 그렇기에 또한 이 세 항목의 범주들 간의 상관관계를 해명하면 화이트헤드의 우주론적 구도가 아주 선명하게 드러난다. 영원한 객체는 한정자로서 현실적 존재를 규정한다고 했다. 현실적 존재가 갖는 자기 구성과정은 그

것에 주어지는 다자(多者, many)로서의 가능태, 즉 영원한 객체와 생성을 마감한 현실적 존재들을 통합하여 현실적인 일자(一者, one)로 만들어 가는 구체화(concretion) 과정이다. 영원한 객체는 현실적 존재에 주어지는 이들 다자에 속한다. 문맥에 따라 이는 '한정의 형식'(form of limitation), '순수 가능태'(pure potentiality) 등으로 달리 표현된다. '한정의 형식'이라는 말은 이런 구체화에서 현실적 존재가 영원한 객체에 의해 한정된다는 사실을 시사한다. 이 경우 영원한 객체는 현실적 존재의 한정자인 셈이다. 그래서 임의의 특정한 현실적 존재가 '무엇이냐 하는 것'은 기본적으로 그것이 구현하고 있는 영원한 객체들의 소관이 된다. 이런 점에서 이들은 플라톤의 형상과 유사한 역할을 한다.

한편 영원한 객체를 '순수 가능태'(pure potentiality)라 부를 경우 이는 그것이 현실태로서의 현실적 존재뿐만 아니라 과거의 현실적 존재들인 '실재적 가능태'(real potentiality)와도 대비되는 성격을 가지기 때문이다. 현실태, 즉 현실적 존재는 구현되고 있는 사실 그 자체이다. 그리고 과거의 현실태는 비록 생성 중에 있지 않으나 이미 특정한 것으로 한정되어 현재와 미래를 영구히 제약하는 독자적 힘을 가지고 있다. 반면 순수 가능태로서의 영원한 객체는 장차 현실세계에 선택적으로 구현될 수 있는 순수한 가능적 형식에 불과하다. 그러나 또한 그렇기에 순수 가능태로서의 영원한 객체는 그 영속성과 연계되어 있는 다양한 논리적 특성을 동반한다. 동일성, 보편성, 추상성 등이 그것이다. 영원한 객체들은 인식에 필요한 동일성과 영속성을 제공한다. 인식은 인지(recognition)를 포함한다. 그리고 인지되는(반복되는) 것은 언제나 영원한 객체이다. 그래서 영원한 객체들은 현실적 계기의 생성과 현실세계의 유동(flux)에 결여되어 있는 동일성을 제공한다. 나아가 그것들은 개체로서의 현실적 존재들이 지닐 수 없는 보편성을 가진다. 영원한 객체들은 아무리 특화된 것이라 해도 도처에 편재할 수 있는 보편성을 간직하고 있다. 이런 의미에서 영원한 객체는 전통적으로 '형상'(form), '본질'(eidos), '보편자'(universals), '속성'(attributes) 등으로 거론되어 온 다양한 한정 요인들을 대체하고 있는 범주적 존재라고 할 수 있다.

다음으로 선생님이 창조력으로 옮기고 있는 창조성은 범주적으로 '궁극자'(the ultimate)의 지위에 있다. 그것이 궁극자의 지위에 놓여 있다는 것은 그것이 '궁극적인 사태를 특징짓는 보편자들의 보편자'(universal) 또는 '범주들의 범주'로 이해될 수 있다는 것이다. 일종의 메타범주(meta-category)라고 할 수 있다는 말이다. 선생님의 글에는 '창조성'이 비교적 짧게 소개되어 이 점이 분명하게 드러나지 않는 아쉬움이 있기는 하지만 완전히 놓치고 있는 것은 아니기에 충분히 평가할 수 있겠다 생각된다.

형이상학적 기술에서 창조성은 기본적으로 '새로움의 원리'(『과정과 실재』 21)로 기능한다. '새로움의 원리'로서의 창조성은 '일자'(One)와 '다자'(Many)와의 상관관계로 규정된다. 그것은 다자에 대한 선택적인 종합에서 일자를 탄생시키는 작인이며 이 탄생의 과정이 세칭 '창조적 전진'(creative advance)이다. 화이트헤드는 이를, '이접적(disjunctive) 방식으로 주어지는 다자인 우주를, 연접적(conjunctive) 방식으로 구현되는 우주인 하나의 현실적 계기로 만드는 궁극적 원리'(『과정과 실재』 21)라고 말하고 있다. 그리고 이때 창조적 전진의 결실인 '일자', 즉 현실적 계기는 그것이 통합하는 다자와 다른 것이라는 의미에서 새로운 것이다. 창조성을 새로움의 원리라고 말하는 것은 이런 의미에서이며, 그렇기에 변화하는 세계에 대한 직관적 내용을 가장 근원적으로 기술하는 범주적 존재라고 할 수 있겠다.

그러나 창조성은 그 자체로 현현(顯現)하는 작인이 아니다. 이 또한 가능태에 불과하기 때문이다. 그것은 다른 존재, 곧 현실적 존재의 생성에 내재함으로써 비로소 현실화한다. 그래서 '창조성'은 그것의 피조물이 현실적인 한에 있어, 비로소 현실적인 것이라고 할 수 있다. 말하자면 창조성은 모든 현실태의 생성에 필연적으로 포함되어 있는 실재이면서도 그 자체는 생성하지 않는 그런 실재이다. 그것은 영원한 객체와 마찬가지로 영원한 것이다. 왜냐하면 창조를 위한 일반적인 가능태가 창조된다고 말할 수는 없기 때문이다. 창조성은 상호 연관된 개별 현실태들과 더불어 끊임없이 현실화하고 있는 형이상학적 힘, 즉 영원한 기체(substratum)이다(『과학과 근대세계』 103, 154, 219, 255). 이런 의미에서 창조성은 유한 양태들을 통해 자신을 드러내는 스피노자의 '무한 실체'와 유사하다. 그리고 그 기능에서 보자면 아리스토텔레스의 '제일 질료'(prime matter)와 유사한 것으로 이해될 수 있다. 후자가 사물들이 '존재하는 이유'에 대한 설명으로 기능하는 것과 똑같은 방식으로, 창조성은 사물들이 '생성하는 이유'를 설명하는 기능을 가지기 때문이다. 또한 앞서 언급했듯이 형상을 수용하는 자라는 점에서 플라톤의 수용자와 기능적 유사성이 있다.

마지막으로 화이트헤드가 말하는 신은 기본적으로 앞서 소개한 두 형성적 요소, 즉 '창조성'과 '영원한 객체들'을 매개하는 기능을 가진다는 점에서 원리적 존재이다. 창조성과 영원한 객체들이 피한정자와 한정자의 관계에 있다고 할 때, 신은 이런 한정과 피한정의 통로라 할 수 있고, 이런 의미에서 플라톤의 제작자(Demiurge)를 연상시키는 존재이다. 이 매개의 결과가 바로 구체적으로 생성하는 사건인 현실적 존재이다. 그래서 선생님의 글에서도 언급하고 있듯이 신은 '구체화의 원리'가 된다. 가능태들인 추상적인 영원한 객체와 창조성을 매개하여 양자를 현실세계 속에 구체화시키는 존재라는 의미이다.

그러나 그렇기는 하지만 화이트헤드가 말하는 신은 현실세계를 초월하는 순수한 원리적 존재가 아니다. 신은 기본적으로 현실세계의 그물망에 얽혀 있는, 따라서 생성하는 현실적 존재일 뿐이다. 이런 의미에서 신은 세계의 창조자라기보다 창조성이 구현되고 있는 하나의 사례, 곧 피조물이라고 해야 한다. 피조물로서의 신은 한편으로 영원한 객체들 전체(가능세계)를 질서지어 파악하는 가운데 생성을 시작하고 이에 힘입어 가능한 영원한 객체들은 그 현실적 근거를 확보한다. 신의 이런 성격은 '원초적 본성'(primordial nature)이라 부르며, 오직 이런 성격만을 고려할 경우 신은 현실세계를 초월한다고 말할 수 있다. 그러나 신은 또한 생성을 마친 현실세계 전체도 여건으로 자기화한다. 현실세계의 다른 모든 존재들이 그렇듯이 현실적 존재로서의 신은 시간적인 세계 속에서 완결되는 모든 현실적 존재들을 남김없이 파악함으로써 자신을 구성한다는 것이다. 그리고 현실세계에 대한 이런 파악으로 구성되는 측면은 신의 '결과적 본성'(consequent nature)이 된다. 이 때문에 신 또한 다른 모든 현실적 계기들과의 상호 의존이라는 관계를 떠나서는 존립할 수 없다. 그리고 이런 의미에서 신은 현실세계에 내재한다. 그러나 온전한 의미에서의 신은 이 두 측면, 즉 원초적 본성과 결과적 본성이 상호 결합하면서 짜여 들어가는 가운데 생성하고 있는 현실적 존재이다. 여기서 전자의 본성은 신의 원리성(세계 초월성)을 함의하며, 후자의 본성은 신의 현실성(세계 내재성)을 함의한다(『과정과 실재』 349). 존재신학적 전통에서 논란거리가 되어 온 신의 내재와 초월은 이렇게 해소된다.

6. 생성하는 각각의 현실적 존재와 신과의 관계를 좀 더 들여다보면 화이헤드의 우주론이 지닌 근본적인 형이상학적 특성이 한층 잘 드러난다. 일반적으로 새로이 탄생하는 현실적 존재는 신을 포함한 자신의 현실세계의 존재들 전체를 파악하면서 생성한다. 이때의 출발점에 놓이는 파악 여건은 신(원초적 본성)을 구성하고 있는 영원한 객체들이다. 현실적 존재는 신의 원초적 본성에서 제공되는 영원한 객체들을 수용하여 자신의 목적, 즉 '최초의 지향'(initial aim, 그 계기가 구현하고자 하는 이상적 목적)으로 삼아 그 주체적 생성을 시작한다(『과정과 실재』 224-25, 244). 현실적 존재의 생성은 이

목적을 구현해 가는 과정에 지나지 않는다. 그런데 새로운 계기에 주어지는 이 최초의 지향은 전적으로 신의 원초적 본성만으로 결정되는 것은 아니다. 우선 무엇보다도 여기에는 현실세계에서 오는 제약이 따른다. 신은 현실적 계기를 탄생시키는 다수의 여건들 가운데 하나일 뿐이기 때문이다. 따라서 신이 품고 있는 영원한 객체들 중 일부가 긍정적으로 파악되어 최초의 지향으로 기능할 수 있으려면, 이들이 그 현실적 존재의 시간적인 현실세계 속에 이미 실현되어 있는 영원한 객체들과 양립 가능한 것이어야 한다(『과정과 실재』 247). 이런 의미에서 최초의 지향은 신에 의해 결정되는 것 못지않게 시간적 세계에 의해서도 결정되는 것이다.

또한 신의 기획(지향, aim)에서 파생되는 최초의 지향은 생성하는 계기에 의해 '주체적 지향'(subjective aim)으로 수정될 수 있다. 이런 수정은 생성하는 계기가 행하는 주체적 '결단'(decision)의 산물이다. 따라서 시간적 세계의 생성에서 신에 의한 일방적인 예정조화는 불가능하다. 시간적인 현실세계는 신의 기획과 현실적 계기들의 결단의 합작품이기 때문이다.

그런데 현실적 존재가 행사하는 이런 결단은 그의 우주론에 중요한 여러 결과를 동반한다. 우선 한편으로 현실적 계기의 결단은 현실세계를 온전히 합리적으로 설명될 수 없는 것, 요컨대 비합리적인 것으로 만든다. 그것은 지금의 현실세계를 앞서 실현된 현실세계와 신의 의도(목적)로부터 연역될 수 없는 것으로 만들기 때문이다. 그리고 다른 한편으로 현실적 계기가 행사하는 이런 결단은 또한 신과 세계를 끊임없이 새롭게 하는 요인이 된다. 결단을 통해 자신을 구현한 새로운 현실적 존재들은 신의 기획 속에 없던 것, 곧 신이 예상치 못한 새로운 사건이다. 그래서 신이 이들을 경험(파악)하게 될 때 결과적 본성에 있어서의 신 자신 또한 새로워진다. 그렇기에 또한 화이트헤드의 우주기술에서는 존재신학적 문맥에서 난제가 될 수 있는 인간의 자율과 도덕적 책임의 문제가 생겨나지 않는다. 우리는 이렇게 요약하여 말할 수 있다. 즉 신은 시간적 세계에 개념적인 새로움(conceptual novelty/최초의 지향)을 제공하고, 시간적인 세계는 신에게 물리적인 새로움(physical novelty/신의 의도와는 다른 방식으로 생성을 마감한 현실적 존재들)을 제공한다. 이런 의미에서 '신과 세계는 각기 상대편에 있어서의 새로움을 위한 도구이다'(『과정과 실재』 349). 요컨대 신과 세계는 상대방의 창조자가 된다는 말이다.

화이트헤드 우주론은 이렇게 선생님의 글에 그 대강이 기술되어 있듯이 창조성, 영원한 객체, 신을 세 축으로 하여 생성하는 세계와 사건(즉 현실적 존재)을 구조적으로, 그러나 동시에 개방적으로 규정하는 구도로 짜여 있다.

III

필자가 주목하는 또 다른 선생님의 글 「Whitehead의 Aestheticism」은 1965년에 작성된 것으로 화이트헤드의 가치론에 주목하고 있다. 이 글은 1941년 P.A. Schilpp의 편집서에 들어 있는 Bertram Morris의 「The Art-process and the Aesthetic Fact in Whitehead's Philosophy」만을 관련 선행연구로 밝히고 있는 것으로 보아 애석하게도 당시 선생님은 몇 해 앞서 출간된 Sherburne의 *A Whiteheadian Aesthetic: Some implications of Whitehead's Metaphysical Speculation*을 접하지 못하셨던 것으로 보인다. 그렇기는 하지만 이 글은 명백히 학위논문보다 한 걸음 더 나아간 연구를 담고 있다. 화이트헤드는 가치 일반이나 미를 독립 주제로 다루는 글을 쓴 적은 없다. 이 두 주제는 그의 후기 저술 곳곳에 흩어져 있고 『관념의 모험』(*Adventures of Ideas*)의 몇 소절 정도에서 비교적 집중적으로, 그러나 또한 대단히 추상적으로 논의되고 있을 뿐이다. 따라서 선생님이 언급하고 있는 소위 중기의 자연철학에 잠재되어 있는 부분은 논외로 한다 해도 후기의 저술들 두루 읽지 않고서는 가치와 미에 관한 글을 쓰는 것은 거의 불가능하다. 이 글로 보건대 선생님은 중기에서 후기에 이르는 저술들을 폭넓게 읽고 계셨다는 데 의문의 여지가 없어 보인다. 특히 선생님은 화이트철학에서 미가 가치의 궁극적 지위에 있으며 도덕적 가치에 존재론적으로 선행한다는 점에 주목하고 있다는 점에서 화이트헤드의 가치론적 이념을 정확히 짚고 있다고 감히 말할 수 있다. 필자가 굳이 이렇게까지 말하는 까닭이 있다.

얼마 전 필자는 화이트헤드 신진 연구자 그룹에 속하는 갈랜드(W. J. Garland)가 온라인에 발표한 자신의 글에서 화이트헤드의 선(the Good)에 관한 사유가 『과정과 실재』에서 『관념의 모험』으로 옮아가면서 발전하였고 이는 화이트헤드 사유에서 중요한 진전이었다고 주장하는 것을 본 적이 있다. 그에 따르면 『과정과 실재』에서 화이트헤드는 최고선이 느낌이 강도(intensity of feeling) 또는 경험의 강도(intensity of experience)라고 주장하지만 『관념이 모험』에 이르러서는 미가 최고선이 되고 있으며, 미가 경험의 강도와 유사성이 있기는 하지만 두 개념은 엄격하게 볼 때 동일하지 않고 미가 경험의 강도보다 더 풍부하다. 그렇기에 이런 발전을 통해 화이트헤드는 보다 포괄적이고 보다 역동적인 선을 생각할 수 있었다는 것이다. 그러나 갈랜드의 이 주장은 부분적으로 과장되어 있다. 실제로 필자는 얼마 전의 글에서 미가 경험의 강도보다 더 풍부하다는 것은 분명하지만 미가 『관념의 모험』에 이르러 최고의 선으로 간주되고 있다는 주장은 화이트헤드의 텍스트에 비추어 볼 때 빗나간 주장임을 지적한 적이 있다. 그 까닭은 『관념의 모험』은 물론이요 『과정과 실재』보다도 먼저 출판된 『종교란 무엇인가』에서 이미 미가 궁극적인 존재론적 가치를 가지고 있다는 주장을 찾아볼 수 있기 때문이다. 다음의 구절이 그것이다.

> 여기에 개진한 형이상학설은 칸트에서 보는 바와 같은 인식적 경험에서라기보다 오히려 미적 경험 속에서 세계의 기초를 발견한다. 그런고로 모든 질서는 미적 질서요 도덕적 질서는 다만 미적 질서의 일정한 국면들에 불과하다. 현실세계는 미적 질서의 결과이고 그 미적 질서는 신의 내재성에서 유래한다.(『종교란 무엇인가』 105)

필자가 인용한 글은 필자의 번역이 아니라 선생님의 글에 들어 있는 것을 그대로 옮긴 것이다. 놀랍게도 최근까지 서양의 학자조차 놓친 텍스트를 선생님은 이미 인용하고 있다. 사실 『종교란 무엇인가』만 하더라도 결코 가볍게 읽을 수 있는 저술이 아니다. 종교의 본질을 묻고 답하는 그의 논의에는 그의 우주론에 대한 초기 구상이 깔려 있기 때문에 이 우주론에 대한 일정한 수준의 선이해가 없는 독자는 읽기에 버거운 것이 사실이다. 이 구절 하나만으로도 선생님의 글 읽기가 그 폭과 깊이에서 상당 수준에 있었음을 짐작할 수 있다. 또한 선생님의 글에는 『관념의 모험』과 『과정과 실재』에서 미를 언급하고 있는 대표적인 구절이 인용되어 있다. "미는 경험 내의 요소들 간의 상호적응이요 상호 간섭의 결여로서 정의된다"(『관념의 모험 251). "현실적 사실은 미적 경험의 사실이다"(『과정과 실재』 427). 선생님을 따라 이 짧은 구절들의 함의를 부연해 보자.

일반적으로 화이트헤드의 글에 대한 거의 모든 주석가들은 건설적이든 비판적이든 그의 사유에서 미적 범주의 역할에 대한 논의에 의존하는 것이 보통이다. 하지만 앞서 이미 언급하였듯이 가치론의 문맥에서 화이트헤드가 미라는 말로 의미하는 것이 무엇인지를 검토하는 데 많은 시간을 투자하는 사람은 거의 없었다. 이 때문에 연구자들 사이에 그의 윤리학적 측면과 미학적 측면 간의 관계를 해석하는 데 많은 문제가 야기되어 온 것이 사실이며 아직도 살아 있는 몇 안 되는 쟁점 중의 하나라고 해도 과언이 아니다.

편의상 화이트헤드가 전통 철학의 미에 대한 시선을 비판하는 대목에서 시작하는 게 좋을 듯하다. 그의 말년의 저서 『사유의 양태』(*Modes of Thought*)를 보면 그가 독자들에게 "유럽의 사상사를 뒤돌아볼 때 미학에 대한 논의는 세부적인 것들의 조화를 강조하는 가운데 거의 황폐화되어 왔다"(65)고 경고하는 구절이 있다. 그가 '세부적인 것들의 조화에 대한 유럽의 강조'라는 말로 정확히 무엇을 말하고자 하는지 이 진술만으로는 분명하게 드러나지 않지만 몇 쪽 앞에 있는 진술을 배경 삼으면 화이트헤드가 미학을 어떻게 생각하고 있었는지를 짐작할 수 있다.

> 예술 형식을 지닌 온갖 것들 가운데서 극히 뛰어난 사례들인 경우 놀랄 만한 균형이 이루어진다. 전체는 제각기 고양된 그들 나름의 가치를 지닌 구성요소들을 보여 준다. 그리고 그 부분들은 그들을 넘어서면서도 그들을 파괴하지 않는 그런 하나의 전체를 이루어 낸다.(62)

간단히 부연하면 미는 '조화로운 전체를 달성할 뿐 아니라 동시에 그들의 개체성을 희생시키지 않고 부분들을 고양시키는 기적적인 균형'에서 성립한다는 말이다. 그리고 이것은『관념의 모험』에서 '경험 내의 요소들 간의 상호적응이요 상호간섭의 결여(부재)'라고 정의했던 미를 화이트헤드 자신의 언술로 풀어 쓴 것이라고 말할 수 있다.

그렇다면 이 '놀랄 만한 균형,' 또는 '상호적응과 상호 간섭의 부재'는 그가 경고하는 '세부적인 것들의 단순한 조화에 대한 강조'와 어떻게 다른가? 화이트헤드는 우선 '상호적응'이 구체적으로 생성하는 존재사건에서 이중의 목적을 가지는 것이라고 주장한다. 첫째 목적은 "다양한 파악들 간에 상호 억제가 없는 것"(『관념의 모험』 252)이다. 모든 현실적 존재는 그 생성에서 자신의 현실세계 속에 있는 요소들을 파악하여 최대한 풍부하게 통일시키고자 한다고 했다. 그러니 무엇보다 생성에서 파악된 여건들이 상호 억제하지 않을 때 이 목표가 달성될 것이다. '세부적인 것들의 조화'는 이를 두고 하는 말이다. 하지만 이는 한 가지 목적 또는 필요조건에 불과하다. 화이트헤드는 이를 미의 "사소한 형식"이라고 생각한다. 미의 희석된 형식으로서 그 자체로는 불충분하다는 것이다. 그래서 그는 상호적응의 또 다른 목표를 언급한다. 이는 화이트헤드가 미의 "주요 형식"이라 부르는 것으로 다음과 같은 성격의 것으로 기술된다.

> 미의 주요 형식은 첫째 형식을 전제로 하되, 그것에다 다양한 파악들을 하나로 종합하는 결합이 객체적 내용과 객체적 내용의 새로운 대비를 도입한다는 조건을 덧붙인다. 이런 대비들은 그것들 각에게 자연스런 느낌이 되는 새로운 순응적 강도를 도입하며, 그렇게 함으로써 구성적 요소로서의 시원적 느낌에 따르는 순응적 강도를 끌어올린다. 그래서 부분들은 전체의 중후한 느낌에 기여하며, 전체는 부분들의 느낌의 상대적 강도에 기여한다.(『관념의 모험』 252-53)

이 구절에는 우리가 언급한 적이 없는 전문적인 술어들이 포함되어 있다. 객체적 내용, 대비(contrast), 시원적 느낌(initial feeling), 순응적 강도(conformal intensity), 느낌의 강도 등이 그것이다. 우선 객체적 내용은 생성하는 현실적 존재가 자신의 현실세계의 존재들 가운데 선택적으로 받아들인 여건들을 의미한다. 그리고 대비는 둘 이상의 객체적 내용들이 하나의 느낌에 상응하여 하나의 객체로 통일된 것을 가리키는 표현이다. 그리고 시원적 느낌은 현실적 존재가 생성 시작하는 국면에서 파악하게 되는 최초의 여건, 그러니까 대비로 통일되기 이전의 여건을 수용하는 느낌을 말한다. 또 순응적 강도는 객체적 여건에 이미 실현된 강도를 계승하여 반복하는 강도이며, 느낌의 강도는 이런 계승, 반복, 통일의 과정에서 구현되는 강도이다. 여기서 강도란 현실적 존재의 자기완성에 기여하는 중요도(importance)를 일컫는 개념으로 미적 경험의 핵심적 구성요소가 된다.

이제 문제의 구절로 돌아가 보자. 우선 화이트헤드는 미의 주요 형식이 미의 사소한 형식에 포함되어 있는 상호 억제의 부재, 즉 '세부적인 것들의 조화' 이외에도 구성 부분들의 경험의 강도를 증대시키는 새로운 대비의 도입을 포함한다고 말하고 있다. 이는 객체적 내용으로서의 둘 이상의 요소들이 새로운 대비를 통해 상호 양립 가능하게 될 뿐 아니라 상호 고양시킬 경우 객체적 "부분들은 전체의 중후한 느낌에 기여하며 전체는 부분들의 느낌의 상대적 강도에 기여하게" 되는 결과를 낳는다고 보기 때문이다. 그리고 화이트헤드는 세부적인 것들의 조화와 더불어 이들 두 특성, 즉 대비에서 성립하는 세부적 다양성인 중후함(massiveness)과 경험의 중요성인 강도를 묶어 "힘"(strength)(『관념의 모험』 253)이라 부르는데 바로 이것이 위대한 예술에서 달성되는 "놀랄만 한 균형," 곧 미이다. 우리가 위에 『사유의 양태』(62)에서 인용했듯이 미가 구현될 때 "전체는 제각기 고양된 그들 나름의 가치를 지닌 구성요소들을 보여 주고 그 부분들은 그들을 넘어서면서도 그들을 파괴하지 않는 그런 하나의 전체를 이루어 낸다". 선생님은 이를 "사건 내의 조정복합체"라 요약하여 풀이하고 있다.

다음으로 선생님이 인용하고 있는 구절, 즉 '현실적 사실은 미적 경험의 사실'이라는 표현의 의미를 풀어 보자. 결론부터 말하자면 이 구절은 화이트헤드의 미학과 그의 전체 형이상학 체계 사이의 관계를 상징적으로 요약하고 있다고 할 수 있다. 사실 필자는 화이트헤드의 형이상학은 어떤 의미에서 그의 미학이라고 말하는 것이 가능하다고 생각한다. 『관념에 모험』에 들어 있는 다음의 선언적 구절은 이를 시사하고 있다. "우주의 목적은 미의 산출을 겨냥하고 있다"(265). 이는 현실적 존재들이 제각기 미적 성취를 지향하고 있다는 것, 그리고 그 결과 우주 자체가 미적 질서를 구현하게 된다는 것을 의미한다. 현실적 존재가 생성에서 지향하는 목적은 단순히 다자를 일자로 통일시키는 것에 그치지 않고 최대한의 강도를 지닌 경험 완결체, 곧 미적 경험의 완결체를 실현하는 것이다. 이제 모든 생성의 사건은 그 자체로 자기 나름의 미적 가치 창출을 목표로 하는 미적 가치의 구현 과정이라고 할 수 있다. 요컨대 현실적 존재는 하나같이 미적 경험의 구성체라는 것이다. 그래서 선생님이 인용한 '현실적 사실은 미적 사실'이라는 표현은 결국 '현실적 존재는 미적 경험의 구성체'라는 말의 다른 표현이라고 할 수 있다.

인간 경험의 경우도 예외일 수 없다. 우리의 경험 또한 비록 우리가 의식하지는 못한다 해도 언제나 미적 만족(satisfaction)을 목표로 하고 있다. 그것은 우리의 경험에서 최고의 가치이다. 그 밖의 모든 가치들은 기본적으로 이런 미적 가치에서 파생되는 것들이라는 말이다. 물론 이 점은 별도의 논증이 필요하고 경우에 따라 논쟁거리가 될 수 있다. 그러나 간단한 사례를 든다면 이 주장에 들어 있는 함축에 충분히 공감할 수 있을 것이다. 우리는 인식과정에서 진리를 발견할 때나 도덕적으로 선한 행위를 하거나 목격하게 될 때, 또 아니면 종교적으로 경건한 태도를 대하게 될 때, 또는 음식물이 미각을 채울 때, 신선한 공기를 마실 때, 심지어 배설할 때, 대개의 경우 어떤 긍정적인 느낌을 갖게 되는 것이 보통이다. 이 '긍정적인' 느낌의 정체는 무엇인가? 바로 미적 감정, 미적 만족이다. 일상의 용어로 하자면 '흡족한 느낌' 정도라고 표현할 수 있을 것이다. 그래서 여타의 다른 가치들이 가치로 분류될 수 있는 까닭은 바로 이들이 우리의 이런 미적 만족에 어떤 방식으로든 일정 부분 기여한다는 데 있다고 말할 수 있다는 것이다.

화이트헤드가 형이상학적 저술들을 내놓던 시기는 적어도 영미의 경우 세계 경험을 투명한 논리의 눈으로 재단하는 데 급급하던 논리실증주의의 시대였다. 그는 이 건조한 방법론적 발상을 '완전한 사전의 오류'라 비판하면서 우리의 사유 자체가 결코 가치로부터 자유로울 수 없음을 경고하고 있었다. 그러나 그뿐이었다. 오죽했으면 그의 명민한 제자 콰인조차 "선생님이 도대체 무슨 말씀하시는지 모르겠다"고 푸념했겠는가? 선생님이 인용한 표현대로 화이트헤드에게서 "철학은 시와 같은 것"(『사유의 양태』 237)이었기 때문이다.

IV

20세기 끝자락에 이르러 과학기술학, 생태학, 문학, 여성학, 정치학 등 다양한 영역의 학자들 사이에 '정동적 전회'(affective turn)라는 주제어가 일부 유행하면서 오늘에 이르고 있다. '정동'은 들뢰즈가 개체(individuals)를 생각하면서 스피노자 철학에서 주목한 개념 가운데 하나이고 '전회'는 20세기 초의 '언어적 전회'(linguistic turn)의 역사를 염두에 둔 표현으로, 결국 정동적 전회는 신체와 정신, 인식적인 것과 정동적인 것, 사회적인 것과 자연적인 것, 자연적인 것과 인공적인 것을 결합시키려는 존재론적 지향을 일컫는 표현이다. 그래서 그것은 기본적으로 데카르트로 대변되는 인식적 · 이성적 접근을 의미하는 합리주의적 전통으로부터의 전회라고 할 수 있다. 그리고 그 연장선상에서 그것은 정신으로부터 신체로의 전회로 이해될 수도 있고, 신체가 덕(virtue)에 걸림돌이 된다고 보았던 플라톤적 세계로부터의 전회일 수도 있으며, 인격이 코기토로 환원되는 데카르트적 세계로부터의 전회, 또는 윤리가 탈신체화된 보편적 원리의 문제가 되는 칸트적 세계로부터의 전회일 수도 있다. 이런 문맥에서 '정동으로의 전회'(turn to the affect)는 신체로부터 분리된 정신을 키워드로 삼았던 존재의 프레임, 정서나 정념으로부터 분리된 투명한 이성과 논리를 중심에 놓았던 인식의 프레임을 다시 생각하려는 시도라고 이해할 수 있다. 그러나 이 모든 전회의 시도는 사실상 한 세기 전에 화이트헤드가 이미 마무리한 과제 아닌가? 서양의 현재적 사유에 놀라운 감수성을 가지고 그토록 민감하게 반응하였던 선생님이 생존해 계셨다면 서양인들의 이 새삼스런 호들갑을 두고 무어라 하셨을까?

단재 신채호의 역사사상 연구

정인재 서강대 철학과 명예교수

1

신일철 선생은 한국을 탐구하고 한국의 정체성의 위기를 느끼면서 우리민족의 역사를 어떻게 바르게 인식하느냐에 초점을 맞추어 왔다. 그는 30대 초반에 한국의 대표적 젊은 사상가(3인)로 꼽힐 정도로 이미 두각을 나타내었다(1960년대 초에 간행된『새벽』잡지). 당시 지성계를 대표하는 사상계 편집인으로 활동하였으며 일찍이 한국사상에 대한 관심을 가지고『한국사상』이라는 잡지를 주도적으로 이끌어 가기도 하였다. 박종홍의 '한국사상사'와 이상은의 '중국철학사'도 이 잡지에 연재되기도 한 것을 보면 알 수 있다 그의 전공은 서양철학이고 해박한 연구를 많이 하였지만 서양철학의 방법을 원용하여 한국사상을 밝히는 데 주력하였다. 이렇게 하여 만들어진 저서가 바로『신채호의 역사사상연구』(1981)이다. 이것은 그의 박사학위논문이기도 하다. 이 저서로 그는 최재서 선생을 기념하는 제1회 서우학술상을 받기도 하였다. 이것을 보면 그의 철학적 비중이 이 저서에 집중되었다고 해도 과언이 아닐 정도로 매우 중요한 저서이다.

이 저서는 서양의 역사철학에 대한 오랜 연구와 강의의 결실로 나타난 것으로 한국사 사론(史論)에 획기적인 공헌을 하였다. 그 동안 단재 신채호

(1880-1936)에 대한 연구가 국내에서 많이 발표되었지만 이 저서처럼 중국철학은 물론 서양의 역사철학 정치철학의 이론까지 동원하여 단재의 사상을 총체적으로 저술한 것은 찾아 볼 수 없다. 원로 국사학자 이기백 교수는 국사학자들이 미처 보지 못한 점을 밝혀 내었다고 이 저서를 매우 높게 평가하기도 하였다. 저자는 머리말에서 "우리나라의 근대적 민족주의 사관은 주로 단재 신채호의 실천적 사색에 의해 형성되었다고 해도 과언이 아니다"라고 총론적인 결론을 내리고 있는데 이 속에 이 저서 전체의 특색이 드러나 있다. 그리고 제1회 서우 철학상 수상소감에서 "단재 신채호는 우리나라 개화기의 대표적인 애국계몽의 국사가인 동시에 광복운동을 통해 근대민족국가의 건설을 위한 새로운 국가상과 독립운동의 이념을 부여한 가장 실천적인 근대사상의 주류에 속해 있었다. 따라서 왕조시대를 벗어나 근대사상의 형성과정에서 서구철학이 정착하기 이전에 전통적인 철학사상의 뒤를 이어 이 전환기의 시대정신을 대표하는 사상가를 찾는다면 신채호의 역사사상을 연구하지 않을 수 없다"고 하여 이 저서를 쓴 이유를 밝히고 있다.

저자는 "우리나라의 근대사상은 왕조사적 구체제를 벗어나 근대적 민족국가를 형성하는 민족주의 운동이 주류를 이루고 〔…〕 유교적 가치체계를 탈피하고 서구사상의 수용을 통해 한민족의 새로운 민족적 자아를 국사상을 통해 국혼으로 가지게 하고 양반사회의 백성과는 다른 '신민'이 되어 민주공화국의 '신국'을 건설하는 역사적 과제를 중심으로 전개된다"고 하였다.

조선왕조에서 대한제국이 되었으나 유교적 가치와 이념으로는 서양 열국 특히 일본제국주의에 대항할 수 있는 철학이 결여되어 있었는데 단재의 국사 연구에서 제시한 이론이 그 대안을 제시한 것이라고 할 수 있다.

저자는 "이 역사철학적 연구는 단재선생의 한국사 연구 중 그의 국사상(國史像)에 관한 사론을 주로 다루었고 특히 청말 변법자강파(變法自强派)

를 매개로 하여 서구근대사상을 수용한 사상사적 측면을 힘주어 논구했다"고 밝히고 있다. 다시 말해 이 저서는 단재의 한국 역사에 관한 철학적 이론을 밝히기 위하여 서구의 진화론(天然論)을 중국에 수용한 옌푸와 량치차오의 변법자강운동의 영향을 살피고 있다. 이것은 단재 연구에서 종래 없었던 것이며 한 획을 긋는 명쾌한 저작이라고 하겠다. 저자는 단재를 우리나라 근대 민족주의사상의 주류에 자리매김을 하면서 오늘날 한국사상을 이해하기 위한 중요한 열쇠로 삼았으며 우리나라 독립운동의 사상사적 흐름을 짚어가는 데도 중요하다고 보았다. 저자는 단재에 대한 무한한 존경을 잃지 않으면서도 단재사관에 대한 신앙에 빠지지 않고 그 한계성도 드러내 보였다는 점에서 학문적 엄격성을 유지하였다.

이 저서는 서설을 포함하여 모두 7장으로 구성되어 있다. 서설은 단재 신채호의 생애와 사상이 요약되어 있다. 모두에 "옷 한 벌을 다 적시면서도 꼿꼿이 서서 고개를 숙이지 않고 세수한 단재 신채호—무엇이나 허리를 굽히지 않고 대의와 지조를 목숨처럼 지켜낸 그의 일생은 조선시대의 꼿꼿한 선비의 후예이면서 타협 없는 순국의 위대한 독립운동자의 흐트러짐 없는 걸음 그것이었다"고 시작한다. 여기서 저자는 조선시대 선비정신과 근대 민족독립운동의 정신을 오롯이 간직한 "지성인"(이 용어는 저자가 "지식인"과는 다른 개념으로 사용한 말이기도 하다)의 면모를 잘 드러내 주고 있다.

2

서론에서는 단재의 민족사적인 역사이론(史論)의 특징을 논하면서 단재가 20세기 근대적 국사인식에서 제일 먼저 일본제국주의의 식민주의에 입각한 한국사 왜곡을 비판하였으며, 유물론적 사회경제학과 아울러 실증주의 사학이 모두 한국사의 주체로서의 민족과 역사의 주체적 전개과정에 대한 자각을 결여했던 반면 단재의 한국사는 주권국가로서의 근대국가 역사서술 정립에 커다란 공헌을 하였다고 역설하였다.

저자는 단재(1880-1936)의 생애를 한학을 배운 유교교양인이었던 1905년 이후 3시기로 나누었다. 1) 1910년까지 언론활동기로서 자강론적 국사관을 고취하였다. 2) 해외망명 민족 운동기(1910-1925)에는 무정부주의 사회주의 등의 영향 하에 '민중적 민족주의'로 발전하였으며, 3) 「조선혁명선언」(1923) 속에 무정부주의 영향이 나타나고 1928년 무정부주의 운동 참가와 더불어1936년 여순 형무소에서 옥사할 때까지 '폭력'도 긍정하는 혁명적 민족주자가 되었다고 하였다.

단재의 민족사상이 발상된 시기는 바로 대한제국으로서의 건원칭제(乾元稱帝)(1897년 10월)부터 경술국치(庚戌國恥)까지 13년간으로, 이 시기는 역사적 상황으로도 매우 중요한데 조선왕조의 해체기인 동시에 독립협회의 자유민권운동, 근대적 자강국가의 국가주의가 대두되는 역사적 전환기에서 대한제국의 활로를 찾은 사상가들로 장지연, 박은식 그리고 신채호가 있었다는 것이다. 이때 그들은 일제에 대항하기 위하여 스스로 힘을 기르는 수밖에 없다고 하여 자강주의를 고취하여 대한제국 현실에 적용시켰다.

이 자강사상은 옌푸(嚴復)가 서양의 적자생존의 진화론을 물경천택(物競天擇)의 천연론(天然論)으로 소개하면서 이것을 『주역』의 쉬지 않고 스스로 힘을 기른다는 자강불식 사상과 연결시켜 당시 지식인들이 이해하기 쉽게 하였다. 단재를 비롯한 박은식, 장지연 등의 자강주의 애국계몽운동은 동아시아 세계에는 없었던 '국가사상'과 '천연론'을 우리 사상에 도입하였다. 여기에 가장 깊이 영향을 준 것이 다윈, 스펜서 및 헉슬리의 사회진화론이었고 애덤 스미스의 국부론(原富)이었다. 이러한 사상들을 담은 책들을 옌푸가 한문으로 번안하였으며 량치차오(梁啓超)는 『음빙실문집』에서 신민설 등을 소개하였는데 1900년대 지식인들의 주된 관심사였다고 하였다. 단재의 자강사상이 중국의 옌푸와 량치차오를 매개로 하여 서양의 다윈, 스펜서, 헉슬리의 적자생존의 사회진화론의 영향을 받은 사실을 밝혀낸 것은 저자의 혜안이기도 하다.

단재는 「독사신론」(讀史新論)과 기타 논설을 통하여 강한 자는 살아남고 약한 자는 사라진다는 진화론 사상에 입각하여 스스로 힘을 길러야 살아남는다는 자강론을 가지고 우리 고대사 해석에 적용하였다. 단재는 자강을 위하여 국가부강에 힘쓰고 국사를 통해 애국심을 길러야 한다고 주장하였다. 저자는 이것을 민족주의 역사관이라 부르고 부강국가는 반드시 자기의 역사를 가지고 있으며 이렇게 함으로써 부흥할 수 있으며 애국심을 주동하려면 본국사를 가져야 한다는 민족주의 역사관을 제창하였다. 그리고 단재의 사회진화론적 국가철학은 애국심을 배양해 주는 국사교양을 통하여 조국정신을 갖추게 하는 자강론적 민족주의가 된다고 하였다. 애국심 진작을 위한 민족주의적 세 분의 걸출한 인물로 1) 을지문덕 2) 최영 3) 이순신을 예로 들었다. 이들을 통하여 국가적 자아, 즉 민족적 자아의 발견에 힘썼다. 이 세 장군을 국난극복의 영웅으로 내세운 점에서 단재의 사관이 영웅주의 사관이며 전쟁시기의 부국강병을 강조한 점에서 민족주의 사관에 속한다고 하였다고 하였다.

3

저자는 개화기의 국사교과서에 대한 단재의 비판을 상세히 논하였다. 단재는 국혼을 구현한 애국주의 역사관인 「독사신론」에서 1900년대 10년간 교과서 형태의 국사서술은 1) 전통적 낡은 편년체 서술을 아직 탈피하지 못하였고 2) 새로운 역사서술 체제(新史體)는 사학자 하야시 다이스케(林泰輔) 등의 식민사학의 영향은 받은 것들이며 3) 대부분 기자조선을 인정하여 민족의식을 고취시키지 못한 교과서라고 통렬히 비판하였다.

1. 개화기의 국사 교과서인 김택영 편의 『동국역대사략』, 현채 편의 『동국역사』는 일본인 하야시 다이스케의 『조선사』를 참고한 것인데 하야시는 서양식 시대구분에 맞추어 우리나라 역사를 1) 태고(한의 군현이전), 2) 상고기(삼국정립에서 신라 경순왕까지), 3) 중고기(고려 태조에서 공양왕까지), 4) 근세(조선 태조에서 당대까지)로 구분하면서 한국사의 개국신화를 부정하고 한국고대사를 중국사의 부용(附庸)으로 다루었으며 일선동조론 입장에서 견강부회하였다. 김택영과 현채는 근대적 국사 교과서 편찬의 개척자였으나 그들이 일본 어용사학자들의 식민사관에서 날조한 신공황후의 신라 정벌설, 임나일본부설을 편입한 것을 단재는 정면으로 비판하였다.

2. 정통문제에 대하여 단재는 한국사의 주체를 확립하는데 공간적으로 주변 중국이나 민족 등에서 그와 구별되는 주족(主族)의 판별로 역사상 아(我)를 설정하고 시간적으로는 단군 이래 이 민족사적 정통계승의 계통을 세우는 것이다. 따라서 왕조사적인 정통주의를 부정하고 왕씨 고려 이씨 조선과 같이 국가를 하나의 성(姓)의 사유물로 보는 것을 반대하였으며 중국 역사의 기준인 강목체의 역사 필법을 비판하고 동국통감 이래의 삼조선설(단군–기자–위만)을 부정하고 단군–부여–고구려로 이어진 계통을 민족주의 정통으로 보았다.

3. 한국 고대사 계통의 문제에서 단재는 조선시대 통사적 역사서 중에서 수산 이종휘설에 따라서 단군의 정통계승을 이원화하였다 즉 부여–고구려 계통과 기자–마한 위만 계통으로 이원화하였다. 개화기 교과서 11종 가운데 대부분이 신라 중심이고 부여–고구려 계통은 하나도 없었는데 수산과 단재의 대고구려주의는 민족사학 형성의 기초요 강령이었다. 이것은 자강주의 역사관의 귀결이기도 하다. 단재의 고대사 정리작업은 기자조선의 부정에 있었다. 이 문제는 안정복이나 이종휘도 극복하지 못하였는데 단재는

부여가 임금〔君〕이며 기자는 신하〔臣〕라고 하여 기자을 외래족〔客族〕으로 객관화하였다. 이것은 주권상에서 주족과 객족을 변별한 것이다.

4. 단재는 개화기의 국사 교과서에 대해 분노하고 비판을 하면서 그 교과서들을 얼이 빠진〔無精神〕 역사서술로 규정하고 새로운 역사로서의 국사서술은 통감 강목의 편년체를 청산하고 서구 근대적 역사서술 형식을 취하여야 한다고 주장하였다. 그의 사학은 실학파를 계승하여 국사를 연구하였는데 가치 있는 역사서나 역사가는 구암 한백겸의『동국지리지』, 순암 안정복의『동사강목』, 다산 정약용의『아방강역고』, 수산 이종휘의『수산집』이다. 단재는 이 역사서들을 한국사의 유산으로 높이 평가하였다. 이들의 학문적 유산은 단재의 민족자주적인 국사의 이미지〔像〕 형성에서 문헌상의 원천이며 한말 사조였던 자강주의적 이론 틀을 구성하여 새로운 국사상을 탄생시킬 수 있었다고 저자는 역설하였다.

5. 저자는 국사개념의 정립을 위하여 김부식의『삼국사기』와 같은 사대주의 사관을 비판하였다. 단재는「조선역사상 일천년 이래 제일 대사건」이라는 논문으로 언제부터 누구에 의해 사대주의가 정착되었는지 논술하였는데, 그것은 바로 묘청의 난이라고『고려사』에 기술된 '서경전역'(西京戰役)을 계기로 민족사학이 패하고 김부식의 사대사관이 승리하였기 때문이라고 밝혔다. 저자는 단재사관에서 "묘청의 난이 '불랑가(佛郞家) 대 유가(儒家)의 싸움이며, 국학파 대 한학파의 싸움이며 독립당과 사대당의 싸움'으로 해석된다. 묘청이 화랑도와 같은 국풍을 이은 반유학 반사대당의 독립진취사상의 선구로 묘사된다"고 하여 단재가 민족적 자아를 확인하기 위하여 고대 역사로 올라간 것은 주자학적 중화 중심의 보편주의를 벗어나 우리 민족특수를 정립하려는 요청에서 나온 것이라고 하였다.

4

단재는『조선상고사』총론에서 '역사란 무엇인가? 인류 사회의 아와 비아의 투쟁이 시간부터 발전하여 공간부터 확대하는 심적 활동의 상태이다'라고 전제한 다음 '我'와 '非我'를 이렇게 규정하였다. '무엇을 我라하며 무엇을 非我라 하는가? 깊이 팔 것 없이 무릇 주관적 위치에 선 자를 我라 하고 그 외에는 非我라고 한다. 이를테면 조선인은 조선을 我라하고 영국 러시아 프랑스 미국 등을 非我라 하지만 영국 러시아 프랑스 미국 등은 제각기 제나라를 我라고 하고 조선을 非我라 한다.' 이러한 역사에 대한 정의에 대하여 저자는 "이와 같이 인류사회의 각 민족 간의 관계를 규정할 때 첫째로 역사의 전개단위로서 민족아가 정립되고 둘째는 我는 非我와의 상대적 대립관계에 있게 되므로 각 나라는 자기 나라를 我라고 하고 그 밖의 모든 나라를 非我라고 한 점에서 인류역사에는 각 민족이 자기중심적으로 주관적 자아가 있을 뿐 역사를 이끌어갈 유일 중심의 존재를 인정하지 않게 된다. 이 점이 바로 기왕의 동아시아 문화권의 중화주의적 사대관계를 부정하고 국가 평등관에 입각한 세력균형의 국제 인식에 도달한 증거이기도 하다"고 주장하였다. 저자는 단재의『조선상고사』서론에 제시된 민족사학의 강령적 선언인 "아(我)와 비아(非我)의 투쟁"으로서의 역사의 정의에 주목하면서 이것은 단재의 민족주의 사관을 집약적으로 표현한 독창적인 것이며 국사의 역사적 주체가 무엇인가를 최초로 선명하게 파악한 역사가라고 높이 평가하였다. 이에 따라 단재는 사대주의적 왕조사 입장에서 무시했던 인물인 묘청과 정여립을 재평가하고 최치원과 이퇴계 등은 조선을 순지나화(純支那化)한 사대주의자라고 혹평하였다.

단재는 주나라를 높이는〔尊周〕유교적 명분주의 정통론적 역사관을 부정하고 현실주의적 자강론적 내셔널리즘을 부각시켰다고 하였다. 이에 따라 단재는 왕조사에서 대동계(大同契) 사건으로 반역으로 낙인찍힌 정여립을 '돌비적(突飛的) 혁명적 학자'라고 하여 반주자학적 사상가로 재평가한 대담한 해석을 하였다. 이것을 그의 반사대주의적 역사해석에서 나온 것이라고 저자는 자리매김 하였다.

그리고 단재에 의하면 정여립은 중국사의 정통론을 비판하며 '두 임금을 섬기지 않고 남편을 두 번 바꾸지 않는다'(不事二君 不更二夫)는 존왕주의 유교 윤리를 부정하고 '인민에 해가 되는 임금은 죽여 버릴 수도 있고 행실 부족한 남편은 버려도 된다'고 주장한 점에서 혁명적이다. 단재는 주자학적 정통주의가 지배한 조선왕조사회에서 이러한 논설은 아주 찾아보기 어려운 것으로 평가하며, 정여립을 반유학적 반사대적 인물로 부각시켰던 것이다.

저자는 "이처럼 한국사에 대한 민족주의적 역사해석에는 '현재를 위해 과거를 재해석하는' 프래그머티즘이 있고 신채호 사관에 있어서도 당시의 민족주의적 과제를 정당화하기 위해 과거를 정치화하는 국면이 있었음을 부인할 수 없다. 이렇게 되면 관념론적 역사철학이 크로체의 말처럼 '모든 역사는 당대 시대사이다'라고 할 수 있고 과거의 사실보다는 현재의 역사가의 사상에 의해 과거를 재구성할 뿐만 아니라 '역사는 역사가가 만든다'는 상대주의에 빠질 우려도 없지 않은 것이다. 그러나 신채호의 역사관은 실증사학에 대한 앤티테제로서 역사의 해석학적 차원을 시도한 점은 높이 사야 하고 구국 독립운동의 이데올로기로서 그의 국사 연구가 공헌한 실천적 요인을 인정하는 데 인색해서는 안 될 것이다"라고 단재의 역사해석을 높이 평가하였다. 저자는 프래그머티즘과 크로체의 역사철학까지 동원하여 실증사학의 한계를 극복하고 해석학적 입장에서 단재의 역사관을 재조명한 것이다.

저자는 단재의 민족주의적 역사사상이 가진 한계성과 문제점도 지적하였다. 저자는 '민족' 개념과 'nation' 개념이 혼동되어서는 안 된다고 하면서 단재 등 자강파들의 '민족' 개념은 아직 근대 국가적인 'nation' 집단을 뜻하지 않고 종족(race)적 색채가 강한 자연적 집단으로서의 '겨레'였다고 지적하였다. 저자에 의하면 단재의 역사관은 세계사적인 개인 민족정신 세계정신의 변증법인 헤겔적 체계에 비추어 보면 단재의 민족주의적 역사개념에는 민족정신과 그 객관화로서의 국가는 있으나 서구형 민족주의 역사관이 전제하는 세계정신이란 상위개념이 결여되어 있다. 따라서 단재의 자강론적 진화론에도 불구하고 민족자강의 소장(消長) 이외에 보다 높은 역사의 근원적 목표에로 향한 진보(progress)의 관념이 결여되어 있다는 것이다. 다시 말해 헤겔의 역사철학에서 보는 바와 같은 민족정신(Volksgeist)의 체현자인 세계사 개인과 비교해 볼때 세 걸출한 인물과 같은 자강주의적 개인은 변증법적 논리에 따라 세계사와의 연관이 지어져 있지는 않다고 하였다. 그리고 아와 비아의 대립이 있을 뿐 피히테의 철학에서 보는 바와 같은 양자를 지양한 절대아 사상은 없다고 그 한계를 지적하였다.

단재의 역사관은 열국 경쟁상태를 전제로 한 민족주의적 국제질서의 시기에 한정되어 있는 점에서 동아시아사에서 중화주의적 사대질서가 정착된 후 개화기 이전까지의 우리 역사의 장구한 기간을 부정적으로 해석하지 않을 수 없는 역사해석의 한계성을 약점으로 가지게 된다. 이와 아울러 그는 여러 번에 걸쳐서 우리 역사의 통사서술을 계획하고 시도했으나 그 서술이 고대사에 항상 멈추고 그 경계선을 넘지 못한 것도 민족주의 사관의 한계인 것이다. 한마디로 말해서 동아시아 문화권의 보편적 사대주의 질서가 확립된 중세사에 대해서는 역사해석을 할 수 없는 중세부정의 사관임을 면치 못한다고 그 한계성과 약점을 지적하였다.

5

저자는 단재가 자강주의적 국사관에서 무정부주의로 바뀌는 과정을 논하였다.

1920년대 3·1운동에 대한 역사적 반성과 무정부주의 혁명사상에 영향을 받은 단재의 역사사상은 자강론적 영웅사관에서 진보적인 사회사관으로 옮아가고 역사적 운동의 주체는 민족에서 민중으로, 독립방략에서는 교화 준비의 온건한 운동에서 무력 투쟁적 혁명노선, 무정부주의적 테러리즘으로 변화되었다고 저자는 말하였다. 단재의 자강주의가 한계에 부딪친 것은 우승열패의 사회진화론이 국내외의 항일독립운동에서 강자 주권을 인정하게 되므로 날로 강대해지는 일제에 대하여 타협하거나 일제 판도 내에서 자치권 획득에 만족하는 길을 마련해 주기 때문이며 일제 강권지배를 부정하고 민중이 강권지배집단과 싸울 수 있는 방도는 개인 테러이며 암살 파괴 폭동 등 무정부주의적 방법밖에 없다는 것을 자각했기 때문이라고 저자는 그 이유를 설명하였다.

일제강점이 강화됨에 따라 어떠한 타협도 허용하지 않는 「조선혁명선언」이 나왔는데 이것은 폭력 암살 파괴 폭동을 혁명적으로 수행하는 지하단체를 지지하는 선언이기도 하다. 이 선언은 '의열단'(義烈團)의 위촉을 받아 약 1개월간 상해에 체류하면서 집필한 것이다. 이 선언을 단재는 자신의 폭력 혁명적 민족주의 사상으로 엮었다. 이 선언이 단순히 의열단의 혁명선언을 대필 정리해 준 것이 아니라 단재 자신의 혁명노선을 천명한 것으로 보아야 한다고 저자는 강조하였다. 단재는 무정부운동을 주장한 러시아의 크로포트킨에 심취하여 중국 대표자인 리스쩡(李石曾)과 교유하면서 대중의 자각적인 민중봉기를 내세우는 직접혁명을 주장하였다. 리스쩡의 아나키즘적 폭력론은 한국민족주의자 중 급진적 혁명적 민족운동자들에게 큰 영향을 주었다고 저자는 밝혔다.

「조선혁명선언」의 내용은 첫째 일본강점을 적으로 명시하고, 둘째 자치운동, 문화운동, 외교론, 준비론 등 모든 타협주의를 비판하며, 셋째 민중의 직접혁명을 강조한 것이었다. 저자는 카를 슈미트(Karl Schmitt)의 용어를 원용하여 무정부주의자 테러리스트의 적(敵)은 '절대적인 적'(absolute enemy)의 성격을 가지고 있는데 단재가 일제를 적으로 선언하고 무력항쟁의 대상으로 설정하기 위해서는 절대적인 적으로 규정할 필요가 있었다고 명확하게 설명하였다.

저자는「조선혁명선언」을 5개 항으로 나누어 분석하였다.

첫째는 일제에 대하여 적(敵)이라고 선언한 것이다. 그 선언은 네 마디로 구분되어 있는데 이 선언의 서두는 '강도 일본국'으로 시작하여 '우리의 국호를 없애고 우리의 정권을 빼앗았으며 우리의 생존적 필요조건을 박탈하였다'고 선언하고 있다. 저자는 일제의 경제적 수탈에 초점을 집중시킨 것이 주목된다고 하였다. 단재는 3·1운동의 실패원인을 분석하면서 이 운동을 민중적 역량의 기초와 폭력적 중심의 두 요인이 결여된 민중운동으로 규정하고 그 책임을 외세의존 외세과신에 돌리고 있다고 하였다.

둘째는 일제의 경제적 침략의 성격이다. 3·1운동이 일제의 경제적 침략에 대해 전혀 언급이 없었다면 이 선언은 일제 식민지 지배의 성격을 그 경제적 수탈의 측면에 역점을 두어 일제를 '자국 무산계급의 혈액까지 착취하는 자본주의 강도국'이라고 규정하였다. 저자는 이 선언에서 일제의 경제적 식민지배 성격분석은 일제의 경제적 약탈정책 자본집중 원칙에 의한 상인층의 몰락, 경제적 생존권의 위협, 특권계급의 압박 등 사회경제적 지식을 동원한 것이라고 하였다.

셋째는 타협주의 비판이다. 국내 민족운동자 중 일제의 회유책에 말려들어 '내정독립' '참정권운동' '자치론'을 주장하는자들은 모두 일제와 타협한 적으로 돌리고 폭력행사의 대상으로 명시하고 있다. 이 선언은 국내 타협주의 경향에 대하여 송병준, 민원식 등 매국노를 시켜 3·1운동 이후 독립운동의 예봉을 꺾고 민족운동을 말살시키려는 계책임을 간파하였다.

넷째는 외교 준비론에 대한 비판이다. 단재는 상해임시정부 내의 노선을 크게 이승만의 외교론과 안창호의 준비론으로 구분하고 있다. 단재는 외교론은 독립의 문제를 외국의 처분에 맡기려는 타율적 노선이라고 비판하였다. 준비론은 전쟁준비뿐만이 아리라 교육진흥 상공업발전도 포함한다는 것인데 단재는 일본의 압박하에서는 이런 준비가 거의 불가능하다고 보고 이런 주장은 '잠꼬대' 같은 것이라 비판하였다.

다섯째는 민중직접혁명론이다. 이 선언은 독립운동에 대하여 무력항쟁적 민족운동의 투쟁명분을 공산주의적 계급투쟁설을 차용하지 않고 민족주의 기조를 보존한 채로 그 급진적 폭력행사를 정당화한 운동이념을 부여했다는 점에서 저자는 선언의 역사적 의미를 평가하였다. 그리고 이 선언은 일제강권에 대한 절대부정의 극한에서 온갖 폭력행사가 모두 정당화된다고 하는 폭력의 철학을 잉태하고 있다. 따라서 이 문서는 일제하의 극한 상황에서 나타난 폭력의 철학이라고 저자는 힘주어 강조하였다.

저자는 이 선언이 반공산주의적이며 오히려 아나키즘적 민족주의 선언이라고 규정할 수 있는 근거를 밝혔다. 이 선언은 자본주의 강권을 반대하고 계급이 없는 평균사회를 표방하고 있는데 의도적으로 '인민'이나 '평등'을 피하고 '민중'이나 '평균'이라는 술어를 사용했다. 따라서 이 선언에는 공산주의적 용어 계급투쟁 등이 발견되지 않는다. 이 선언은 이동휘 등의 소련 공산당과의 제휴에 대하여 사대주의라고 반대하였다는 것이다.

저자는 단재의 민족주의 사관이 변화한 원인이 무엇인지 4가지로 요약하였다.

첫째 일제강점의 특수 상황하에서 혁명적 폭력의 정당성을 추구하여 안

중근, 윤봉길, 이봉창 등 개인적 폭력적 의거를 그의 아나키즘 폭력의 철학으로 정당화하였다.

둘째 후기의 아나키즘적 민족사관은 사회사적 관점을 도입하여 역사의 주체를 민중으로 인식하고 전기의 자강론적 영웅사관을 극복하려고 하였다.

셋째 아나키즘의 민중사관에 의한 3·1운동의 역사적 평가에서 민중적 일치가 있었으나 폭력적 중심이 결여되어 실패하였다고 보았다.

넷째 전기 자강론은 살아남은 강자만을 긍정할 뿐이어서 약자지배를 정당화한 제국주의 식민지침략을 용인하게 되므로 약자민족의 역사의식이 될 수 없었다. 단재는 약자의 생존권을 옹호하기 위하여 크로포트킨의 상호부조론를 수용하였던 것이다. 그러나 반국가 반정부의 무정부주의를 철저히 관철시키면 민족주의와는 자기모순에 빠지게 된다. 반제국주의의 이론적 거점으로서의 무정부주의는 1920년대 독립운동의 투쟁방법으로 채용되었으나 양자 사이의 이론적 조화는 끝내 이루지 못하였다고 저자는 지적하였다. 건국한 뒤에 한국 아나키스트운동은 거의 망각되다시피 하였으나 한국민족운동사에서 아나키즘은 지금까지 너무 과소평가되었다고 저자는 강조하였다.

저자는 "민중직접혁명론은 한국사 전체에 걸친 통사적 사관으로 제창되지는 않았고 국사의 역사해석의 일반원리로 주장한 것도 아니었다. 그러나 민족을 자강주체로 삼고 자강주의를 내세우던 신채호의 사상이 에너키즘의 영향으로 '민중'의 자유연합사회로 전환된 것은 사실이다. 마침내 신채호의 국가사상은 그가 법정에서 진술한 바와 같이 '다 같이 자유로서 잘 살자는 것'이라는 표현에서 시사된 강권 없는 자유사회였으며 자유로운 조선민중이 경제적 박탈제도를 부정하고 사회적 불평균이 없는 '이상적 조선'의 건설이었다. 이는 오늘날의 민주적 복지국가상과 별로 다를 것이 없는 이상사회관으로 이해된다"고 하였다.

6

저자는 이 저서의 거의 반에 가까운 지면을 할애하며 근대적 민족주의와 단재를 연결시켜 논하였다. 첫째로 박은식의 국혼으로서의 국사 개념, 둘째로 저항적 민족주의 성격, 셋째로 한국독립운동의 사상사적 성격, 넷째로 근대적 지성의 수난, 다섯째로 3·1운동의 민족관을 논하였다.

백암 박은식(1859-1925)은 전문 사학자는 아니지만 항일 민족운동의 실천을 위한 역사적 인식을 추구한 점에서 정신주의적 투쟁사관을 실천적으로 보여 주었다. 백암은 『한국통사』(韓國痛史)에서 왜 나라가 망했는가를 서술하고 『한국독립운동지혈사』에서 독립을 위하여 어떻게 싸웠느냐의 '피의 역사', 즉 항일 독립투쟁의 역사를 서술하였다. 이것은 근대사 시기에 대한 역사서술을 통하여 민족독립을 위한 주체적 민족사의 역사상을 확립한 것이라고 하였다.

백암은 황해도 양반 가문에서 주자학을 배웠으나 이에 안주하지 않고 민족의 독립과 근대화를 위하여 「유교구신론」, 「왕양명실기」 등을 지어 양명학으로 방향을 전환하였다. 이것은 20세기 한국의 지도 이념으로 삼을 수 있는 '혁신적 유학'을 만들려고 사색한 결과이다. 백암이 양명학으로 도달된 사색은 근대적 주체의 자아의식을 확립하는 것이다. 그는 67세 때 격물치지의 가르침을 깨달았다고 하였는데 이 깨우친 진리란 '세계 어떤 것이 과연 진아(眞我)가 되는가? 오직 나의 의지와 양지이다'라고 하여 '진아'의 개념을 제기하였다. 저자는 이것을 데카르트의 코기토를 양명학적인 양지와 '진아'로 깨우친 결과가 된다고 의미부여를 하였다.

백암은 1900년대 우리나라가 처한 역사적 현실을 인식하는 데 주로 청말의 변법자강론을 채용하였다. 그는 자강론적 국제관과 개화 구국방략을 펴냈는데 '대한 정신'이란 '자강정신'이라고 규정하였다. 장지연이나 백암이 제시한 '자강'은 이 민족이 하나의 큰 가족으로서 '하나의 단체'인 국가를 형성하여 자조자립하는 주권국가를 강화하는 것이었다. 백암의 민족사학적 특색은 '국사는 국혼이다'라는 국혼적 역사관에 나타나 있다고 하면서 백암의 국사관은 '국혼'이라는 넓은 의미의 우리나라 종교를 모두 포함시킨 민족주의적 정신으로서의 '국사의 구국종교화'에 있다고 그 특징을 밝혔다.

백암은 나라는 멸망할 수 있지만 역사는 멸망할 수 없다는 정신주의적 역사 즉 국혼이 존재하는 곳으로서의 국사 개념을 전제로 한다. 따라서 혼이 있느냐 없느냐 그것이 백암에게 절실한 독립운동사의 중심적 과제였다. 국혼으로서의 국사가 있으면 반드시 부활한다는 민족광복의 역사신앙을 가지고 서술한 것이『한국통사』인 것이라고 하였다. 저자는『한국통사』,『한국독립운동지혈사』의 두 역사서술은 한국 근대사의 주체적 흐름을 서술한 민족사적 고전인 동시에 한민족의 주체적 민족의식을 역사적으로 증언한 사상사라고 저자는 높이 평가하였다.

저자는 저항적 민족주의의 성격을 논하면서 19세기 말까지 한국에서 '네이션'(nation)적인 근대국가 개념이 없었는데 이것은 서구적 국가개념을 수용하여 생긴 새로운 관념이었다고 하였다. 저자는 한국민족주의 이념형(ideal type)을 추출하기 위하여 자강파 민족주의에 주목하였다. 장지연, 박은식, 신채호 등 자강파들은 독립협회의 자유민권사상과 독립정신을 계승하여 '배움을 일으키는'〔興學〕 운동의 지도자들이다. 그들은 주권회복을 위한 국권주의 논리가 뚜렷하였다. 그들은 국교, 국학, 국어, 국문, 국사 등 이른바 국혼 형성을 위한 정신적 민족주의에 힘썼다. 일제에 의하여 강점된 상태하에서 한민족의 저항적 민족주의는 정신 면의 국혼적인 민족정신의 확립과 보존을 위해 국자주권의 회복을 기하는 정신주의적 성격을 갖는다고 하였다.

저자는 이 저항적 민족주의의 한계점을 지적하기도 하였다. 첫째로 자강파의 국사관에는 진보관념이나 국사와 세계사와의 관련이 인식되어 있지 않으며, 둘째로 자강주의적 민족주의는 관념론적 영웅사관에 머물러 민중을 역사의 주체로 한 새로운 국민개념을 발전시키지 못하였다고 그 한계를 비판하였다.

저자는 한국민족주의 전개과정에서 3·1독립운동은 한민족이 '자유민'임과 우리나라가 '독립국'임을 선포한 근대적 민족의 주체가 대두된 증거라고 하였다. 3·1운동은 온건한 비폭력적 '선언' 방법에만 머물러 일제 무단 침략하에서 가능한 한 민족적 자율을 찾아보려는 한계성을 가지고 있었다. 이것이 일부 민족 내에서 타협주의를 싹트게 하였고, 이것은 친일화에 빠져 민족주의를 이끌어갈 이념도 지도자도 상실한 자살을 초래한 것이라고 지적하였다. 1920년대 이후 일제의 경제침략에 대한 사회과학적인 인식이 요청되어 일제에 대한 반제 이데올로기로 새로 무장하지 않을 수 없었다. 이때 계급주의적 좌익이데올로기와 아나키즘이 도입되었다. 이즈음 상해임시정부에서도 창조파와 개조파의 대립이 야기되었다.

타협주의를 비판하는 제3의 운동이 모색되어 국내 민족운동을 좌우합작 민족단일당으로 표방하는 신간회운동이 일어났다. 이 운동은 사회과학적 지식을 흡수한 혁신적 지식인들에 의해 지도되었고 좌경적 색채를 띠고 있었다고 하였다. 이 운동은 1931년 '민족해방이냐 계급투쟁이냐'의 이데올로기 논쟁을 야기시켰으며, 한국민족주의가 계급 이데올로기에 의해 양분될 소지를 마련하였고 해방 후 국토분단의 연원도 여기서 찾을 수 있다고 저자는 예리하게 분석하였다.

해방 후 한국의 민족주의는 일제의 패망으로 그 저항의 대상을 잃고 허탈한 상태가 되었다. 게다가 국토분단으로 인해 일민족 일국가의 민족국가 형성에 난관이 생기고 그 운동의 원동력도 서로 상극하는 두 힘으로 나뉘어져 민족국가 건설보다 이데올로기의 대립을 우선시하게 되었다. 한국민족주의는 3·1운동에서 자율적 의지를 표현했고 4·19의거에서도 민족의 자기

결정력을 과시하였다. 민중을 주체로 한 국민주권적 민족주의 추구가 한국 민족주의 성패를 가름하는 분기점이 될 것이라고 하면서 단재의 자강론적 국가 관념에서 민중의 능동적 주체성을 바탕으로 한 민중적 한국상을 재음미할 필요가 있다고 저자는 끝을 맺었다.

7

저자는 1977년 아시아문제연구소에서 발표한 한국독립운동의 사상사적 성격을 상세히 분석하여 논하였다. 1905년 이래 한국독립운동의 사상사적 전개과정은 저항적 민족주의가 기조를 이루었다고 하였다. 우리나라 독립운동이 전개된 20세기 전반기는 중화문화권의 해체기이며 동시에 서구 수용을 통해 근대적 민족국가를 형성하는 시기였다. 이 시기에 우리 민족은 왕조사의 종말과 때를 같이하여 국권상실에 그 회복을 위한 복국운동과 동시에 반봉건 반제국주의의 저항을 통하여 독립과 민족국가 형성의 과제를 동시에 해결해야만 하였다. 일제의 강점하에서 독립운동의 주된 이데올로기는 저항적 민족주의였고 그 대상도 각 단계마다 성격을 달리하였다고 하였다. 그것을 살펴보면 1) 의병운동에서 적은 중화문화를 해치는 양이였으며, 2) 자강주의에서 적은 생존상의 강자였으며 부국강병을 목표로 하였다. 3) 3·1운동에서는 민족의 적인 이족침략자이며 자유독립국 시민적 민주주의를 목표로 하였다. 4) 타협주의에서는 일제를 적국화하지 않고 일제 내에서 자치권을 획득하려고 하였다. 5) 단재의 민족혁명주의에서는 강도 일본을 절대적으로 간주하고 민중적 자유조선을 목표로 하였다. 6) 안창호는 국민의 적을 설정하고 자유민주국가의 수립을 목표로 하였다. 7) 사회주의는 계급의 적으로 자본주의 침략자로 보았고 인민공화국을 세우는 것을 목표로 하였다. 8) 신간회는 경제적 침략자를 국민의 적으로 간주하고 경제적 민주주의를 목표로 하였다고 저자는 8가지로 분류하여 정리하였다.

저자는 한국독립운동은 제1단계 의병 주도의 복벽주의적 복권운동이며 제2단계는 민주공화국의 국가상을 정착시키는 자유민주주의 달성의 시기이며 제3단계는 1927년 신간회운동 이후는 좌우합작의 민족연합전선의 시기로 규정할 수 있다고 하였다. 한국독립운동의 사상사적 전개 과정에서 아나키즘 유행시기(1922-1927)를 인정할 수 있다고 보고 이 운동이 민족적 자유를 긍정하기 위해 일제강권과 아울러 공산전제를 동시에 부정할 수 있는 반동 이데올로기 역할도 하게 된 것이라고 하였다. 한국민족운동에서 가장 중요한 사상적 원천은 1905년 이래 자강지성파들이 형성한 자강론적 국사관 즉 국혼적인 민족사적 민족주의였다고 강조하였다. 일제침략에 대하여 민중도 역시 국가적 책임을 진 존재라는 사실을 자각하고 3·1운동에 의하여 근대 민족국가의 공통된 소속감을 가진 국민이 완성된다고 하였다.

"우리 민족이 일제의 압박으로 얼마나 수난당했느냐만 가르치는 한국사 교육에서 일제 침략에 분연이 항거하여 얼마나 당당하게 싸웠는가의 영광스러운 민족주의적 저항의 역사도 아울러 가르치지 않는다면 그것이야말로 '무정신의 역사'가 아니겠는가?"라고 저자는 독립운동사에 대한 능동적인 학습이 필요함을 역설하였다.

8

저자는 일제하에 근대적 인텔리겐차(intelligentia)의 어려움에 대하여 상세히 논하면서 이 용어에 해당하는 '지성인'이라는 술어를 만들어 내었다. 저자는 "지식인 중에서도 '지성'은 일정한 사상을 가지고 있는 신념적 지식의 소유자이면서 동시에 현실에 참여하는 자세가 있어야 한다"고 정의 내렸다. 지성이란 용어 자체가 가치 평가적이므로 지식인이라 하더라도 반민족적 행위자에게는 지성이란 표현을 하지 않는다고 밝혔다. 한말 이래 한국의 지적 엘리트는 서구문화 수용의 변압기적 역할을 감당하였다. 그들은 서로 다른 두 문화 속에 동시에 살게 됨으로써 적응실패에 허덕인 아이덴티티(identity)의 상실을 고민하였던 것이다.

한국의 근대적 지성은 조선시대 사대부적 독서계층의 몰락과 더불어 새로 대두된 계층이다. 근대적 지성의 효시인 자강주의는 우리의 주권을 잃지 않으면서 서구사상을 주체적으로 수용하였다. 근대적 지성의 원천적 고뇌는 이중적 소속불명에서 오는 고독이며 이 이중적 소외는 실학파에서 보다 개화당 인사들이 치러야 했던 비극적 말로에서 현저히 나타났다는 것이다. 개화당 지성의 서구수용을 위한 선구자는 서재필이며 그를 통해 1896년『독립신문』을 창간한 독립협회운동으로 그 명맥이 이어졌다. 서재필을 비롯한 서광범, 윤치호 등은 미국으로 망명하여 자유민권사상의 감명을 받아 일본이라는 중간항을 배제한 선명한 서구수용의 패턴을 제시할 수 있었다. 안창호도 도미하여 미국의 자유주의와 독립사상의 깊은 영향을 받아 한평생 독립운동의 이념으로 자유 독립을 주장하였다.『독립신문』은 순한글체의 민간지로서 민중과의 거리를 좁힌 근대적 지성을 형성하였다. 이와 같이 미국 독립선언의 정신을 모델로 한 독립정신으로 교육받은 새로운 지성이 배재학당, 이화학당등 기독교 교육을 통해 배출되었다.

이와는 달리 외래문화 수용기에는 외국어 회화의 습득을 통해 외국 공관 주변에서 갑자기 출세하는 통변형의 천박한 외국어통이 나타났다. 이들은 상대 나라를 정신적 종주국으로 여기고 식민주의 앞잡이가 되어 동족에 대한 잔혹한 공격도 불사하는 자학적 인간이 되는 경우가 많다. 이런 통변적 식자를 지성인으로 보기는 곤란하다. 이인직은「혈의 누」같은 근대적 소설의 번안적 작품을 남겨 문화적 역할이 인정된다. 그러나 그는 일본 육군성 한국어 통역관이되어 이완용의 측근에서 소위 "합방조약"의 조인에까지 참여한 친일파인 것이다.

관료로 일본에 유학했던 학력 관료가 우리나라 최초의 근대적 관료로서 기능적 인텔리겐차의 기원이 되었다. 이 관료들은 일제의 한국 점령 대세에 그대로 순응한 경향을 보여 주었으며 일제침략의 국내 하청단체인 일진회(1904년 이용구의 '진보회'와 송병준의 '유신회'가 합병하여 만든 단체)에 가담했던 젊은 세대 중에는 지방 관리로 출세하여 친일관료층을 형성한 이들도 있었다. 학력 관료가 습득한 지식은 근대적 행정사법에 관한 실무적 지식에 불과하고 보편적 인간성이나 민족주의적 이념에는 무지하였던 것이다. 저자는 일진회는 침략자의 수족이었다는 점에서 무너지는 왕조의 시체 위에 날아든 들까마귀 같은 존재라고 혹평하였다.

저자는 1905년을 전후해서 장지연, 박은식, 신채호 등으로 대표되는 자강파 지성은 유학적 교양을 쌓고 선비로서 인격을 갖춘 뒤에 서구사상을 적극적으로 수용한 지식인들이다. 그들은 관비 유학생도 아니고 저급한 일어통의 통변층도 아니라는 점에서 전통의 교양에 서구적 지식을 습득한 주체적 지식인의 이상적 모델이기도 하였다. 이 자강파의 지성이 근대 민족국가의 정신사적 기초를 확립하였으며 근대적 국가로서 조국의 재발견이었다고 호평하였다.

이 자강주의의 흥학회운동과 『대한매일신보』, 『황성신문』의 항일언론, 기독교의 교세성장, 1905년 천도교의 선포 이래 농민층에 기반을 둔 천도교 세력, 그리고 우후죽순처럼 자란 민간 사학의 민족교육 등이 자국 양성의 젊은 지성을 산출하였는데 이 세대가 3·1운동의 동력이 되었다고 밝혔다. 그러나 무력의 뒷받침이 없는 3·1운동은 청원적 형태를 취하는 수밖에 없었다는 비난도 받아 왔다고 그 한계를 지적하였다.

1920년대 새로 생겨난 전문적 법률지식을 가진 변호사, 노동운동의 지도자, 『동아일보』, 『조선일보』 등 민간지 기자 『개벽』지의 창간 등 잡지 편집자가 나타났다. 그 뒤『개벽』,『조선문단』(1924년 10월 창간)을 통해 춘원 이광수, 육당 최남선 등 작가 인텔리겐차가 나타났다. 이광수는 봉건 타파에 중점을 두고 자유연애 등 감성적 표현에 열중하였고, 최남선은 한국고전에 대한 박식을 바탕으로『금강예찬』으로 대표되는 국토애의 마음을 찾아 나섰다. 그러나 일제의 강압하에서 그러한 문필독서는 현실 도피의 수단에 불과하였다는 것이다. 이광수의「민족개조론」은 국권회복운동을 유보하고 인간성 혁명, 민족성 개조에 힘을 기울이자는 타협주의 노선이었다는 것이다.

1927년 2월15일 타협주의에 대항한 독립운동 단체로 좌우합작의 단일조직운동을 표방한 신간회가 탄생하였다. 이 회의 지성은 경제적 착취기관의 철폐, '동척' 및 이민 반대 등 경제적 해방에 관심을 가지고 경제적 평등을 실현시키려는 진보적 민족주의 노선이었다고 정리하였다.

1930년대 들어서면서 일제는 만주사변(1931)을 일으켜 괴뢰정권 만주국을 조작(1932)하고 국제연맹 탈퇴(1933), 일본 자유주의 지성에 대한 탄압(1935), 천황제 초국가주의(1936)의 신체제를 굳히기 시작하여 자유주의 지식인에 대하여 탄압을 하여 침략전쟁의 광기와 천황 우상화의 국가주의만이 지배하였다. 일제의 사상통제는 1937년 10월 '황국신민의 선서'가 한국민에게 강요되고 다음 해 조선어사용 금지 등을 실행하여 한국인 전체의 민족적 동일성을 박탈하고 "버금가는(亞) 일본인을 만드는" 횡포를 저질렀다. 이것이야말로 일제가 저지른 세계사상 유례 없는 이민족에 대한 폭거라고 저자는 신랄하게 비판하였다. 1939년 11월 서울 남산에 일본 군국주의 우상 '조선신궁'과 '한국을 일본 신하의 백성으로 맹서하는 기둥'(韓國臣民誓詞之柱)을 세웠는데 이것은 한국인에 대한 일본 파시즘의 폭압이었다. 한국지성인이 최후의 치부를 드러낸 것은 명망 있는 인사들의 학병 권유였다고 저자는 혹독하게 비판을 가하였다. 저자는 "자기 스스로 제시한 가치이념을 자기 부정해야 하는 자기 배신적 행위가 바로 한국 지성이 걸은 불행한 원천이요 해방 후 남겨진 지성적 유산이기도 하다. 일제에 깊이 상처받은 지성의 피해자적 콤플렉스와 아이덴티티의 대상을 찾지 못한 뿌리빠진 상태(up-rootedness)의 확인에서 건전한 지성의 재건을 시작해야 할 것이다"라고 하면서 에세이에서 한국을 탐구하고 한국인의 아이덴티티 위기를 역설하기도 하였다.

9

저자는 3·1운동을 민족관의 시각에서 고찰하여 민족사 정통 문제에 접근하려고 시도하였다.

3·1운동은 우리나라의 근대사상 가장 역사적으로 의의 있는 사건인 동시에 아시아 아프리카 민족주의 전개과정에서도 민족자결의 원리를 구현한 선구적인 민족운동인 세계사적 사건으로 평가된다고 하였다. 그리고 모든 한민족의 각 개인의 가슴 속에 근대적인 새 조국 '대한'이 정착되기 시작하였다. 3·1운동의 민족적 의지가 구현된 상해임시정부의 헌법은 우리 민족이 '네이션적' 근대민족으로 전환된 증거이라고 하였다. 3·1운동으로 잉태된 잠재적인 민주공화국이 1945년 해방과 더불어 이 땅에 대한민국과 그 헌법제정으로 구현된 것이다.

저자는 결론적으로 남북통일의 정통성도 3·1운동의 이념에서 찾으려고 하였다.

> 무엇보다도 3·1운동은 오늘날 분단된 한국의 재통일에 있어서 통일의 정통성의 원천이기도 하다. (…) 한민족이 분단상태에서 재통일할 수 있는 역사적 명분을 찾는다면 3·1운동에서 성립된 잠재적인 민족국가를 회

복하여 그 민족적 독립권으로서의 민족자결주의일 수밖에 없다. 이점에서 통일을 위한 민족사의 정통성도 3·1독립운동에서 유래한다고 보아야 한다.

이 저서는 우리나라 근현대 역사의 사상사를 탐구하는 과정에서 단재 신채호의 사상을 빌려서 자강주의에서 시작하여 3·1운동으로 태어난 민주헌법 그리고 신간회의 경제적 평등을 통한 보충 마지막으로 현재 우리의 통일문제까지 논한 광범위한 영역를 밀도 있게 연구하였다고 생각한다.

신일철의 동학 연구
근대적 인권사상과 민족주의 운동

김용휘 한양대 철학과

1. 거인의 어깨에서 동학을 철학으로 만나다

신일철 선생과의 첫 만남은 내가 1998년 부산예술대학 부설 동학연구소에 재직하던 시절이었다. 그때 동학연구소 초청으로 강연회를 열었다. 그전부터 책으로는 접하였지만 직접 뵌 것은 그때가 처음이었다. 부산예술대학은 1994년, 안관성 이사장이 인내천 사상을 건학이념으로 설립한 대학이었다. 때문에 대학 부설 동학연구소가 있었고, 〈인간과 종교〉라는 교양과목에서 동학·천도교를 소개하고 있었다. 이때의 초청 강연도 그런 차원에서 교직원들과 시민들에게 동학을 소개하고 홍보하기 위한 취지였다. 강연은 대성공이었다. 대강당은 가득 차서 빈자리가 없었고, 선생의 풍채에서 나오는 힘차고 유려한 강연은 관중들을 압도하여 동학의 매력에 흠뻑 빠지게 했다. 당시 동학을 다소 우습게 보던 학장과 교직원들도 이 강연을 통해 태도가 달라졌다.

이때 행사를 주관한 동학연구소장 김춘성 교수가 강연의 격을 높인다고 특별히 강사료를 다소 높게 이백만 원으로 책정했었다. 18년 전이니까 적지 않은 액수다. 그런데 선생은 그게 너무 많다며 즉석에서 백만 원을 돌려주었다. 준비한 쪽은 체면이 서고 돌려주는 쪽은 기분이 좋았고, 주위에서 지켜보던 이들의 마음까지도 훈훈하게 했던 기억으로 남아 있다.

나는 안타깝게도 선생의 강의를 들을 기회가 별로 없었다. 다행히 박사 과정을 다니면서 과학학협동과정에서 개설된 과학철학 수업을 들을 수 있었다. 그 수업에서 토마스 쿤의 『과학혁명의 구조』를 주로 강의했다. 인상에 남은 점은 쿤의 중점은 과학혁명에 있는 것이 아니라 정상과학을 강조하는 점에 있다는 해석이었다. 그런 점에서 쿤은 전통주의자며 보수주의자라고 평가했던 것이 기억에 남는다.

그런 인연으로 동학연구소에서 편집한 『해월 최시형과 동학사상』에 글을 부탁드려서 싣기도 하였다. 제목은 「해월 최시형의 시(侍)와 경(敬)의 철학」이었다. 원고를 우편으로 보내오신 것을 내가 컴퓨터로 입력했던 기억이 난다. 원고지에 직접 쓰신 원고는 오늘날 컴퓨터로 쓰는 글보다 뭔가 모르게 내면에서 나오는 힘 같은 것이 느껴졌다.

무엇보다도 박사논문에서 지도를 받은 것은 나로선 큰 행운이었다. 동학을 철학박사논문으로 제출한 경우는 80년대에 단국대에서 조용일 교수가 처음이었고 그 후론 아마도 처음이었을 것이다. 역사학계에서는 많은 논문이 나왔지만 아직 철학계에선 동학을 철학으로 인정하는 데 인색했던 분위기였는데, 선생의 지도와 격려에 힘입어 동학으로 철학 박사논문을 완성할 수 있었다. 몇 차례 커피숍에서 만나서 몇 시간 동안 쉬지 않고 열정적인 가르침을 전해 받을 수 있었다. 이로써 동학에 대한 철학적 접근이 가능하며 어떻게 접근해야 할지에 대한 감을 잡을 수 있었다. 무엇보다도 심사과정에서 논문을 꼼꼼히 읽고 문장 하나하나까지 고쳐서 포스트잇을 붙여주신 세심함은 지금 생각해도 참으로 감사한 일이다.

박사학위를 지도 받은 지 1년여 만에 돌아가셨다는 소식을 전해 들으니 너무 일찍 가신 것에 안타까움을 금할 길이 없고, 또 헤아려 보니 거의 마지막으로 논문 지도를 받은 게 아닌가 하는 생각에 참 운이 좋았구나 하는 생각을 하게 된다. 거인의 어깨에 올라 잠시나마 동서철학의 대강과 동학의 지평을 살필 수 있었으며 동학으로 철학이 가능하다는 자신을 얻었으니 참으로 은혜가 적지 않다.

2. 동학 연구의 관점

선생의 학문 지평은 참으로 넓어서 유럽철학과 영미철학의 거의 모든 주제를 망라하고 있다. 프랑크푸르트 학파, 마르크스와 레닌, 미국의 프래그머티즘과 자유주의 철학, 과학철학, 하이에크의 신자유주의는 물론 한국철학에도 조예가 깊어서 퇴계 이황, 20세기의 민족주의 사상가인 신채호, 안창호, 그리고 북한 주체사상에 이르기까지 그 학문의 스펙트럼은 한 사람이 아우를 수 있는 범위와 수준을 훨씬 넘어서 있다. 그런데 거기에다가 동학 연구에 있어서도 거의 선구자적인 업적을 남겼다. 선생은 한국 근대의 시작을 동학으로 보고, "동학은 민족의 영혼이며 행동하는 민족의 역사창조"라고 역설하였다.

선생이 동학 연구를 본격적으로 하게 된 것은 1958년 최동희 선생과 함께 박종홍, 이상은을 각각 회장, 부회장으로 추대하고 '한국사상연구회'를 설립하면서이다. 이 연구회에서 『한국사상』을 발간하면서 동학에 대한 연구에 몰두하여 동학 이해에 새로운 지평을 열었다.[1] 『한국사상』에는 이상은의 「중국철학사」와 박종홍의 「한국철학사」가 연재되기도 하였지만 동학 관련 논문이 거의 70~80%를 차지할 정도로 어디까지나 연구의 중심은 동학이었다. 오늘날에도 한국사상이 여전히 유학 중심으로 연구되는 것에 비하면 당시 한국사상의 중심에 동학을 놓았다는 것은 참으로 시대를 앞선 것이었다.

---

1 윤사순, 『우리사상 100년』, 현암사, 2001, 210쪽.

선생의 동학과의 인연은 고등학교 시절로 거슬러 올라간다.

> 저자가 동학에 관심을 가진 것은 고등학교 시절이다. 8·15 해방 후 민족을 되찾는 정신적 방황과 고민 속에서 만난 것이 동학이었고, 서럽고 학대 받아온 우리 민족의 민중의식을 그 곳에서 발견했다. 특히 일제하에 중국 상해 〈동아일보〉 특파원이었던 선친의 동지 남조선청우당 당수 소춘 김기전(小春 金起田) 선생이 한복차림으로 필자의 하숙집을 찾았다. 동지는 이미 고인이 되었으나 고인의 아들이라도 찾아 보겠다고 오신 것이었다. 그 후 매일 아침 모란봉으로 산책하는 소춘 선생을 동행하여 민족정신에 대해 많은 것을 깨우칠 수 있었고 마침내 동학의 가르침을 전수받았다.[2]

동학에 대한 관심과 민족주의에 관심을 가졌던 것이 모두 선친의 친구인 김기전 선생 덕분이라는 내용이다. 소춘 김기전 선생은 일제강점기 최고의 천도교 이론가였으며, 『개벽』의 주필로서 농촌과 농민 문제에 관한 글을 많이 썼고, 니체, 루소, 러셀, 제임스 등의 서양철학자들을 『개벽』에 소개했으며, 특히 방정환의 어린이 운동의 실질적인 리더였다. 또한 해방공간에선 남조선 청우당 당수를 지냈고, 여운형 선생과 함께 좌우익에 편승됨이 없이 중도노선을 견지하면서 통일정부 수립에 혼신의 노력을 경주했던 분이었다.[3]

신일철 선생은 동학 연구에서 괄목할 만한 업적을 남겼다. 지금도 학계는 선생의 동학 연구의 수준을 거의 넘어서지 못하고 있다. 그럼 선생의 동학 연구의 성과를 분석하여 정리해 보고자 한다.

---

2 신일철, 『동학사상의 이해』, 사회비평사, 1995, 머리말 9쪽.

3 소춘김기전선생문집편찬위원회, 『소춘김기전선생문집』, 국학자료원, 2010.

1) 보국안민의 민족자주 사상

신일철 선생이 동학을 바라보는 기본적인 관점은 보국안민(輔國安民)의 계책에 부심한 민족자주적 사상이라는 것이다. 동학은 왕조 말의 정치적 혼란과 '삼정(三政)의 문란' 등으로 나타난 경제적 파탄과 서민의 혹심한 생활고, 그리고 대외적으로는 중화문명의 위기와 기왕의 주자학적 가치질서의 몰락에 대한 말세적 위기감을 바탕으로 보국안민하기 위해서 창도된 사상이라는 것이다.

동학의 창도자 최수운은 기왕의 중화주의적 유교질서와 서구의 서학체계, 구왕조의 주자학적 질서와 앞으로 전개될 새질서 사이에서 고민한 주변인적 고민의 소유자였으며, 그는 서양세력에 의한 중국침략을 깊이 경계하면서 중화문화권인 천하의 질서가 무너지는 것을 깊이 우려해서 서학에 대응해서 동학을 그 대안으로 창도했다는 것이다.[4] 수운은 기존의 위정척사파의 유학자들과는 달리 '아국운수'를 중시하였고 중점은 어디까지나 우리 민족의 '보국안민'에 있었다는 것이다. 그래서 수운은 천하로서의 중화문화권뿐만이 아니라 우리 사회의 도덕적 질서와 가치규범을 다시 세우기 위해 종교적 최고 가치의 근원을 모색했으며, 그 결과로 동학의 '시천주(侍天主)' 사상을 내놓았다는 것이다.[5]

요컨대 최제우는 서교의 천주교에 대항하기 위해 기왕의 유교, 불교와는 다른 민족 종교인 '동학'을 창도하게 된 것이라고 분석하고 있다. 그러므로 동학은 기본적으로 민족주의 운동이며, 위정척사와는 다른 탈권적인 민족자주의 사상이며, 정치적 민족 종교라고 분석하고 있다.

---

4 같은 책, 16쪽.

5 같은 책, 45~47쪽.

2) 근대적 민권사상—시천주

신일철 선생이 동학을 한국 근대의 기점으로 보면서 높게 평가하는 까닭은 동학에 근대적인 평등사상과 민권의식이 분명하게 나타난다는 점 때문이다. 선생은 동학의 기본이 '천주를 내 안에 모신' 시천주(侍天主) 신앙이라고 파악한다. 바로 이 시천주의 사상으로 인해 상하 귀천을 불구하고 사람은 누구나 자기 안에 하늘님, 천주를 모신 지존한 인격적 존재가 된다고 한다. 양반 상민의 차이와 사농공상의 차별이 뚜렷하던 계급사회에서 누구나 '시천주자'로서 다같이 거룩하며 차별이 없다는 점에서 근대적 인간 존엄의 기본권과 만민평등이 인정된다는 것이다.[6] 선생은 최제우의 사상이 갑오동학농민혁명에서 사상적 역할을 한 것도 바로 이 점이라고 보고 있다. 산발적인 농민란 속에서 동학사상은 농민대중을 시천주 신앙을 통해 자아의 자각을 가지게 했고, 반왕조적 반항에 동원될 수 있도록 혁명적인 자의식을 가지게 했다는 것이다.[7]

또한 동학사상은 왕조사회에서 양반층에만 독점된 현인, 군자가 되는 길을 부정하고, 만인이 군자가 되고 경세 치국의 정치에서도 서민들이 보국안민의 주권자로 상승할 수 있는 길을 열어 놓았다고 한다. 수운은 "열세자 지극하면 만권시서 무엇하며, 심학이라 하였으니 불망기의 하였으라"[8]고 하여, 유교적 사대부 교양과정과는 달리 열세자 주문을 통한 내면적 수양만으로 누구나 '도성덕립'하여 군자가 될 수 있다고 했다. 이것을 '수심정기'의 수양법이라고도 하는데, 이는 유교와 불교와 달리 보편자를 만인이 주체적으로 내면화할 수 있는 방법이었다는 것이다. 이 시천주 신앙을 통

6 같은 책, 24쪽.

7 같은 책, 54쪽.

8 최제우, 『용담유사』, 교훈가.

해 소외되었던 서민들이 인격적 자기동일성을 얻고 자아를 자각하여 개인격의 존엄성의 바탕을 가질 수 있게 한 점에서 동학의 시천주 사상을 높게 평가하고 있다.[9]

요컨대 동학의 만인 시천주의 인간 평등관과 '사인여천'의 인간 존엄성에 대한 인권사상의 싹은 누구나 경세제민의 주체로서 근대적 국민으로서의 선각을 가지게 하였으며, 우리나라 근대화 과정에서 인간의 인권적 자각과 근대 민주주의 확립에 커다란 영향을 준 사상적 선구라는 것이다.[10]

3) 현세주의적 유토피아 사상

선생의 동학에 대한 세 번째 주요한 관점은 동학을 현세적 유토피아 사상으로 보는 것이다. 선생은 최제우의 동학사상은 시천주 신앙 못지않게 지상천국의 유토피아가 도래한다는 개벽사상이 주요한 부분을 차지한다고 평가한다.[11] 이는 당시의 조선왕조가 쇠운에 처했다는 시운적 혁명관에 따라 후천개벽이라는 사회적 대변혁의 새로운 세상이 도래한다는 사상이다. 그러므로 선생은 동학을 대외적으로는 중화문화권의 해체에 대비해서 자국의 보국책을 강구하면서, 대내적으로는 시운이 다한 왕조사회의 멸망을 예언하고, 서민들이 군자가 되어 새로 건설할 '군자공동체'로서의 지상천국을 대망한 '왕조해체기에 나타난 혁명적 변혁사상'이라고 평가한다.[12] 그래서 최제우의 사상에는 기왕의 주자학 이데올로기나 불교, 도교와는 달리 당시대에 대한 시운론적인 날카로운 비판정신이 깃들어 있다고 한다.

하지만 최제우의 사회비판의 기준은 어디까지나 주자학적 자연법에 순

9 같은 책, 52쪽.

10 같은 책, 27~28쪽.

11 같은 책, 28쪽.

12 같은 책, 61쪽

응하는 상태라고 본다. 주자학과 마찬가지로 인간의 사회규범이 천도라고 하는 우주적 질서에 기초해 있으며, 인간성 안에 내재하는 선천적 규범을 잘 따르는 사람을 '군자'라고 보고 있다. 또한 여러가지 사회규범의 문란요인을 모두 천명과 천리에서의 이탈로 보고 있다. 사회질서의 문란과 질병 유행을 천명과 천리를 따르지 않은 데서 그 원인을 찾고 있다는 점에서 여전히 주자학적 천명관에서 벗어나지 못했다고 한다. 다만 동학의 대중적 포교방법은 영부와 주문이라는 대중적인 수련법이자 대중치병을 채택했다는 데서 특징이 있다고 한다.[13]

'개벽' 사상은 기성 왕조사회나 양반질서라는 현실을 부정한 점에서 개벽이요, 신분 등 제 권리에서 소외된 평민층을 군자, 혹은 지상신선으로 고양시킨 점에서도 현실초탈의 이상향을 그린 변혁사상이라고 할 수 있다. 다만 변혁의 성격이 유토피아적이라고 한 것은 구체적인 사회개혁의 구상이나 현실방법이 결여된 '선경'을 동경하는 미래상에 불과하므로 유토피아적이라고 한 것이다. 그 때문에 동학의 유토피아상은 1904년 손병희의 '삼전론'에서 개화자강의 근대국가상이 되고 3·1운동에 와서는 자유독립의 민주공화국으로 구체화되었다고 평가한다.[14]

요컨대 최수운의 유토피아는 내세가 아닌 현세에서 인간평등의 새 사회를 건설하고, 만인이 시천주의 인간 존엄의 주체가 되어 군자 공동체의 '지상 천국'을 건설하는 일이며, 그 때문에 동학운동은 종교와 정치를 구분하지 않은 '교정 쌍전'과 후천개벽의 사회운동으로서 광제창생의 종교가 되었다는 것이다.

13 같은 책, 42~43쪽.

14 같은 책, 67쪽.

4) 동학사상의 전개—천의 세속화, 인간화

일반적인 견해이기도 하지만 신일철 선생은 동학이 최제우에서 완결된 것이 아니라 이후에 계속 전개되었다고 본다. 그 전개에서 가장 특징적인 것을 선생은 천의 세속화와 인간화라고 평가한다. 창도 당시 최제우의 중심사상은 시천주 신앙을 바탕으로 한 '보국안민'의 종교였다. 그러나 동학의 도통을 이어받은 제2세 교주 해월 최시형에 와서는 시천주 신앙이 보다 세속화되어 '사인여천(事人如天)', '이천식천(以天食天)', '양천주(養天主)'설 등을 내세우게 되고, '물물천 사사천(物物天事事天)'의 주장과 같이 범천론적으로 되었다고 평가한다. 그리고 다시 1905년 천도교 선포 이후 손병희 대에 와서 위의 두 교주의 사상을 '인내천'의 종지로 교의화하였다는 것이다. 이 과정에서 특징적인 것이 바로 '천'의 인간화 세속화라고 본다. 동학에서의 '천'이나 '천주'의 규정은 고정적인 것이 아니라 한국사회가 근대화해 감에 따라서 보다 인간화되었다는 것이다.[15]

최제우의 동학은 사람이 하늘이라는 인내천주의가 아니라 명백히 인간 이외에 천주라는 신앙대상을 가진 종교적인 것이었다. 다만 동학의 '천주'는 서학의 초월적 인격신과는 달리 인간 각자에게 내재한 신이었다. 또한 최제우에게서는 다소 주술적이고 민간신앙적 체험과 언어가 있지만 전개과정에서 꾸준히 탈주술화되고 있다고 평가한다. 최시형에 와서는 스승의 시천주 신앙을 보다 철저히 세속화시켜 만물에는 하늘이 내재하고 만물이 곧 하늘이라 하는 범천론에 도달했다고 본다. 그런 범천론적 세계관이 가장 잘 나타난 설법이 '물물천 사사천'이다.[16]

한편 선생은 최제우의 강령체험을 기철학적 개념으로 판단한다. 최제우

15 같은 책, 47쪽.

16 같은 책, 110쪽

가 중시한 '지기가 크게 내린 상태', '천주를 모셔서 조화가 정해진 상태'에서 지기는 '무사불섭(無事不涉) 무사불명(無事不命)'의 보편자로서 '혼원지일기(混元之一氣)'라 한 점에서 화담 서경덕 이래의 기철학류에 속한다고 보고 있다. 최제우는 '성경(誠敬)' 등 유교적 덕목의 실천을 강조하면서도, 그런 윤리적 인격화의 형이상학적 기초를 주리설이 아니라 주기설 위에 세우려고 한 흔적이 뚜렷하다고 본다.[17] 다만 '지기'의 사상이 기철학적 색채를 띠고 있으나 그 기에 접한 최고의 상태는 만물의 근원인 '천주'와 접하는 것이 되므로 기철학에 이른 것은 아니요, 오히려 도교적 요인으로 이해한다. 또한 '무위이화'를 이야기하는 구절에서 선교(仙敎)의 영향을 읽을 수 있다고 한다.[18]

요컨대 선생은 수운의 동학사상은 끊임없이 탈주술화, 인간화되면서 시천주에서 사인여천, 물물천사사천의 범천론을 거쳐 천도교의 종지인 '인내천'으로 재해석되고 근대화 과정의 인간 중심주의의 추세에 따라 인간 존엄성에 바탕한 근대적 인권사상에 보다 부합하는 휴머니즘이 되었다고 평가한다.

5) 동학운동에 대한 평가

선생은 동학운동에 대해서도 높은 평가를 하면서 1860년 동학 대각 후 3·1운동에 이르기까지 거의 60년간, 왕조사회의 해체와 근대적 민족국가 형성기를 거치면서 그 이념이나 사회운동 면에서 근대적 민족세력의 주력을 형성해 왔다고 평가한다. 동학운동이 한국근대사에서 점하는 위치는 왕조사의 해체기에 처해 반서구적인 민족적 저항을 통해 민족주의 운동의 선구가

17 같은 책, 49쪽.

18 같은 책, 26쪽, 48쪽.

되었고 내면적으로는 왕조사회에서 소외되었던 민중을 근대적 국민으로 동원하는 과도기에 개아의 자각을 일깨워, 철종조 이래 산발적으로 일어난 민란들을 동학이란 민중적 종교로 조직하여 민족주의 운동 형성에 크게 공헌하였다고 평가한다.[19]

동학은 일반적인 개인구제에 그치지 않고, 한국사회의 근대사적 여러 국면에서 그 주류 속에 합류되어 널리 민중을 한국 근대화 과정에 동원시켜 '갑오동학혁명－갑진개화운동－기미 3·1독립운동'의 민족사적 삼대운동에서 민족적 주체세력으로서의 역할을 다해 왔다는 것이다.[20]

특히 동학농민혁명은 제폭구민, 척양척왜의 반왕조적 성격과 대외면에서는 민족적 저항의 성격을 가진 혁명적 농민운동이었으며, 무엇보다도 오랜 왕조사의 종말을 고하고 근대적 시민, 근대적 국민으로 새로 대두될 민중의 근대적 자각의 시점이 되었고 전통사회로서의 양반사회의 몰락과 동시에 새로 대두될 근대적 민족국가의 형성의 길을 마련한 과도기의 민족주의 운동이었고 양반과 귀천의 봉건적 신분제를 타파하기 시작한 사회혁명이었으며 왕조사에 대신할 근대민족사의 새출발이었다고 평가한다.[21]

또한 1904년의 갑진개화운동은 왕조사의 종말을 고하게 한 개화자강의 근대화 운동인 동시에 전국 360군데 진보회의 지부인 민회가 조직되어 관청을 상대로 민원을 행사하는 민권적인 정치단체의 효시가 되었다고 평가한다.[22]

한편 3·1운동은 천도교의 지도력과 방대한 전국조직, 그리고 10년간에 걸친 운동자금이 그 성공원인이었다고 분석하면서, 3·1운동은 단순한 구왕조에의 복귀를 염원한 복벽주의가 아니라 동학 · 천도교의 보국안민사상

19 같은 책, 59쪽.

20 같은 책, 35쪽.

21 같은 책, 202쪽.

22 같은 책, 175쪽.

에 기초한 개화운동의 계승으로서 민족자결에 의한 근대적 민족국가 건설 운동이었다고 평가한다.[23]

3. 동학과 탈근대

신일철 선생의 동학 이해는 앞에서 자세히 논한 바와 같이 기본적으로 조선 말의 국정혼란과 서양세력의 침략에 대해 보국안민의 민족자주 사상이며, 시천주의 인간 존엄과 만민평등의 자각에 바탕한 근대적 민권사상이며 말세적 위기감에 바탕해 현실변혁을 꿈꾼 왕조해체기에 나타난 현세주의적 유토피아 사상으로 본다. 비록 구체적 방법론이 없었다는 점에서 유토피아적이라고 할 수 있지만 평등사상과 대중성을 가지고 끊임없이 현실변혁을 꿈꾼 동학의 민족주의 운동은 갑오년의 동학농민혁명, 1904년 갑진년의 개화운동, 1919년의 3·1운동으로 전개되면서 한국의 근현대사에 주력으로 역할을 했다고 평가한다. 비록 초기에 다소 주술적인 신비체험과 대중치병의 방편이 있었지만 이후의 전개 과정에서 끊임없이 합리화되며, 천에 대한 규정 역시 고정된 것이 아니라 끊임없이 세속화, 인간화되면서 최시형에게서는 범천론적 사유로, 손병희 대에 와서는 인내천으로 나타났다고 분석한다. 그러므로 동학의 전개와 운동은 한국사상의 현실적 실현과정에서는 근대적 민족국가의 건설이요, 개화책에 대한 근대화 운동이요, 인간평등의 근대적 시민사회를 대망한 토착적인 사상이라고 평가한다.[24]

신일철 선생의 동학에 대한 평가는 동학을 단순히 유불도를 적당히 짜깁기한 유사종교쯤으로 보고 동학농민혁명을 단순히 동학란으로 평가하던 당시의 수준을 훨씬 뛰어넘어서 동서철학을 관통한 폭넓은 안목을 바탕으

23 같은 책, 183쪽.

24 같은 책, 65~67쪽.

로 동학 경전은 물론 당시의 역사적 맥락을 정확하게 해석하면서 동학에 대한 객관적이고도 정확한 조명을 했을 뿐 아니라 동학운동의 역사적 의의에 대해서도 정당한 평가를 내리고 있다. 또한 동학의 전개 과정에서의 변화와 시대적 변용을 적절하게 설명함으로써 동학을 통시적으로 이해하고 천도교의 민족운동의 성격을 파악하는 데 큰 도움을 주고 있다. 이로써 선생은 동학이야말로 시간적으로뿐만 아니라 사상적 측면에서도 명실공히 한국 근대의 출발이며, 특히 시천주 사상이 가지고 있는 개인의 자각과 만민평등, 그리고 민권의식에 큰 의미를 부여하고 이것이 결국 이후의 민회운동으로, 더 나아가 근대적 민족국가 형성을 위한 운동으로까지 발전하고 있다고 평가하고 있다.

선생이 동학 연구에 끼친 지대한 영향과 업적에 대해서는 더 말할 필요도 없다. 서양철학에 정통하면서도 조선 유학에 대한 깊은 이해를 토대로 동학을 해석하고 있기 때문에 누구도 반박할 수 없는 논리로서 동학을 한국사상의 주류로 자리매김하게 하였다. 다만 후학의 공부의 게으름을 탓하실까 봐 굳이 몇 가지 아쉬움을 지적하면서 송구스러움을 면하고자 한다.

첫째, 선생의 동학 해석의 출발은 서학과 서양세력에 대한 대응적 측면을 강조하면서 동학의 '동'을 서에 대한 '동'으로 해석하고 있다. 이는 수운 자신도 언급하고 있는 것이므로 서학과 서양침략에 대한 대응적 차원이 있었다는 것은 틀림없는 사실이다. 그러나 한편으로 수운은 자신이 창도한 동학이 중국의 유학과도 다르다는 것을 은연중에 피력했다. 아마도 직접적으로 유학에 대해 대놓고 다르다고 하기가 어려웠기 때문에 조심스럽게 표현했을 것이다. 하지만 나는 이 점이 좀더 강조될 필요가 있다고 본다. 왜냐하면 동학의 '동'은 단순히 '서'에 대한 '동'이 아니라 그 자체로 '동국(東國)의 동', 즉 우리나라를 의미하는 용어로 봐야 하기 때문이다. 예로부터 우리나라를 지칭할 때 '동국'이라고 해 왔다. 마찬가지로 우리 역사를 '동사(東

史)'라고 했으며, 중국의 의학과 다른 우리의 의학이란 의미에서 '동의(東醫)'라고 하였다. 이런 용례를 볼 때, 동학은 단순히 서학에 대한 동학의 의미에 그치지 않고, 중국과도 다른 '동국의 학'이란 의미로도 읽어야 한다. 수운 스스로도 "내가 또한 동에서 나서 동에서 받았으니 도는 비록 천도나 학인 즉 동학이라"[25]고 한 데서 직접적으로 '동'을 '조선'의 의미로 쓰고 있다. 동학을 '동국의 학'으로 읽어서 서학과도 다르지만 유학과도 다르다는 점이 강조되어야 조선 백성들을 위한 '보국안민의 민족자주 사상'의 의미가 좀더 살면서도 위정척사파의 유학자와는 다른 민중적 학문의 성격이 보다 분명해질 것이다.

둘째, 수운의 신비체험이나 그로부터 받은 영부와 주문에 대해 주술적인 것으로 해석하는 점은 최근의 연구에 의해서 많이 시정되고 있다. 신일철 선생은 수운의 강령체험을 주술적 체험으로 또는 '지기(至氣) 체험'이나 '기화지신(氣化之神)'을 도교적 체험으로 보고 있는데, 이를 굳이 그렇게 한정해서 해석하기보다는 보편종교의 신비체험으로 해석하는 것이 보다 합당할 것이다. 최근의 종교학계나 신학계에서의 논문은 수운의 체험을 대부분의 보편종교의 창시자가 겪는 궁극적 실재와의 합일체험으로 해석하고 있다. 예를 들어 성해영은 수운의 종교경험에 내재된 일원론적 통합성과 이원론적 상대성은 궁극적 실재의 초월성(transcendence)과 내재성(immanence)을 동시에 강조하는 동학의 독특한 천 관념으로 이어진다고 하였다.[26] 또한 김경재는 "수운의 지기는 일종의 근원적 에너지로서만 그치지 아니하고 신령적 존재로서 인간의 성원(誠願)에 감응한다고 보는 점이 기존의 기론과의 다른 점"[27]이며, "지기는 우주를 구성하는 '우주적 질

---

25 『동경대전』, 「논학문」, "吾亦生於東, 受於東, 道雖天道, 學則東學."

26 성해영, 「수운(水雲 崔濟愚) 종교체험의 비교종교학적 고찰」, 『동학학보』 18호.

27 김경재, 「東學의 神觀」, 『東學思想論叢』 제1집, 天道敎中央總部, 1982.

료'(Universal stuff)에 불과한 것 아니라, 신령성, 초월성, 편재성, 정언적 명령성을 다 내포한 궁극적 실재로 이해된다"[28]고 하였다. 또한 주문도 주술적인 것이라기보다는 불교의 염불과 만트라와 같이 대중적 수련법으로 해석될 수 있으며, 영부는 병을 고치기 위한 부적이라기보다는 마음과 기운이 하늘과 합치되었을 때, 즉 여합부절(如合符節)의 상태를 의미한 것으로 볼 수 있다.

셋째, 신일철 선생의 동학 해석의 전면에 깔려 있는 근대적 시각이다. 사실 두 번째 지적한 문제도 서양의 근대적 합리성의 시각에서만 보기 때문에 수운의 체험을 그렇게 해석할 수밖에 없었을 것이다. 하지만 종교학계나 신학계의 연구는 종교는 당연히 신비체험에 바탕한 것이고, 그런 체험을 통해 신성한 의식으로의 인격적 전환이 가능하다고 한다. 그런 차원에서 동학의 종교적 영성을 논할 수 있을 것이며 그런 점이 부각되어야 유학과의 차별성도 더 분명하게 논할 수 있을 것이다. 선생의 동학 해석에서 가장 아쉬운 점은 동학의 근대적 성격은 잘 밝힌 반면 동학이 가진 영성적 측면을 잘 드러내지 못한 점이다. 물론 종교학자가 아니기 때문에 동학의 그런 점까지 다 밝히기가 어려웠을 것이다. 하지만 동학을 근대성의 관점에서만 볼 것이 아니라 탈근대적 사유로서 또는 생명철학적 관점에서 해석하는 것이 오늘날의 생태적 · 정신적 위기의 시대에 보다 요구되는 것이 아닌가 한다.

선생은 한국의 비약적인 근대화와 민주화의 시대 속에서 그것을 시대정신으로 삼아 연구활동을 하셨기 때문에 선생에게서 탈근대적 사유나 영성적 문제의식을 기대하는 것은 욕심이다. 한 사람에게 모든 것을 다 기대할 수는 없다. 동학은 '믿는다'고 하지 않고 '한다'고 표현했다. 우리 학문으로서의 동학을 끊임없이 오늘날 여기 대한민국을 살고 있는 평범한 사람들의

28 김경재, 같의 글, 28쪽.

시대정신으로 재해석하여 실천하고 행동해야 비로소 동학을 제대로 하는 것일 터이다. 이제 선생의 동학 연구의 크신 업적을 계승해서 이 시대에 행동하는 학문으로 만드는 것은 우리 후학들의 몫이다.

신일철의 자유민주주의론에 대한 소고
그의 영미철학 연구를 중심으로

이유선 서울대 기초교육원

1. 들어가며—한국에 대한 탐구로서의 영미철학 연구

신일철 교수의 글쓰기는 매우 방대한 분야에 걸쳐서 이루어졌다. 동서철학을 넘나들었을 뿐 아니라 유럽철학과 영미철학의 주제를 망라했다. 신일철 교수는 동학, 퇴계, 개화기와 일제치하의 지식인들이었던 신채호, 안창호, 이상재에 대한 연구, 북한의 김일성 주체사상, 프랑크푸르트 학파의 비판이론, 마르크스와 레닌의 사상에 대한 연구, 하이에크, 롤스, 노직 등과 같은 자유주의 사상가들 및 미국의 프래그머티즘에 대한 연구에 이르기까지 지적 성실성과 열정, 에너지를 갖추지 않았다면 성취할 수 없는 연구결과를 남겼다.

이 다양한 연구들은 단순한 지적인 호기심 때문에 이루어진 산만한 작업이 결코 아니었다. 신일철 교수는 1996년에 출간한 『현대 사회철학과 한국사상』 머리말에서 "'한국을 탐구한다'는 어설픈 의지를 가지고 나의 조국 한국에 대한 탐구가 이땅에 태어난 철학도의 책무라고 느끼기도 했다"[1] 고 쓰고 있다. 이 짧은 문장으로부터 신일철 교수의 다양한 연구를 관통하

1 신일철, 『현대 사회철학과 한국사상』, 문예출판사, 1996, 6쪽.

는 일관된 관심을 읽어 낼 수 있다. '조국'이라는 표현에서 알 수 있듯이 신일철 교수는 한국에 태어난 것을 감사하게 생각했으며, 분단과 독재, 산업화의 과정에서 벌어진 수많은 사회적 갈등을 안고 있는 그 조국의 미래를 우려했고, 철학도로서 한국이 나아갈 방향을 제시하는 것을 무거운 책무라고 느꼈다. 동양사상 및 개화기 지식인들에 대한 탐구는 오늘날의 한국을 탐구하기 위한 일종의 준비 작업이었다. 시대의 흐름이 어떻게 전개되었는가 하는 문제와는 별개로, 앞선 지식인들이 어떠한 공동체를 꿈꾸었으며, 그런 희망적인 꿈들이 후대의 지식인들에게 어떻게 계승되고 있는지를 탐구하는 것은 아마도 모든 인문학자들의 기본적인 출발점이어야 할 것이다. 분단 상황에 처한 한국을 탐구하기 위해서는 마르크스주의와 주체사상, 그리고 비판이론 등을 살펴보지 않을 수 없었을 것이다. 한편 군부독재와 산업화의 과정을 거쳐서 자본주의 경제의 발전을 경험한 한국을 탐구하기 위해서 자유주의 사상가들과의 대면도 불가피했을 것이다. 이런 지적인 모험을 통해서 신일철 교수는 일관된 철학적 관점을 정립할 수 있었고 '조국'이 어떤 방향으로 나아가야 하는지에 대한 제안을 할 수 있었다.

신일철 교수의 한국에 대한 관점은 「신채호의 근대국가관」이라는 논문에서 엿볼 수 있다. 신일철 교수는 신채호의 '조선혁명선언'에서 천명된 반강권적인 사회평균주의적인 자유국가관에 대해 평하면서 다음과 같이 말하고 있다.

> 이 선언의 결구에서 '인류로서 인류를 압박치 못하고 사회로서 사회를 박삭(剝削)치 못하는 이상적 조선을 건설합시다'나 '다 잘사는 자유사회'의 표현은 볼셰비키적 공산국가도 아니고 전체주의적 강제사회와는 구별되는 크로포트킨의 상부상조적인 자유주의의 극단적 표현으로서의 아나키즘적 자유사회의 이상이 이에 해당될 것이다. 따라서 그의 이상적 한국상

은 경제적 균점이 실현된 자유민주주의국가의 모습이며 자유로운 복지국가의 비전에 접근한 것으로 이해해도 무방할 것이다.[2]

필자는 신일철 교수 자신의 이상적 한국상이 여기서 언급되고 있는 신채호의 '다 잘사는 자유사회'의 내용과 크게 다르지 않았다고 생각한다. 말하자면 '경제적 균점이 실현된 자유민주주의 국가', 혹은 '자유로운 복지국가'로서의 한국을 만들어야 한다는 꿈을 이어받고 있는 것이다. 필자는 이런 해석을 통해 신일철 교수에게 따라붙었던 막연한 보수주의자의 이미지를 그에게서 분리시켜야 하며 그가 진보적인 자유민주주의자였음을 주장해 보고자 한다. 다만 그의 모든 연구를 검토하는 것은 필자의 역량을 훨씬 넘어서는 일이므로 필자의 전공과 관련된 그의 영미철학 논문 몇 편을 논거로 사용할 것이다.

2. '신일철 읽기'를 위한 몇 가지 기준

신일철 교수의 영미철학 논문들이 '진보적인 자유민주주의'의 내용을 담고 있다는 것을 밝히기 위해서는 기준으로 삼고자 하는 용어들을 먼저 명료화할 필요가 있다. 한 철학자의 입장을 정위하는 것은 그의 텍스트를 강하게 독해하는 것이며, 때로는 오독의 위험을 감수하는 것임은 자명한 일이다. 그러나 그런 독해는 불가피하며 모든 해석이 포함할 수밖에 없는 한계이기도 하다. 그의 사상이 어떠한 위치에 있다고 판단하고자 할 때 우리는 바깥에서 기준을 가지고 와서 그 기준을 통해 특정한 맥락 속에 그의 텍스트를 집어넣어야 하기 때문이다.

우선, '진보적'이라는 용어부터 생각해 보도록 하자. 신일철 교수는 '자

2 같은 책, 273쪽.

유민주주의'라는 말의 애매성과 다의성에 대해 언급하면서 '리버럴(liberal)'의 의미를 다음과 같이 서술하고 있다.

> '리버럴(liberal)'은 보수적(conservative)의 대어로서, 리버럴은 보수적인 것에 대해 상대적으로 진보적 또는 혁신적인 뜻을 가진다. 따라서 자유민주주의는 그 개념의 애매성에도 불구하고 '리버럴'한 민주주의로서 고전적 리버럴리즘에 대한 자기수정과 극복의 산물로서 이해되는 현대 리버럴리즘의 범주에 속한다고 할 수 있다.[3]

이런 서술에 의하면 자유민주주의는 그 정의상 진보적이다. 특히 신일철 교수는 '현대 리버럴리즘'은 자유방임적 자본주의와 적자생존의 원리를 내세운 스펜서주의를 비판하고 불평등을 시정하기 위해 재분배 정책을 도입하면서도 자유주의적인 가치를 포기하지 않은 입장으로서[4] 고전적 자유주의의 유산을 무시한 공산제국의 사회주의와는 구별되는 입장이라고 언급한다. 신일철 교수의 관심은 바로 이런 현대 리버럴리즘이 평등주의와 자유주의적 가치를 조화시키는 철학적 기초를 마련하는 데 성공했는가에 집중되어 있다. 필자는 신일철 교수의 바로 그와 같은 학문적 관심이 오늘날 우리 사회가 지향해야 할 국가의 형태가 어떤 것이어야 하는가에 대한 답을 포함하고 있다고 생각한다. 신일철 교수는 사상, 언론의 자유, 종교와 정치의 분리, 법치주의, 형사피고의 인권보장 등을 근간으로 하는 고전적 자유주의의 가치들을 그대로 보전하면서 자유방임주의와 약육강식의 논리가 지배하는 자유시장원리의 폐해를 극복하고 평등주의적인 복지국가를 어떻게 만들 수 있는지를 탐구하고 있다.

3 신일철, 「현대 민주주의의 몇 가지 철학적 기초」, 『현대 사회철학과 한국사상』, 문예출판사, 1996, 11쪽.

4 같은 책, 12쪽.

그렇다면 그와 같은 공동체를 꿈꾸었다는 것으로 그의 입장을 '진보적인' 자유민주주의의 입장이라고 말할 수 있을까? 자유민주주의라는 말 자체가 현대적인 맥락에서 진보적이라는 신일철 교수의 언급이 아니더라도 자유주의적 가치가 평등주의와 만나야 한다는 발상은 또 다른 맥락에서 '진보적'이라고 할 수 있다. 필자가 여기서 염두에 두고 있는 맥락은 네오프래그머티스트인 로티의 '자유주의'와 '좌파'에 대한 언급이다. 로티는 반본질주의자로서 이론과 실천을 분리시키는 매우 독특한 정치철학적 관점을 전개한 바 있다. 그에게 '자유주의자'가 된다는 것은 인간에게 주어진 천부인권을 옹호한다거나 자유의 본질에 천착함으로써 정당화될 수 있는 것은 아니다. 로티는 자유주의 사회를 다음과 같이 정의한다.

> 자유주의 사회란 그렇듯 자유롭고도 개방된 만남의 결과가 무엇이든 간에 그것을 '진리'라고 부르는 데에 만족하는 사회이다. 이것이 바로 왜 자유주의 사회에는 '철학적 정초들'을 제공하려는 노력이 그릇된 기여를 하는지의 이유이다.[5]

로티가 말하는 자유주의 사회란 진리에 대한 독백적인 논증보다는 대화를 통한 설득이 중요하게 여겨지는 사회이며, 누구든 자신이 옳다고 믿는 것을 말할 수 있는 자유의 평등이 보장된 사회이다. 이 사회에서 자유주의자란 형이상학적이거나 철학적으로 정초될 수 있는 인물이 아니라 단지 "잔인성이야말로 우리가 행하는 가장 나쁜 짓이라고 생각하는 사람"[6]을 일컫는다. 여기서 잔인성이라는 말로 언급되는 것의 내용은 전체주의적 정부나 자유시장의 경쟁에 의해서 고전적 자유주의의 가치가 손상되었을 때 결

5 리처드 로티, 『우연성, 아이러니, 연대성』, 민음사, 1996, 112쪽.

6 같은 책, 22쪽.

과되는 고통과 굴욕의 문제라고 보아도 크게 문제는 없을 것이다. 그리고 더 나아가서 우리가 미처 발견하지 못한 공동체 구성원의 고통의 문제도 포함시켜야 할 것이다. 자유주의자의 실천적 노력은 그런 잠재적인 위험성까지도 고려해야 하기 때문에 늘 현재 상태에 만족하거나 머물러서는 안 되며 상황에 대한 새로운 서술의 시도를 해야 한다. 이러한 자유주의자의 시도는 자신이 속한 국가가 완성되지 않았다고 여기는 사람에게만 적절하게 이해될 수 있을 것이다. 국가적인 희망에 대한 새로운 서술의 시도를 지속하는 것이 좌파의 과제라고 로티는 주장하고 있다.

> 우리나라가 정치적으로 활동적인 우파와 정치적으로 활동적인 좌파를 가지고 있는 한, 이런 논쟁은 지속될 것이다. 이 논쟁은 국가의 정치적 생명의 핵심에 자리잡고 있다. 그러나 좌파는 이 논쟁이 지속되어야 한다는 것에 대해 책임이 있다. 왜냐하면 우파는 결코 많은 것이 변화될 필요가 있다고 생각하지 않기 때문이다. 그들은 나라가 기본적으로 올바른 모양을 하고 있으며 과거에는 더 나았을 것이라고 생각한다. 그들은 사회정의를 위한 좌파의 투쟁을 단지 말썽을 일으키는 것으로, 유토피아주의적인 바보 같은 행위로 간주한다. 좌파는 정의상 희망의 편이다. 좌파는 우리의 나라가 아직 완성되지 않았다고 주장한다.[7]

로티의 언급에 의하면 자신의 나라가 완성되지 않았다고 여기면서 끊임없이 사회적 정의에 대해 물음을 던지고, 국가적인 차원에서 희망에 대해 논하는 사람이 있다면 그는 이미 좌파인 셈이다. 우리 사회에서 오늘날 좌파라고 하면 불행하게도 일종의 '낙인'이거나 비난의 함의가 있기 때문에 현재의 맥락에서 이 용어는 그리 적합하지 않을 것이다. 그러나 로티는 좌

7 Richard Rorty, *Achieving Our Country—Leftist Thought in Twentieth-Century America*, Cambridge: Massachusetts; London: England, Havard University Press, 1998, 14쪽.

파와 이미 실패한 사회주의, 혹은 공산주의와의 연관을 부인하고 있고 마르크스주의적인 좌파는 이론적인 모라토리엄을 선언해야 한다고 주장한다는 점에서[8] 그가 말하는 좌파는 일종의 '반공주의적이며 애국주의적인 좌파'라고 할 수 있다. 설사 그렇더라도 필자가 신일철 교수의 입장을 좌파라고까지 말하고자 하는 것은 아니다. 그렇지만 신일철 교수는 우리나라가 아직 완성되지 않았으며 공산주의의 위협에 적절히 대응하면서 자유주의적인 가치들을 충분히 보전하고 확대시킬 방안을 모색해야 한다고 생각했다는 점에서 '진보적'이었다는 말을 할 수 있다고 생각한다.

두 번째로, '자유민주주의'에 대해 살펴보자. 신일철 교수는 "오늘날 자유민주주의의 철학적 기초부여는 자연법사상의 동요 이래로 위기에 처해 있다고 해도 과언이 아니다"[9]라고 말하면서 "자유주의적 가치가 복권된 민주적 복지국가의 철학이 재구성되지 않을 수 없게 되었다"[10]라고 주장한다. 이런 언급에서 읽어 낼 수 있는 것은 신일철 교수가 반본질주의, 실증주의, 반형이상학의 시대적 경향 속에서 자유민주주의의 철학적 정초의 작업이 난관에 봉착했음을 충분히 인지하면서도 그와 같은 철학적 시도가 무의미하지 않으며, '다 잘사는 자유사회'로서의 한국을 만들기 위해서는 반드시 필요한 일이라고 생각했다는 점이다. 그의 관심이 늘 실천적인 문제에 초점이 맞추어져 있다는 점을 고려하면 그의 입장은 기본적으로 프래그머티즘적이면서도, 다른 한편에서는 반본질주의 철학에 전적으로 동의하지 않는 입장을 견지했다고 할 수 있다. 로티와 같은 경우는 이론과 실천을 완전히 분리시킴으로써 자유민주주의의 철학적 정초 작업을 중단하고, 오로지 실천적인 차원에서 자유주의자로서의 '우리'의 영역을 확장시켜 나갈

---

8 같은 책, 91쪽.

9 신일철, 「현대 민주주의의 몇 가지 철학적 기초」, 『현대 사회철학과 한국사상』, 문예출판사, 1996, 13쪽.

10 같은 책, 15쪽.

것을 주장했지만, 신일철 교수는 여전히 자유민주주의의 철학적 정초 작업이 가능하며 필요하다고 생각하는 것으로 여겨진다. 그럼에도 그가 전체주의나 공산주의 사회를 비판할 때 취하는 관점은 로티와 마찬가지로 반형이상학적이며 반본질주의적인 입장을 취하고 있다는 점에서 모든 종류의 독단을 경계하는 열려 있는 지성인의 면모를 보여 주고 있음은 분명하다. 신일철 교수는 전체주의 이데올로기를 비판하면서 다음과 같이 말한다.

> 그러나 우리가 주의 깊게 가려야 할 것은 닫혀진 이데올로기와 열려진 이데올로기의 구별이지 이데올로기 부재는 아닌 것이다. 종교의 시대가 지난 후 현대사회에서 세속화된 종교로서의 이데올로기에 대해 그 지배를 받든가 아니면 인간이 그것을 도구로서 순치시킬 수 있는가만이 문제일 따름이다.[11]

'다 잘사는 자유로운' 국가의 미래를 꿈꾸기 위해서는 그런 국가를 만들 수 있다는 희망을 말해야 하고 그 희망이 덧없는 것이 아니라는 근거를 제시해야 할 것이다. 그런 서술을 '이데올로기'라는 말 속에 포함시킨다면 그것은 로티가 말하는 자유주의 공동체에 대한 '자유주의 아이러니스트'의 끊임없는 재서술의 작업과 크게 다르지 않을 것이다. 신일철 교수는 종교적 믿음과 같은 절대적이고 맹목적인 신앙에 기초하지 않은 열린 이데올로기의 필요성을 주장하고 있는 것이며, 그런 이데올로기의 형성은 아마도 민주적인 대화와 실천의 과정을 필수적인 조건으로 할 것이다. 필자는 신일철 교수의 이와 같은 입장을 절반의 반본질주의로 해석하고자 한다.

지금까지 언급한 것을 요약하면 다음과 같다. 첫째, 신일철 교수의 철학적 관심은 '다 잘사는 자유로운' 한국을 건설하는 실천적인 문제에 초점이

11 신일철, 「이데올로기와 '개방사회'」, 『현대 사회철학과 한국사상』, 문예출판사, 1996, 175쪽.

맞추어져 있으며 그런 점에서 '진보적'이라고 할 수 있다. 둘째, 그의 철학적 관심이 실천적인 문제에서 출발한다는 점에서 '프래그머티즘'적인 측면이 있으나, 여전히 '자유민주주의'의 철학적 정초가 가능하며 필요하다고 보았다는 점에서 절반의 반본질주의를 기조로 하고 있다. 이런 관점에서 그의 텍스트를 독해할 때 그의 진보적 자유민주주의가 이해될 것이라고 필자는 생각한다.

3. 현대 자유주의와 프래그머티즘에 대한 신일철 교수의 평가

필자는 신일철 교수의 영미 사회철학 관련 논문을 근거로 보수주의의 이미지를 분리시키고 진보적 자유민주주의자로 평가해야 한다고 주장하고자 한다. 그런데 이런 주장을 위해서는 '보수'와 '진보'라는 어휘의 사용 맥락을 먼저 분명히 할 필요가 있다. 신일철 교수는 『뉴라이트와 시장의 철학』(FKI 미디어, 2004)이라는 책을 내기도 했지만, 거기서도 '뉴라이트'를 극우적인 보수주의와 구분되는 이념으로 간주하겠다고 말하고 있다. 필자에게 사적인 자리에서 언급한 것이라서 전거를 댈 수는 없지만, 그 책이 출간되었을 때 자신은 현실의 '뉴라이트'와 관련이 없지만 출판사의 요청으로 할 수 없이 그런 제목을 붙였다고 말씀한 적이 있다. 필자가 보기에 신일철 교수의 '시장의 철학'에 대한 강조는 공정한 시장적 질서를 옹호함으로써 자유주의적 가치를 지키고자 한 것이지 결코 재벌을 편들고자 한 것이 아니다. 시장에서의 공정한 경쟁 질서를 강조하는 것은 아이러니컬하게도 우리나라에서는 재벌의 독과점과 정경유착으로 이득을 챙기는 부패한 정치가들을 겨냥하게 된다. 안타깝지만 오늘날 우리나라의 정치적 스펙트럼은 극우보수주의의 이데올로기가 우파 및 보수주의를 자처하고 있고, 대서양 연안의 사민주의적인 자본주의 국가나, 최소한 프랑스나 독일 정도의 자유민주주의 국가에 존재하는 진보적인 정당이 존재하지 않는다. 약자를 편드는 순간 좌파가 되고 심지어 '종북'이라는 소리를 듣게 되는 것이 우리나라의 불행한 정치적 상황인 셈이다. 이런 상황에서는 신일철 교수가 신채호에게서 읽어내고 있는 '다 잘사는 자유사회'나 '경제적 균점이 실현된 자유민주주의 국가'에 대한 꿈을 말하는 정도로도 충분히 '진보적'이라고 말할 수 있다.

우리나라의 재벌기업이나 전경련, 보수주의 정당이 내세우는 소위 '친기업(business friendly)'적 정책이란 하이에크의 '자생적 질서(spontaneous order)'에 대한 논의를 근거로 '설계주의적' 입장을 비판하고, 시장의 경쟁을 정당한 것으로 옹호한다. 하이에크가 자생적 질서를 정당한 것으로 보는 이유는 설계주의적인 기획이 거대한 정부를 낳고 결과적으로 개인의 자유를 침해하기 때문이다. 그래서 그는 무제한한 정부 권력을 제한하고, 정부가 자의적으로 활동하는 것을 방지하기 위한 근거를 찾을 필요가 있다고 보았던 것이다. 신일철 교수에 의하면 설계주의에 대항하는 그의 진화론적 자유주의는 나름대로의 '진보를 위한 자유'를 제창한다. 그런데 여기서의 진보는 설계주의에서처럼 그 목표를 고정시키고 이성을 통해 도달하고자 하는 것과 같은 진보가 아니라 폴라니의 암묵지의 경우에서 찾아 볼 수 있듯이 오히려 이성지의 한계를 자각한 상태에서 이루어지는 '인간 지성의 형성과 변용'의 과정 자체를 일컫는다.[12] 이것은 결국 시장원리를 자유의 문제에 적용한 개인적 자유주의로 귀착될 수밖에 없다. 만약 시장원리가 공정하다면 이런 개인적 자유주의를 비판할 이유는 없다. 그리고 인간의 지성과 가치와 욕망이 모두 진화의 도상에 있다면 개인의 자유를 보장함으로써 전체 공동체의 발전을 기대할 수 있을 것이다. 그러나 문제는 자유로운 시장경쟁의 결과가 많은 개인의 자유를 침해하는 것이 될 수도 있다는 점이다.

---

12 신일철, 「현대 민주주의의 몇 가지 철학적 기초」, 『현대 사회철학과 한국사상』, 문예출판사, 1996, 20쪽.

신일철 교수는 시장적 질서가 고통스러운 결과를 가져올 수 있다는 점을 충분히 인식하고 그 폐해를 시정할 규범적 방도를 찾는 것이 중요하다고 생각했다. 그래서 하이에크와 노직에 대한 그의 평가는 이중적인 태도로 나타난다. 그들이 전통적인 자유주의의 노선을 지키면서 설계주의에 맞서 자유의 가치를 지키려고 했다는 점에 대해서는 그 의미를 충분히 인정하면서도 시장경제에 있어서의 정의를 유일한 정의로 삼고 있는 측면이 드러날 때마다 그것을 강하게 비판하는 것이다. 다음의 구절을 보자.

> 따라서 하이에크에 있어서 정의란 시장경제에 있어서의 거래상의 교환적 정의일 뿐이다. 정부의 역할은 이 교환적 정의, 즉 거래 당사자인 사람들의 선택의 자유를 보장해주는 것에 국한된다. 이와 같은 시대착오적인 보수적 자유주의는 오늘날 노직의 '최소한(最小限)' 국가론으로 계승된 감이 없지 않다. 우리는 하이에크의 버려야 할 시대착오적인 보수주의적 사고 속에서 이삭을 줍듯이 몇 가지 신자유주의적 구상의 단편을 음미하는 데 만족할 수밖에 없다.[13]

신일철 교수는 분명히 정부의 역할을 시장적 자유의 보장에 국한하는 것이 '시대착오적인 보수적 자유주의'라고 비판하고 있다. 이런 시대착오는 신일철 교수가 지적하듯이 노직의 최소국가론에서 계승되고 있는데[14] 그는 노직의 그런 태도가 "자유방임의 자본주의를 옹호하는 개인주의적 정의론임에는 틀림없으며 자본주의적 모순에 대한 도덕적 비판에 맹목적임을 비판받아

13 같은 책, 21쪽.

14 노직은 "자발적인 집단들, 상호보호 협회들, 노동의 분화, 시장의 압력, 어느 정도 규모의 경제 기구들, 그리고 합리적인 이기주의 등이 요인이 되어, 무정부 상태로부터 최소국가 minimal state나 지리적으로 구분된 최소 국가들의 일단과 매우 흡사한 어떤 조직이 생겨난다."라고 말한다. 로버트 노직, 『아나키에서 유토피아로』, 남경희 역, 문학과 지성사, 2005, 38쪽.

마땅할 것"[15]이라고 지적한다. 신일철 교수가 하이에크와 노직의 자유주의에서 긍정하는 것은 그들의 시장에 대한 맹목적 옹호가 아니라 전체주의에 맞서는 철학적 근거를 마련하려는 노력에 있다.[16] 하이에크와 노직의 자유주의는 자본주의의 모순을 해결하기 위한 대안을 제시하지 못했으며 그들의 입장은 "빈궁한 사람의 구제는 가진자의 자발적 자선밖에 없게 된다"[17]는 데로 귀결되므로 한계가 있다는 것이 신일철 교수의 평가이다.

신일철 교수가 노직을 높이 평가하는 것은 그가 말년으로 가면서 하이에크를 따랐던 초기의 입장을 반성하고 자유지상주의의 입장을 철회하려고 했다는 점에 있다. 특히 노직이 말년에 쓴 『반성된 인생』에서 노직이 "자유지상주의의 입장은 지금의 나에게 심히 부적당하게 생각된다"라고 말한 부분을 인용하면서 스스로 자유지상주의가 지나친 개인권의 옹호를 관철한 나머지 공동체 속에 뿌리 둔 개인을 망각했음을 반성하기 시작했다고 지적한다.[18] 신일철 교수는 노직의 정의론에 관한 논문을 다음과 같은 평가로 마무리하고 있다.

> 그가 애당초 옹호하려 했던 개인권적 자본주의에서 한발 물러서서 공동체주의에 기울어짐으로써 다시금 복지국가관이나 민주적 사회주의 등을 수용할 마음가짐으로 돌아온 듯싶다.[19]

---

15 신일철, 위의 책, 25쪽.

16 신일철 교수는 노직의 국가관이 "무정부주의와 같은 관점을 가지고 권력악이나 권력남용을 고발했다는 점에서 공권력의 남용을 일삼는 전체주의적 강권국가에 대한 강력한 비판이 되었다"고 그 역할을 인정하고 있다. 신일철, 「노직의 자유지상주의적 정의론」, 『현대 사회철학과 한국사상』, 문예출판사, 1996, 57쪽.

17 같은 책, 65쪽.

18 같은 책, 74쪽.

19 같은 책, 75쪽.

신일철 교수는 노직이 보수주의적 자유주의에 머무르지 않고 평생에 걸쳐 열린 태도로 현실의 문제를 다루고자 한 점을 높이 평가하고 있는 것이다. 물론 그렇다고 해서 노직의 철학이 바람직한 철학적 대안을 제시하는 데 성공했다고 보는 것은 아니다. 오히려 신일철 교수는 그런 노력에 대해서 롤스에 후한 점수를 주고 있다. 롤스에 대한 다음의 평가를 살펴보자.

> 자유와 평등, 민주주의와 복지 등을 조화시키려는 자유민주주의의 철학적 기초를 탐구하는 데 있어서 도덕적, 정치적 범형으로서 롤즈의 정의론은 그 출발점에서나 논의의 기준적 모델로서 필수적인 지적 유산이 되었음은 아무도 부인할 수 없을 것이다. 그것은 21세기를 향해 한국사회의 미래상을 정립하는 데 있어서도 근거해야 할 이론적인 초석이 될 것이다.[20]

이 구절을 통해서 우리는 신일철 교수가 한국사회의 미래는 자유와 평등이 조화되는 사회, 민주주의와 복지가 함께 구현되는 자유민주주의 사회가 되어야 한다는 강한 열망을 가지고 있었음을 읽어낼 수 있다. 그리고 그런 사회를 위한 철학적이고 이론적인 작업이 유효하며 롤스의 재분배론을 둘러싼 일련의 규범적 정치철학의 작업이 한국의 사회철학도가 본 받아야 할 이론적 태도라고 보고 있다는 것을 알 수가 있다.

필자는 신일철 교수의 이런 태도가 철학의 사회적 역할을 늘 염두에 두고 형성된 것이라는 점에서 프래그머티즘적인 태도와 맞닿아 있다고 생각한다. 신일철 교수의 프래그머티즘에 대한 연구와 소개는 그래서 우연적인 적이 아니다. 그러나 신일철 교수는 프래그머티즘이 가진 미국적 한계를

---

20 신일철, 「현대 민주주의의 몇 가지 철학적 기초」, 『현대 사회철학과 한국사상』, 문예출판사, 1996, 43쪽.

지적하고, 그 지나친 도구주의 및 반본질주의의 입장에 대해서는 경계하는 태도를 보이고 있다.

그의 프래그머티즘에 관한 관점은 김우창 교수 등과 공저로 출간한 대우 학술총서『미국인의 생활과 실용주의』(민음사, 1986)에 실린「미국문화와 프래그머티즘 철학」[21]이라는 논문을 통해 읽어낼 수 있다. 이 논문에서도 신일철 교수가 늘 철학을 현실과 관련지어 보고 있는 관점이 반영되어 있다. 특히 프래그머티즘은 그 자체가 미국인의 생활과 문화 속에서 탄생된 철학이라는 점에서 사회적 현실을 반영하는 철학이라고 해석한다. 그에 의하면 미국인들은 문제나 난관에 직면할수록 모험적 행동을 감행하기 좋아하며 끊임없는 도전에서 인생의 희열을 맛보는 사람들이다. 이런 미국인들의 삶의 태도를 이해할 때 "미국인들의 원리와 체계에 대한 반항과 주지주의가 이해된다"[22]라고 신일철 교수는 쓰고 있다. 이어서 그는 미국의 다원주의는 최고의 원리나 궁극적인 가치에 대해서는 각 개인에게 위임하고 합의 가능한 행동, 물리적 성격을 가진 조작주의적 실험의 대상에 국한해서 다양의 통일을 얻어가고자 하는 입장이라고 평가한다.[23] 이런 평가에서 알 수 있듯이 신일철 교수가 프래그머티즘에서 끌어내고 있는 특징들은 진취적인 개척정신, 다원주의, 도구주의, 반주지주의 등이었다고 할 수 있다. 특기할 만한 것은 퍼스의 진화적 사랑에 관한 주장을 당시 다윈의 진화론을 그릇된 방식으로 해석하여 사회적인 무한경쟁을 정당화하는 관점으로 전개시킨 스펜서의 사회진화론을 비판하는 논거로 해석하고 있다는 점이다.

---

21 이 논문은『현대 사회철학과 한국사상』(문예출판사, 1996)에 실렸고, 여기서는 그 책에 실린 내용을 인용한다.

22 신일철,「미국문화와 프래그머티즘 철학」,『현대 사회철학과 한국사상』, 문예출판사, 1996, 123쪽.

23 같은 곳. 이런 평가는 로티가 이론을 개인의 궁극적 원리나 가치에 관한 문제로, 그리고 실천을 대화와 합의의 문제로 분리시킨 관점과도 일맥상통한다.

신일철 교수는 퍼스가 "진화적 사랑의 철학을 제창하면서 크리스트교적 사랑을 진화적 우주관과 결합함으로써 종교와 과학의 조화를 꾀하고 스펜서주의적 진화론의 약육강식적 탐욕주의를 배척하려고 했다"[24]고 평가한다. 우리는 앞서 신일철 교수가 현대 리버럴리즘을 평가하면서 그것이 고전적 자유주의의 폐해, 즉 자유시장이 조장하는 약육강식의 논리를 극복하고자 한다는 점에서 진보적이었다고 평가하고 있음을 살펴보았다. 그의 프래그머티즘에 대한 사회철학적 평가는 바로 그와 같은 현대 리버럴리즘의 연장선상에 있다고 볼 수 있다. 다음과 같은 구절을 살펴 보자.

> 이 점에서 프래그머티즘은 자유방임적 자본주의에 대한 진보적 비판이었고 미국지성사에서 볼 때 개인적 성공숭배와 조작주의적 공학적 사고만이 일면적으로 신장되는 데서 오는 폐해에 대한 종교적 도덕적 가치의 회복을 위한 노력이었고, 다시금 과학기술과 가치를 통합하려는 미국적 전통의 재창조작업이기도 했다.[25]

하이에크, 노직, 롤스 등에 대한 신일철 교수의 탐구는 현대 리버럴리즘이 어떤 방식으로 고전적 자유주의의 한계를 극복하고 그 자유주의적 가치를 보전하는 철학적 대안을 모색할 수 있는가 하는 데 있었다. 고전적 자유주의가 표방한 무한 경쟁의 자유시장은 사회적 약자를 돌보지 못하는 한계가 있었고, 그 반대편에 있었던 설계주의는 국가의 역할을 지나치게 확대함으로써 전체주의를 결과하여 자유의 가치를 훼손했다. 이런 상황에서 현실적으로 필요한 것은 양 극단을 피하고 자유주의적 가치를 보존하되 설계주의적 전체주의를 피하는 방법이다. 그런 방법으로서 신일철 교수가 옹호

24 같은 책, 133쪽.

25 같은 책, 134쪽.

한 것은 자유방임이나 혁명과 같은 극단적 선택이 아닌 구체적인 악의 제거를 통한 점진적인 개선이었다고 생각한다. 그는 갈등을 극복하고 가치를 통합하고자 한 프래그머티즘에서 그와 같은 태도를 읽어 낸다. 그에 의하면 프래그머티즘은 "진보와 개혁의 편에 서 있었으므로 대중적 인기와 기업계의 지지를 가지고 있지는 못했고 비판적 소수자의 지적 운동의 성격을 벗어나지 않았다"[26] 그러나 오히려 그런 성격 때문에 프래그머티즘은 '진보적인 개선주의'의 입장을 견지할 수 있었다.

그렇다고 해도 신일철 교수는 프래그머티즘이 한국을 '다 잘사는 자유사회'로 만들 수 있는 철학적 대안으로 적합하다고 생각하지는 않았던 것으로 보인다. 프래그머티즘은 미국적 전통에서만 의미를 갖지는 않는 진보주의적 철학임은 분명하지만 그것이 배경으로 하고 있는 미국적 사고방식 때문에 보편화하기에는 몇 가지 문제가 있다는 것이다. 프래그머티즘이 내세우는 도구주의는 프래그머티스트들이 자신들의 관점을 실증주의와 분리시키고 있음에도 불구하고 여전히 수단지향적인 도구적 이성으로 퇴행할 위험을 안고 있다는 점, 외적 대상인 자연을 상대로 했던 '작용가능성(workability)'에 관한 논점이 미국이 자국내에서 개척대상을 상실하게 될 때 자칫 제국주의적인 행태로 변질되거나 자기동일성의 위기를 가져 올 수 있는 위험을 포함한다는 점이 지적되고 있다. 이러한 지적으로 미루어보건대 신일철 교수는 프래그머티즘으로부터 '진보적인 개선주의'의 장점을 가져오되 그 독특한 미국적 배경에서 귀결되는 미국적 자문화중심주의는 경계해야 할 것으로 간주했음을 알 수 있다.

신일철 교수는 한국의 전통 및 그 역사적 현실을 충분히 고려한 상태에서 현실적인 대안을 모색할 필요가 있다고 보았을 것이다. 그런 점에서 로티와 같이 이론과 실천을 분리시키거나 어떤 이론도 객관적 현실을 표상하거나 보

26 같은 곳.

편화될 수 없다고 주장하는 반본질주의적이며 반철학적인 관점에까지 나아갈 생각은 없었던 것으로 보인다. 그는 한국 사회현실을 끊임없이 성찰하고 그 성찰을 토대로 더 나은 한국 사회에 대한 철학적 대안을 모색해야 한다고 생각했다는 점에서 열려 있는 사회철학자였다고 할 수 있다.

4. 소결—진보적 자유민주주의자로서의 신일철

로티는 애국심이 보수주의의 전유물이 되어서는 안 되며, 다른 한편으로 진보 혹은 좌파가 마르크스주의 이론에 편들어야 할 어떤 이유도 없다고 보았다. 그의 그런 관점은 역사적 배경을 달리하는 우리나라에서도 유효하다고 생각한다. 자신의 나라에 대해서 자긍심을 가진 진보, 그리고 어떤 이론적 도그마에도 매몰되지 않은 실천적 좌파가 현실적인 정치 공간에서 활동할 수 있을 때 그 사회는 자유의 영역을 확장시켜 나갈 수 있을 것이다. 우리나라는 자유민주주의를 경험한 역사가 매우 짧다. 근대적인 국가를 만들어 나가는 과정에서 식민 지배를 당하기도 하고, 전쟁을 겪고, 독재를 경험하기도 했다. 형식적인 의회민주주의, 입헌민주주의의 틀을 만든 것도 불과 몇 십 년 밖에 되지 않는다. 더욱이 체제 갈등에 따른 분단 상황이 이어지고 있는 상황에서 신일철 교수가 언급한 '닫힌 이데올로기'로부터 자유로운 사람은 아무도 없다. 북쪽에서는 세습에 의한 왕정국가가 공산주의를 표방하고 있고, 남쪽에서는 산업화과정에서 형성된, 경제적 세습에 의해 만들어진 새로운 귀족계급 및 그와 결탁된 권력들이 자유의 가치를 훼손하면서, 민주주의의 진전을 가로막고 있다.

필자가 신일철 교수의 강의를 듣던 80년대는 온갖 이데올로기에 의해 캠퍼스가 점령된 상태였다. 소위 운동권 학생들 가운데에는 공산주의 혁명이 당시 민주화운동의 최종목표라고 굳게 믿은 학생들도 있었고, 보통선거와 의회민주주의를 확립시키는 것이 관건이라고 본 학생들도 있었다. 정통성이 없었던 군부 독재 정권은 당연히 북한의 위협을 내세우며 민주화 운동을 탄압했다. 그 와중에 많은 학생들이 경찰에 연행되거나 강제로 군대에 끌려가기도 했고, 여러 교수들이 해직되거나 심지어 감옥에 가기도 했다. 대학교수들의 성명서와 집단적인 서명운동은 일상적인 행사였다. 그런 혼란의 와중에도 신일철 교수는 절대로 휴강을 하려고 하지 않았다. 당시 80년대 중후반 대학원생이었던 필자는 최루가스가 터져 강의를 들을 수 없다고 강의실을 뛰쳐나온 학생들을 설득하여 다시 강의실로 복귀하도록 하는 임무를 부여받았다. 그 많은 서명운동이 일어나도 한 번도 서명운동에 동참하지 않는 교수를 학생들은 당연히 보수주의자로 볼 수밖에 없었을 것이다. 필자 역시 그런 학생 가운데 하나였다.

몇 십 년이 지난 오늘날 신일철 교수의 논문을 다시 읽어본 필자로서는 그런 판단을 수정할 수밖에 없었다. 학자는 기본적으로 학문적인 글을 통해 자신의 말을 하는 자이다. 당시에 운동에 참여한 교수들을 일괄하여 폄하하는 것은 합당치 않고 그럴 필요도 없지만, 신일철 교수는 어쨌든 그들과는 좀 다른 방식으로 자신의 말을 했다. 그는 여러 '닫힌 이데올로기'들을 연구했으며, 어떻게 하면 그 한계를 넘어서서 새로운 철학적 대안을 내놓을 수 있는지 성찰했다. 그 가운데 몇 편이 필자가 여기서 언급한 영미철학 관련 논문들이라고 할 수 있다. 신일철 교수는 자본주의적 모순에 대한 도덕적 비판에 맹목적인 자유방임의 시대착오적 자유주의를 극복하고 다른 한편으로 북한과 같은 닫힌 이데올로기에 의해 지배되는 전체주의 사회의 위협으로부터 자유를 지킬 새로운 철학적 대안에 골몰했다. 그리고 이런 고민에는 자유를 유린당한 약자들에 대한 공감이 놓여 있었다고 필자는 생각한다. 이런 점들이 신일철 교수에게 보수주의의 이미지를 분리시키고 '진보적 자유민주주의자'의 이미지를 연결시켜야 한다고 여기는 근거이다.

참고 문헌

로버트 노직, 『아나키에서 유토피아로』, 남경희 역, 문학과 지성사, 2005

리처드 로티, 『우연성, 아이러니, 연대성』, 민음사, 1996

신일철, 「현대 민주주의의 몇 가지 철학적 기초」, 『현대 사회철학과 한국사상』, 문예출판사, 1996

______, 「이데올로기와 '개방사회'」, 『현대 사회철학과 한국사상』, 문예출판사, 1996

______, 「노직의 자유지상주의적 정의론」, 『현대 사회철학과 한국사상』, 문예출판사, 1996

______, 「미국문화와 프래그머티즘 철학」, 『현대 사회철학과 한국사상』, 문예출판사, 1996

______, 『뉴라이트와 시장의 철학』, FKI미디어, 2004

신일철 외, 『미국인의 생활과 실용주의』, 민음사, 1986

Richard Rorty, *Achieving Our Country—Leftist Thought in Twentieth-Century America*, Cambridge, Massachusetts: Havard University Press, 1998.

세계관적 지성인으로서 신일철의 세계 성찰

실존철학에서 비판철학까지

김정현 원광대 철학과

1. 들어가는 말

오늘날 한국에서 철학한다는 것은 우리에게 어떤 의미가 있을까? 한국의 현대 정신세계는 어떻게 이해될 수 있는 것일까? 20세기 지성사에서 우리의 사상은 어떻게 이해되고 있는 것일까? 한국의 지성사는 어떻게 정리될 수 있는 것일까? 현대의 학자들은 어떤 문제의식을 가지고 있으며, 한국의 정신세계를 어떻게 바라보고 있는 것일까? 그들이 소화시킨 동·서양사상이나 제기했던 시대적 문제의식은 오늘날 한국의 사상을 정립하는 데 어떤 역할을 하는 것일까? 한국에서 20세기를 살아간 수많은 철학자들이 있었음에도 불구하고 왜 그들의 사상적 궤적이나 문제의식들이 제대로 정리되거나 논의되지 않는 것일까?

한국에서 20세기를 살아간 철학자들이 어떤 연구를 하고 어떤 문제의식을 가졌는지, 그것이 시대적 상황이나 문제와 어떻게 연결되어 있는지, 더 나아가 이러한 것들이 우리의 사회적 문제해결이나 지성사의 확립에 어떤 영향을 주었는지 등 많은 문제들이 제대로 정리되지 못한 채 한국 현대지성사의 어둠 속에 남아 있는 듯하다. 이는 한국이 경제적으로는 세계 10위권에 있음에도 불구하고 우리의 현대 정신세계가 어떻게 평가되어야 하는지,

우리 자신이 어떻게 살아왔고 어떤 문제의식을 가지고 살아왔는지, 그리고 현재 글로벌 세계 속에서 우리가 어디로 나아가야 할지 등에 대한 비판적 성찰이나 방향설정 없이 살고 있다는 것을 말해 준다. 20세기 후반까지 박종홍(1903-76), 이상은(1905-76), 최재희(1914-84), 박홍규(1919-94), 박이문(1930-) 등 소수 학자의 전집을 제외하고는 아직 전집 출판도 매우 미약하며 이들에 대한 후대의 학문적 평가 작업도 거의 진행되고 있지 않은 형편이다. 물론 철학자나 지성인들이 사후 많은 시간이 지나며 사적인 이해관계 없이 그 학문에 대한 객관적 평가가 이루어질 수 있다는 시각이나 시간적 격차 없이 조급하게 이루어지는 평가가 가질 수 있는 한계에 대한 우려의 목소리가 이유 없는 것은 아니다. 그러나 많은 업적을 남긴 철학자의 전집이 그의 사후 곧 후학에 의해 지속적으로 편찬되고 그 학문적 세계가 재평가되며 새롭게 논의되는 독일의 사례를 볼 때 한국의 경우는 이러한 작업이 여전히 멀고도 낯선 일처럼 느껴진다. 이러한 작업은 학문적 세계를 계승하며 그 정신적 계보를 확인하고, 각 시대의 문제의식과 정신세계를 점검하며, 우리 지성세계의 지형도를 그리는 데에도 매우 중요한 역할을 한다. 20세기 한국에서 무수히 많은 뛰어난 철학자들이 시대적 사회적 고민을 가지고 자신의 문제의식을 펼치며 학문적 작업을 했음에도 불구하고 이에 대한 계승적 학문작업이나 평가가 없다는 것은 우리에게 아직 학문적 뿌리도, 정신적 계보도, 학문세계의 재해석 노력도 취약하다는 것을 의미하며, 우리가 앞선 선대 학자들의 평가에 인색한 학문적 문화에 있다는 것을 말해 준다.

우리가 앞으로 수행해야 할 학문적 과제 가운데 하나는 이러한 학문적 뿌리를 세우는 일이다. 이는 우리 자신의 학문세계의 정체성을 확보하는 일이며 글로벌 세계에 우리의 학문을 소개하는 깊이를 갖는 일이기도 하다. 이 글은 20세기 한국인의 정체성과 한국 정신을 탐구했던 해방 후 세대의 철학자인 신일철(1931-2006)에 관한 논의이다.[1] 그의 철학적 관심과 작업은 매우 다양하고 폭넓어 일목요연하게 정리하기가 쉽지 않다. 식민지 시대 중국 상하이에서 태어나 해방과 6·25전쟁, 분단과 개발독재, 세계화와 신자유주의 등 한국 현대사의 격동기를 온몸으로 살았던 인생체험은 그의 사상적 관심과 족적을 만들어 내는 데 지대한 역할을 한 것 같다. 그는 한국인의 주체성과 정체성을 확보하려는 노력으로 동학연구와 신채호의 역사사상을 연구했으며, 분단과 통일문제에 관심을 가지며 북한 주체철학 연구를 했고, 합리성과 이성에 대한 신념으로 분석철학과 과학철학에 관심을 가졌고, 또한 글로벌 세계 속에서 인간의 자유롭고 창의적인 사회적 삶의 가능성을 모색하며 현대사회철학과 시장의 철학을 세우고자 했다. 이러한

1 내가 신일철 교수님을 만난 것은 대학 복학 이후 1983년 1학기로 기억된다. 그의 강의는 철학과뿐만 아니라 고려대학교 전체에서 명강의로 이름이 나 있었는데, 나는 1983년 1학기에 '서양철학사' 강의를 수강하기 시작해서, '사회철학'과 '역사철학' 등을 수강했고, 대학원에서도 '역사철학'을 수강했다. 대학원에서 학과 조교를 하며 선생님을 지근거리에서 모실 기회가 많았는데, 어느 날 책을 한 권 주셔 매우 인상적으로 읽은 적이 있다. 이는 그의 아버지 신언준이 중국 상하이에서 동아일보 특파원을 하며 쓴 기사자료 모음집인데, 그로 인해 독립유공자로 포상 받은 것이어서 그의 가계나 정신적 뿌리를 짐작케 하는 것이었다. 자신의 아버님에 대한 어떤 언급도 없이 전해 주시긴 했지만, 나는 이 자료집을 통해 독립운동에 투신한 그의 가계뿐만 아니라 그의 아버지에 대한 애정과 존경을 읽을 수 있었다. 평양과 황해도 사리원에서 살며 지인 나석주와 함께 상하이와 국내를 오가며 독립운동을 했던 나의 외할아버지 임창봉(林昌鳳)에 대한 외경(畏敬)의 마음을 가지고 있던 내게 선생님의 가계와 철학적 작업은 매우 각별했다. 선생님은 1978년에서 1987년까지 9년간 고려대학교의 도서관장을 역임하셨는데, 이때 도서관은 대학의 심장이자 학문을 돌리는 동력이자 발전소라는 말씀을 하셔서 이 이야기가 인구에 회자되며 대학에서 총장 다음의 중요한 자리가 도서관장이라는 인식이 확산되는 유명한 일화가 만들어지기도 했다. 민주화투쟁과 데모가 대학에서 일상화되었던 1980년대에 학문의 심장을 살리려고 도서관이 데모의 물결이 휩쓸리는 것을 막아 내려고 노력했던 선생님의 결연한 행동과 모습이 지금도 눈에 선하다. 나는 독일 유학을 마치고 1994년 귀국한 이후 서울역 근처 대우빌딩에서 진행한 "현대철학사상연구회"에 참석했는데, 그 모임을 주도하셨던 선생님은 여전히 동서양사상을 백과사전적으로 파악하시는 철학적 거인이셨으며, 최근의 학문적 조류나 내용을 정확히 포착하는 첨단안테나의 역할을 하셨다.

그의 철학적 업적에 대한 평가와 논의는 이후 각 주제에 따라 순차적으로 이루어져야 할 것이지만, 여기에서는 특히 60년대와 70년대 실존철학과 비판이론의 영향관계에 국한해 논의를 전개할 것이다.

이 글은 신일철의 인생관과 6·25전쟁 이후 세계관적 지성인으로서의 현실과 세계에 대한 인식과 철학적 관심사를 중심으로 다룰 것이다. 이를 위해 먼저 그의 인생관과 세계관적 지성인으로서의 자각 및 철학적 문제 형성의 과정을 언급할 것이다. 그리고 60년대 그의 인생관에 깊은 영향을 미친 쇼펜하우어, 니체, 카뮈, 야스퍼스 등 비합리주의 혹은 실존사상(3절)과 70년대 현대문명의 기술공학 비판과 도구적 이성, 인간 소외의 문제를 다루는 프랑크푸르트학파의 사회비판에 대한 관심(4절)에 대해 논의할 것이다. 이러한 논의를 통해 그가 시대적 흐름을 어떻게 읽고 있고, 60년대와 70년대 지적 관심이 세계관적 지성인으로서 그의 사상 형성에 어떤 영향을 미쳤는지를 살펴볼 것이다.

2. 신일철의 인생관과 세계관적 지성인으로서의 자각

신일철의 철학적 세계는 매우 다양해서 현실과 사회에 대한 '백과사전적 관심'이라고밖에 표현할 길이 없다. 『한국을 탐구한다』(1964), 『현대사상의 모험』(1966), 『주체성의 위기』(1977), 『신채호의 역사사상 연구』(1981), 『새 시대의 한국인』(1987), 『현대철학사상의 새 흐름』(1987), 『북한 '주체철학'의 비판적 분석』(1987), 『북한주체철학연구』(1993), 『동학사상의 이해』(1995), 『현대 사회철학과 한국사상』(1997), 『〈평양의 봄〉은 오는가』(1999), 『시장의 철학』(2001), 『뉴 라이트와 시장의 철학』(2004), 『북한 주체사상의 형성과 쇠퇴』(2004) 등 그의 저술목록을 보면 '한국', '역사철학', '동학', '현대사상', '주체성', '주체철학비판', '시장철학' 등의 주요 키워드들을 볼 수 있다. 이는 서로 다른, 즉 어떻게 보면 서로 연결되지 않는 주제들의 나열처럼 보이며, 그의 철학적 작업이 산만하게 이루어진 것처럼 보일지도 모른다. 그러나 그의 저서목록에서 보이는 외관상 서로 다른 키워드들은 내적으로 관통되는 사상적 맥락(脈絡)을 지니고 있다. 그의 저술에는 동서양의 근·현대세계와 한국전통사상과 서양철학의 거의 모든 주제들뿐만 아니라 한국인의 가치와 세계, 정체성을 포함하고 있으며 그 정신세계가 광대한 산맥을 이루고 있다. 아마 현대 한국의 철학자 가운데 이러한 광대한 문제의식과 지적 지형도를 보여 주는 이도 그리 많지 않을 것이다. 그의 철학적 세계는 그가 1991년 자신의 인생관을 표현하며 쓴 자서전적인 글「비극적 인생의 의미」에 잘 나타나 있다.[2] 이 글은 소략하게 그의 인생관을 보여 주고 있지만, 동시에 그의 철학적 관심사의 전모를 살펴볼 수 있는 글이기도 하다. 우리는 이 글을 통해 그가 어떤 인생관과 세계관을 가지고 있었는지, 그가 어떤 철학적 관심을 가지고 우리의 현실과 사회를 탐구해 나갔는지를 살펴볼 수 있을 것이다. 그가 자서전적인 형식으로 정리한 이 '인생관'은 그의 철학적 관심사뿐만 아니라 철학을 통해 자신의 시대와 사회에 접근하며 그 자신의 철학 형성이 어떻게 이루어지는지의 과정을 잘 보여 주고 있다.

신일철은 중학교부터 철학이 무엇인지도 모르면서 철학을 공부하고자 마음을 먹었다고 한다. 즉 철학을 공부하면 인생의 의미를 깨칠 수 있다고, 즉 인생관의 문제를 해결할 수 있다고 믿었다는 것이다. 이러한 어릴 때의 문제의식은 그로 하여금 철학의 길을 가게 했으며, 우리 사회와 역사, 현실의 문제를 진지하게 탐구하고 그 방향을 제시하는 20세기 한국의 대표적인 철학자로서 서게 만들었던 것 같다. 그는 야스퍼스가 인간에 대해 했던 말, 즉 인간이란 "도상(途上)에 있는 존재"라는 말을 좋아했다. 그는 인간 삶의 과정에서 결코 재물이나 명예, 권력이 아니라 진리탐구가 중요하다고 생각

2 신일철,「비극적 인생의 의미」,『철학과 현실』통권 제8호(철학문화연구소, 1991.3.), 22-30쪽.

했고 이것의 실천을 온 삶을 통해 보여 주었다. 그는 "진리의 탐구에 종착점이 없듯이 인생은 한평생 값있는 것을 성실하게 추구하는 과정에 있으면 그만이다"[3]고 자신의 인생관을 피력한다. 이러한 인생관에서 비롯된 자신의 철학세계를 그는 다음과 같이 네 가지로 표현하고 있는데, 이는 그의 사상을 이해하는 하나의 단서가 될 수 있을 것이다.

첫째, 삶의 문제 상황에 대한 인식과 그 대안추구로서의 프래그머티즘이다. 그는 인생이란 듀이가 말한 것처럼 문제 상황 속에서 부단히 문제를 풀어가는 과정으로 보며, 미국인의 생활방식과 사고방식을 대표하는 프래그머티즘 역시 도피적 은둔사상을 극복하는 치료제로서 배울 점이 있다고 보았다. 철학이란 자신이 서 있는 사회와 현실문제에 관심을 가지고 이를 부단히 해결하는 데 있다는 그의 시각은 프래그머티즘에 맞닿아 있다. 철학은 "위험이 있는 가변적 상황 속에서 불확정한 미래를 향해 모험하고 적극적 인생태도에서 진정한 이론과 실천의 종합을 파악하는 것"[4]이라는 그의 말은 그 자신의 철학적 작업에도 그대로 적용될 수 있을 것이다. 이론적 작업을 게을리하지 않으면서도 시의적 문제에 대한 실용적 해결대안을 모색하고 끊임없이 이를 사회에 제시하려는 실천적 태도야말로 그가 가지고 있던 프래그머티즘적 태도였다. 그의 작업은 항상 현실의 문제 위에 서 있었고, 우리가 처해 있었던 역사적 현실과 사회의 문제를 해결하려는 노력으로 나타났다.

둘째, 인생이란 고난을 극복하는 드라마라 볼 수 있다는 것이다. 그는 비관주의를 극복한 비극적 인생의 의미를 니체에게서 발견했다. 현대영미철학과 역사철학, 사회철학에 대한 관심을 가지고 철학 작업을 수행했던 그에게 젊은 시절 예기치 못한 다른 정신적 색조, 즉 니체사상이 다가온다.

3 같은 글, 24쪽.

4 같은 글, 25-26쪽.

일제 식민지로부터 벗어난 8·15 해방과 민족의 역사적 비극인 6·25전쟁을 거친 이후 좌절, 이념전쟁, 분단, 죽음, 가난, 고난 등 시대적 비극 속에서 시련을 극복하고 희망의 단서를 찾고자 하는 의지의 씨앗이 움트던 시절, 카뮈나 니체 등 실존주의 철학은 인간의 부조리와 아픔, 삶의 긍정을 제시했기 때문이다. 고난을 당하며 현실을 부정하는 것에 그치는 것이 아니라 그것을 극복하며 자기 자각을 하는 과정이 '비극의 본질'이라고 말하며 그는 니체에게서 현실적 고난을 극복하는 사상적 단서를 찾는다. 그에게 비극적 인생의 의미는 "나는 고난을 당한다. 그러나 나는 그것을 극복해 나간다"는 명제로 요약될 수 있는데, 이는 난관과 고난을 극복하고 새로운 긍정을 이끌어내는 니체적 의미의 '정오의 사상'이기도 했다.[5] 고난, 비극, 인생, 긍정 등 그의 철학적 어휘는 쇼펜하우어, 카뮈, 야스퍼스에 대한 철학적 관심으로 확장되어 갔다. 수없이 많은 문제가 발생하는 삶의 과정(도상途上)에서 그 사회적 현실의 문제들을 해결하고 극복하는 데는 긍정적 어휘와 자유로운 사유실험이 필요하다는 그의 자유주의에 대한 사회철학적 신념 역시 이의 또 다른 변주일 것이다.

셋째, 삶의 문제 상황과 그 해결의 단서를 언어와 사고에서 찾을 수 있다는 것이다. 그가 비트겐슈타인에 관심을 가진 것도 실은 삶의 문제가 우리가 사용하는 언어의 잘못된 사용에서 비롯되기에 언어를 명료화함으로써 문제를 해결할 수 있다고 보았기 때문이다. 파리통에 들어간 파리가 출구를 찾지 못해 애를 쓰는데, 우리의 문제도 병든 언어나 잘못된 사고에서 비롯된다고 본 것이다. 좁은 생각, 빗나간 관점, 잘못된 판단을 시정하고 치료하는 데 철학이 기여해 왔듯이 그에게 "세상을 크고 넓게 보다 근원에서 생각하는 태도를 길러주는 것이 철학"[6]이었던 것이다. 잘못된 사고와 언어

5 같은 글, 28쪽.

6 같은 글, 29쪽.

사용, 인생관을 치유하는 철학이 가진 치료적 요소 및 세계에 대한 엄밀한 규정과 방법론 등에 대한 관심으로 인해 그는 분석철학, 언어철학뿐만 아니라 더 나아가 과학철학 등으로 자신의 철학적 발걸음을 확장해 나갔다.

넷째, 인생은 부단한 선택의 과정인데, 풍부한 정보나 지식 못지않게 중요한 것은 몸으로 배우는 인생의 지혜인 것이다. 과학적 지식이 명시적 지식이라면, 인생의 지혜나 도덕적 판단력은 폴라니(Michael Polanyi)의 '암묵지'(tacit knowledge)와 같은 것이다.[7] 이는 대상에 들어가 사는 것, 몸으로 아는 것을 말한다. 우리에게 필요한 것이 무엇인지를 알려 주는 인생지(人生智), 즉 온몸으로 가르치고 배워야 하는 암묵지는 현대에 제대로 가르치지 않고 있다고 그는 깊은 우려를 표명한다. 그에 따르면 "현대를 살아가는 많은 사람들은 인생지를 얻지 못하고 파리통 속의 파리처럼 아집, 편협, 정신적 스트레스, 콤플렉스 등에 매여 마음의 병이 깊어 모두 불행하다. 다시 말해서 인생지의 빈곤에 허덕이고 있다. 철학은 다시금 그 사회적 기능(社會的 機能)을 회복해야 할 뿐만 아니라 슬기로운 인생지의 교사로서의 몫을 회복해야만 할 것이다."[8] 그는 현대인이 개념적 인식과 이론적 지식을 치중하면서 인생의 지혜를 깨닫고 실천하는 능력을 기르지 못하고 반쪽짜리 병리적 인생을 산다고 비판한다. 이는 이론과 실천이 분리된 현대인을 '유령적 자아'(ghostly I) 혹은 '절름발이 자기'(the krippled Self)라고 비판한 매킨타이어(A. MacIntyre)의 현대 윤리적 상황과 현대인의 실천능력에 대한 분석과 유사한 맥락 속에 있다.[9] 니체의 '몸' 개념 역시 단순한 이론적 개념적 지식이 아닌 온몸으로 체화된 앎을 의미하는 것이라 할 때, 그의 암묵지에 대한 관심과 강조는 이론적 지식과 실천적 능력의 통합을 뜻하는 니체의 몸철학

---

7 같은 곳.

8 같은 곳.

9 A. MacIntyre, *After Virtue*, Notre Dame: University of Notre Dame Press, 1984, 32-33, 61쪽.

의 의미지평을 지니고 있다.

철학이란 이론과 실천의 종합, 자기 자각과 극복의 연습, 언어와 사고의 훈련, 인생의 지혜 자각과 사회적 실천 등으로 보는 그의 시각은 그의 철학적 작업에서뿐만 아니라 인격적 삶을 구현하며 살아간 그의 실천적 삶에서도 그대로 보인다. 물론 이 글에는 그의 철학적 작업을 관통하는 하나의 거대한 주제, 즉 한국인의 정체성 탐구와 뿌리를 확인하고 글로벌 세계에서 자유로운 사회를 형성할 수 있는 사회철학적 관심이 제대로 표명되어 있지 않다. 동학, 주체철학비판, 자유민주주의, 시장의 철학 등 다양한 형태로 드러난 그의 역사철학과 사회철학에 대한 논의는 그의 철학적 저서들을 통해 구체적으로 전개되고 있다. 이 글을 통해 우리는 그가 단순한 이론적 지식인의 삶이 아니라 우리가 처해 있는 한국의 현실 문제를 끊임없이 고민하고 철학적으로 해결하고자 했으며 온몸으로 전인적 삶을 살아간 실천적 지성인의 모습을 지향하고 있었다는 것을 읽을 수 있을 것이다.

철학에 대한 그의 이해는 인생관과도 밀접하게 연관되어 있으며, 한 시대를 살아가는 지성인으로서 자신의 삶이나 역할에 대한 그의 이해에도 그대로 보인다. 그는 스스로 지성인으로서 역사적 위상이나 자신의 역할을 명확히 인식했던 것 같다. 개화기부터 현대까지 지성인의 모습을 여섯 단계로 구분하며 그 역할과 한계를 규정하는 그의 논의는 그 스스로 역사적으로 어디에 서 있고 어떻게 자신의 역할을 규정하고 있는지를 살펴보는데 도움이 될 수 있을 것이다. 노명식 교수(한림대)와 양호민 한국논단 대표와 함께 진행한 특집정담(鼎談)으로서 『한국논단』에 게재된 글 「6·25를 전후한 知識人의 思想的 갈등」에서 그는 한국 지성인(인텔리겐차)의 역사적 위상에 대해 언급하며 이를 여섯 단계로 구분하는데,[10] 이는 그 자신의 철학적 작

10 신일철, 노명식, 양호민 특집정담, 「6·25를 전후한 知識人의 思想的 갈등」, 『한국논단』 제10권(한국논단, 1990), 65쪽.

업과 역할에 대해서도 그대로 적용될 수 있을 것이다. 그에 따르면 20세기 이후 한국의 지성인들은 다음의 여섯 단계의 문제의식 속에서 구분될 수 있다. 첫째, 수구적 전통문화를 지킬 것인가 외래문화를 받아들여야 하는 전환기에 개화파 지식인이 갖는 갈등, 둘째, 1905년과 1920년 사이에 일제의 한국강점 앞에서 "어떻게 해야 할 것인가"를 선택해야 하던 상황, 세 번째, 3·1운동 이후 해방까지 외래사상과 레닌주의가 들어오면서 노동운동, 사회운동 및 좌우사상의 대립을 겪는 체험, 네 번째, 해방 이후 좌익과 우익 계열 지식인의 분열과 정치적 적대관계, 월북과 남한 선택, 다섯 번째, 6·25전후 '냉전형' 또는 '이데올로기형' 갈등, 좌익과 우익, 자유민주주의와 사회주의 · 공산주의의 선택 강요당하는 지식인의 수난, 여섯 번째, 1960년대 '세계관적 지식인'과 '기능적 지식인'의 구분 등인데, 여기에서 세계관적 지식인이란 사르트르의 용어로 "체제를 옹호하는 '官人的 지식인(mandarin적 지식인)'을 경멸하면서 바람직한 방향으로의 총체적 사회개혁에 관심을 가지는 현실 참여적 지식인을 의미"[11]한다. 또한 그는 한국의 지식인이 '전압기적 인텔리겐챠'와 '간디형의 지식인'으로도 구분될 수 있다고 보았다. 전자는 주변인의 고민, 즉 일종의 열등의식을 가지고 "종주국의 문화와 자기가 원래 지니고 있던 자국민의 문화가 전압이 다른 것을 변압시키는 역할"을 한다면, 후자는 외국에서 교육받거나 문화를 받아들이지만 자기 민족에 자기동일시한 지식인의 모델로 우리나라에서도 이러한 지식인의 성숙이 어느 정도 진척되었다고 보았다.[12]

그는 20세기 한국 사회와 역사, 시대적 인식 등 한국 지성사의 고뇌에 찬 현장을 탐구하며 한국이 나아가야 할 방향을 진지하게 탐구하고 한국인의 정체성을 확보하고자 한 '세계관적 지성인'이었다. 그는 일제 식민지, 대한

11 같은 글, 75쪽.

12 같은 글, 74쪽.

민국 건국, 6·25전쟁, 남북 분단, 이념 대립, 산업화와 근대화, 정치적 독재와 민주화 운동 등 20세기 역사를 관통하며 살아왔으며, 한 시대와 역사를 꿰뚫고 지나가는 세계관의 흐름과 변화에 깊은 관심을 갖고 시대와 역사적 문제를 해결하고자 노력했다. 그는 20세기 들어가며 세계문명에 눈뜨며 우리 정신적 정체성을 찾고자 한 동학에 관심을 가졌고, 민족주의적 자강노력을 강조한 신채호를 통해 역사적 정체성을 찾고자 했으며, 자유민주주의와 공산주의가 이념적 대결을 하는 분단현실에서 주체사상비판을 통해 한국의 이념적 정체성을 발견하고자 했으며, 자유주의 사상과 신프래그머티즘에 대한 연구를 통해 자유민주주의의 철학적 기초를 정초하고자 했다. 이러한 그의 철학적 관심과 작업은 주로 20세기 "한국의 탐구"라는 역사철학과 사회철학으로 나타났으며, 이는 한 시대의 문제를 관통하는 세계관의 작업이기도 했다. 그는 한편으로는 서양의 최근 철학적 조류를 우리 문화에 소개하거나 변압시키는 역할을 하기도 했지만, 다른 한편으로 우리 민족의 정체성과 세계관을 찾으며 사회개혁에 관심을 가지고 현실 참여적 성격의 이론적 작업을 끊임없이 수행했다. 이 글은 세계관적 지성인으로서의 그의 사상이 형성되는 과정과 철학적 문제의식이 전개되는 과정을 60년대와 70년대의 철학적 관심, 특히 실존철학과 비판이론에 대한 논의를 중심으로 살펴 볼 것이다.

3. 1960년대 실존철학적 시대인식—비극적 시대인식과 인간의 주체성 찾기

1) 60년대 시대인식과 현대 정신의 상황

1960년대를 이해하는 신일철의 시각은 황문수가 사회를 보고 고려대학교 동료 교수인 최동희, 김영철과 함께 나눈 대담의 기록인 「現代思潮의 危機

와 展望—1960년대의 현대사상은 어디로?」[13]에서 선명하게 드러난다. 이 대담에서는 20세기 후반기 현대의 대표적 철학 사조를 분석철학, 프래그머티즘, 실존철학, 마르크스주의 등으로 나누고, 특히 이를 1960년대 변혁과 격동의 시대와 연관시키고 있다. 신일철에 따르면 분석철학은 자유주의를 표방하는 철학이지만, 무내용의 형식주의에 빠져 자신의 기반마저 옹호하지 못하고 도피하고 있다.[14] 즉 자유주의의 막다른 골목에서 자기모순과 병리를 은폐하고 도피하는 무내용의 철학을 낳게 된 것이다. 이에 반해 프래그머티즘은 존 듀이에 의해 발전되었는데, 이는 미국의 자유주의의 기초를 제공하는 것으로 그의 도구주의(instrumentalism)는 미국 민주주의의 존 로크에 해당하는 성격을 지니고 있다.[15] 그는 또한 실존주의를 서구 자유주의의 막내아들에 해당하는 것으로 보았다. 고독, 실존 등은 개인주의의 궁극적 산물로, 실존주의에서 주목하는 절망, 불안 등은 서구문화의 위기를 알려 주는 것이다.[16] 그에 따르면 실존주의는 결단을 통해 어떤 방향으로 가야 하는가를 제시하겠다는 태도는 서 있으나 아직 구체적인 방향을 제시하지 못한 점에서 '니힐리즘'의 풍토 내에 침거하고 있다는 것이다.[17] 그는 1960년 4·19혁명 이후 학문을 현실에 결부시키려는 경향과 더불어 우리 사회에서 마르크스주의에 대한 관심이 증대했다고 말한다. 그에 따르면 "실존주의는 인간의 '패토스'요 분석철학은 '로고스'의 문제요 공산주의는 '에토스'의 문제"[18]인 것이다. 마르크스는 물질적 경제적 하층구조가 이데올로기를 결정한다고 말함으로써 유물론의 입장을 사회 역사적 측면에 적용하

13 최동희, 김영철, 신일철(대담), 「現代思潮의 危機와 展望—1960년대의 현대사상은 어디로?」, 『철학연구』, 제2권(고려대학교 철학연구소, 1990), 53-70쪽 참조.

14 같은 글, 56쪽.

15 같은 글, 60쪽.

16 같은 글, 61쪽.

17 같은 글, 62쪽.

고자 했는데, 이를 너무 강조하면 오류에 빠지게 된다고 그는 비판한다. 그는 물질적 경제적 조건의 중요성을 인정하면서도 의식적 측면의 적극성과 그 역할을 함께 시인해야 한다고 보았다.[19] 분석철학은 자유주의를 표방하지만 내용 없는 철학이며, 프래그머티즘이란 자유주의의 기초를 제공하는 철학이고, 실존주의는 자유주의의 막내아들이라는 그의 분석은 매우 흥미로운 것이지만, 더 많은 논의를 필요로 하는 언급이기도 하다. 다만 우리가 여기에서 읽을 수 있는 것은 그가 '자유주의'라는 사회철학적 관심으로 60년대 한국의 정신적 상황을 접근하고 분석하고 있다는 사실이다.

그는 여기에서 더 나아가 4·19혁명이 갖는 민중의 자각과 현실비판을 한국사상의 새 자세로 전환할 것을 요청하며 불교와 유교의 한계를 넘어설 것을 주문한다. 불교에서 강조하는 무상과 체념 등은 한국인의 정신적 건강을 오히려 해쳐 왔다는 것이다. 그는 불교가 건전한 사회적 재건원리로 되지 못하고 불우한 현실과 외국지배를 인정하는 탄식과 역겨움을 내심 속에 새겨 왔다고 비판한다. 유교 역시 존왕(尊王)사상과 상고(尙古)사상 그리고 상하 주종적 봉건적 지배원리를 강조했고, 조선 오백 년을 당쟁 속에서 부패의 극에 이르게 했다는 것이다.[20] 개화 이후에도 건전한 서구사상의 수입이 제대로 이루어지지 못했고, 일제 식민지의 굴욕을 감수하며 8·15를 맞이했으나 주체적 민족사상의 형성을 보지 못하고 부패한 독재정권에 의해 사상의 자유마저 박탈당한 채 무사상 · 무자유 · 무의식을 연장해 왔다는 것이다.[21] 그는 이제 "'마음의 식민지'를 추방할 때가 온 것"[22]이라고 단호하게 말한다. 가난에서 벗어나고 민주주의를 확립하기 위해 노력했던 그 시대는

18 같은 글, 65쪽.

19 같은 곳.

20 같은 글, 66쪽.

21 같은 글, 67쪽.

22 같은 글, 68쪽.

일차적으로는 '경제적 독립이라는 촉급한 과제'를 가지고 있었지만, 다른 한편으로 사상 면에서도 의존성을 벗고 '자주적인 정신적 자세의 확립을 촉구'할 필요가 있다고 본 것이다.[23] 그는 이때 한국의 시대적 과제를 민주주의의 한국화를 이루기 위한 사상적 기초 작업으로 이해하고 있다. "우리도 민주주의를 키우기 위해서는 한국의 사상적 풍토에 발을 붙인 민주주의의 한국화를 위한 사상적 기초를 놓을 수 있는 이데오르기와 '이데오로그'(사상가) 출현을 고대하고 있습니다."[24] 주체적 민족사상의 형성, 민주주의의 한국화 등 이때 설정한 철학의 문제를 그는 평생 자신이 해결해야 할 철학적 과제로 설정하고 이를 수행해 갔다.

현대 정신과 실존주의에 대한 비판적 언급은 1974년의 글「戰後思想의 體質」에도 나타나 있다.[25] 그는 현대정신이 방황 중에 있으며, 방향감각과 가치관념의 마비를 경험하고 있다고 말한다. 즉 현대는 "나침반 없는 배처럼 어둠 속을 방황하고 있다"[26]는 것이다. 제1차 세계대전 이후에는 니힐리즘의 정신적 풍토 속에 있었는데, 이는 니체와 릴케의 언어로 표현될 수 있는 것이었다. 니체는 기존사상이 허물어지고 원리와 근거를 상실함으로써 인간 그 자신마저도 상실한 인간의 위기를 예감했고, 릴케는 현대인이 마음의 고향을 상실하고 사상적 실향증에 걸렸다고 본 것이다. 그에게 실존주의는 니힐리즘 속에 처한 인간이 그 위기에서 탈출하고 인간성을 회복하려는 철학적 노력 가운데 하나였다. "위기의 철학은 니힐리즘에서 실존주의로 진화하고, 휴머니즘을 통해 인간성을 회복해보려는 좁은 창구를 마련한다."[27] 더 나아가 그는 현대인의 위기를 가치 관념의 위기뿐만 아니라 현

23 같은 곳.

24 같은 곳.

25 신일철,「戰後思想의 體質」, 신일철 편집·해설,『생의 단애에 서서』, 휘문출판사, 1974, 27-37쪽 참조.

26 같은 글, 29쪽.

대 문명의 기계주의적 속성에서 찾는다. 현대 정신이 병든 이유를 '메커니즘(mechanism, 기계주의)'에 있다고 본 것이다. "메커니즘은 인간을 큰 기계의 부속품처럼 다루어 인간성과 그 개성을 말살하고 만다."[28] 실존주의는 이러한 인간 위기를 탈출하기 위한 대안적 모색이었지만 그에게는 이미 그 자체로 한계가 있는 사상으로 보였다. 그는 실존주의란 인간이 어떻게 살아야 하는가에 대한 일반적인 의미를 주지 못해 그 사회성을 상실하고 있으며, 마르크스주의는 경제발전에 심취한 나머지 인간을 기계와 생산의 노예로 만들고 전체주의 독재의 희생물로 만들어 버렸다고 비판한다.[29] 전후의 사상은 '인간의 위기'라는 종점에서 그 시점을 찾아야 하며, 출구를 빠져 나가는 행동이 필요하다는 것이다. 사회참여, 현실참여, 즉 사르트르의 휴머니즘처럼 나 자신을 선택하는 것이 동시에 인류를 선택하는 원리에서 새 길을 찾아야 한다는 것이다. 그에게 전후(戰後)의 세계는 혼돈을 겪고 있지만 새로운 사상이 진동하는 모험과 질서의 새벽이기도 했다.[30] 이 새로운 사상의 모험과 질서의 새벽에서 그는 실존주의가 서 있다고 본 것이다.

2) 카뮈와 주체성의 문제

그의 60년대 철학적 작업은 주로 야스퍼스, 니체, 쇼펜하우어, 카뮈 등의 번역에 초점이 맞추어져 있다.[31] 그는 전후(戰後) 사상의 흐름과 대안적 모

---

27 같은 글, 30쪽.

28 같은 글, 35쪽.

29 같은 글, 36쪽.

30 같은 글, 37쪽.

31 이 당시 그의 번역으로 야스퍼스, 『비극론』, 신조문화사, 1961; 니이체, 『초인과 절망』, 문학사, 1962(문화공론사, 1976); 쇼펜하우워, 『비극적 인생』, 탐구당, 1964; 카뮈, 『반항적 인간』, 일신사, 1971 등이 있는데, 이는 그의 연구 및 철학적 과정을 보여 준다.

색을 카뮈의 저서 『반항적 인간』(*L'homme révolté*, 1951)을 통해 읽어 내고자 한다. 이 책은 1971년에 출간되었지만 실은 그보다 약 10여 년 전에 영역판으로 번역한 것을 다시 수정한 것으로 그의 60년대 초 사상적 관심을 반영하고 있다. 6·25 전쟁이 끝나고 절망과 가난, 불안 속에 있던 한국사회의 어둠을 그는 카뮈를 통해 읽어 내며 그 대안을 모색한 듯 보인다. 그는 카뮈의 '반항적 인간'에서 니힐리즘의 어둠과 동시에 심야의 어둠이 물러가며 나타나는 여명을 동시에 읽으며, 태양이 내리쬐는 정오의 사상이 다가올 것을 기대한다. 그는 영역판 서언을 쓴 허버트 리드(Herbert Read)의 말을 인용하며 이 책을 해석하는데, 이는 그대로 그 당시 한국 사회의 어두운 시대적 현실에 대한 그의 진단과 기대를 그대로 반영하고 있다. "불안, 절망, 니힐리즘의 시대라는 어두운 먹구름이 걷히고 다시 한 번 희망을 가지게 되었고 인간과 미래에 대해 신뢰를 가질 수 있게 해 준 것이다."[32] 그는 시대의 불안과 절망을 이겨내는 힘을 카뮈의 '반항'에서 찾는다. 이때 그가 이해하는 반항이란 기존의 힘에 저항하는 부정적 힘이 아니라 어둠을 뚫고 나갈 수 있는 긍정적 인간의 힘이다. 그에게 카뮈적 의미의 반항은 "인생의 무의미를 알고 그러면서도 그것을 외면하지 않는 성실한 인생태도"[33], "모든 인간에게 공통된 하나의 인간성의 긍정"[34]인 것이다. 폭력, 부정, 살인 등 파괴적 니힐리즘을 경험하고, 적의와 증오만 있고 인간 생명이 존중되지 않고 사랑도 우정도 망각한 비정한 시대적 풍토에 대해 그는 카뮈에게서 인간적 절도의 생산성을 찾아낸다. 그래서 그는 "반항에는 스스로 절도를 지킬 줄 아는 '예스'를 품고 있어야 한다"[35]고 말한다. 즉 우리는 인간성을 수호하려는 양보할 수 없는 절도를 스스로에게 가해야 한다는 것이다. 그는 '절도'와

32 카뮈, 『반항적 인간』, 7쪽.

33 같은 책, 10쪽.

34 같은 책, 12쪽.

35 같은 책, 12-13쪽.

'사랑'을 카뮈적 정오사상의 두 기둥이라고 보며, "진정한 반항은 사랑이며 생산적인 것"[36]이라고 말한다. 부정, 절망, 증오, 가난에 휩싸인 어두운 시대와 절망적 사회현실에서 그는 시대를 치유하는 대안을 절도와 사랑의 인간적 힘에서 찾고자 했던 것이다. 그가 이 시기에 시대의 불안과 절망 속에서 정오의 빛을 찾고 긍정의 어휘를 찾는 것은 니체에게서도 반복된다.

3) 니체와 우상파괴, 창조의 길

1960년대, 즉 삼십 대의 젊은 신일철의 철학적 사유는 카뮈뿐만 아니라 니체와 쇼펜하우어 등을 거치며 비극적 시대인식과 주체성 찾기에 몰입해 갔다. 그는 그 시대에 유행처럼 번져갔던 인생론류의 글들에 대해 경계를 나타내며, 사람들이 자신의 주체성을 찾는 보다 근원적인 작업에 관심을 가져야 한다고 보았다. 그에 따르면 인생론류(人生論類)는 마치 주간지와 같은 것으로 텅 빈 감정의 애틋함을 메우기 위해 현실의 좌절에서 임시방편의 진통제를 찾듯 허무, 인생, 회의, 고독, 진실 등 관념적인 낱말과 사귀게 되는데, 이는 마음의 아픔을 임시 어루만져 주는 정신적 진통제 같은 것으로 근본적 치료와는 거리가 먼 것이다.[37] 그럼에도 불구하고 인생에는 정치문제, 경제문제 등으로 환원할 수 없는 내면적인 자각의 영역이 있기에 진실되게 살려는 성실이 있고 인생의 의미를 찾으며 보람 있게 살려고 하는 철저함이 있기에 인생론을 읽는 것을 평가절하해서는 안 된다고 말한다. 인생론에서 다루는 죽음, 행복, 고독의 문제 등은 인간의 주체성 찾기 문제와 연결되어 있기 때문이다. 그가 보기에 "자기형성은 부단히 자기의 생각과 행동을 현실 속에 실험하여 현실의 단련을 받은 자기를 만드는 일이다."[38]

36 같은 책, 13쪽.

37 신일철,「해설 · 人生類의 虛實」, 배영원 편,『지성의 장미』, 계몽사, 1963, 9-10쪽.

38 같은 글, 12쪽.

인생론의 독서는 좁은 편견이나 고집스러운 통념에서 해방되게 해 줄 수 있기에, 그것이 무서운 아집이나 과대망상에서 벗어나 자기와 현실의 관계를 있는 그대로 가늠하게 할 수 있는 자기 형성에 도움이 되는 독서라면 바람직할 수도 있다는 것이다. 그는 인생론의 독서를 대중가요 같은 말초적 감각이나 공허한 말장난이 아니라 "'정신적 성인(成人)'이 되기 위한 수습"[39]과 같은 것으로 보았다. 그는 자신의 인생관을 "세계란 공개된 현실의 책에서 인생을 탐구하는 지적 모험"[40]이라고 말한다. 이 시기에는 주간지같이 공허한 말장난이 아니라 자기형성의 훈련이나 '정신적 성인이 되기 위한 수습'을 하는 인생론의 독서를 제공하고자 하는 그의 시도가 일어나는데, 이 것은 니체와 쇼펜하우어를 통해 이루어진다. 니체의 명구를 추려 모음집을 만들거나 쇼펜하우어 사상의 핵심을 알 수 있도록 번역한 작업이 그것이었다.

1962년 『초인과 절망』[41]이라는 제목으로 나온 편역서는 가장 중요한 명구들을 추린 일종의 '다이제스트전집'으로 젊은이들에게 도움이 되는 니체 글을 발췌하여 그의 사상의 핵심을 접하도록 했다. 이 책은 니체의 생애 및 저작 연대에 따라 니체전집 가운데 일부 저서들을 추려 이를 다시 5개의 장으로 구분했고, 장서(章序)라는 역편자(譯編者)의 해설을 붙여 발췌문 사이를 연결하는 다리를 놓았다. 이 책의 번역에는 3권으로 된 카를 슐레히타(Karl Schlechta) 편집의 니체전집과 유고집 『힘에의 의지』(*Der Wille zur Macht*)가 사용되었다.[42]

---

39 같은 곳.

40 같은 글, 14쪽.

41 니이체, 『초인과 절망』, 신일철 편역, 문학사, 1962(이는 1976년에 문화공론사에서 다시 출간된다).

42 Friedrich Nietzsche, *Werke in drei Bänden*, hrsg. von Karl Schlechta, Carl Hanser Verlag, München, 1945(이 전집은 카를 한저출판사에서 1954년부터 출간되었는데, 출판사이름을 Carl Hansen으로 기록하고 있고, 연도도 1945년으로 기록하고 있어 오기로 보인다); Friedrich Nietzsche, *Der Wille zur Macht*, Alfred Kröner Verlag, 1959.

이 책은 『비극의 탄생』·『반시대적 고찰』의 장, 『인간적, 너무나도 인간적』의 장, 『서광』·『즐거운 지식』의 장, 『힘에의 의지』의 장, 『차라투스트라』의 장 등 모두 5개의 장으로 구분되어 있으며 205쪽 분량으로 되어 있다. 각 장의 앞에 붙은 장서(章序)에는 그의 니체 이해와 니체의 명구를 발췌한 이유가 쓰여 있는데, 당시 니체의 개별저서들의 세부적인 내용이 구체적으로 소개되어 있지 않은 상태에서 이는 매우 폭넓은 독서를 전제로 하는 것이었다. 이 책이 나오기 얼마 전인 1959년 하기락의 『니이체』가 출간되었는데,[43] 이는 철학적 주제 중심으로 니체철학을 체계적으로 정리한 한국 최초의 연구서였다. 또한 같은 해 박준택이 니체 저서인 『이 사람을 보라』와 『짜라투스트라는 이렇게 말했다』를 번역하면서 니체 저서들이 국내에서 본격적으로 번역되기 시작했다. 니체 저서들의 개별적 내용을 전체적으로 파악하기 어려웠던 시기에 역편자의 해설을 붙여 각 저서의 내용을 소개하는 시도를 한다는 것은—비록 모든 저서를 포함하고 있는 것은 아닐지라도—쉽지 않은 작업이었을 것이다. 그의 철학적 관심과 작업은 니체를 소개하고 번역을 하던 이러한 시대적 흐름 속에 놓여 있었던 것으로 보인다.

이제 위의 역편서에서 소개하고 있는 니체철학에 대한 내용을 간략히 정리해 보기로 하자. 그는 니체를 유럽에서의 완전한 니힐리스트로 이해했는데, 이때 그가 이해한 니힐리스트란 '우상 파괴자'의 모습이다. "그〔니체〕가 니힐리스트라는 것은 곧 우상파괴자임을 의미한다."[44] 이는 전통적 가치를 파괴하고 새로운 미래적 가치를 추구하는 강한 가치창출자의 모습인 것이다. 니체의 생애는 비극의 일생, 비관주의로 시종한 것이 아니라 생동하는 긍정과 낙관이 맥박치고 있으며, 니체는 일생을 통해 억세고 강한 남성의

43 하기락, 『니이체』, 사상계사, 1960; 1950년대 이후 한국에서의 니체연구의 현황에 대해서는, Jyunghyun Kim, "Die Nietzsche-Rezeption in Korea. Ihre Bedeutung in der Geistesgeschichte Koreas", in: *Nietzsche-Studien*, Bd.45(2014), 224-226쪽 참조할 것.

44 니이체, 『초인과 절망』, 12쪽.

세계를 이상으로 계속 추구한 것이다.[45] 그에게 니체의 『비극의 탄생』은 희랍 비극에 관한 연구서인 동시에 페시미즘을 극복하고 인생의 기쁨과 힘의 긍정을 찬양하여 생(生)의 고뇌를 넘어서려고 한 '힘에의 의지의 철학'의 출발점이자 쇼펜하우어 철학을 극복하고 바그너의 영향 아래 예술에 의한 인생의 긍정을 노래한 산문시였다.[46] 그는 "디오니소스의 힘찬 남성적인 힘(權力)과 온유한 여성적인 미(아폴론)"[47]라는 두 가지 이상을 결합한 것에서 희랍의 이상적 예술이 탄생했으며, 특히 고난과 역경에 굴하지 않고 끊임없이 이를 극복해 나가는 역동적 과정으로서 디오니소스적인 것 속에서 니체는 죽음과 고뇌를 넘어 고대 희랍인들이 승리를 구가하는 생의 긍정과 살려는 의지를 보았다고 설명한다.

그에 따르면 니체의 『인간적, 너무나도 인간적』은 바그너와 헤어져 고독과 회의 속에서 현실을 비판하는 내용이 담겨져 있으며, 전보다 찬연한 빛이 덜하고 문장도 윤기가 없이 딱딱하다.[48] 여기에서는 이 책의 내용에 대한 구체적 언급이나 분석 없이 다소 피상적인 수준으로 소개된다. 『서광』·『즐거운 지식』의 장에는 인내와 자제력으로 건강과 태양, 생명, 웃음, 춤추는 카르멘의 「남방의 노래」를 즐기게 되는 내용이 담겨 있는데, 이 책들은 도덕의 문제와 그 비판에 대한 것으로, 초기작에 비해 보다 침착한 애정을 가지고 친절한 필치로 쓰인 것이다. 여기에서는 "신이 죽었다"는 선언이 보이는데, 이는 기독교적인 신, 서양의 최고 우상, 최고의 규범에 대한 사형언도이며, 절대자를 파기하고 기독교적인 도덕과 질서의 파괴자로서의 자기의 운명을 그리고 있으며 자기의 사명을 포옹하고 있다는 것이다.[49] 『힘에의 의지』는 니체철

45 같은 책, 12-13쪽.

46 같은 책, 14쪽.

47 같은 곳.

48 같은 책, 58쪽.

49 같은 책, 100-101쪽.

학의 중심개념을 볼 수 있는 것으로 니체가 쇼펜하우어를 넘어선 것은 바로 이 '힘에의 의지' 때문이다. 그는 생을 확대하고 증대하려는 의지, 이른바 '권력의지'를 제창했는데, 이 "'힘에의 의지'는 상승하려는 의지요 창조하려는 의지이다."[50] 니체의 힘에의 의지는 새로운 가치의 확립을 가져올 새벽을 위해 낡은 온갖 최고 가치의 어두운 밤(暗夜)을 부정하는 것이었다. 그는 다음과 같은 니체의 명구를 소개하며 인간이 본래의 자기 자신의 삶의 길을 찾아가야만 한다고 보았다. "그대가 인생을 건너가기 위한 다리는 아무도 그대를 위해 만들어 주지 않는다. 그것은 그대만이 만들 수 있다. [···] 이 세상에는 그대 이외에는 그 누구도 건너갈 수 없는 길이 하나 있다. 그것이 어디로 가는가를 묻지 말라. 그저 그 길을 걸어가기만 해라."[51] 『차라투스트라』는 생을 긍정하는 찬란한 노래로 여기에서는 초인사상과 영구회귀사상이 담겨 있다. 초인은 디오니소스적 정열이 넘쳐흐르는 최고 가치의 구현자이다. 그에게 니체적 "초인은 거지처럼 무엇을 남한테서 받는 일은 전혀 없고 주기만 하는 존재요, 선악의 피안에 있는 민중의 명령자요 영웅적 지도자로서 인류가 최종적 목표로 했던 신을 대신한 이상적 인간상이라고 할 수 있다."[52] 이상적 인간으로서 초인은 끊임없이 낡은 자기를 부정하고 앞으로 나가는 향상과 창조의 존재인 것이다. 전통적 가치를 비판하고 새로운 가치를 모색해야 하는 근대화의 여정 속에서 니체는 한국 사회가 나가는 창조적 미래의 길을 알려 주는 예시자이자 비극적 삶 속에서도 긍정적 삶을 살도록 하는 귀중한 인생론의 독본(讀本)이었던 것이다.

---

50 같은 책, 129쪽.

51 같은 책, 130쪽 : F. Nietzsche, *Unzeitgemässe Betrachtungen III*, in: Friedrich Nietzsche, *Sämtliche Werke Kritische Studienausgabe*, Bd.1, Hrsg. von G. Colli und M. Montirari, München 1980, 340쪽.

52 같은 책, 165쪽.

4) 쇼펜하우어와 비극적 삶의 긍정

신일철의 쇼펜하우어에 대한 관심은 니체 읽기를 거치며 이루어진 것으로 보인다. 니체에 대한 관심과 편역 작업에 이어 쇼펜하우어의 인생론에 대한 그의 편역 작업이 이루어졌기 때문이다. 니체와 달리 쇼펜하우어에 대한 소개가 그리 많지 않았던 당시 그의 편역서인『비극적 인생』[53]은 이후 쇼펜하우어를 이해하고 접근할 수 있는 매우 귀중한 단서를 제공해 주었다. 이 책은 쇼펜하우어의 방대한 저서『부록과 여록』(*Parerga und Paralipomena*) 두 권에서 일부를 발췌해 번역한 것이다. 이 책은 쇼펜하우어의 주저로 알려진『의지와 표상으로서의 세계』(*Die Welt als Wille und Vorstellung*)의 내용이 너무 어렵다고 하자 쇼펜하우어가 일반 독자가 접근하기 쉽게 다시 풀어 쓴 책이었다. 인생론의 성격을 가지고 있는 책이지만, 오늘날 쇼펜하우어 사상은 오히려 이 책을 통해 널리 알려지기도 하고 또한 오해되기도 했다. 이 편역서는 역자 스스로 밝히고 있듯이 영역본을 중역한 것이다. 이는 "인생의 지혜에 관한 경구"(Aphorismen zur Lebensweisheit)라는 제목을 가지고 있는『부록과 여록』제1권을 비롯해 제2권의 일부, 즉 '자살론'(『부록과 여록』, 13장), '고뇌론'(12장), '생의 허무'(11장), '여성론'(27장) 등을 번역한 것으로, "비극적 인생"이라는 새로운 제목을 붙여 출간한 것이다. 일제 식민지, 제2차 세계대전, 6·25전쟁 등을 겪으며 황폐해진 시대적 상황에서 죽음, 좌절, 무력감, 허무, 삶의 긍정과 의미추구 등이 문제시되고 있었을 때, 단순한 에세이식의 속류 처세술이나 인생론이 아니라 보다 철학적 깊이가 있는 인생론이 필요할 때 그는 이 책을 번역했던 것이다. 그는 세계 대전 후 실존주의 붐을 타고 쇼펜하우어가 실존의 선구로 재평가되고 있다고 말하며, 이 "쇼펜하우어의 인생의 지혜는 행복에 이르는 뒷문을 개척한 셈이다"[54]고 평가

53 A. 쇼펜하우워,『비극적 인생』, 신일철 역, 탐구당, 1964.

한다. 그에 따르면 불교에 통달한 쇼펜하우어는 자살의 철학에 이르렀으나 극(極) 즉(卽) 통(通)이듯이 그가 말하는 생의 부정이 새로운 차원의 생의 긍정을 의미하는 것이었다고 역설적으로 해석한다. 물론 이러한 그의 해석이 타당한지는 또 다른 논의를 필요로 하는 것이지만, 그의 이 편역서는 쇼펜하우어철학에 대한 번역과 소개가 매우 일천했던 국내 철학계에 많은 영향을 끼쳤다.

60년대 그의 작업에는 카뮈, 니체, 쇼펜하우어 등 생철학과 실존철학 계열의 철학뿐만 아니라 화이트헤드에 대한 연구나 한국의 탐구, 러셀, 듀이 등의 현대철학도 있지만 인류의 미래나 제국주의 비판과 같은 사회철학적 관심도 포함되어 있었다.[55] 이 시기 그가 관심을 가지고 수행했던 그의 작업은 평생 그 자신이 해야 할 철학적 여로와 사상적 지평을 열고 있는 것으로 보인다.

4. 70년대 비판철학적 시대인식—기술문명과 사회이념에 대한 비판

1970년대 들어서 신일철의 관심은 신채호, 박은식 등의 개화기 사상, 동학사상, 저항적 민족주의와 한국독립운동의 사상뿐만 아니라 한국 근대화의

54 같은 책, 227쪽.

55 화이트헤드에 대한 철학적 관심은 50년대 후반부터 시작된다: 신일철, 「"Whitehead"의 「사건」 개념: 새로운 형이상학에의 길」, 『철학연구』 제1집(고려대학교철학회, 1955); 「과학과 종교: Whitehead의 所說을 중심으로」, 『문리대학보』 제1집(고려대학교문리대학, 1956); 「Whitehead의 자연관」, 『철학연구』 제2집(고려대학교철학회, 1958); 「Whitehead의 Aestheticism」, 『철학연구』 제4집(고려대학교철학회, 1965). 현대사상에 대한 관심, 특히 분석철학과 프래그머티즘에 대한 번역 소개도 50년대 후반부터 시작된다: 에이저, 『현대철학의 혁명』, 신일철 역, 박영사, 1959; 에이저, 『레셀』, 신일철 역, 이화여자대학교 출판부, 1959; 아인쉬타인, 『나의 세계관』, 신일철 역, 양문사, 1959; 듀이, 『인간성과 행위』, 신일철 역, 사상계사, 1961; 러셀, 『인류에게 장래가 있을까?』, 신일철 역, 창원사, 1962; 휴 세톤 왓슨, 『신제국주의론』, 신일철 역, 탐구당, 1966.

갈등, 네오 마르크스주의와 인간 문제, 북한 주체철학 등 다양하게 나타난다. 이는 한국사상의 탐색이라는 그의 30대 초반 관심사의 저변 확대인 동시에 새로운 연구방향의 탐침(探針)적 성격을 지닌다. 20세기 이후 현대 한국사상을 정립하고 한국인의 정체성을 찾으려는 그의 철학적 과제는 1970년대 이후 한국의 현실에 대한 관심과 현대문명에 대한 비판적 논의로 확장된다. 한국의 현실에 대한 그의 철학적 관심은 한국 근대화의 문제, 이데올로기 비판과 역사철학 등에 대한 논의로 세밀하게 분화되지만, 그 철학적 배경으로 그가 주로 연구한 것은 야스퍼스와 프랑크푸르트학파였다. 그의 현대의 정신적 상황에 대한 관심은 야스퍼스의 책 『현대의 이성과 반이성』(*Vernunft und Widervernunft unserer Zeit*, 1950) 번역을 통해 드러난다.[56] 그는 야스퍼스가 반이성의 사례로 마르크스와 정신분석학을 언급하고 있으며 과학과 기술만능의 현대에서 이성의 본질과 그 역할이 무엇인지를 설명한다고 말한다. 야스퍼스는 역사에 대한 전체지를 가졌다고 보는 마르크스주의나 무엇이든 명료하게 분석하고 재단할 수 있다고 여기는 정신분석학 모두 비이성적 현상으로 여겼다는 것이다. 야스퍼스의 견해에 따르면 인간이 과학의 한계를 인식하고 과학 본연의 기능을 발휘하게 하는 것이 현대에서 이성의 과제라는 것이다.[57] 야스퍼스가 말하는 이성의 과제에 대한 그의 관심은 곧 이론과 실천의 변증법적 통합을 통해 사회적 현실을 비판할 수 있는 프랑크푸르트학파의 비판이성에 대한 관심으로 연결된다.

한국의 현실과 사회, 역사에 대한 관심은 그로 하여금 70년대 말 새로운 철학적 조류를 소개하는 책을 만드는데 『프랑크푸르트學派』가 그것이다.[58] 이 책은 1973년 이후 심종윤, 김종호, 차봉희, 차인석, 이인석 등에 의해 여

56 야스페르스, 『현대의 이성과 반이성』, 범조사, 1977.

57 같은 책, 19쪽.

58 신일철 편, 『프랑크푸르트學派』, 청람, 1979.

러 잡지에 소개된 글들을 다시 편집하고, 비판이론의 흐름을 알 수 있는 폴 코너턴(Paul Connerton)의 입문적 글 「헤겔에서 하버마스까지」부터, 호르크하이머, 아도르노, 마르쿠제, 하버마스 등의 글을 번역해 비판이론을 체계적으로 살필 수 있도록 편역한 것이다.[59] 비판이론을 체계적으로 소개하는 글이 그리 많지 않던 당시 이 책은 프랑크푸르트학파뿐만 아니라 비록 일부 번역된 글이기는 하지만 그 개별적 사상가들의 글을 직접 읽을 수 있는 매우 소중한 계기가 되었다. 그는 실존주의가 전후 전쟁의 참화로 불안, 절망, 허무 등 황폐화된 유럽세계와 유럽인의 생의 지표를 세우고 인간의 내면에 관심을 가지는 데 역할을 했지만 사회성과 역사 인식에는 미약했기에, 이후 등장한 프랑크푸르트학파가 현대 테크놀로지 문명에 의한 인간 소외 문제를 새로운 시각으로 다루었다고 보았다. 그가 비판이론에 관심을 가진 것은 공산주의 비판, 파시즘 비판, 경제만능주의 및 대중예술에 의한 인간 소외 등 세 가지 관점에서였다.

첫째, 비판이론에 따르면 공산주의는 인간 소외를 낳는다. 특히 스탈린 체제는 '자연의 지배'에서 '인간의 지배'로까지 가장 악화된 당 관료제에 다름이 아니며, "공산체제는 당 관료적 국가기관에 의한 인간소외"[60]를 낳고 있다. 그에 따르면 이 학파는 공산권 마르크스주의자들의 토대결정론에 사로잡히지 않고 인간의 마음, 즉 권위주의적 사회심리, 이데올로기 등 정신 영역에 관심을 갖고 정치문화의 인간 통제의 성격을 분석했다. "모든 것이

59 이 책에 소개된 내용과 필자를 순서대로 기술하면 다음과 같다: 「프랑크푸르트 學派 序說」(신일철), 「프랑크푸르트 學派와 批判理論」(심종대), 「헤겔에서 하버마스까지」(폴 코너턴), 「호르크하이머와 理性의 道具化」(김종호), 「아도르노의 社會學的 藝術理論」(차봉희), 「마르쿠제와 一次元的 社會」(차인석), 「하버마스의 사회인식론」(이인석), 「哲學과 批判理論」(호르크하이머), 「왜 아직도 哲學이 필요한가」(아도르노), 「支配의 새로운 形態」(마르쿠제), 「技術的 進步와 社會的 生活世界」(하버마스).

60 같은 책, 12쪽.

정치권력에 의해 결정되고 근대적 관료제의 기본 장치인 '기술'의 체계적 적용으로 거의 숨막힐 정도의 인간관리 체제가 형성되었다는 것이 이 학파의 공통된 견해이다."[61] 마르크스주의와 주체철학 비판에 대해 관심을 가지고 있던 이 시기에 비판이론은 그의 연구의 이론적 토대를 제공해 주고 있는 듯 보인다.

둘째, 비판이론이 주목한 또 하나의 시각은 파시즘 비판이다. 일제 식민지의 군국주의를 경험한 우리 역사에서 이는 한국 현대사가 극복해야 할 또 하나의 과제였기에, 비판이론가들의 파시즘에 대한 비판은 군국주의적 사유를 극복하는 단서를 제공해 주는 것이었다. 그는 비판이론가들의 견해에 따라 우익의 나치즘도 좌익의 커뮤니즘과 마찬가지로 인간을 예속시키는 괴수의 쌍생아라고 말한다.[62] 그에 따르면 비판이론가들은 마르크스주의의 유물사관이 독일에서 파시즘이 등장하는 것을 설명하지 못했기에 정신분석학을 도입하며 파시즘의 사회적 성격을 분석했다. "이 학파는 경제관계(하부구조)와 이데올로기 사이의 연관을 설명하는 데 무력한 유물사관에 대해 프로이트주의를 그 연관의 고리로 채용하는 착상에 성공한다."[63] 사회적 정신위생을 진단하는 프롬(Erich Fromm)의 분석에 따르면 전통적 가족과 농촌 등에서 유민화된 대중들은 깊은 피해망상 속에서 자기도 모르게 강한 자에게 귀속되기를 바라는 마조히즘적 증상을 보이는데, 이는 개인을 무력화시키고 억압 사회를 영속케 만들게 된다. 나치즘은 역시 이러한 메커니즘의 반동, 즉 비정상적인 사디즘의 병적 증후로 드러나게 된다.[64]

셋째, 프랑크푸르트학파는 경제만능주의에 대한 염증에서 인간정신의 영역, 특히 '예술의 사회학'을 다른 각도에서 모색하는데, 진정한 예술

61 같은 곳.

62 같은 책, 13쪽.

63 같은 책, 16쪽.

64 같은 곳.

이란 사회에 대해 초월적이며 부정적이어야 한다는 자율적 예술론을 펴고 있다는 것이다.[65] "파시즘은 정치를 미학화했다"고 고발한 벤야민(Walter Benjamin)을 언급하며, 그는 영화 같은 대량복제가 가능한 예술로 인해 대중의 생각이 획일화·규격화되어 대중예술은 개성 상실의 마취제 구실을 하게 된다는 벤야민의 견해를 소개한다. 그는 더 나아가 규격화로 인해 똑같은 상품이 양산될 수 있는 공업기술이 미적 감수성을 변질시킨다는 뢰벤탈(Leo Löwenthal)이나 "예술의 진리성은 이성과의 화해를 통한 감각성의 해방", 즉 쾌락원리와 현실원리의 화해라고 본 마르쿠제(Herbert Marcuse)를 소개하며, 현대산업사회에서 대중예술에 의한 인간 소외현상이 진행되었다고 언급한다. 정치의 미학화나 예술사회성 테제에 관한 비판이론의 성과에 대한 그의 연구는 그리 깊게 진행되지 않았으며 이후에도 깊이 천착한 바가 없어 아쉬움을 남기고 있다.

그는 비판이론이 근대적 합리성에 대한 비판, 인간의 자연으로부터의 소외에 대한 통찰, 도구적 이성으로 타락한 실증주의의 빈곤에 대한 분석, 인간 소외의 이면에 대한 조명 등 많은 학문적 기여를 했지만,[66] 감각이나 쾌락의 억압이 아니라 그 올바른 해방이 무엇인가 하는 점을 이제는 보다 깊이 살펴보아야 한다고 주장하며, 이 주장이 도를 지나치게 되면 아나키즘이 고개를 들고 나온다고 우려하기도 했다.[67] 쾌락의 무정부주의적 해방이 사회를 혼란에 빠뜨릴 수 있다는 그의 우려는 그가 절제된 감각을 통해 사회적 질서를 옹호하는 다소 보수주의적 입장에 있다는 것을 보여 준다. 비판이론에 대한 그의 관심과 연구는 이후 공산주의나 북한 주제철학에 대한 비판, 이데올로기 비판, 인간 존엄성 및 자유사회의 옹호 등 그의 철학

65 같은 책, 17쪽.

66 같은 책, 3쪽.

67 같은 책, 18쪽.

적 과제를 전개시키는 이론적 토대역할을 한 것으로 보인다.

5. 맺는말

60년대와 70년대는 일제 식민지의 유산을 청산하며 한국이 정치적 경제적으로 자립하기 시작한 때였다. 이 시기에 한국은 근대화와 산업화를 추진하며 경제적 가치를 우선하게 되고 개발독재의 정치체제를 유지했으며 동시에 자유민주주의를 찾기 위해 몸부림치고 민족주의적 가치를 중시했다. 경제적 어려움과 개발 및 성장의 가치가 함께 있는, 어둠과 희망이, 억압과 미래를 향한 기대가 동시에 병존하던 시기, 즉 어떻게 보면 모순적인 그리고 다른 시각에서 보면 역동적인 시기이기도 했다. 이 시기는 한국인의 정신적 정체성 정립, 20세기 한국사상의 조명, 남북으로 갈린 한국 현실에서 공산주의, 특히 주체사상에 대한 비판작업, 현대 대중사회에서 인간 삶의 의미 및 소외 문제 등 풀어야 할 과제가 너무나도 많은 시대이기도 했다.

신일철의 철학적 관심과 연구는 이러한 시대적 문제의식과 같은 궤도 위에서 움직이고 있다. 60년대(30대)에는 비극적 시대 인식과 실존적 주체성 찾기에 몰두했으며, 70년대(40대)에는 사회와 역사 인식, 특히 현대 기술문명이 가지는 위험성을 비판이론을 통해 연구하며 인간 소외로부터 해방의 가능성을 모색했다. 80년대 이후 지속되는 그의 연구들, 즉 신채호, 안창호, 동학, 민족주의, 마르크스주의, 이데올로기 비판, 주체사상비판 등은 한국인의 정체성을 찾는 과정에서 나온 것이며, 롤스, 노직, 하이에크 등의 사회철학적 논의나 글로벌 세계에 대한 논의 등은 현대 신자유주의와 세계화에 대응하는 시의적 문제를 그대로 담고 있는 것으로 보인다.

한국을 탐구하고 20세기 한국인의 정체성을 확립하며 한국이 나아가야 할 방향을 제시하고자 하는 그의 관심은 앞에서 언급한 바 있듯이 다양한 형태로 나타났다. 60년대의 카뮈나 니체, 쇼펜하우어 등 생철학과 실존철학에 대한 관심과 번역작업, 70년대의 현대의 정신적 상황과 이성 비판에 대한 야스퍼스나 프랑크푸르트학파에 대한 번역 및 소개 등은 척박한 한국의 사회 현실 속에서 드러나는 소외된 인간 삶에 대한 시대적 문제의식을 담고 있으며, 그에 대한 진지한 성찰적 반응으로 보인다. 동양과 서양, 역사와 사회, 전통과 현대 등 모든 영역을 관통하고 있는 그의 작업은 동서양 텍스트와 문제의식들을 토대로 자신이 사는 시대를 철저히 읽고 분석하는 작업에서 시작했으며, 그의 철학적 관심은 20세기 현대사 전체를 관류하고 있다. 그의 철학적 작업은 백과사전같이 방대하고 다양한 주제들을 다루고 있지만, 그의 문제의식은 20세기 한국인으로서 우리가 그 안에서 살고 있는 현재형의 시대와 사회, 세계를 어떻게 이해하고 그에 대응하며 창조적 미래를 만들어 갈 수 있는가에 있었다. 동서고금의 인문학적 텍스트를 관통하며 우리가 서 있는 시대와 사회의 시의적 문제를 다루고 우리가 나아가야 할 길을 모색하는 세계관적 지성인으로서 그의 철학적 작업은 철학을 단순히 경전해석이나 시의적 에세이류의 자기표현 정도로 여기는 현대에 성찰할 많은 내용을 전해 준다. 그의 철학적 작업을 오늘날 우리가 다시 주목하는 이유는 이론과 실천을 통합하고 암묵지를 실천하며 한 시대의 문제의식을 품고 고뇌할 수 있는 세계관적 지성인이 빈약한 우리 시대에 그에게서 세계 인식의 빈곤을 극복하는 많은 단서를 발견할 수 있기 때문이다.

회상의 언저리에서

신일철 선생님과 프랑스 구조주의 강의

홍은영 고려대 철학과

인연의 흔적들

선생님의 삶과 철학에 관한 책의 출간을 앞두고 작은 글을 쓰기 위해 거실을 서성일 무렵, 저녁 햇살이 반쯤 창턱에 걸쳐 오후의 끝을 예고하고 있었다. 어김없이 해가 뜨고 지듯 우리의 삶도 그렇게 반복을 되풀이한다. 아침을, 오후를, 저녁을 맞이하다가 그 끄트머리에선 이내 밤이 찾아온다. 그래서 시간은 차갑고 냉정하다 못해 무심한 것이 아닌가하는 생각이 든다.

누군가가 마음속에 남아 깊은 추억으로 자리한다는 것… 무엇이 그렇게 만드는 걸까? 나도 누군가의 기억 속에 남아 많은 시간이 흘러도 그 자리를 지키고 있을까? 특히 그리움으로 남아 불현듯 가슴 언저리를 맴돌 때는 그 기억은 아련한 슬픔이 되어 먼 길을 되돌아온다.

내가 철학을 공부하려고 첫발을 내디딘, 이제는 30년이 훌쩍 넘어버렸지만, 나의 젊은 시절에 시작된 신일철 선생님과의 인연은 무수한 시간이 흘렀음에도 많은 기억들이 어제 저녁의 일상처럼 생생하게 떠오른다…

학부시절, 서양 철학사, 지식의 문제, 사회철학, 역사철학, 현대 철학사상 등 선생님의 강의로 수강신청을 마무리했던 그 무렵… 선생님은 늘 커다란 가죽가방을 한 손에 가볍게 드시고 또 다른 손에는 갓 뿜어낸 연기가 피어오르는 담배와 늘 함께 하셨다. 커다란 가죽가방은 멀찌감치에서 보아도 내겐 꽤 무거워 보였지만 선생님의 듬직하고 커다란 손 안에서는 왠지 가볍게 보였다. 아마도 선생님의 건장하고 여유 있어 보이는 풍채가 그렇게 보이게 했던 것 같다. 중앙도서관 앞길을 지나 대학원 건물 앞을 지나실 무렵에 종종 뵙곤 했는데 한 손에 든 담배를 입에 무시며 잠시 길을 멈춰 인사를 받으시곤 미소를 띠시고 무심한 듯 보이는 발걸음을 시계탑 건물을 향해 옮기셨다. "자네 요즘은 무슨 책을 보나? 공부는 잘 되는가?"라는 말로 나에 대한 안부를 대신하시고는. 선생님은 아마도 큰 의미 없이 하신 질문이었을 텐데 당시 선생님에 대한 믿음과 존경심이 싹틀 무렵이어서인지 내겐 진지하게 다가왔다. '그래 내가 공부는 잘 하고 있는 건가? 내가 요즘 무얼 하고 있는 게지?'

선생님의 마지막 제자로 박사학위를 받고 강사로 재직하던 시절, 박사후 과정으로 프랑스에 체류한 적이 있었는데··· 그것도 벌써 17년 전의 일이다. 2002년 당시 선생님은 다른 몇몇 선생님들과 함께 서유럽을 다니러 오셨다가 파리에도 들르셨다. 반가운 목소리로 내게 전화를 걸어오신 선생님은 묵고 계신 호텔 부근에서 만나 저녁식사를 하자고 하셨다. 늘 그러하듯이 따뜻하고 밝은 목소리로 나를 맞아 주시던 선생님은 식사를 하시며 내내 변화하는 한국정세와 북한에 관한 이야기 등 한국 통신원보다도 더 자세하게 논평까지 덧붙여 재미있게 이야기를 들려주셨다. 이야기를 듣는 동안 프랑스가 아닌 서울 중심에 앉아 저녁을 보내고 있는 듯 생생하게 느껴졌다. 식사가 끝난 뒤 저녁식사를 계산하려고 내가 계산서를 가져가자 선생님은 깜짝 놀라시며 당신의 지갑을 내게 내보이셨다. 이렇게 돈이 충분하니 걱정 말라시며 부지런히 계산대로 가셔서 지불하고 나오셨다. 다른 선생님들과의 스케줄을 포기하고 나와 함께 저녁식사를 하러 오신 선생님께 조금이나마 감사의 뜻을 표현하기 위해 대접해 드리고 싶었지만 선생님의 만류에 내 소박한 꿈은 실현되지 못했다. 웃으시며 지갑을 꺼내 보이시던 선생님의 모습이 마치 어제처럼 생생하게 느껴진다… 그러나 이젠 그 모습을 뵈올 길이 없으니… 마음 한 켠이 서늘하게 아려 온다…

당시 벨기에 브뤼셀을 방문하신 선생님은 아마도 여행지에서 '오줌 누는 어린아이' 동상을 인상 깊게 보시고 그 미니어처를 사고 싶으셨는데 못 사셨는지 그 아쉬움을 내가 보낸 안부메일에 답장으로 남기셨다…

> 보낸사람: 신일철 〈shin@ybmsisa.co.kr〉 02.02.26 12:42 주소추가 수신차단
> 받는사람: "hong eunyoung" 〈dlsdlf@hanmail.net〉 주소추가
> 보낸날짜: 2002년 2월 26일 화요일, 12시 42분 17초 +0900
>
> 월요일 아침에 나와 열어보니 반가운 편지가 와 있었습니다. 한번만 만난 것이 못내 아쉬워집니다. 부랏셀 여행도 인상적이었고 특히 도시의 옛 거리에 어린애 오줌누는 석상이 인상적이었읍니다. 그 미니상을 파는데 하나 사오는 것을 노쳐 언제 ㄷ 다시 부락셀 갈 기약도 없고, 구할 길 있으면 하나 보내주기 바랍니다.
> 서울 오면 곡 연락 해 주기를. 일행이 조선족 이야기를 흥미 있어 했는데 몇 명 정도라고 했는지 다시 알려주기 바랍니다. 건강하고 행복하기를.
> 신일철

며칠 뒤 편안히 귀국하셨는지를 묻는 나의 메일에 선생님은, 최근에 쓰신 「'정치적 인간'의 복권과 공공권」이라는 제목의 짧은 글을 심심풀이로 읽으라며 내게 보내오셨다. '심심풀이'라는 선생님의 표현이 재미있어 혼자 웃으며 글을 읽었던 기억이 되살아나 마음 한 켠이 따뜻하게 느껴진다.

> Re: 홍 은영 입니다

보낸 사람: 신일철 〈shin@ybmsisa.co.kr〉 02.03.09 15:52 주소추가 수신차단
받는 사람: "hong eunyoung" 〈dlsdlf@hanmail.net〉 주소추가
보낸 날짜: 2002년 3월 09일 토요일, 15시 52분 52초 +0900
첨부파일 1개가 있습니다. 바로가기
일반 첨부파일 1개(50KB) 정치적 인간.hwp "정치적 인간"의 복권과 공공권

홍 은영 시에게, 심심풀이로 보내드립니다.

----- Original Message -----
From: "hong eunyoung" 〈dlsdlf@hanmail.net〉
To: 〈shin@ybmsisa.co.kr〉
Sent: Sunday, February 24, 2002 5:24 AM
Subject: 홍 은영 입니다

이제 선생님은 우리 곁을 떠나 먼 곳으로 가셔서 그 흔적을 뵈올 길은 없지만, 아직도 내 마음과 기억 속에 깊게 자리 잡아 추억으로 간직되어 가끔씩은 꺼내 볼 수 있어 행복하다. 지금도 휴대폰 전화목록에 남겨져 있는 선생님의 폰 번호 '011-264-1447'은 마지막까지 내가 지울 수 없는 선생님의 흔적이기에 오늘도 오롯이 남아 내 폰의 언저리에 머물고 있다… 물론 가끔씩 내가 사는 공간에 전화벨이 울리기를 애잔하게 기대하지만…

선생님은 시간이 나시거나 새로운 책을 출간하게 되실 때 또는 새로운 아이디어가 떠오르셨을 때면, 비교적 가까이에 있었던 이유선 박사와 나를 부르셔서 이야기를 하시는 걸 즐겨 하셨다. 종로 2가 뒷골목의 꼬리곰탕집이며 갈비탕 집… 그리고 그토록 즐겨 가시던 커피 집… 이젠 그 하나하나의 흔적들이 추억이 되어 내 마음속에 새로운 둥지를 튼 듯하다.

선생님과 프랑스 구조주의 강의

오늘은 30여 년 전 문과대 시계탑 건물에서 '현대 철학사상 입문' 강좌 시간에 프랑스 구조주의를 강의하시던 선생님의 모습을 회상하며 그때의 모습을 가져오려고 한다. '현대 철학사상 입문' 수업이 무르익어 니체, 키에르케고르, 베르그송 등의 현대 철학자들의 사상에 대한 강의가 끝나고, 중간고사 이후 즈음에 프랑스 구조주의에 대한 강의가 시작되었던 것으로 기억한다.

시력이 좋지 않은 나는, 엄청난 양의 정보를 쏟아 내시는 선생님의 강의를 놓치지 않기 위해 늘 앞자리에 앉았다. 늘 그러하듯이 많은 지식 내용을 전달하시느라 애쓰셨던 선생님의 강의 속도를 따라 필기를 하려면 사실 엄청난 내공이 필요했다. 빠른 속도로 숙지해야 함은 물론 필기 정리 능력도 어지간해서는 내용을 놓치기 십상이기 때문이다. 강의를 시작하시기 전, 선생님은 늘 내 자리로 다가와 필기내용을 보시며 다음 진행할 부분을 확인하시곤 하셨다. "내가 그렇게 많은 양을 강의했나?"

당시 새로이 개설된 '현대철학사상 입문'이라는 강좌는 교양과목이긴 했지만 난이도가 꽤 높은 강좌여서 철학과 고학년이나 다른 과 학생 가운데서도 철학 매니아들이 듣곤 했던 수업이었다. 이 강좌에서 특히 학생들에게 흥미를 유발시켰던 부분은 프랑스 구조주의에 관한 내용이었다.

작년 2학기엔가 철학과에서 개설하는 '특정학파의 철학연구'라는 과목을 우연치 않게 맡아 강의하게 되었는데, 학생들이 구조주의에 대한 관심이 높아 두 주 정도를 할애해 구조주의의 배경과 흐름 및 영향에 대한 강의를 했다. 당시 내게 놀라왔던 것은 나는 이미 30여 년 전에 선생님의 교양강좌를 통해 현대 철학사조로서 구조주의에 대한 대략적 내용을 숙지하고 있었는데, 30년이 지난 지금 철학과 전공수업에서 졸업을 앞둔 철학과 학생들이 구조주의에 대해 처음 강의를 듣고 있다는 것이 아닌가. 현대 철학사조로서 구조주의에 대한 이해의 필요성을 그렇게 일찍 절감하시고 철학수업에 도입하신 선생님의 열정과 예지력은 지금 상황을 비추어 보니 엄청난 것이었다는 생각이 들었다.

제2차 세계대전 직후 '주체성'을 강조하는 실존주의에 대항해 그보다 더 근본적이고 심층에 있는 구조가 우리의 사유를 어떻게 지배하는지를 구조주의 언어학자인 소쉬르를 비롯해 야콥슨, 레비스트로스, 알튀세 등을 통해 다양한 각도에서 설명하시며 이후 푸코를 비롯한 후기구조주의자들에게서는 어떻게 새롭게 구현되는지를 체계적으로 접근하셨다. 훗날 나의 박사 논문 주제가 되기도 했던 푸코의 사상에 대한 이해의 실마리는 이때 선생님의 강의를 통해 싹을 틔운 셈이다.

당시 선생님은, 인간의 사회문화적 현상을 다루는 데 있어 실존주의나 마르크스주의 등이 '인간중심주의'의 큰 오류를 범해 왔다고 구조주의자들이 비판한 부분에 주목하셨다. 그들은 모두 제도를 만들어 낸 것은 '인간'이라는 이성적 주체가 중심이었다고 보고 인간중심주의를 견지하며, 사회와 문화를 개혁하고 혁명으로 이끌어 내는 것도 바로 '인간'이라는 그들의 주장에 전격적으로 반격을 가한 것은 구조주의자들이었다는 것이다.

구조를 사물들 간에 내재하는 자연적 관계라고 보지 않고 오히려 그 개개의 것들이 어떤 구조를 이루는 '차이의 체계'로 평가한다는 점에서 기존의 인간중심적 사조와 크게 궤를 달리한다는 것이다. 칸트, 헤겔 등 독일 관념론에 대한 강의가 주류를 이루었던 그 무렵, 프랑스 구조주의에 대한 선생님의 소개는 학생들에게 신선한 충격을 주었다. 당시 프랑스 철학을 조금씩 국내에 소개하기 시작했던 김형효 교수의 '구조주의의 사유체계와 사상'조차 1989년이 지나서야 출판된 것으로 보면 선생님의 소개는 가히 선구적이라 하지 않을 수 없다.

소쉬르의 구조주의 언어학을 다루었던 두 번째 시간에는 애국가의 첫 소절을 예로 들어 스위스의 구조주의 언어학자인 소쉬르의 언어에 있어서의 구조와 관계에 대한 개념을 재미있게 설명하셨다. 철수가 애국가의 한 소절을 한 옥타브 낮게 부르고 영희가 한 옥타브 높게 불렀다고 할 경우, 그것을 악보로 옮겨보면 철수가 부른 노래의 음역대와 영희가 부른 노래의 음역대는 다른 위치를 점하고 있다. 즉 요소적으로는 두 사람의 노래가 다르다고 볼 수 있겠으나 그 요소들의 관계인 멜로디는 고음 저음의 차이는 있을 수 있으나 같은 멜로디 '동해물과 백두산이 마르고 닳도록…'으로서 그 구조는 같다는 것이다. 선생님은 이 부분을 쉽게 설명하시기 위해 강의실 앞쪽에 앉아 있던 두 학생을 일으켜 세우시고는 노래를 불러 보라고 하셨다. 겸연쩍어하던 두 남녀 학생이 상기된 얼굴로 한 소절을 부르던 모습이 오늘도 생생하게 떠오른다.

언어도 하나의 구조로서 관습의 체계에 속하는 기호 체계임을 강의하시는 도중에 기표(signifiant)와 기의(signifié)를 알기 쉽게 설명하기 위해 선생님은 칠판에 강아지를 그려 보이시면서 이 모양을 아무리 둘러봐도 우리가 사용하는 '강아지'라는 말이나 영어의 'dog'라는 말과 닮아 있지 않다고 하시고는 기표와 기의 간의 그런 필연적 연관성은 일찌감치 존재하지 않는다고 하시면서 소쉬르의 입장을 대변하셨다. 또 쉬운 예로 공산국가에서는 붉은 깃발이 좋아 빨간색이 'go'의 의미를, 청색이 'stop'의 의미를 갖는다고 하셨다. 즉, 기호는 그것이 속한 체계 속에서 위치하는 차이의 관계성에서 그 의미가 규정된다고 쉽게 설명하셨던 것이다.

그 당시 그런 선생님의 설명 방식에 학생들이 웃음을 보이거나 고개를 갸우뚱하기도 했지만 강의를 20년 가까이 하며 강단에 서온 나 자신도 어려운 개념을 설명할 때면 유추할 수 있는 쉬운 예가 쉽게 떠오지 않아 곤혹스러울 때가 많다. 나 자신이 대학 강의를 하면서 이런 어려움을 경험하지 못했더라면 이때의 선생님에 대한 기억은 기억 속에서 사라졌을지도 모르겠다. 그러나 추상적인 개념을 주로 다루는 철학의 영역에서는 더욱더 쉬운 일상의 예를 가져와 설명해야 할 때가 많다. 그래야만 학생들은 의아하게 뜬 동그란 눈망울을 알겠다는 듯 빙긋이 웃으며 미소로 화답을 하기 때문이다.

선생님은 이어 제3교시 강의에서는 레비스트로스의 문화인류학의 연구로 구조주의의 기초가 확립되었다고 강조하셨다. 그러시면서 우스갯소리로 패션계의 새로운 유행에서뿐만 아니라 새로운 사조도 프랑스 파리에서 시작하는 것이 많다고 하셨다. 그래서 레비스트로스에서 시작된 구조주의적 사고도 프랑스산이라는 것이다. 아마도 학생들로 하여금 일상적으로 기억하기 쉽게 하시느라 이런 재미있는 표현을 사용하신 것 같다.

선생님은 강의에서 구조주의의 '구조' 개념은 소쉬르와 야콥슨의 언어연구에서 비롯되었다고 강조하셨는데 1991년도에 프랑스에서 출판된, 『구조주의의 역사』에서 언급하고 있듯이 구조주의라는 학술 용어를 처음 사용한 것이 프라하학파라고 본다면 당시 선생님의 강조는 우리시대의 현대적 논의를 이미 앞서 선취하셨다고 할 수 있겠다.

선생님은 3교시 강의를 통해 세계대전 후 극대화된 실존철학이 출발점으로 삼고 있는 의식과 주체성의 문제가 구조주의에서 증발되거나 소멸되고 있음을 강조하셨다. 따라서 모든 독립적인 개체와 자유 자체로서 여겨지는 의식은 나와 타인이나 타자들 간에 얽혀진 그물구조 속으로 용해된다는 것. 레비스트로스의 경우 결혼이나 친족의 체계와 구조가 인간이나 사회를 이해하는 기호체계(le code)나 규칙(la règle)으로 등장하지만, 그런 기호체계나 규칙은 현상학이나 실존철학이 강조하듯이 개인의 자유로운 선택이나 기획에 의하여 의미부여를 받게 되는 것이 아님에 주목하셨다. 주체가 의미부여의 원천이 되지 못한다는 것이다. 왜냐하면 주체가 의식에 의

하여 의미를 대상에서 발견하거나 부여하는 것이 아니라 주체는 관계나 구조 속에서 효과로 나타나기 때문이다. 관계와 구조 속에서 효과로 드러나는 주체의 위치나 진리의 문제에 대한 오늘날의 논의의 씨앗을 선생님은 이미 당시에 강의를 통해 우리에게 예고해 주셨던 것이다. 후기구조주의자로서의 푸코의 위치를 구조주의의 등장을 통해 해명하신 셈이다.

내게 말없이 돌아온 선생님의 책

30년도 넘은 선생님의 살아 있는 이야기가 담긴 낡은 노트를 꺼내드니 교단 위를 부지런히 움직이시며 열심히 강의하시던 선생님의 모습이 눈앞에 떠오른다. 매시간 워낙 많은 양의 내용을 쏟아 내시는 분이시라 팔목이 아플 정도로 필기를 하고 집중을 하지 않으면 그 많은 내용을 소화해 낼 수가 없었다. 그래서 때로는 선생님이 야속하기도 하고 언제 한번 휴강하지 않나 학생들끼리 야심차게 기대했던 기억이 떠올라 혼자 웃었다. 50분 수업을 넘기시기가 일쑤이신 탓에 학생들은 늘 '교수님, 시간 지났습니다'를 때때로 외쳐야 했다. 이제 내 나이가 그 때의 선생님의 나이와 비슷한 지점에서 있는데… 과연 내겐 그런 열정과 노력이 있는지 선생님의 그림자 앞에서 부끄러울 뿐이다.

좀 전에 창턱에 내려앉은 저녁 햇살이 언제 그랬냐는 듯 사라지고 짙은 어둠이 어느새 창밖 거리를 휘덮고 있다. 젊음은 마냥 내가 소유할 수 있는 시간인 줄로만 알았던 때가 엊그제 같은데 어느덧 내 얼굴에 편안하게 자리한 성성한 흰머리와 주름은 그것이 왜 불가능한지를 여지없이 예고한다. 30년이 넘어가는 선생님에 대한 기억은 이제 추억이 되어 가슴 속에 진한 울림으로 남아 나의 삶 곳곳에서 여전히 많은 이야기를 들려주고 계신다. 그래도 한 번만 더 뵈올 수 있다면 늘 그곳에서 선생님의 목소리를 들을 수 있으련만 아쉬움과 안타까움이 떨어지는 저녁 해보다 더 클 뿐이다.

어디선가 커피 향내가 스며든 듯하여 커피 물을 올렸다. 인스턴트 커피를 꺼내 드니 교내에 설치된 자판기 커피를 즐겨 드시던 선생님의 두툼한 손이 눈앞을 그림자처럼 스치고 지나간다. 가끔 대학원 건물 일 층을 통과할 때, 자판기 앞에서 커피를 기다리다 선생님을 뵈면, 따뜻한 종이컵에 담긴 커피를 권해 드리곤 했었는데 그때마다 선생님은 주머니를 뒤적이시면서 여러 알의 동전을 내 손바닥에 건네주시고는 홀연히 가셨다.

이젠 대부분의 학생들이 거들떠보지도 않지만 교내 구석구석에 자리했던 커피 자판기…지금은 200원으로 인상되었지만 100원을 고수하며 넉넉지 못한 학생들의 후식을 든든히 지켜주었던 커피 자판기는 선생님에게도 편리하게 커피를 제공하는 든든한 녀석이었다. 값비싼 드립커피나 원두커피가 아닌 그저 평범한 커피 향을 내는 값싼 커피였지만 커피를 좋아하시던 선생님께는 또 하나의 편리한 친구였으리라. 그래서인지 자판기 커피는 요란스럽지도 품격을 애써 내세우지도 않으시는 선생님의 소박한 향기를 그대로 닮은 듯하다!

누군가에게 내가 쓴 책을 선물하고 나서, 후일 내가 그 책을 다시 만나게 된다면 그건 어떤 경우일까? 그 책에는 내가 남긴 헌사의 흔적이 있기에 내 것임을 한 번에 알아볼 수 있으니 말이다… 오래전에 내가 출간한 책을 고려대학교 도서관에서 빌려 보게 된 후배가 신일철 선생님을 향한 나의 헌사가 책에 담겨 있다며 내게 가져왔다. 의아해하며 자세히 들여다보니, 15년 전 출간한 책에 헌사를 담아 선생님께 드렸던 책이 고려대학교의 장서가 되어 내가 마주하게 된 것이 아닌가. 책을 받아들고 첫 페이지를 넘기니 내가 써 넣은 글자들이 낯설게 나를 바라보고 있었다. 선생님의 부재를 무심하게 내게 알리는 그 책의 존재가 내겐 너무 허망하게 다가왔다.

낯선 친숙함이 존재의 부재 사이에 드러난 빈 틈새를 여지없이 비집고 들어왔다. 슬픔, 허전함, 안타까움, 그리고 그리움이 내가 남긴 글들 사이에서 흩어져 내린다…친숙한 글자가 하나의 그림 퍼즐이 되어 10년 전 아니 20년 전의 기억들을 차곡차곡 맞추어 나가고 있었다. 아픔에 대한 기억은 생각보다 빨리 기억에서 사라지는 것 같다. 아마도 아픔을 지워 버리고 벗어나려는 생물학적 유전자 코드의 몸부림이 그렇게 만든 건 아닐까? 그러나 그 안간힘의 흔적이 몸속 어딘가에 남아 조금씩 모습을 드러낼 때면 어김없이 몸속 저 밑바닥을 아프게 저며 온다.

내가 선생님께 드린 책 속지에 남긴 몇 개의 글자, 그 친숙한 서체가 점점 낯설게 다가온 것은 아마도 선생님의 부재를 알리는, 과거에서 달려온 부고장처럼 나를 두드렸기 때문이리라. 선생님의 존재 속에서는 결코 만날 수 없었던 책 속에 내가 남긴 몇 개의 글자가 이제 내 앞에서 나를 무심히 올려다보고 있다. 이젠 저 어두운 도서관 서가의 한 켠에 고려대학교 장서가 되어 돌아온 선생님께 속했던 나의 책… 선생님에 대한 애잔한 기억이 온몸을 아프게 감싸 온다.

신문 논설을 통해 본 '자유주의' 철학자의 한국 사회 참여

한승완 국가안보전략연구원

1. 신일철의 대중적 글쓰기

신일철의 한국 정치와 사회에 대한 개입은 넓고도 두텁다. 그것은 그가 본격적인 철학자의 길을 걷기 시작했다고 볼 수 있는 강사 시절인 1959년에 이미 『동아일보』에 칼럼을 쓰기 시작하여 몸이 불편하여 신문 기고를 중단한 2004년까지 거의 반세기에 걸친 장기간 동안 한국 현대사를 따라가며 지속적으로 대중을 향한 글쓰기를 했다는 기간의 측면에서만이 아니다. 그가 다루었던 주제와 영역 또한 정치, 경제, 외교, 안보, 남북관계, 사회윤리, 시민의식, 교육, 근현대사, 사회주의 및 공산주의 역사 등 그 폭과 두께는 넓고 두껍다.

철학자가 저마다 자신의 철학 전공분야를 갖지만 사회에 대해 발언할 때 일반적으로 '제너럴리스트'(generalist)라 한다면, 그야말로 이 말이 정확하게 맞는 사례라 할 것이다. 물론 '제너럴리스트'라 해서 개입의 내용이 아마추어적이거나 단순히 감상적인 수준에 그치고 있는 것은 아니다. 그것은 자신의 철학적 시각에 기초를 두고 다양한 현실을 주의 깊게 추적, 비판하고 나아갈 방향을 제시하고 있지만, 어느 한 분야에만 한정되어 있지 않다는 것이며 주제를 넘나들며 주제들 사이에 다양한 어휘와 시각의 번역이 이루어지고 있다는 점에서 '제너럴리스트'라는 것이다.

철학자는 우선 철학적 저술을 통해 철학계에서 인정받고 영향력을 확보하거나 일군의 뛰어난 철학자들을 배출함으로써 세계에 대한 우리의 이해에 변화를 가져오고 최종적으로는 사회 전체에 영향을 미칠 수 있을 것이다. 하지만 그는 동시에 사상가로서 직접 사회의 구성원들을 수신인으로 하여 발언함으로써 어떤 역할을 수행할 수도 있을 것이다. 신일철을 이 두 측면에서 가장 주목해야 할 한국 현대철학자 중의 하나라 부른다 하여 결코 과장이라 할 수 없을 것이다.

신채호의 사상궤적에 대한 그의 철학적 분석과 주체사상 비판은 그 내용에 대한 동의 여부를 떠나 한국 철학계가 사회·정치철학 분야에서 최초로 제시한 것이자 최고 수준의 것이었다는 데 이의가 없을 것이다. 철학 분야에서 그가 이룩한 이러한 주제들은 이미 그의 철학적 물음이 한국 근현대사와 현실에 밀접히 연관되고 있음을 보여 준다. 그는 평생 대학 강단을 떠난 적이 없지만 이른바 '강단철학'에 결코 머물지 않았다. 그는 철학적 연구에서뿐만 아니라 신문 기고를 통해 현실에 대해 보다 직접적으로 꾸준히 발언한다. 그의 글쓰기는 이런 점에서 철학적 글쓰기와 대중적 글쓰기의 두 가지 형태가 항시 병행하여 진행된다.

물론 그는 안호상이나 박종홍과 같이 직접 정치 현장에 투신하는 방식으로 현실에 개입하지는 않았다. 그의 현실 개입은 언제나 현실에 대한 논설적 발언이었으며 따라서 현장과 일정한 거리를 두고 기본적으로 세심한 관찰자의 입장을 크게 벗어나지 않았다. 물론 중립적 관찰자가 아니라 뚜렷한 자신의 입장과 시각을 가지고 현실의 구체적 형성에 작용을 가하겠다는 의도가 분명한 '열정적 관찰자'였다. 만년에 이르러서는 보수적 시민운동에 직접 참여하기도 했지만, 그의 현실 개입은 어디까지나 공론장의 언설을 통한 개입이었다.

나는 여기서 이러한 공론장의 언설, 그것도 신문 논설을 중심으로 신일철을 기억해 보고자 한다. 가능한 한 그가 다루었던 주제들 중 반복적이고 중심적인 주제들을 선별하여 정리하고 평가해 보고자 한다. 물론 여기서 나의 개인적 관심이나 선호가 없을 수 없으므로 이 글이 신문이라는 매체를 통한 그의 대중적 글쓰기 전반을 매거(枚擧)하고 있다고 주장하지 않는다.

내가 확인한 바로는 그가 최초로 언론에 기고한 글은 수운(水雲) 최제우의 동학창도 100년을 맞이하여 '사람이 곧 하늘이다'(人乃天)라는 사상을 민국(民國)의 정신, 민중의 정신으로 정리하여 『동아일보』에 기고한 1959년 4월 5일의 글이다. 여기서 그는 우리의 '사상적 주체성'을 확립할 것을 주장한다.[1] 이어 휴머니즘 및 신과 인간에 관한 일련의 일반적인 사색적 논설들을 발표한 이후, 그가 본격적으로 한국 사회에 대해 발언하기 시작하는 것은 80년대에 들어와서이다.

신일철이 한국 사회 현실을 비판적으로 추적하는 사회·정치철학적 기본 입장은 포퍼의 '점진적 개혁주의'와 하이에크의 '신자유주의'에 기초하고 있다. 이 두 개의 기둥으로 자신의 사회·정치철학이 세워져 있다는 것을 그는 여러 기회에 공개적으로 천명해 왔다. 그는 이 이론적 무기를 가지고 한국의 현실을 진단하고 비판하고 대안을 제시한다. 이 시각에서 가장 우려할 만한 것이자 그렇기 때문에 이념으로서 우선적으로 맞서 싸워야 할 대상은 북한 체제와 주체사상, 그리고 남한의 '급진적 진보주의'이다. 아울러 남한의 '보수주의'라 할지라고 그것이 포퍼와 하이에크에 기초한 '시장적 사고'에 벗어나는 한, 그것도 철저한 비판의 대상이 된다. 이러한 북의 '주체 없는 주체사상'과 남의 '급진적 진보주의'를 한편으로 하고 건전한 공정성이 결여된 '자본주의'를 다른 한편으로 하는 두 개의 전선을 통해 그의 '자

1 「역적으로 몰린 수운」, 『동아일보』, 1959.4.5. 참조.

유주의'의 윤곽이 그려지고 있다고 할 수 있다.

2. 북한 체제와 주체사상 비판

북한 체제는 기본적으로 스탈린식 사회주의 계획경제를 직수입하여 이식하고 시민사회를 말살하고 사회 전체를 전방위적으로 군사주의적으로 조직한 체제이다.[2] 신일철이 보기에 김일성, 김정일에 의해 구축된 이러한 체제는 소련과 동유럽의 몰락, 중국과 베트남의 개혁개방이라는 격변 속에서도 변동의 여지를 보여 주지 않고 있다. 그는 김일성 사후 김정일의 북한 체제가 기본적으로 연명할 가능성은 없다고 보았다. 무엇보다 "김정일에게는 정치에서의 독재를 고수할 뿐만 아니라 경제에서의 수정주의(시장형 사회주의)를 시도하려는 흔적도" 없기 때문이다.[3] 그렇다고 해도 그는 이것이 곧 북한 체제의 조기붕괴로 이어질 것이라기보다는 개혁개방을 거부하며 버티는 이러한 상황이 상당히 오랜 기간 지속되리라 예상한다. 북한은 붕괴하려고 해도 붕괴할 수 없으며, 내부의 저항이나 엘리트 내부의 분열도 기대하기 어렵다는 것이다.

이러한 폐쇄 독재 체제가 장기간 지속하는 이유는 무엇보다 그것이 온갖 강압 기구를 통해 주민들을 통제하고 위협하고 고문하고 수용소에 감금하기 때문일 것이다. 그러나 다른 한편 이 체제는 주민들의 자발적 동원을 호도하기 위한 이데올로기, 하나의 '광신적 유사종교'를 통해 유지되고 있다.

북한 체제의 지도이념인 주체사상은 이른바 '사람 중심의 세계관'이다. 사람은 '자주성', '창조성', '의식성'이라는 세 가지 속성을 갖는데, 이 중 기본이 되는 것은 '의식성'이다. 그런데 엉뚱하게 이 '의식성'은 결국 "'수령에

2 「김일성의 5가지 잘못」, 『문화일보』, 1996.7.6. 참조.

3 「김정일의 개방반대론」, 『동아일보』, 1994.7.31.

의해 의식화되는 것'이요, '수령에 대한 절대 충실성(충성)'에 귀결된다."[4] '사람 중심의 세계관'이 '수령에 대한 절대 충성'으로 귀결되는 이런 전복은 어떻게 일어나는가? 그것의 비밀의 열쇠는 사람이 갖는다는 '사회정치적 생명'에 있다. 사람은 '육체적 생명'은 부모에게서 받지만 이것과 질적으로 다른 '사회정치적 생명'은 '수령'에 의해 부여받는다는 것이다. 여기서 '수령'이 '육체적 생명'을 준 친부모와 함께 '어버이'로 불리게 되는 것은 자연스러운 일이다. 그리고 이러한 정치 이데올로기에서 개인의 자유롭고 평등한 인권이라는 사상이 차지할 자리는 원천적으로 봉쇄된다. 주체사상에서 인권 개념이 설 자리는 없다.

'사람 중심의 세계관'이라는 허울과 달리 인간의 존엄성이 부인되는 체제는 부도덕한 체제이고 정당성이 결여된 체제이다. 따라서 그것은 궁극적으로 붕괴되어 정의롭고 정당한 체제로 대체되어야 할 것이다. 그렇다면 이러한 체제와 그것의 지도 이데올로기에 대한 비판은 불가피한 실천적 요청일 것이다. 이런 점에서 상하이 태생이지만 평양에서 자라고 평양고보를 다닌 신일철이 이 실천적 요청에 따라 그에게 주어진 신문의 논설 글쓰기 기회의 많은 부분을 북한 체제와 주체사상 비판에 할애한 것은 당연하다 할 것이다.

따라서 이러한 글쓰기의 수신인은 일차적으로 북한 주민이어야 할 것이다. 그러나 북한 주민들이 이러한 취지의 그의 글을 읽어 볼 기회는 거의 없을 것이다. 그가 지인과 동료 외국 학자들을 통해 항상 북한 사정에 대한 정보를 획득하려 노력했고 이를 통해 또한 간접적으로 자신의 비판적 입장이 전달되기를 기대했지만, 그것은 매우 제한적일 수밖에 없다. 그래서 그는 한 동안 실제로 글쓰기보다 직접적으로 북한 주민들에게 자신의 비판적 시각이 전달되기 용이한 매체인 대북 방송, 즉 KBS 사회교육 방송의 '노동당

4 「인권개념 없는 주체사상」, 『문화일보』, 1996.3.25.

간부들에게'라는 대북 방송을 하기도 한다. 그가 방송을 시작한 변을 들어 보면 그의 의도가 분명하게 드러난다. "민족 해방과 더불어 분단 시대를 살아온 철학자로서 외람되게도 간절하게 북한 지도층에게 '우정어린 호소'로 민족 화해와 동족 상잔의 전쟁 회피를 통한 평화 정착을 호소하고 싶었고, 동시에 북한의 개혁 개방을 위해 시장의 철학을 이해시키고 싶다는 유혹도 뿌리칠 수 없었다."[5]

다른 한편 그가 긴 기간을 통해 북한 체제 비판에 관한 논설을 쓰는 이유는 분단된 한반도의 북쪽에 대한 관심과 통일의 전망에 있었음은 물론이다. 그러나 그의 북한 관련 주제에 대한 대중적 글쓰기의 이차적 수신인은 한국의 '급진적 진보주의' 세력이다. 어쩌면 그에게 이 두 번째 수신인이 첫 번째 수신인보다 더 중요했을 수도 있다. 북한 체제와 주체사상에 대한 비판은 남한 내부에서 '진보'를 표방하고 있지만, 실제로는 시대를 역행하며 북한 체제를 추종하거나 그것의 반인권적 상황에 눈을 감아 버리는 '사이비 진보'에 대한 비판인 것이다. 신일철은 이 두 번째 수신인을 분명히 밝히고 있는 논설이 아닌 곳, 즉 오직 북한 체제와 주체사상을 비판하는 곳에서도 이 두 번째 수신인을 항상 함께 염두에 두고 있는 것으로 보인다.

3. 남한 진보운동권에 대한 비판

진보가 현재의 부조리, 착취, 부정의를 타파하고 이상적인 사회를 위해 투쟁하는 세력이고 운동이라면 그것이 완전히 사라지는 세상은 존재하지 않을 것이다. 불완전한 인간이 사는 사회에서 여러 정치·사회적 차별과 부정의는 항상 있어 왔고 그에 대한 투쟁 또한 있었기 때문이다. 부정의와 착취

5 이 방송 내용을 펴낸 책의 머리말 참조. 신일철, 『평양의 봄은 오는가... "북한의 붕괴냐 아니면 개방이냐"』, YBM-시사영어사, 1999.

가 없는 이상사회, 유토피아에 대한 꿈은 인류에게 지울 수 없는 꿈이다.

문제는 우리가 어떤 유토피아를 그리며 그것을 어떻게 만들어 갈 것이냐에 있다. 신일철이 보기에 유토피아의 다원성을 인정하지 않고 어떤 하나의 이념만을 획일적으로 강요하는 유토피아는 '유토피아 제국주의'이며, 이는 필연적으로 '전체주의적 강권 국가'를 초래할 수밖에 없다. "지난날 오랫동안 유토피아는 많은 철학자 사상가들의 꿈이었고 그 이상을 기준으로 현실사회를 비판하는 혁명이나 개혁의 무기가 되기도 했다. 우리에게는 현실의 부조리에 안주하지 않고 보다 나은 미래를 바라보는 이상주의가 있는 한, 유토피아의 꿈을 버릴 수는 없다. 그러나 지금까지의 유토피아적 사고는 한 사회나 온 세계에 하나의 이념을 획일적으로 몰아붙이는 '유토피아 제국주의'였다. 진정 유토피아가 가장 이상적인 사회상이라면 사람마다 나라마다 그 이상이 각기 다를 것이기 때문에 북한의 '유일사상체계'처럼 하나일 수는 없고 복수의 다원적 체계가 아니면 안 된다."[6]

만약 사람들마다 서로 다른 유토피아에 대한 생각의 다원성이 인정되지 않고 그들 간의 경쟁이 허용되지 않는다면 그 유토피아에서는 비판도 성립할 수 없고 오직 복종만이 강요될 것이다. 그리고 그것은 그만큼 그것을 실현시키기 위해 토론과 합의보다는 물리적 폭력에 기댈 것이다. "급진적 개혁국가는 어쩔 수 없이 강권적 전제국가가 되는 유혹에 빠지기 쉽다는 하이에크의 혜안을 다시 생각해 보게 한다. 플라톤의 이상국가의 모형은 〔…〕 정당하고 이상적인 것을 시행하기 위해서는 강권의 동원도 정당화된다는 이른바 '이성적 폭력'이기도 하다."[7] 신일철이 보기에 한국의 진보가 이러한 '유토피아 제국주의'로부터 벗어나지 못한다면 그것의 미래는 없다는 것이다.

---

6 「'표정죄'를 아십니까」, 『문화일보』, 1996.12.7.

7 「사회개혁의 노하우」, 『동아일보』, 1994.5.14.

그런데 소련과 동유럽의 사회주의가 붕괴하고 중국과 베트남이 개혁개방의 노선으로 전환하면서 '유토피아 제국주의'로부터 급격히 또는 점진적으로 벗어나고 있는 1990년대의 시점에서 한국에서는 오히려 이를 추종하는 과격 진보운동이 기승을 부리는 시대의 불일치에 그는 주목한다. 그의 이 시기 신문 논설의 상당 부분은 '급진적 진보운동', 그중에서도 특히 북한의 주체사상을 추종하는 학생운동권에 대한 비판에 집중되고 있다. 과격한 학생운동의 시대착오적 이념을 그처럼 적극적으로 비판하고 나선 철학자도 없을 것이다. 이 점에서 그는 북한 체제와 주체사상 자체에 대한 비판만큼 강한 전투적 의지를 보여 준다.

앞에서 보았듯이 주체사상에는 개인의 인권과 존엄성이 인정되지 않는다. "북한의 '주체사상'은 오직 김일성 1인의 주체만을 강요하고 모든 인민의 자아주체성을 박탈한 '주체없는 주체사상'이었다." 이러한 '주체없는 주체사상'은 "광신적 유사종교가 될 수" 있다. "이 사상은 각 개인의 자유를 부정하고 '멸아'(滅我) '멸사'(滅私)를 강조하면서 독재자에 대한 '절대의존의 감정'을 강요하기 때문이다." 그런데 이런 "마지막 가는 망령을 붙잡는" 우리 사회 내부의 세력을 보며 그는 "사상의 주체성이 허약한 우리사회가 못내 서글퍼진다"고 술회한다.[8] 북한의 노선을 앵무새처럼 따라 외치고 추종하는 '한총련'으로 대변되는 '친북분자들'이 한국 사회에서 발붙일 수 없게 해야 한다는 것이다. "자유와 민주주의는 그것을 파괴하는 자유까지 허용해서는 안 된다는 값진 교훈을" 확인할 수 있다는 것이다.[9]

이미 몰락하고 있는 '망령'을 붙잡고 북한의 노선을 무조건 추종하는 '친북' 세력이 진보를 자처하는 한국의 현실은 시대적 불일치와 개념의 왜곡을 전형적으로 보여 주고 있다. 이 점에서 북한의 인권과 비민주주의에 비판

8 「주체없는 '주체사상'」, 『동아일보』, 1994.8.28.

9 「한총련의 시대착오」, 『동아일보』, 1996.8.22.

의 눈을 감아 버린 외눈박이 진보, 따라서 진보 아닌 진보라는 기이한 현상이 나타난다는 것이다. "우리나라 과격주의 진보운동은 이상하게도 민주화를 표방하면서도 북한의 비민주적 세습독재, 인권유린 등 북한비판에는 인색하다. 학생운동권은 끝내 북한비판 터부를 깨지 못하고 북한당국에 남북서신왕래, 이산가족 상봉 등 인도주의적 요구도 못하는 이유가 무엇인가. 온 백성을 기아로 몰아넣은 북한체제를 놓고 '친북=진보'의 등식은 이미 깨진 지 오래다."[10]

'친북'이 더 이상 '진보'를 담보할 수 없게 된 상황에서 결국 그가 말년에 한국 진보진영에게 주는 제언은 다음과 같은 것이다. "한국의 진보주의가 운동적 사고에서 탈피하려면 우선 북한의 군사 독재나 인권 문제에 대한 명시적 비판으로 그 민주화의 성격을 분명히 현시해야 한다. '허공의 유토피아'를 그리다가 북한 체제를 그 대용품으로 삼는다면 이는 진보주의의 자해 행위와 다름없다. 북한과 같이 자유민주주의와 시장 질서를 부정함으로써 이미 실패해 버린 낡은 체제에 대한 향수 같은 것은 진정한 진보가 아니다."[11] 이제 진보는 자유주의, 민주주의, 시장 질서를 부정하는 유토피아를 위해 투쟁해서는 미래가 없다는 것이다. 이들 가치를 기본적으로 인정한 토대 위에서 불평등, 부정의의 지양을 추구해야 한다는 것이 그의 마지막 진보에 대한 제언으로 읽힌다.

4. '정신'이 있는 자본주의, '시장적 사고'의 형성

5공화국의 대표적 권력형 비리 사건인 정래혁의 부정축재가 사회적으로 큰 관심을 끈 1984년의 시점에서 신일철은 이제 한국이 '건전한 자유경제'

10 「과격 학생운동의 막다른 골목」, 『문화일보』, 1997.8.18.

11 「특별기고. 새해화두」, 『한국경제』, 2004.1.1.

를 만들어야 할 시기라고 진단한다. "우리는 건강한 자유시장 경제를 계속 키울 수 있는가의 보다 중대한 자기반성의 시점에 선 것 같다. 국가안보의 차원에서 또 우리는 우리 모두가 신명을 바쳐 수호할 만한 가치를 가져야 하고 그것에 대한 국민적 합의가 견고해야 하는 것이다. 우리는 일부 특권층의 치부축재를 최고 가치로 합의할 수 없다. 우리가 다 같이 아끼고 끝내 지켜내려는 가치는 자유와 민주주의이며 공정한 배분의 정의가 건전한 국민경제일 것은 물론이다."[12]

부의 축적을 위해서는 부정, 권력남용, 사기 등 어떤 수단과 방법도 허용되는 개발독재 시대를 벗어나 이제 '건전한 국민경제'를 만들어 가야 한다는 것이다. 이것이 갖추어지지 못하면 최종적으로 국가안보 차원에서도 위기가 올 수 있다는 것이다. 우리가 건설해야 할 '건전한 국민경제'의 핵심적 가치는 '공개적 시장성'과 이것에 기반한 '공공성 영역의 확보'이다. "건전한 자유경제의 생명은 공개적 시장성이다. 공공성의 영역을 계속 확보하지 못하면 우리는 자유의 제도를 유지, 존속시킬 수 없는 것이다."[13]

이로부터 10년 후 1990년대 초반 한국 자본주의에서 양적 성장주의의 한계가 드러나고 있는 상황에서 그가 하는 제언은 무엇보다 "금전적 타산관계가 아닌 인격적 가치관계로 서로를 생각하는 휴머니즘 문화의 회복"이다. 그와 동시에 시장경제를 건전하게 만들기 위해 '사회복지정책'을 적극 전개해야 할 것을 주문한다. 그리고 그것은 궁극적으로 "정의의 덕을 실천하는" 것으로, "경제적으로 유리한 입장의 사람들이 그 사회의 가장 불리한 입장에 처한 사람들의 편익을 도모하는 노력이 있을 때 가능하다"는 것이다.[14] 이 당시 그가 화두로 삼고 있는 것은 '자유시장 경제'를 건전하게 만드

12 「치부경쟁의 가치관」, 『동아일보』, 1984.7.11.

13 같은 곳.

14 「인간성을 되찾자 각계 제언」, 『동아일보』, 1994.9.23.

는 것으로, '정의의 덕', 혹은 '공정으로서의 정의'와 같은 가치이다. "우리가 중진국에서 좌절하지 않고 선진의 문턱을 넘어서려면 산업사회에서의 '공정으로서의 정의'가 우리사회의 제일의 덕목으로 자리잡혀야 한다."[15]

이러한 한국형 자본주의 시장경제에 대한 그의 비판적 시각은 1998년 금융위기의 국면과 이후 그 극복과정에서 보다 분명한 어휘를 획득한다. 이제 그는 과거 개발독재 시대의 자본주의를 베버에 따라 '천민 자본주의'로 규정한다. 그것이 우리에게는 "공정한 경쟁적 시장에 맡겨야 할 공공적 영역을 가족주의적 온정, 수뢰, 청탁, 정경유착 등 사정에 얽매인 정실로 적당히 처리"해 왔던 '정실 자본주의'(crony capitalism)로 나타났고, 금융위기를 맞게 된 원인이었다는 것이다.[16]

이제 위기 타개를 위해서는 "정경유착, 부실기업, 과소비 등 사회악에 대한 진보적 개혁정열을 가지되, 그 방법은 마음에 내키지 않아도 보다 철저한 자본주의적 시장의 논리로 사고방식을 전환해야 하는 자기갈등이 있을 수 있다. 그보다 깊은 문명충돌적 갈등은 아시아적 온정주의를 버리고 서구적 개인주의의 냉철한 경쟁사회를 만드는 일이다."[17] '정실자본주의'를 종식시키고 '철저한 자본주의적 시장의 논리'를 체득하는 데에는 일종의 문명적 전환과 같은 일대 혁신이 필요할 것이며, 여기에 갈등과 혼란은 일정 불가피하다는 것이다.

이제 그에게 화두는 '시장적 사고'와 '자본주의적 정신'으로 주어진다. '시장적 사고'의 핵심은 국가권력의 간섭 축소와 '작은 정부', 그리고 민영화에 있다. 좀 길지만 그가 '시장적 사고'를 설파하는 논설을 인용한다. "시장적 사고는 구소련의 중앙사령탑적 지령경제나 케인스적 정부간섭주의 등

---

15 「민족부흥의 감격을 되살리자」, 『동아일보』, 1992.8.15.

16 「'정실자본주의'는 가라」, 『문화일보』, 1998.1.10.

17 같은 곳.

의 국가권력 만능주의와 다르다. 강력한 행정명령이나 관의 규제가 정경유착과 경제 불황의 원죄이기 때문이다. 과거의 개혁사상에는 급진적 진보주의가 있었고 개혁을 위해서는 막강한 중앙권력의 강화와 비대화를 용인했다. 과거 사회주의 체제에서 보듯이 시장원리를 부정한 지령경제에서는 널리 민간의 지혜와 활력을 동원할 수 있는 기반인 시민사회를 약화시키거나 압살했다. 따라서 시장적 사고는 국영화 사회주의의 실패에 대한 대안으로 나왔기 때문에 '작은 정부'를 지향한다. 여기서 작은 정부는 정부구조의 축소조정만을 의미하는 것이 아니라 국가권력의 전면간섭을 그만두고 그 대신 시민사회를 활성화하는 민영화주의이다. 그것은 자본주의의 시장형 개혁을 일시에 전면적으로 강행하는 볼셰비키혁명 방식으로 할 수 없기 때문이다. 〔…〕 시장적 사고는 전체론적 유토피아적 사회변혁의 진보주의와 다른 점진적 부분수선적인 사회개선주의이다."[18]

여기서 앞에서 그가 '급진적 진보주의'에 대해 비판했던 '유토피아 제국주의'와 '전체주의적 강권 국가' 모델에 대한 대안으로 '시장적 사고'가 갖는 '점진적 부분수선적인 사회개선주의'가 대조적으로 분명하게 드러난다. '시장적 사고'로 전환한다는 것은 시민사회의 자율적 지혜와 활력에 맡긴다는 것이며, 이것은 단순히 경제 질서의 변화뿐만 아니라 국가 전체의 조직 원리에서도 변화를 가져온다는 것이다. 이미 금융위기가 오기 이전, 문민정부가 등장할 때 그는 국가권력과 사회 사이에서 민간사회가 중심이 되는 변화를 제안하고 있었다. "문민정치는 그 권력과 부피에 있어서 '작은 정부'다. 정치권력이 다스리는 영역은 작아지고 그 대신 민간사회의 자율성이 신장되기를 기대한다. 〔…〕 국가권력과 사회와의 사이에 본말이 전도되었던 상하의 서열을 바로잡아 사회가 국가권력에 앞서는 진정한 자유사회를

18 「'시장적 사고'로 전환」, 『문화일보』, 1998.2.12.

만들어 가지 않으면 안된다."[19]

또한 그는 이 '시장적 사고'는 시장 질서에만 매몰되는 것이 아니라 그것을 보완하는 '공동체 의식'을 겸비해야 한다고 본다. "시장적 사고는 시장체제 없이는 자유사회가 존립할 수 없다는 신념인 동시에, 공생의 따듯한 공동체의식도 겸비해야 할 이유가 거기에 있다."[20] 그리고 이 '공동체 의식'이란 바로 '자본주의 정신'을 말한다. 베버가 본 자본주의 '정신'은 "프로테스탄트적인 이웃에 대한 사랑과 합리성"과 같은 '프로테스탄트적인 에토스'이다. 이제 중요한 것은 '정신' 있는 자본주의, 노블레스 오블리주가 있는 자본주의를 만드는 것이다.[21] 이제 우리는 "인간과 인간의 올바른 관계, 윤리도덕의 재건을 통해 '인간화'에 힘쓸 때가 온 것이다. [···] 가진 자가 못 가진 자의 처지를 개선시키려 힘쓰고 이웃과의 정의를 나누는 '有情한 사회'를 만들어" 가야 할 것이다.[22]

'시장적 사고'로의 전환과 '정신' 있는 자본주의의 형성이라는 변화는 사실 정치문화의 측면에서 '군사주의 정치문화'가 퇴조하던 문민정부 이전에 이미 점진적으로 시작되고 있었다고 할 수 있다. 신일철이 서울올림픽과 제5공화국 청문회가 열렸던 1988년 세밑에 그해를 마감하며 가장 근본적인 변화로 파악한 것은 "1960년 5·16의 새벽에 시작된 28년간의 군사주의적 정치문화의 퇴조"였다. 그것은 외부의 "적의 위협을 명분으로 국내정치의 강권지배를 유지하는 방식"이 이제 더 이상 작동하지 않게 되었다는 확신이었다. 이제 "국민을 기만하는 반민주화의 길"이 성공할 수 없다면 앞으로 한국 사회가 지향해야 할 정치문화는 무엇일까? 그것은 '상대방의 인

---

19 「'문민정치' 새 날이 밝아온다」, 『동아일보』, 1992. 12.30

20 「'시장적 사고'로 전환」, 『문화일보』, 1998.2.12.

21 「사회지도층의 윤리 빈곤」, 『세계일보』, 1998.9.10.; 「신시장시대의 도덕불감증」, 『문화일보』, 1998.6.17.

22 「무정한 사회 유정한 사회」, 『동아일보』, 1994.12.25.

정', '공공성의 영역에서 이루어지는 대화와 토론에 의한 합의의 정치문화'이다. 군사주의적 정치문화의 대안은 "서로 간에 상대의 존재를 인정하고 적대감을 정치적으로 이용하는 세력을 고립시켜 가는 공동 노력이다. 그리고 문제를 공공성의 영역에 옮겨 놓고 대화와 토론에 의해 강제 없는 합의를 얻어 내는 새로운 생활양식을 배우는 일이다."[23] '공공성의 영역에서 이루어지는 토론과 합의의 정치문화'는 결국 '시장적 사고'와 '정신' 있는 자본주의와 함께 가야 정착될 수 있는 것이다.

5. 3·1운동 정신과 근대적 민주공화주의

신문 논설로 볼 때 신일철에게 있어 우리 현대사의 핵심적 사건은 다른 무엇보다 3.1운동이다. 포퍼와 하이에크의 '자유주의'가 그가 한국 사회를 보는 사회 · 정치철학적 지평을 제공하고 있다면, 3.1운동과 그것에 깃든 정신은 우리 근현대사에서 형성된 우리 스스로의 가치기준의 역할을 하는 것이다. 그는 국가적으로 기념하는 국경일로 광복절이나 개천절을 기리는 논설도 쓰고 있지만, 3.1절은 10년의 간격을 두고 반복적으로 다루고 있다.

그가 보기에 3.1운동은 우리 역사에서 처음으로 출현한 새로운 정치적 공동체의 기원, 즉 '근대적 민족국가의 민주주의 정통성'의 원천이다. "3.1운동은 우리 역사상 왕조사의 종언을 고한 사건이며, 근대적 민족사의 시발점이었다. 그 당시 민중들은 고종황제의 인산(因山)날인데도 대한제국의 복국이나 왕정복고에 관심을 둔 흔적을 찾기 힘들다. 이점에서 3.1운동은 항일 독립운동인 동시에 그 민족운동의 주체 세력이 이미 왕당파나 존왕(尊王)의 척사파(斥邪波)가 아니었고 민주공화국 형태의 잠재적인 새 조국 '대한'이 목 놓아 만세를 부르던 민족의 가슴마다에 싹터 있었던 것이다. 이미

23 「군사주의정치문화의 종언」, 『동아일보』, 1988.12.30.

1907년 이래 꾸준히 성장해 온 신민회운동은 낡은 왕국이 아니라 새로운 공화정 형태의 '신국'이 탄생되고 있음을 보여 준다." 따라서 3·1운동은 "이 민족 지배에 대한 저항의 항일운동인 동시에 공화정 형태의 근대적 민족국가라는 '대한'을 만들어 내겠다는 국가창설운동"이었던 것이다.[24]

3·1운동에서 우리는 처음으로 비록 아직 국가는 없지만 그것이 건설된다면 '민주공화국' 형태의 정치공동체여야 한다는 것을 천명하고 있다. 이 점에서 그것은 '근대적 민족국가를 만들어 내겠다는 국가창설운동'이라는 것이다. 해방 후 대한민국은 그 뿌리를 3·1운동에 두고 있다는 점에서 그것은 과거의 지나간 한 사건이 아니라 우리 현대사의 '살아 있는 전통'이어야 하는 것이다. "3·1운동은 일제와 세계에 대해 새로운 민족국가의 창설권을 장악한 새 민족세력이 등장하여 공화정 형태의 '국민의 나라' '대한'의 자주독립을 선포하는 운동이었다. 그것은 이미 이씨조선의 존속도 아니고 대한제국의 복국을 위한 복벽주의(復辟主義) 운동도 아니었다. 바로 여기에 3·1절이 왕조사가 끝나고 일제하 잠재적으로나마 새민족 국가 '대한'의 탄생을 마련한 가장 경사스러운 명절인 이유가 있다."[25]

이로부터 10년 후 그는 다시 3·1운동의 민주공화주의와 민주주의 정통성이라는 주제로 다시 돌아와, 3·1운동에서 외쳤던 '대한독립만세'를 "오랜 왕조사가 종말을 고하고 새로운 근대적 민족국가, '대한'이 잠재적으로 탄생한" 것으로 강조한다. 그리고 "3·1선언에 나타난 민족자결의 정신은 구시대 자아의 껍질을 벗고 우리 모두가 건전하고 정직한 시민정신으로 각성한 새로운 나로 거듭나는 자기혁신"으로 규정한다.[26]

이러한 새로운 정치 공동체의 원리는 우리의 민족 정체성의 변화를 예

---

24 「3·1운동의 역사해석」, 『조선일보』, 1982.3.3.

25 「3·1節은 '겨레의 名節'이다」, 『동아일보』, 1984.2.29.

26 「3·1정신과 민족자강의 길」, 『동아일보』, 1994.3.1.

비하고 있다. 그는 1994년 개천절을 기념하며 우리의 새로운 공속감의 원리를 제안한다. "이제 국제화와 세계화의 새물결 앞에서 우리 민족도 과거의 역사에서, 혈통 위주의 세로의 관계에서 동질성을 찾는 데 머물러서는 안 된다. 현재와 미래를 내다보면서 우리도 가로의 인간관계에서 근대국가적 공속감을 형성하는 데 힘써야 한다." 이 새로운 '근대 국가적 공속감'은 결국 "더불어 사는 공동체의식에 바탕을 둔 민족애를 북돋우고 경제정의가 실현된 자랑스러운 조국관을 가지고 민족내부의 소외계층에 대한 박애정신을 실천하는 민족화합"에서 찾을 수 있다는 것이다.[27]

6. 통일에 대한 사회철학적 전망

신일철은 1991년 김일성의 신년사를 북한이 제도통일론으로부터 그것의 유보로 전환했음을 공식화한 것으로 파악한다. 동서독 통일을 보고 통일이후 북한의 자본주의화가 불가피할 것이라 예상한 북한의 지도층이 "'제도통일 반대'의 통일유보론으로 돌아서고 말았다"는 것이다.[28] 우리는 북한 권력층의 숨은 진의를 정확히 파악해야 하는데, "북한은 남북 교류와 협력을 확대하여 통일하는 것을 원치 않는다. 북한이 바라는 것은 '두 개의 코리아'의 공식화이며, 불가침 선언과 군축 협상을 통해 계속적인 군사비의 증대에 의해 북한 경제가 처한 궁지에서 구제되는 것이다."[29] 김일성의 1991년 신년사는 "'하나의 민족, 하나의 국가'라고 하더라도 '두 개의 제도, 두 정부'의 두 개의 코리아를 공식화할 것을 분명히" 하고 있다는 것이다.[30]

따라서 북한이 소련과 동구 사회주의의 붕괴, 독일 통일을 보고 한국에

27 「개천절과 민족애」, 『동아일보』, 1994.10.2.

28 「통일이념의 딜레마」, 『문화일보』, 1996.9.13.

29 「북한은 '두 개의 국가'를 원한다」, 『한국인』, 1991.9, 68쪽.

30 「통일이념의 딜레마」, 『문화일보』, 1996.9.13.

의한 흡수통일을 두려워하며 제도통일 반대론으로 돌아선 상황에서 통일 명분의 남북 경쟁을 피하고 우선 적으로 상대방의 존재를 인정하고 평화공존을 추구해야 한다는 것이다. "통일명분론을 끝내고 보다 솔직한 남북한 관계의 존재시인이 필요하게 되었다."[31] 그리고 그는 이것이야말로 과거 독일 사례에서 보듯이 결국은 통일을 앞당기는 것이라 본다. "하나가 되기 위해서는 먼저 둘이 된 다음에야 하나로의 통일도 가능하다는 것이 통일의 변증법이다. 현단계에서 남북한 간의 관계 개선의 과제는 통일이 아니라 서로가 상대방의 존재를 공식적으로 인정하는 '두 개의 코리아'를 만드는 작업이다." 그리고 이 '두 개의 코리아'의 평화공존을 최우선으로 하면서 "남북이 서로 '통일'의 명분 논쟁을 자제할 때가" 왔다는 것이다.[32]

이렇게 90년대 초에 정립된 통일에 관한 그의 입장은 이후 일관되게 지속된다. 2001년 6월 역사적인 남북 정상회담이 열리고 6·15공동선언이 발표된 이후에도 남북관계와 통일에 대한 그의 기본 입장은 견지된다. 그의 신문기고 활동의 마지막 해인 2004년 6월 24일자 「'평화공존' 6·15선언 되려면」이라는 논설에서 그는 2001년 역사적인 6·15공동선언에도 남과 북의 '평화공존'이 분명하게 명문화되어 있지 못함을 지적하고 있다. 한국 측이 이 선언을 '평화공존'으로 해석하고 있지만, 북한은 그것을 "연방제를 지향하는 '통일선언'"으로 해석하고 있어, 남북 간 해석의 불일치가 존재한다는 것이다.

그는 이러한 애매모호한 상황을 타개하기 위해서 1991년의 '남북기본합의서'로 되돌아가 그때 합의한 바를 재확인해야 할 것을 제안한다. "남북한이 국호를 서로 명기하고 합의한 첫 번째 문서는 7·4성명이 아니라 남북기본합의서였고 기본합의서는 평화공존과 불가침을 규정하고 있다. 그러나

31 「문민시대 첫해를 보내며」, 『동아일보』, 1993.12.30.

32 「북한은 '두 개의 국가'를 원한다」, 『한국인』, 1991.9, 72쪽.

유감스럽게도 6·15공동선언의 전문에서도 남북합의서는 사라져 버렸다. 〔…〕 6·15선언이 진정한 평화공존 선언으로 다시 살아나려면 남북한 간 기본합의서를 재확인하는 절차적 토대가 마련되어야 한다. 체제실패로 경제난에 허덕이는 북한과는 통일에 앞서 평화공존의 제도화를 거쳐야 하는 것이 순리이고 정직한 담론이다. 그 점에서 6·15선언은 불협화음만이 튀는 미완성 교향악이 되어 왔다."[33] 이렇게 성급한 통일명분론에 빠지지 말고 남북이 상호 존재를 인정하고 평화공존을 제도화하는 것이 순리이며 오히려 통일명분론보다 이것이 결과적으로 더 통일을 촉진하리라는 전망이다.

7. 신일철의 '자유주의'

이상으로 북한 체제와 주체사상 비판, '급진적 진보주의' 비판, '정신'이 있는 자본주의와 '시장적 사고'의 형성, 3·1운동 정신과 근대적 민주공화주의, 통일에 대한 사회철학적 전망 등을 주제로 신일철의 신문 논설 글쓰기를 정리해 보았다. 각 주제는 독립된 주제이면서도 사실 밀접히 연관되어 있고, 이런 점에서 그의 철학적 현실 개입은 전체적으로 일관된 체제를 이루고 있다고 말할 수 있다.

역사의 의미를 다루는 논설에서 그는 서양에서 15세기를 '르네상스'의 시기로, 18세기를 '대혁명'의 시기로 규정하는 '조직개념'(組織概念)을 통해 그 당시를 전체적으로 파악할 수 있었다고 소개하고 있다. 그렇다면 1945년 이후 한국의 현대사를 어떤 '조직개념'으로 포착할 때 '새로운 전체'로서 이 시기를 파악할 수 있는가라는 물음이 제기된다.[34] 그는 이것을 기본적으로 역사적 인식을 탐구하는 역사가의 과제로 남겨 두고 있지만, 사실 그의

33 「'평화공존' 6·15선언 되려면」, 『한국경제』, 2004.6.24.

34 「현대사 의미와 역사적 이해」, 『동아일보』, 1987.3.12.

일생의 작업도 이 물음의 주위를 맴돌고 있다고 할 수 있다. 나는 그의 신문 논설을 관통하여 한국 현대사 전체를 파악하는 '조직개념'으로 잠정적으로 '자유주의의 형성', 그리고 거기에 수식어를 덧붙인다면 '시민적 자유주의의 형성'이라 칭할 수 있다고 생각한다.

서평 『한국을 탐구한다』

최희봉 강원대 철학과

필자에게 신일철 선생님의 저술『한국을 탐구한다』에 대한 서평을 써 달라는 요청이 들어왔을 때, 처음에는 난감한 생각이 들었다. 이 소책자는 학문적이거나, 전문적인 내용을 담은 것이라기보다는 다양한 주제들을 다룬 일반인 대상의 에세이집이기 때문이다. 필자가 한국학이나, 사회학, 정치학, 역사학 등을 전공한 것도 아니고, 문예비평을 공부한 적도 없기에, 서평의 내용이 어떠해야 할지 도무지 그림이 잡히지 않았다. 비록 필자는 학부 때 선생님의 강의를, 주로 서양영미철학과 서양철학사 관련 과목을, 수강하면서 배움을 얻었으며, 대학원 과정에서 석사논문 지도를 받은 제자이기는 하지만 그렇다고 선생님과 아주 가깝거나 아주 많은 시간을 나눈 관계까지는 아니었기에, 선생님 개인에 대한 앎이나 관심도 그리 크지 않았다. 그렇기에 선생님에 대한 전기적인 관점과 맥락에서 이 저술에 접근할 자신도 없었다. 그렇지만 한편으로 선생님을 기억하는 이 자리에 어떻게든 참여하고픈 마음은 지울 수 없었기에 서평을 수락했고 그 결과가 이 글이다. 그렇기에 이 글은『한국을 탐구한다』의 내용에 나오는 한국의 정치사회 및 사상적 상황에 관한 선생님의 인식을 학술적으로 분석하는 글이 아니요, 선생님의 개인사나 사고 및 신념의 변천사 등을 포함하는 전기적 관점을 취하고 있지도 않을뿐더러, 이 저술의 문학적·문체적 요소들에 대한 비평을 담고 있지도 않다. 다만 이 책에 수록된 다양한 에세이들을 읽으면서 필자에게 감흥을 일으킨 부분들을 발췌하여 정리하고, 그중 몇 가지에 대한 감상을 서술함으로써 필자의 존경하는 스승님을 추억하고자 할 따름이다.

1964년에 출간된 이 책은 8·15해방, 4·19혁명, 6·25동란, 5·16군사정변으로 이어지는 격동기의 한국을 살아간 한 대학교수의 한국에 대한 우려와 제안을 담고 있다. 이 책을 통해 우리는 급변하는 한국 현대사의 한복판에서 선생님께서 얼마나 치열하게 사유하였으며, 한국의 정치적·경제적 자립과 민주화를 얼마나 열망했는지 잘 알 수 있다. 극도로 혼란스러웠던 한국 현대사의 과정에서 그의 조국에 대한 사랑은 '한국 탐구'라는 방법으로 이루어졌다는 것을 이 책의 머리글에서 생생하게 느낄 수 있다.

> 8·15 해방과 더불어 정치적 독립의 탈을 썼으나 마음의 자립은 여간 어려운 것이 아니었다. 조국을 찾아다니는 마음의 방황은 계속되었다. 4·19와 더불어 빛나는 조국의 첫 씬이 나타나는 듯 싶더니 다시 수난의 길은 시작되었다. 사실 아직도 나는 조국을 찾지 못했다고 고백하지 않을 수 없다. 〔…〕 한국을 탐구해야겠다.(3)

이 책은 크게 5개의 장으로 나뉘어 있다. 그 첫째로는 '현실을 보는 눈', 둘째로는 '무철학의 철학', 그 다음으로 '한국인의 탐구', 그리고 '데모크라시의 한국화', 마지막으로 '한국사상의 기조'이다. 첫 장인 '현실을 보는 눈'에서는 그 당시 한국의 정치, 경제 그리고 사회 현실 전반에 대한 비판적 진단이 돋보인다. 즉, 한국사회 전반에 대한 날카로운 분석을 통한 평가와 그에 대해 철학자이자 사상가인 신일철 선생 자신만의 해법으로 써 내려가고 있다. 이 중 몇몇만 소개하고자 한다.

먼저 선생께서는 그 당시 정책 결정에 전반적으로 적용된 '빨리빨리 주의'에 대하여 비판하고 있다. "요사이 우리나라는 무엇인가 급해졌다는 인상을 준다. […] 너무 급해서 빨리 식을 것 같기도 하고 열 지속의 '에너지'를 어디에 두려는지도 분명치 않다. 중대성명주의 다음으로 행사설정주의로 전환한다는 느낌이다. 중대성명이 연발해도 그 배후에 일관된 주장이나 정책이 없어 결국 동물원만 피로케 하는 따위의 소음으로 화했지만 요사이 내핍운동 역시 운동의 정신적 토대를 구축치 않고는 달밤의 체조에 불과하다"(12). 이러한 비판은 오늘의 한국사회를 살아가는 한국인들에게도 전혀 낯설지 않을뿐더러, 창경원에서 동물원이 없어진 것을 제외하면 크게 변한 것 같지도 않다. '빨리빨리 주의'를 비롯하여, 금방 끓었다 금방 식는 '냄비 속성', 그리고 요즘도 정부나 지자체에 만연하는 '발표주의' '행사주의' 정책 실행은 여전한 것 같다.

1장 8절에서 선생께서는 '양자무택(兩者無擇)의 비애'를 다루고 있는데 이 역시 오늘날 시사하는 바가 있어 필자의 관심을 끈다. "오늘날 국민의 마음은 배신당한 혁명과 주책 없는 기성정치인 중의 양자택일을 강요당하면서 양자무택의 비애를 경험하고 있다"(21). 선생께서는 당시 정치가들이 자신들의 이해타산에만 급급하여 민주자주국가 확립이라는 국민의 염원을 멀리한 채, 한 치의 양보도 타협도 없이 "양 세력이 자체 내 분쟁을 떡 먹듯 하고 화해와 양심의 광장은 국민이 설 땅이 없을 정도로 좁아서 송곳 꽂을 자리마저 없어졌다"(22)고 한탄한다. 그리하여 정치가들에게 "국민을 소외한 우둔도 모두 물러가고 '번영된 자주사회'를 위해서는 대립하는 양 세력이 모두 양보"해 주길 간절히 바라고 있다(22). "차선은 '옷벗은 군정'이 아닌 민간정부이다." 이 시기에 양자는 민중의 뜻을 가장 잘 알고 실천할 수 있는 "삼자의 대두를 위해 과도적 봉사"(22)를 해야 한다는 것이 선생의 요구이다. 당시의 사회적 분위기 탓인지 글에서는 직접적인 표현을 아끼시는 바람에 필자는 당시의 양 정치세력의 정체를 확인하는 데 다소의 시간이 걸렸다. 4·19 이후 기성화된 정치세력과 5·16정변 세력에 대한 양자택일의 요구가 당시의 상황이었고, 선생은 양비론을 택하신 것이다. 다만 혼란스러웠던 것은 선생의 "배신당한 혁명"이라는 표현이다. 필자에게 '배신당한 혁명'은 4·19혁명처럼 느껴지는데, 이 글의 맥락에서는 5·16정변을 의미하는 듯하다. 어찌됐든 필자에게는 오늘의 우리 정치상황에도 양비론이 적용된다. 노무현 정부 이후로 기세와 방향을 잃은 야당의 기성 정치인들에게 그리고 5·16을 상속받은 여당 정치인들에게 기대할 것은 거의 없는 듯하다. 선생의 바람대로 '삼자의 대두'를 기대할 수밖에 없을 것이다.

해방 19년을 맞이한 그 당시 한국 사회를, 선생은 물질만능시대, 정신적 지주의 부재, 부패와 불신의 시대, 게으름이 강요되는 사회, 그 결과 희망을 잃은 국민들은 아무도 믿지 못하는 불신형 인간으로 변하여 오로지 생존을 위해 양심도 헌신짝처럼 내던지는 상실감으로 가득 찬 사람들이 살아가는 사회로 그리고 있다. 즉, 국민들의 내핍만을 주장하는 위정자로 가득 찬 사회, "귀속재산과 외원(外援)의 특혜하에 벼락부자가 될 수 있는 부로커 자본주의"(28)가 판치는 사회, 권력의 줄을 잡기 위해 부정을 일삼으며 "교묘한 접관술(接官術)"의 소유자들만이 판치는 사회, 불신으로 가득 찬 사회에서 무엇이고 먼저 반대하고 불신하며 점점 '반어족(反語族)'으로 채워져 가는 사회, 나은 사회를 위해 피나는 저항을 할 열정도 없이 소극적인 체념에 젖어 목숨만을 부지하고 살아온 그리고 살아가는 사람들이 사는 한국사회(26-29). 그러나 선생은 희망의 끈을 놓지는 않는다. 수동적인 삶을 살기보다는, 잘못된 것을 잘못되었다고 말하며 저항할 줄 하는 젊은이, "가부장적 명분주의도 번문욕례의 형식주의도, 상고(尙古)적 사대주의"도 털어 버리고 새로운 한국을 세울 수 있는 능동적인 젊은 한국인의 육성에 매진할 것을 주장하고 있다(29-30). 그런 젊은이들을 통해 한국은 "동방의 빛"의 역할을 할 것임에 의심의 여지가 없다.

2장에는 '무철학의 철학'이라는 아리송한 제목이 붙어 있어 필자의 흥미를 끌었다. 선생에 따르면, 무철학의 철학이란 결국 비판정신을 지닌 철학, 전통을 비판하고 언제나 새롭게 서는 철학을 의미한다. "회의를 통해서 지난날의 철학을 다 쓸어버리는 '비판정신' 그것이 철학의 줄기 찬 핵심의 흐름인 것이다." 헤겔이 말했듯이 철학은 "매일 밤 다시 짜기 시작하는 '베네로페'의 베짜기와 같다", "과거의 철학을 부정하는 것이 진정한 철학인 것이다. 따라서 새로운 철학은 '무철학'이다"(47). 오늘날 선생께서 살아 계시다면 이러한 새로운 철학의 움직임을 경험하실 수 있을 텐데 하는 부질없는 마음으로 오늘의 '무철학'에 대해 살펴보면서, 이것이 제자가 한국사회에서 진행시키고 있는 새로운 철학이라고 말씀드리고 싶다. 필자가 참여하고 있는 '무철학'은 이론 위주의 아카데미즘 철학에 대한 비판적 반성을 토대로 시작된 철학실천(philosophical practice)운동이다. 철학실천은 그 하위범주에 철학교육, 철학상담, 철학치료, 철학카페 등의 활동을 포함한다. 철학교육은 어린이 철학교실, 시민들을 위한 철학강좌와 같이 교육의 방법을 통하여 일상인들의 삶에 도움을 주는 활동을 말한다. 철학상담은 철학적 자산을 활용하여 일상의 문제들을 스스로 해결하도록 돕는 대화의 활동으로서, 여기에는 개인, 집단, 전속 상담 등이 있다. 철학치료(philosophical therapy)는 특정한 표준적 진단 기준에 따라 치료대상의 증상을 진단, 처방, 치료하는 활동이며, 여기에는 철학클리닉과 철학치유의 구분이 있다. 철학카페는 유럽이나 구미에서 철학실천의 일환으로 시행되고 있는데, 지역사회의 철학동호인들이 특정 장소에 모여 철학적 주제들을 놓고 토론을 벌이는 활동이며, 이는 인터넷 상에서 온라인 카페를 통해 이루어질 수도 있다. 이러한 토론에 파견되어 토론의 주제를 선정하고, 토론을 진행하고, 결론 도출의 과정을 지도하거나 돕는 사람들을, 또는 교육이나 상담, 치료의 활동을 수행하는 사람들을, 철학실천 전문가(또는 철학 실천사, philosophical practitioner)라 부를 수 있다. 이런 철학실천 분야를 보다 적극적으로 개발하고 확대시켜 나가야 한다는 것이 필자가 생각하는 오늘의 철학의 과제이며, 이런 철학 역시 선생께서 생각하시는 '무철학'의 철학에 당연히 포함되리라 믿는다.

'한국인의 탐구'라는 제목을 달고 있는 3장에서 선생은 한국사회에 만연한 현상과 그 사상적 배경을 예리하게 분석하고 있다. 한국사회의 부정적인 측면을 주저 없이 지적하고 또한 한국인들이 지향해 나아가야 할 점을 명확하게 제시하고 있다. 즉 한국인의 가치와 한국 역사적 그리고 사회적 상황을 고려한 한국형 사회적 변화 및 발전의 필요성을 강조하고 있다. 그 첫 절에서 선생께서는 한국인의 부정적인 측면으로서 '나'와 '우리'의 개념을 뚜렷하게 구별하지 않고 혼용하는 사고방식을 지적한다. 이러한 현상의 사회적인 의미는, 아직 한국인의 집단의식이 개인의 자아의 자각에 바탕을 둔 단계에 이르지 못했기에 '나'보다 '우리'라는 표현을 앞세운다는 것이다(104). 즉, '나'라는 주체적 개개인의 집단이 아니라 "'나'를 전체집단에 함몰시켜서 생각하며 이때 '우리'는 개인과 집단의 미분상태이며, 더 나아가서 인간과 자연의 이원적 대립을 생각할 수 없는 그 미분상태에 있다"는 것이다(104).

2절, '한국의 니힐리즘'에서는 니힐리즘을 "온갖 존재의 부정이다. '아무것도 존재치 않고 인식할 수도 없고 가치도 없다'는 입장"이라고 정의하면서(111) 그 병폐를 지적하고 있다. 즉 20세기 초 한국사회에 나타난 니힐리즘은 한국인의 생활을 규율해 주는 가치 근거를 파괴하며, 그 어떤 새로운 사상과 가치의 발견도 거부케 하고, 부정의 정신에 천거하게 만드는 사상이다(110). 한 사회의 제도, 도덕, 종교가 부패하여 퇴폐적 양상을 띠게 될 때, 사람들은 도피적 태도를 취하기에 이른다. 사람들은 기존 사회, 정치적 제도의 파괴를 주장하고, 과격한 폭력적 혁명을 꾀하며 사회는 살인, 암살이 성행하여 혼란에 빠지게 된다. 이러한 현상이 러시아 혁명 전후에 나타난 사회적 현상이며 한국도 8·15 후 정치적 혼란 가운데서 그리고 6·25를 겪으면서 이것을 경험하게 된다(112). 그러나 선생은 한국인에게 '니힐'은 폭이 넓고 역설적인 의미, '너그러운' '니힐리즘'으로 존재한다는 것이다(120). 즉, 소극적인 도피 또는 체념으로 위장되어 존재하며, 이러한 체념의 생활감정이 한국인에 정서화되어 한국 고유의 '니힐'을 이루고 있다고 한다. 이러한 현상은 김소월의 시에 잘 나타나 있다고 주장한다.

> 못잊어 생각이 나겠지요. 그런대로 한 세상 지내시구려…(「못잊어」) (121)

이 지점에서 선생의 비판정신을 이어받아 김소월의 '못잊어'를 다른 시각에서 해석해 보고자 한다. 아니 솔직히 말하자면, 선생께서 니힐리즘의 대표로 인용한 이 시를 필자는 일전에 이와 다른 철학적 관점에서 읽을 기회가 있었는데 이 자리에서 그런 해석을 간략히 서술하고자 한다. 필자는 이 시에서 사랑하는 사람을 잊지 못하는 마음에 대한 소월의 철학적 분석을 보았다. 즉 그의 통찰력 있는 '잊음의 현상학'을 보았다. 만일 우리에게 잊으려 해도 잊혀지지 않는 사람이 있다면 이는 두려움마저 줄 것이다. 이러다 영영 안 잊히면 어쩌지? 어떻게 살지? 그러나 결국은 잊혀질 것이다. 소월에 따르면, 바쁘게 세상을 살다 보면 잊혀질 것이다(첫 소절). 그래도 안 잊히면 어쩌겠는가? 그때는 시간이 해결해 줄 것이다. 세월이 가면 잊힐 것이다(둘째 소절). 그래도 잊히지 않는다면? 여기서 김소월은 이렇게 반문하면서 걱정을 일축한다(셋째 소절). "그리워 살뜰히 못 잊는데 어쩌면 생각이 떠지나요?"라고. 그렇다. 잊히지 않을 수가 없다. 그 사람 생각이 난다는 것은 이미 어느 순간엔가 잊힘의 기간이 있다는 말이다. 왜냐하면 정말로 한시도 못 잊는다면 생각이 나지도 않을 테니 말이다. '생각이 난다'는 현상은 그 직전에는 생각을 하고 있지 않았다는 것을 전제하기 때문이다. 그러니까 두려워할 것 없다. 잊힘의 순간이 있으니 영영 매순간 못 잊어서 못 살 지경까지는 가지 않을 것이다. 필자는 이런 의미로 그 시의 마지막 소절을 해석해 보았다. 이렇게 보면, 김소월이 일부러 인용부호를 넣어서 강조한 마지막 문장은 잊음의 의식현상에 대한 철학적 분석을 담고 있는 것이다.

3절 '아메리카니즘의 한국'에서 선생은 한국적인 것, 즉 우리 문화의 뿌리를 확립하지 못하고 '아메리카나이즈'되어 가고 있는 한국에 대해 통탄하고 있다. 한국적 가치관의 상실, 더 나아가 한국인들의 생활 태도와 소비패턴조차 미국의 문화식민지화되어 가고 있는 것을 비판하고 있다(124-125). '아메리카니즘'의 황금만능주의, 향락주의 그리고 이기주의 등 저급한 문화에 노출된 한국은, 결국 주체성의 결여와 사상의 빈곤에 이르게 되었고, 6·25동란에까지 이르는 비극을 면할 수 없게 되었다고 말한다(126-127). 그러나 선생은 우리가 진정 배워야 하는 '아메리카니즘'은 미국적 발전의 사상적 토대인 "푸래그마티즘(실용주의)"이라고 강조한다(129). 이 정신이 바로 개인의 자유와 사회의 발전을 낳고, 미국의 산업화와 개척의 정신을 정식화(定式化)했다고 강조한다(129). 선생은 "우리가 진실로 미국으로부터 배워야 할 것은 지금 잘 살고 있는 미국이 아니라 그 나라가 오늘의 부강국을 건설할 당초에 겪은 고초와 난국을 어떻게 극복해 나갔는지를 배워야" 한다고 말한다(131). 나아가서 한국이 후진국의 위치를 벗어나기 위해서는 "생활이념을 재발견" 해야 한다고 강조한다(131). 선생께서는 '남이 가져다 준 민주주의'는 장미꽃과 같아 아름다운 것이기는 하나 가시가 있다는 걸 깨달아야 한다며, 우리는 '한국인의, 한국인으로부터의, 한국인을 위한 민주주의'를 이루어야 한다고 제안한다(132).

'데모크라시의 한국화'라는 제목의 4장에서 선생께서는 앞 장에서 언급한 '한국인의 한국인으로부터의 한국인을 위한 민주주의'에 대한 선생의 생각을 '소리 없는 혁명'이라는 개념을 통해 더 구체적으로 제시하고 있다. '소리 없는 혁명'이란 "민중의 성장이요, 민중 속에 건전한 민주주의의 뿌리를 내리게 하는 일"이다(192). 또한 그것은 "낡은 사회체제나 환경, 국민 정신을 '구조적인 면에서' 변혁시키고, 민중의 성장을 통해 민주주의를 재건하고, 국민생활의 향상을 위한 방향으로 추진"하는 것이다(195). 또한 "혁명이론이란 몇몇 사람의 탁상공론으로 이루어지는 것이 아니라 '민중 속에서 배우고 거기서 일어난' 민중의 사상이 아니면 안 된다"고 단호하게 쓰고 있다(201). "법석 떠들어 대는 혁명이라는 소음 속에는 혁명이 없고 차근차근 사회변혁의 제반과업을 수행해 나가는 '과묵한 일의 성취'"가 바로 '소리 없는 혁명'인 것이다(197). 선생께서는 더 나아가 한국의 혁명은 서양의 민주주의를 직수입한 것이 아니라(202), 다음의 요소들, 즉 "①식민지, 반식민지적 예속으로부터의 민족해방, ②빈곤타파와 경제 자립, ③건전하고 안정된 민주주의의 재건"(200)에 근거해야 한다고 강조한다. 그리하여 '소리 없는 혁명'을 통해 한국의 데모크라시가 최후까지 사수해야 할 가치관은 바로 '자치'의 정신이다. "상부지배층이 강제하는 파시즘을 피하기 위해 하부민중이 조직을 통해서 자치를 실현시킴으로써 민주주의를 살리는 길이다"(204). '인간혁명'이란, 민주주의를 추진할 수 있는 자치조직을 형성하여, 이러한 조직 속에서 자유를 누릴 수 있는 개인을 만드는 것이며, 이런 점에서 민중의 조직은 군대조직과 당연히 다르기 때문에 두 조직을 혼동하는 우둔을 삼갈 것을 엄중히 경고한다(205).

선생께서는 한국의 민주주의 혁명은, 8·15 해방과 더불어 헌법제정과 의회민주주의의 실시를 통해 시작되었다고 보았다. 그러나 이는 "민중 자체의 힘의 성장에 의해 쟁취된 것이 아니라 '위로부터' 주어진 이른바 '종전의 경품'"이기에 진정한 소리 없는 혁명이라 볼 수 없을 것이며, '5·16혁명'

은 "'부정과 부패의 경품'"(195)일 뿐만 아니라, 시작부터 민중적 기반을 가지지 못했고 또한 민중 안에서 혁명을 추진할 수 있는 조직적 토대를 구축하지 못했으며, "2년 후 민정복귀 때 건전한 한국 민주주의를 감당할 민주적인 중추세력을 형성하는 작업도 진행하고 있지 않"기에, 소리 없는 혁명을 수행할 수 있는 능력과 가능성에 대해 반문하고 있다(206). 그리고 "4·19만이 학생, 인텔리를 선봉으로 한 민중의 자의식의 성장을 보여준 점에서 한국의 민주주의 혁명과정에 있어서 큰 수확이며 고귀한 유산"이라 말한다(195).

다음 절(2절 '인자(仁慈)한 전제(專制)라는 것: 「콘론보고」의 서글픈 진단을 되씹는다')에서 선생께서는 한국의 민주주의 정착을 방해하는 것들로 다음의 요인들을 지목한다. 1) 국민주권의식의 부족, 2) 짧은 민권투쟁의 역사, 3) 봉건적 분파주의가 지배하여 근대적 시민계급의 육성 부진, 4) 민주주의를 제도화할 기반이 되는 경제적 조건 미비, 5) 후진정치 현실 타개의 원동력이 되는 건전한 인텔리겐챠의 육성 부족이 그것이다(208). 그리하여, 주체의식을 가진 시민세력의 육성을 무엇보다도 강조하고 있으며(209) 그러기 위해서 부평초처럼 "믿을 수 없고 무력한 존재"가 아닌, "겁에 질려 침묵으로 현실도피하는" 인텔리겐챠가 아닌, "용기와 정의감에 불타 무지한 민중을 계몽하고 향도할 인텔리겐챠"의 필요성을 주장하고 있다(210).

3절 '민주주의의 한국화'에서 선생은 한국의 민주주의는 서구적 민주주의의 직접적 무반성적 수용이 되어서는 안 되며, 또한 서구는 서구적 민주주의를 강요해서도 안 된다는 입장을 밝히고 있는데(213-217), 이는 선생의 글 전체를 통해 드러나는 일관된 주장이기도 하다. "민주주의란 국민의 지배요 주권자인 국민의 동의에 의해서 정권이 교체되는 것"이라는 원칙을 고수하며, 후진국의 현 정치 상황만을 기초로 한 선진국의 섣부른 생각, 즉 후진국의 발전이 일인체제에 의해서 더욱 잘 발전한다고 섣부르게 보아 후진국에서의 민주주의 정치는 포기되는 것이 더 나을 수 있다는 생각을 비판하고 있다(215). 다음의 글에서 선생께서 강조하는 맞춤형 민주주의는, 서구형 민주주의의 답습이 아닌, 지역의 정치 경체 문화 상황을 가장 잘 반영하는 '자주적' 또는 '토착적' 민주주의 인 듯싶다(219). 즉 한국화된 민주주의의 건설과 생존을 위해 선생께서는 다음의 요인들을 강조하고 있다. 1) 빈곤과 무지의 추방, 즉 경제적 민주화가 한국적 현실에 적합하게 수행되어야 한다는 것이며. 2) 헐벗고 굶주린 민중을 바로 한국 민주주의의 계급적 기반으로 삼아야 하고, 3) 민중이 민주체제로 운영하는 데 필요한 조건들(경제적 그리고 의식 수준)을 꾸준히 높이는 것이다(220-221).

'사월의 사상'이라는 제목이 붙은 4절에서는 4·19혁명의 의미를 설명함과 동시에 민중이 주체가 되지 않은 혁명의 한계를 설명함으로써, 선생의 한국 현실에 대한 비판적 분석 능력과 통찰력을 잘 보여 주고 있다. 선생께서는 4월의 반독재민주혁명이 제삼계급의 성장과 시민사회로 넘어가려는 혁명적 의식을 바탕으로 수행되었다고 볼 수 없기에, 서양의 프랑스혁명과는 그 차이를 두고 있으나, "서양의 '레보루숀'" 에 버금간다고 주장하고 있다. 그 이유는, 4월의 혁명은 자유당 정권의 학정과 그리고 부패한 관제정치에 대한 불신, 그리고 일인독재에 대한 누적된 불만이 발화점이 되었으나, 기성 원리나 질서의 부정이 혁명의 기저를 이루고 있기 때문이라고 설명한다(223-225). 그러나 선생은 4·19혁명은 학생 그리고 인텔리가 주축을 이룬 혁명이기에 혁명정부가 제때 형성되지 못했으며, 민중의 빈곤이 도사리고 앉아 혁명의 완성으로 나아가지 못했다고 안타까움을 토로하고 있다(228).

선생께서는 5절 '정의와 질서'에서, 혁명을 지켜보는 냉철한 사상가의 시선보다는, 한 인간으로서, 그리고 부모와 같은 심정으로 본인의 개인적인 아픔과 안타까움을 다음과 같이 표현하고 있다. "선량한 우리의 아들딸이 붉은 피를 뿜으며 쓰러지는 처절한 광경은 피눈물 없이는 볼 수 없는 것이다"(229). 그리고 그 아픔과 안타까움의 마음에서 학생들에게 평화적 '데모'에 나설 것을 다음과 같이 호소하고 있다. "그대들은 들끓는 무질서의 회오리 바람 속에서 잔잔한 질서에의 향연을 느껴 주기를 진정 바란다. 그대들이 흘리는 피는 그대들을 낳은 부모의 가슴을 태우고 온 국민의 슬픔을 가져오는 것이다. 질서에로 돌아가자"(230). 그리고 그의 글은 기성세대에 대한 경고로 이어진다. "학생들의 '정당한 불만'을 뿌리 깊은 곳에서 해결하지 못할 때 이제는 더 용서 받을 수 없는 죄악을 저지르는 것이다. 학생들의 분노를 가라앉히고 이 나라의 맥박처럼 뛰는 아침 등교하는 씩씩한 모습이 보고 싶거던 정녕 이 민족의 번영과 민주주의를 위하거던 정의의 항거에 보답하라"(232).

4·19혁명에 대한 선생의 생각은 7절('사회재건의 논리')에서도 계속된다. 선생께서는 4월은 아메리카에서 수입한 쾌락주의에 쏠려 있던, 서구의 수입 사상인 니힐리즘에 감염되어 있던, 민주주의에 대한 의식이 부족했던 학생들에게 혁명의식을 불어 넣었다고 쓴다(239). 이어서 학생들의 '정당한 불만'에 대해 설명한다. 즉 자본주의와 공산주의라는 양자택일을 학생들에게 요구하는 것 자체가 문제라는 것이다(240). 왜냐하면 학생들은 공산주의를 증오할 뿐만 아니라 또한 자본주의의 가장된 식민지 지배도 싫어하기 때문이다. "빈곤의 추방과 봉건적 유산의 타파와 매판자본의 부패 등 낡은 독소를 제거하는 일이 공산주의를 막는 길이요, 그렇지 않으면 그것을 초래하는 일이다"(241)라고 강조한다. 나아가서 선생은 보수 세력들에게 변화를 두려워하지 말라고 충고한다. 세계가 변한다는 것은 하나의 엄연한 사실이라고. 변화를 무변화로 여기며 '눈 가리고 아웅' 하지 말고, 스스로가 자신의 앞날을 과학적으로 그리고 넓은 시야와 역사의식을 가지고 점치는 일이 긴요하다고 말한다(244).

그리고 민주주의를 한국 체질과 분수에 맞게 적용시켜야 한다는 제3공화국의 자각에 대해, 그러한 자각 자체가 문제가 되는 것이 아니라, 민주주의의 한국화에 대한 노력이 파시즘을 위한 가면이 아니어야 할 것이라 말하고 있다(245). 그러기 위해서는 한국인들의 시민의식 성장과 정치에 대한 관심과 책임감 고조가 필요하다고 주장하고 있다(245). 한국의 민주주의가 생존하고 성장하기 위해서는 첫째로, 제3공화국이 일인독재로 흐르지 않고 부패와 부정을 되풀이하지 않아야 하며, 둘째로, 빈곤을 추방하고 경제를 일으켜 세워야 한다고 지적한다(247). 또한 국제정세 변화, 특히 일본과 중국의 정세 변화와 4월 혁명 이후 한국의 젊은 세대의 지도세력 성장이라는 두 변수에 의해 한국의 장래가 결정될 것임을 강조한다(248).

이 장 전체에 걸쳐 있는 선생의 일관된 요구는 민주주의의 한국화, 비판의 자유 보장, 부정·부패의 타파, 그리고 빈곤의 추방과 경제적 자립이다. 이 책이 출간된 지 50년이 지난 지금 이 4가지 여건은 얼마나 나아졌을까? 2016년 총선을 앞두고 여·야 할 것 없이 공천 잡음이 심하다. 그리고 그 잡음 뒤에는 정당 내의 패권주의가 숨어 있다. 민주주의의 꽃이라 할 수 있는 국민투표의 존엄한 가치를 무너뜨리는 이런 폐해는 선생이 말하는 '민주주의의 한국화'에 역행하는 현상이다. 최근 국회에서 통과된 테러방지법 및 (통과를 기다리고 있는) 사이버테러 방지법은 '비판의 자유'에 심각한 굴레가 될 수 있기에 우리를 더욱 더 긴장하게 만든다. '부정·부패의 타파'에 대해서는 요즘 50년 전에는 없던 지표가 생겨서 확인이 쉬워졌다. 국제투명성기구의 '2015년 국가별 부패인식지수' 자료에 따르면 우리나라의 국가청렴도 순위는 세계 168개국 중 37위, OECD가입 34개국 중 27위로 선진국들 사이에서 여전히 하위권에 머물고 있다. '빈곤의 추방과 경제적 자립'과 관련해서는 최근에 발표된 '노인빈곤율 OECD국가 중 1위'라는 토픽이 두드러진다. 선생의 시대에는 절대빈곤이 문제였지만, 오늘날 우리 시대에는 심화된 상대빈곤 및 빈부격차가 큰 우려를 낳고 있다. 이렇듯 50여 년 전 선생이 한국에 부여했던 과제는 오늘날까지도 여전히 미완의 숙제로 남아 있으며, 그 과제가 달성될 시점은 아직은 요원한 듯하다.

서평 『주체성의 위기』

양성만 우석대 교양학부

생전의 신일철 선생과의 첫 대면의 기억은 지금도 생생하다. 1970년대 중반 3월의 어느 날 고려대학교에 갓 입학한 젊은이들이 강당에 모여 신입생 오리엔테이션을 받고 있었다. 그 모임의 마무리를 지을 무렵 한 중년의 교수가 등단하여 고려대학교를 소개하기 시작했는데, 이 분이 말하기를 고려대학교야말로 한국을 대표하는 대학이라는 것이다. '상상해 보라. 외국의 어떤 사람이 대한민국에 있는 대학교에 편지를 보낸다고 하자. 그런데 이 사람이 한국에 있는 대학교의 이름을 잘 몰라 수신인 난에 영어로 'Korea University'하고 쓴다면 그 편지를 영락없이 우리 대학교로 올 것이 아니냐? 그러니 우리 대학이 대한민국을 대표하는 대학이 아니냐?'

그 논리가 철학과에 입학한 나에게는 대단히 설득력 있게 들렸음이 틀림없다. 꼬박 40년이 지난 지금까지 그 내용이 그대로 기억에 남아 있으니 말이다. 그때 그런 말로 신입생들에게 자신이 막 입학한 대학교와 또 그 대학교에 자기 몸을 담기 시작한 자신에 대한 자부심을 심어 준 분이 바로 신일철 교수였다.

이 일화가 은사의 한 단면을 보여 준다. 이 분의 연보와 저술 목록만 보아도 보통의 학자가 아님을 금방 알 수 있는데, 그러면서도 그 인품이 대단히 가족적이고 다정다감하여 제자들은 한편으로 어려워하면서도 찾아뵙기를 주저하지 않았다. 강의 내용은 사실 쉽지 않았다. 선생의 강의마다 나는 기분 좋은 성적을 받았지만 배운 내용의 방대함과 치밀함, 그 깊이를 이해하기 시작한 것은 몇 훗날의 일이었다. 그렇지만 강의가 그렇게 부담스럽지 않았던 것은 난해한 내용을 강의할 때마다 적절한 예를 들어 설명함으로써 강의 내용이 일상생활의 경험과 연관되도록 하셨기 때문일 것이다. 선생은 당시 TV 연속극도 많이 이용하셨는데, 그 바쁜 와중에도 연속극을 즐기셨다는 것도 경이롭지만 그보다 더 놀라운 것은 연속극을 보면서도 당신의 머릿속에서는 학문적인 사고가 진행되고 있었다는 점이다.

『주체성의 위기』(수운서각, 1977)는 수필집이다. 이 외에도 선생은 수필집으로 『한국을 탐구한다』와 『새시대의 한국인』을 발간했다. 『한국을 탐구한다』는 선생이 30대에, 『새시대의 한국인』은 50대에 출간하였다. 대략 10년에 한 번 꼴로 수필집을 냈는데 그 삶의 중반 40대에 낸 것이 『주체성의 위기』이다.

학자가 왜 수필을 쓰는가? 학자를 이해하고 평가하는 데 왜 수필까지 읽어야 하는가? 이 점은 선생의 자기의식과 관계가 있다. 선생은 한 강의에서 지성인을 지식인과 구별하여 설명한 일이 있었다. '지성인', '인텔리겐차'라는 개념이 등장한 것은 러시아 혁명을 소개하는 장면이었다고 기억되는데, 인텔리겐차(intelligentia)는 이론적 연구에만 머물러 있는 지식인(intellectuals)과는 달리 자기가 살고 있는 사회 현상에 주목하고 거기서 발생하는 문제의 해답을 모색하고 이성을 따라 사회를 개조하려고 고민하고 행동하는 사람이라는 것이었다. 선생이 설명하는 어조에는 어쩐지 동질감 같은 것이 스며 있었다고 기억된다.

말하자면 내가 파악하기에 선생이 철학을 논구하고 사상을 사색한 것은 자기가 처해 있는 현실에 대한 문제의식에서 비롯된 것이고, 선생은 그 문제를 해결하기 위해 철학사를 헤매고 사상가들을 탐색하고 서양과 동양의 역사의 의미를 묻고 글을 쓰고 강의하고 그랬던 것이다. 그가 젊었을 때부터 중년에 이르기까지 가슴속에 응어리져 있던 문제는 '도대체 내가 누구냐?'라는 문제였다. 자기 정체성, 주체성의 문제는 사람이라면 누구나 물어야 할 실존적인 문제이지만 선생에게는 훨씬 절실했다. 조국은 일제 치하에 있던 시절 중국에서 태어나 북한에서 소년기를 지내다가 6·25 전쟁 중에 남하하여 분단되고 낙후된 조국의 파란만장한 격동기를 고스란히 몸으로 겪을 수밖에 없었던 청년은 자신이 누구인지, 자기의 과거의 기억과 미래의 희망을 하나로 묶어 줄 수 있는 중심축을 찾지 않을 수 없었다. 선생이 물은 주체성은 자기 개인의 주체성이기도 하지만 우리 민족의 주체성이었다. 『주체성의 위기』의 머릿말은 이렇게 시작된다.

> '주체성'이란 무엇인가?
>
> 민족해방 30년을 넘어선 현재의 시각에서 내가 처한 자리와 우리 민족이 처한 역사적 시간을 헤아려 본다. 30여 년간 우리 모두가 추구해 온 가장 근본적인 물음은 무엇일까?
>
> '내가 누군가?'
>
> '우리 민족은 어디에 왔는가?'
>
> 두 가지 물음.

그런데 선생에게는 이 물음에 대한 대답이 궁했고 아직도 내가 누군지, 우리가 누군지 알 수가 없었다는 것이다. 그러니 이것이 다름 아닌 '주체성의 위기'라는 것이다.

> 아직도 '내가 누군가?'라고 애타게 절규하는 외마디 소리가 텅 빈 공간을 메아리친다. 끝내 그 물음에는 아무도 대답해 주지 않는다. 그 응답자는 자기 자신일 것이기 때문이다.

선생은 이 수필집에 모은 글들이 "주체성의 회복의 길을 헤맨 방황의 기록"이라고 표현했다. 선생은 주체성을 찾기 위해 20세기 사상의 밀림 속을 헤집고 다니면서 주체성의 주체적 안목을 마련하고, 한국사를 반성하고 더 나아가 참다운 한국사상의 지향점을 모색한 것이다. "붓끝이 어디에 이르든 묻는 것은 주체성의 소재요, 잃어버린 자아가 어디에 있느냐고 묻는 사색의 수소문이었다."

이 책의 1부 '사색의 파문'은 일상생활에서 느끼는 소소한 소회를 담담히 기록한 수필들로 되어 있다. 「모택동 변증법 시비」나 「미지수의 묘미」와 같은 학자풍의 수필도 있지만, 한국에 살고 있는 사람이라면 누구나 생각해 봄 직한 글들도 있다. 이런 글에도 여전히 민족에 대한 애정이 절절이 묻어나온다. 「상상적 대일청구권 행사」, 콩나물국을 예찬한 「도레미탕」 같은 글이 그런 글이다.

2부 '현인(現人)사상의 시각'에는 당시 그가 관심을 갖고 읽었던 여러 가지 이론과 사상에 대한 소개가 나온다. 헤겔, 포퍼, 하이데거, 촘스키가 거론되고 프랑크푸르트학파, 정보사관, 유물사관, 명가(名家)가 논의된다. 그의 다양한 사상 편력이 엿보인다. 선생은 이런 사상들과의 대화 속에서 우리 민족의 주체성의 제대로 된 주소를 찾으려고 하였다.

3부 '한국인의 거울'은 우리 민족의 모습이 나라 밖에는 어떻게 비치는지를 들추어내는 글들이다. 일본인들이 한국미를 어떤 식으로 보는지, 임진왜란 때 일본으로 압송된 한국 도공(陶工)들이 일본인에게 어떤 대접과 평가를 받았는지, 또 러시아의 시베리아로 진출한 우리 민족의 삶이 그 땅의 사람들에게는 어떻게 보였는지 등을 추적하였다.

4부 '역사관의 탐구'는 저자 본인이 '사상사적 에세이'라고 칭할 만큼 학술적인 논문에 가까운 글들이다. 민족이 참된 주체성을 지니려면 횡으로 다른 나라들과 바른 관계를 정립해야 하겠지만 종으로는 하나의 문화주체로 우뚝 서서 역사적 의미를 지니는 행보를 걸어 나가야 할 것이다. 따라서 주체성을 묻는 선생에게 역사, 역사관은 중요한 문제였다. 이 점은 그가 철학의 종착점을 사회철학에서 찾으려고 하면서도 역사철학적 반성을 통해 균형을 잃지 않으려고 부단히 노력했던 태도와 맥을 같이 한다.

마지막 5부 '주체적 한국인'은 한국인의 주체성 문제 그 자체를 치열하게 사고한 흔적을 담고 있다. 필자는 이 글에서 이 책의 제목을 따라 주체성의 문제를 중심으로 이 수필집의 내용을 소개하려고 한다. 자연히 이 5부가 중점적으로 다루어진다.

민족적 주체성

선생은 이 수필집의 핵심 주제어 '민족적 주체'를 '한 민족이 단위가 되어 스스로 능동적 주체가 되어 국제정세에 의해 타율에 떨어질 압력을 이기고 가능한 한의 자율의 폭을 넓혀 가려는 현명과 인내를 필요로 하는 능동적 자율의지'라고 정의한다(322). 선생은 이 주체성을 규정하고 설득시키기 위해 여러 이론들과 다양한 예들을 동원하였다.

그런데 주체성을 잃는 일이 왜 발생하는가? 주체성을 갖추지 못한 사람을 '주변인'(marginal man)이라고 하는데, 주변인이란 "'두 가지 다른 문화' 속에 동시에 살면서 그 어느 것에도 동일화하는 데 실패하는' 적응 실패 상태 – 실로 근거를 잃고 허전하기 짝이 없는 '소속불명' 상태"이다(324). 사회심리학상의 혼혈아, 이민집단 제2세, 외국 유학생들, 유럽 곳곳에 흩어져 살면서도 자기네 전통 생활 방식을 고수하려고 했던 유대인들, 흑인, 인디언, 식민지하의 피압박 민족, 이런 사람들이 쉽게 주변인이 된다. 1801년 천주교도 황사영이 북경에 있던 프랑스 선교사에게 편지를 보내 신유박해로 천주교도가 받은 탄압의 실태를 알리면서 포교의 자유를 위해 프랑스 함대를 파견해 달라고 요청하였다가 탄로되어 처형된 일이 있는데(황사영 백서사건), 이런 일이야말로 두 가지 정체성의 갈등 속에서 주변인이 경험하는 아노미 현상의 대표적인 경우라고 할 수 있다.

부정적 주체성

이처럼 두 가지 문화나 가치, 세력 사이에서 쉽사리 자기 정체성, 동일성을 찾지 못하고 고뇌에 빠질 때 부정적 동일화에 빠지고 주체성의 위기에 빠지게 된다.

그 한 예는 자기에 대한 심한 열등감에 시달려 자폐증에 매몰되는 경우이다. 사실 한 개인이나 민족이 '이중 신앙'의 문화적 아노미 상태를 경험하는 것은 당사자로서는 괴롭기 짝이 없는 고약한 상황이지만, 그것이 부정적인 것만도 아니고 유독 자기만 당하는 일도 아니다. 오히려 자기 안에 있는 것과 밖에서 오는 새로운 것을 융합시켜 창조적으로 자기를 발전시켜 나갈 수 있는 좋은 기회를 맞는 것이기도 하다. 그러나 그러기 위해서는 문화적 아노미를 힘들다고 회피할 것이 아니라 그 아노미를 보다 심오하게 그리고 철저히 경험해야 한다. "마치 '암흑 속에서 태양'을 보듯이 두 문화, 두 사상의 대립 갈등을 자기 안에서 철저히 체험하여 제3의 새로운 종합을 잉태하는 길밖에 없다는 말이다"(325).

그런데 우리 민족이 19세기에 서구문화의 개방 압력을 받았을 당시에 우리가 취한 태도는 퇴행적 적응이었고 서구를 주체적으로 받아들이지 못하고 서구와의 만남에 대한 피해망상에 사로잡힌 채 위정척사(衛正斥邪)를 내세운 자폐증에 불과했다(325). 당시 사회의 중추세력에게는 바른 것이란 성리학뿐이고, 그 외의 다른 모든 종교와 사상은 사악한 것이었다.

'부정적 주체성'이라는 개념은 일본이 서구문화를 재빨리 수용하고 더 나아가 서방국들의 식민지 쟁탈 노선을 배워 우리나라와 중국을 침탈한 작태를 분석하는 데서 빛을 발한다. 개항하기 전 1860년대까지만 해도 일본은 '왜인(倭人)'이라고 불렸고, 중화(中華)문화의 중심에서 소외된 절역(絶域)에 속해 있다는 문화적 서자(庶子) 의식의 열등감이 그 속에 오랫동안 내면화되어 있었다. 일본에게는 중국은 물론이거니와 한국도 일본이 존중하며 배워야 할 문화적 선진국이었던 것이다(220). 그러던 것이 16세기 이후 일본이 서구와의 접촉하면서 아시아 동북아 문화권 속의 국가 질서 구조가 서서히 변모하기 시작했는데, 페리호의 내항으로 개국한 이후 일본은 자기들이 미국에게 당한 불평등 조약을 얼마 후에는 자기가 가해자가 되어 한국과 중국에게 강요하고 침탈을 엿보는 데까지 이르렀다.

동북아 문화권에서 자기 비하, 열등감을 느끼던 일본은 이번에는 외래문화의 앞잡이가 되어 자기가 소속되었던 문화권을 공격하는 데서 자학적 병적 쾌감을 느끼기 시작한 것이다. 그런 심리적 요인이 있었기에 일본이 우리나라를 강점하여 실시한 정책이 잔인한 새디즘적 경향까지 나타내었다는 것이다(221).

당시 일본이 취한 문화정책의 기조가 '탈아론(脫亞論)', '대동합방론(大東合邦論)', '정한론(征韓論)'이었다는 사실이 이런 분석의 근거가 된다. 당시 일본인 후쿠자와 유키치(福澤諭吉)의 정한론은 이런 콤플렉스를 여실히 보여 준다(223).

> 우리 일본 국토는 아시아의 동변(東邊)에 있다고 하더라도 그 국민정신은 이미 아시아의 고루를 탈(脫)해서 서양 문명에 옮아갔다. 그런데 여기에 불행한 것은 근린(近隣)에 나라들이 있어 하나는 지나(支那)라 하고 하나는 조선이라 한다. 〔…〕 금일에 모지(謀之)함에 있어 우리나라 일본은 이웃나라의 개명을 기다려 공(共)히 아시아를 흥케 할 여유를 갖지 못한다. 오히려 그 대오를 탈(脫)하여 서양문명국과 진퇴를 공히 하고 지나, 조선에

> 대하는 방법도 이웃이라 해서 특별한 회석(會釋)을 할 것도 없이 바로 서양인이 이들을 대하는 것과 같이 처신해야 한다. 악우(惡友)를 가까이 하면 악명(惡名)을 면치 못한다. 우리는 마음속에서 아시아 동방의 악명을 사절해야 한다.

선생은 부정적 주체성의 또 다른 변종을 나치즘 등과 같은 독재 사회에서 찾아낸다. 제1차 세계대전 이후 베르사유 체제에서 주변인적 열등감에 사로잡혔던 독일인들은 부정적 정체성에서 벗어나기 힘들었다. 이럴 때 그럴듯한 비전을 제시하는 독재자가 나타나면 국민들은 각자의 자율성과 자기동일성을 스스로 포기하고 권위주의의 노예로 안주하려는 도피현상이 나타난다(329). 이런 부정적 주체성은 경제적 후진국에서 국력과 경제개발의 효율성을 앞세우고 국민들의 자기 상실을 강요하는 형태로 나타나기도 한다(345).

한민족의 주체성

그런데 우리민족의 주체성은 어디에 있는 것일까? 우리 민족이 주체성을 자각하고 키운 것이 언제부터일까? 그러나 그보다 더 먼저 물어야 질문은 '우리 민족은 언제부터 '하나의 민족 공동체'로 자기를 의식하기 시작하였는가?' 하는 것이다. 「한국사적 주변인 현상 – 로우컬리즘과 민족적 일체감 형성」이라는 글은 1971년 대선에서 불거진 '로우컬리즘'(지방색)에 대해, 다양성과 통일성이 조화를 이루는 로우컬리즘은 건강한 로우컬리즘이지만 지방색과 같이 열등감과 소외감을 강요하는 부정적 로우컬리즘은 일종의 '한국사적 동일성의 위기'라고 경고하는 글이다. 이 글에서 선생은 소박하게나마 우리 민족의 주체성 수립의 역사를 추적했다.

우리는 한민족을 '단일민족'이라고 칭하고 마치 처음부터 단일민족의 역사의 길을 걸어온 것처럼 생각하는 경향이 있지만 이는 역사적 현실과는 다르다. 우리가 아는 대로 고조선의 영토는 북방 지역에 한정되어 있었고 그 이후 한반도에서는 고구려, 백제, 신라 삼국이 정립(鼎立)되어 있었다. 신라의 통일이나 고려의 건국과 또 조선의 건국이 '민족통일'의 역사적 과정이었다고 볼 수는 있지만 선생은 삼국이 일체화하여 '한민족'의 정신적 통일을 이룩한 시기는 충렬왕 대라고 진단한다. 밖으로부터의 침략한 이민족 원의 힘에 밀려 충렬왕은 원제(元帝)의 사위가 되기에 이르렀는데, 오히려 이런 환경 때문에 대내적인 민족통일의 의식이 생겼다는 것이다. 친원파(親元派)와 반원파(反元派) 사이의 갈등, 즉 삼별초의 난이 이때의 자주적 의식과 갈등의 표출이라는 것이다(352).

선생은 일연의 『삼국유사』가 같은 시기에 나온 사실에 주목한다. 『삼국유사』는 주로 건국신화, 영웅적 무용담, 종교사 등으로 구성되어 있기 때문에 김부식의 『삼국사기』의 정사(正史)보다 못한 야사(野史)로 치부되는 경우가 있지만, 선생은 오히려 『삼국유사』에게 '삼국시대의 역사에 대한 일종의 정신사적 서술'이라는 의미를 부여한다. 이 책의 편집자 일연은 고구려, 백제, 신라 삼국 신화를 일원화하기 위해 단군신화를 1권에서 일차로 다루었고, '고조선'이라는 개념을 첫머리에 도입함으로써 삼한, 삼국에 논리상 선행시키고 있다는 것이다. 삼국의 각 건국신의 조상으로 '하나의 단군'을 설정함으로써 '결국은 한 할아버지의 다른 세 아버지의 자손들'로서 동족 동포의식을 갖게 했다는 것이다.

일연의 역사의식에서 시원한 우리 민족의 사상은 그 이후 어떻게 전개, 발전되었는가? 선생은 한국 사상의 민족적 자주적 명맥을 불교를 주체적으로 수용한 신라의 원효, 고려의 의천, 호국불교 사상의 기념비적인 업적인 팔만대장경, 또 고려 태조가 왕건이 후삼국을 수습하기 위해 세운 훈요

십조에까지 더듬어 찾는다. 세종대왕의 훈민정음 창제는 자주적 민족 문화의 확립이었다. '나라 말씀'이 중국과 다르다는 점을 의식하고 우리나라의 풍토는 중국의 풍토와 다르기 언어가 다를 수밖에 없다고 논설한 당시의 풍토론은 중국 문화권 속에서도 한민족의 특수성을 자각하고 독자적 민족문화의 필요성을 촉구한 것이기 때문이다.

조선 왕조의 양반사회는 중국의 주자학에서 출발했지만 권근의『입학도설』에 이르러서는 성리학이 도설로 체계화, 토착화되기 시작하였으며, 퇴계에 이르러서는 '퇴계학'이라고 불러도 무방할 만한 학적 체계를 이룩했다. 이를 퇴계 자신은 겸손하게 '절충(折衷)백가(百家) 정론(定論)만세(萬世)'의 작업을 했다고 표현했지만 퇴계의 사유는 단순한 절충이나 종합에 그친 것이 아니라 성리학의 근본에 도달했고 '위학정신'을 확립했다는 것이다. 그 이후 우리가 아는 대로 조선 후기에 실학파가 나타났다. 수기(修己) 위주의 성리학과 '중화(中華)'적 사대 문화권에서 점차 벗어나 '경세(經世)'나 '이용후생(利用厚生)' 등 정치경제적 '시무책(時務策)'의 방향으로 전환된 것이다. 실학파는 내용에 있어서도 당대의 현실 문제의 주체적 해결을 시도했을 뿐 아니라 사대부(士大夫)의 유학적 이상을 추구하는 관인(官人)적 자세를 버리고 집권층과는 거리를 둔 비관인적인 비판적 지식인상을 형성하게 되었다.

그렇지만 중화(中華) 중심주의에서 벗어나 한민족 자신을 사상적 주체로 설정하고 왕조 양반 사회의 몰락을 예언하는 한편 '보국(保國)안민(安民) 광제(廣濟)창생(蒼生)'의 과제를 서민의 것으로 옮긴 것은 동학이었다. 여기에 이르러 비로소 근대적 의미의 민족적 주체가 성립되었다고 선생은 선언한다(354).

일본의 한국 문화 침탈

그런데 여기까지 이른 우리 민족은 아쉽게도 민족의 주체성을 튼실하게 키울 제대로 된 기회를 얻지 못했다. 실학파나 동학운동 등을 통해 당시 우리가 처해 있는 상황에 대한 객관적인 인식의 눈이 뜨이고 내부에 쌓인 역량과 심지어는 외부로부터 오는 새로운 물결이라도 흡수하여 새로운 문화, 정신을 창조해 내려고 하는 찰나에 있었지만 서구 열강은 새로운 식민지 개척에 혈안이 되어 있었고, 중화문화권의 중심부에서 먼 변방에 있다가 재빨리 서구 문화의 추앙자가 되어 버린 일본은 개항과 쇄국 사이에서 갈피를 잡지 못하던 한국을 무력으로 속국으로 만들어 버렸다.

선생은 19세기 말부터 20세기 중엽까지 일본이 한국에게 저지른 만행을 크게 두 가지로 나누어 분석한다.

첫째는 서구 문화 수용에 있어서 우리 민족의 주체성의 싹을 일본이 완전히 망쳐 버렸다는 점이다. 주지하다시피 일본은 지리적 여건상 서구 상인들을 통해 유럽 문화를 한국보다 먼저 접했다. 그 결과 유럽에 일본이 먼저 알려지고 한국은 일본을 통해서 간접적으로 알려졌다. 그 일례로 1590년의 올데리우스의 지도장에 수록된 일본 지도에 우리나라는 '코레'라는 섬나라로 표기되었다는 것이다. 유럽의 포르투갈, 스페인, 영국, 홀란드가 동양의 상권을 두고 다투어 일본을 찾았고, 당시 일본에는 서구 문물을 받아들이는 풍조가 생겨서 화란학을 뜻하는 소위 '난학(蘭學)'이 성행하였다. 그 결과 화란을 통한 서구문화의 수입의 통로가 일본으로 고정되었던 것이다. 우리나라에는 '난학'도 없었고 포르투갈어의 직수입도 없었다. 남쪽으로 밀려드는 서구와의 조우는 일본의 상업주의의 의해 거의 완전히 차단되었던 것이다. 하멜이 남긴 기록에서 우리는 당시 일본인들이 한국인이 '식인종'이라고 악선전하며 접근을 훼방했다는 사실을 발견할 수 있다.

동북아시아 3국의 개국은 서로 사뭇 달랐다. 3국 중 중국이 제일 먼저 문을 열었지만 그것은 아편전쟁에서의 패배에 따른 굴욕적인 방식이었다. 일본도 페리호의 내항이라는 외부 압력에 굴복한 것이긴 했지만 무력으로 저항하는 대신 오히려 자진해서 개국의 열쇠를 열었으며 그 후 소위 '명치유신(明治維新)'으로 서구 문물을 열렬하게 받아들였다. 한국은 먼저 개국한 일본의 무력적 압력에 굴복해 1875년 강화도조약을 맺으면서 문을 열었다. 그러니 우리 민족의 서구문화의 수용은 일본에 의한 차단과 일본의 독점적 중개에 의해 이루어지는 기형성을 띨 수밖에 없었다.

밀려드는 서구문화의 압력에 대한 우리 민족의 대응 방식은 크게 둘로 나뉜다. 첫째는 유림과 양반을 중심으로 한 '위정척사(爲正斥邪)' 운동이었다. 조선은 건국 이후 중국 문화권에 속해 있으면서 그 밖의 민족들을 '오랑캐'로 인식했다. 이 사고방식에 따르면 서양인도 고작해야 '남만(南蠻)' 남쪽 오랑캐에 불과했다. 17세기에 우리나라로 표류해 왔던 하멜, 박연(朴淵) 등에 대한 당시 관직자들의 발언 내용에서 그런 점들을 엿볼 수 있다. 거기에는 서구 문화와 세력에 대한 경이감 같은 것은 전혀 없고 소중화(小中華)로서의 문화적 자존심이 흔들리는 기색이 전혀 없다고 한다. 서구인들의 과학기술, 사회체제, 경제제도에 관심을 가질 만한 안목과 자세가 전혀 갖추어지지 않았던 것이다. 이런 식으로 인식되던 유럽인들의 문화가 일본인들을 통해서 강요되었을 때 당시의 양반층은 그 내용의 측면에서나 들어오는 방식에서나 도저히 용납할 수가 없었고, 그래서 그들은 척양척왜(斥洋斥倭)의 쇄국정책을 택할 수밖에 없었다.

그러나 모든 한국인이 서구문화를 배척한 것은 아니었고 일부는 개화를 환영하였는데, 그 하나는 독립협회와 같이 서구문화를 직접 수용하자는 입장이 있었고 다른 하나는 일본화된 서구 문물을 통한 개화가 있었는데, 대세를 형성한 것은 후자였다. 그 결과 우리는 서구 수용의 최악의 형태를 경험하고 말았다. 다시 말해서 〈일본을 통한 서구 수용〉 = 〈전통 문화권과의 단절〉 = 〈일제에의 예속화〉 = 〈새로운 문화 주체의 부재〉라는 외곬으로 강요되고 말았다는 것이다.

일본의 만행은 여기에서 끝난 것이 아니다. 일본은 한국사의 자주성을 지워 버리기 위해 한국사 및 한국사상의 왜곡까지 시도했다. 1922년에는 조사과를 두어 한국인 지배를 위한 정책조사자료를 모으기 시작했고 1925년에는 '조선사편수회(朝鮮史編修會)'를 두어 한국사 편수 사업을 시작했다. 식민지 침략자들이 식민지 민족의 역사를 자기들의 입맛에 맞추어 편수하려고 한 것이다. 이런 작업을 통해 일인은 한국 민족은 역사적으로 자립할 능력이 없는 사대주의적 근성을 가진 민족이라는 편견을 조직적, 학문적으로 한국인들에게 침투시켰던 것이다(230).

일본은 병탄 초기에는 '일선동조론(日鮮同祖論)'이니 '일조동인(一祖同仁)'이니 하는 슬로건을 내걸어 마치 한국인을 일본인과 동등하게 대하는 것처럼 보이도록 하였지만 1931년 만주사변이 발발한 이후에는 한국을 대륙침략의 병참기지로 재편성하고 '황국신민화'라는 이름 아래 일본의 노예화, 한국 민족 말살을 시도하였다(232). 일제의 침략자 앞에서 한국 민족은 보는 눈도, 듣는 귀도, 말할 입도, 마지막에는 온통 목숨마저 약탈당하고 있었던 것이다(234).

한민족의 서구 수용의 주체성 문제

우리나라가 어떤 과정을 통해서 서구 문화를 받아들이게 되었는지는 앞에 대강 기술한 바와 같다. 조선 사회는 19세기 중엽 밖으로부터 강요된 개국에 의해 큰 충격을 받았고, 그 충격에 대한 반발로 '척양(斥洋)척왜(斥倭)'라는 슬로건 아래 저항적 내셔널리즘을 형성하게 된다. 이런 면에서 볼 때 우리의 서구 문화 수용의 주체성은 서구문화의 수용에 반항하는 과정에서 형성, 발전된 것이지 우리가 주체적인 수용태도를 갖추고 서양문화를 받아들인 것이 아니었다(249). 같은 중화문화권에 속해 있던 일본이 탈출하여 서구와 내통하더니 개국 의사가 없었던 이 나라에 노골적인 무력시위를 통해 개국을 강요하였으므로 서구에 대한, 또 일본에 대한 반항심리가 작동하지 않을 수 없었다. 그러나 그 저항적 내셔널리즘의 사상적 거점을 처음에는 전통문화, 즉 주자학적 중화주의에서 찾을 수밖에 없었다.

밀려드는 서구에 대항해 당시의 유림과 양반층은 위정척사(衛正斥邪)를 내세웠다. 척사론은 1860년대의 프랑스, 미국 함대의 군사적 위협에 대응한 대원군의 척화(斥和)정책으로 나타났고 서학, 즉 천주교에 대해서는 사학(邪學)으로 규정해 탄압하는 강경책으로 대했다. 척사(斥邪)는 위정(爲正)을 위한 것인데, 그 위정이란 전통적 유학과 양반 체제, 존왕주의의 옹호였다. 위정척사는 당시의 현실을 제대로 파악하지 못했고 구시대 명분에서 벗어날 줄 몰랐으며 양반 위주의 사회 체제에서 민중 주축의 사회로 바뀌어야 한다는 시대의 요구를 읽을 줄을 몰랐다.

서구 수용의 둘째 형태는 개화파의 논리였다. 이들은 척양척왜를 부정하고 일본 메이지유신형의 서구문화 수용을 주장하였다. 그렇지만 그 결과는 대외의존이었다.

한반도를 침입하기 시작한 일본은 군사적인 압박만 가한 것이 아니라 일본군에 의한 신식 군대 훈련, 권력 기구 내의 친일분자 침투, 한성조약에서의 거액의 배상금 요구, 조건부 차관의 강요 등 전방위적으로 압박을 가해 한국의 종속화 정책을 펼쳤다. 동시에 일본은 한국의 권력층과 젊은 세대 불만 층에 접근하여 개화를 지지하도록 고무시켰다. 그 한 예로 주일 청국 공사권원 황준헌(黃遵憲)의『조선책략』에 주목할 만하다. 황준헌이 제시한 책략이란 '청국, 일본, 한국의 동양 3국이 연합해서 구미열강에 대항하기 위해 한국 정부는 일본의 지도를 받아들여 개화를 추진해야 한다'는 것이었다. 이 '동양 3국 공영론'이 그 후 러일전쟁을 계기로 부상하였고 일제의 '대동아공영권'(大東亞共榮圈)이라는 허상으로까지 발전하였다. 이에 휘말린 개화파의 논리는 친일파의 대동아공영권형의 제국 건설이라는 허상에 말려들게 된다. 이 점에서 개화파는 자기 의도와는 상관없이 결과적으로는 일본 상업주의의 한국 침입을 위한 앞잡이 역할을 한 것에 불과했고 더 나아가서는 '동양 평화'라는 이름 아래 동양의 분열과 파괴에 봉사하고 말았다는 것이다. 결국 '일제형의 탈아론(脫亞論)의 아류로서 대동아 제국 건설의 봉사하는 탈한론(脫韓論)'이라는 평가를 받을 만하게 되었다는 것이다.

서구 수용의 주체는 민족이 아니면 안 되는데, 여기에 해당하는 제3의 형태로 선생은 위로 실학의 전개와 아래로 동학의 민중운동을 든다.

실학은 서구의 문물, 실사구시(實事求是)의 정신을 받아들이면서도 전통문화의 축인 유교주의를 벗어나지 않고 '신유학'의 형태를 취했다. 박제가, 정약용 등으로 대표되는 실학파는 기본적으로 유학의 테두리에 머물면서도 사대주의, 독서인주의, 중화, 모화 등의 허학화(虛學化)에 저항하는 대내적 자기비판이라는 방식으로 서구를 수용했던 것이다. 선생은 실학파의 의의를 이렇게 평가한다.

> 한마디로 실학파의 서구 수용에는 탈아론(脫亞論)이나 탈한론(脫韓論)적 흔적을 전혀 볼 수 없다. 그러면서 서구문화의 충격 앞에서 실학파들은 조국의 현실을 직시하는 눈을 가졌고 조국의 사회, 경제적 현실에 대한 개혁에 관심을 가졌다. 그 점에서 실학파는 서구 수용에 있어서의 우리나라 상류 지배층의 현실주의적 자각을 보여주고 있다.(254)

그렇지만 실학파는 반체제적 개혁까지 감행할 수는 없는 사회세력이었기 때문에 고질화된 이조 왕권에 대한 재야적 비판 세력에 머물렀다는 점이 그 한계였다.

선생이 주목하는 또 하나의 형태는 아래로부터 민중 속에서 싹튼 1860년대의 종교사상으로서의 동학과 1894년의 전봉준의 동학혁명이다.

동학은 경주 한 양반의 서자로 태어나 출셋길이 막힌 청년 최제우(崔濟愚)에 의해 1860년 창도되었다. 최제우의 종교 사상은 서구 수용에 대한 한국적 반응 형식을 전형적으로 대표한다. 『동경대전(東經大全)』은 그 뜻을 "명칭을 동학이라고 이름한 것은 동국(東國)의 뜻을 취한 것이며, 그렇게 해서 음(陰)인 양학(洋學)을 양(陽)인 동학(東學)으로 제압하려고 했다"고 밝힌다(255).

동학의 근대적 의의는 보국안민(輔國安民)의 사상을 품고 있었다는 점에 있다. 동학은 도탄에 빠진 창생을 구하는 일과 나라를 보전하는 일을 하나로 묶어서 '보국안민'으로 표현했다. 그리고 보국안민의 주체로 양반 이외의 서민대중까지 동원하였다. 누구나 동학에 입도하여 '시천주(侍天主)'의 신앙을 가지면 그는 그날부터 '군자'가 되어 '보국안민'의 주체가 된다는 것이다. 이런 점에서 동학은 근대적인 '민족적 일체감'을 형성할 수 있는 사상적 계기가 된 것이다.

동학을 통해 보국안민의 주체의식으로 무장한 농민 대중들은 1894년 드리어 '제폭(除暴)구민(救民)'과 '척양(斥洋)척왜(斥倭)'의 슬로건을 들고 궐기한다. 동학혁명은 이전부터 분산적으로 일어났던 민란을 동학적 이념하에 규합하였고 최제우의 처형 이후 대중적 시위운동으로 발전했다. 이전에 있었던 신원(伸寃)은 개인적 신원에 머물러 개인의 명예 회복과 같은 사사로운 복권 문제를 위한 것이었지만 동학은 대중적, 집단적 신원이었으며 그 내용도 개인의 사사로운 복권을 요구한 것이 아니라 국가 정책과 관료 부정에 관한 반체제적 반항으로 승화되었다는 것이 선생의 평가이다. 이런 과정에서 우리 민족의 근대적 주체성이 형성되고 이 흐름이 3.1운동의 근대적 민족의식으로까지 이어졌다는 것이다.

주체냐 사대냐—변압기적 인텔리겐차

사대(事大)가 반드시 나쁜 것만은 아니다. 선생은 청일전쟁 이전에는 동아시아 문화권에서 '사대(事大)'란 중화문화에 내속해 있다는 자존심의 원천으로서 긍정적인 개념이었다고 평한다(356). 조선 건국 초의 이태조가 천자로부터 받은 책봉은 당대에서 보자면 '사대적 문화권의 내속'의 표지였으므로 이에서 배제된 일본인들에게는 선망의 대상이었다. 일본은 '천황'이라는 명칭을 사용했지만 이는 동사아시아에서 문명에서 소외된 바바리안(야만인)의 지위를 손바닥으로 가려 보려는 유치한 몸짓에 불과하다. 사실 한국사를 동아시아문화의 배경에서 고립시켜 특수적인 것으로 실체화한다는 것 자체가 배경 없는 초상화와 같은 하나의 추상에 불과한 것임을 선생은 지적한다. 이에 비해 현재 스칸디나비아 반도의 세 독립국가는 근대 주권국가 형성 이전 역사 시기에 대해서는 스칸디나비아 왕국을 공통의 문화사로 충당한다는 것이다(313). 또 근대 민족국가들이 형성되기 이전의 유럽의 각국이 그리스 로마를 근간으로 하는 공통의 문화권에 속해 있었다는 사실도 잊지 말아야 한다.

'주체냐 아니면 사대냐?'라는 질문 앞에서 사대를 배격하고 주체를 추구한 사람 중 단재(丹齋)가 으뜸이다. 선생도 단재 신채호의 사학을 '민족사학'이라고 불러 '오늘에도 높이 평가되고 계승되어야 할 사관'이라고 높인다. 단재야말로 사료에 대한 참신한 선택원리와 가설, 해석 등의 역사적 통찰을 시도한 민족사학의 대표자였던 것이다.

단재에 있어서 역사의 단위는 '아(我)', '민족아(民族我)'였고 다른 민족은 '비아(非我)'였다. "역사란 무엇이뇨? 인류사회의 아(我)와 비아(非我)의 투쟁이 시간부터 발전하며 공간부터 확대하는 심적 기록이니 〔…〕" (『조선사고사』 총론, 299쪽에서 재인용). 그래서 그가 인식하는 역사란 '만인 대 만인의 싸움'이 민족국가를 단위로 하는 민족 대 민족의 싸움으로 옮겨 그려내는 전쟁사이다.

그런데 단재의 역사해석의 원리는 당시 청국을 통해서 들어온 사회진화론이었다. 청말에 진화론이 널리 퍼져 있었는데, 양계초(梁啓超)는 진화론을 '천연론(天演論)'이라고 불렀고 옌푸(嚴復)는 헉슬리의 『진화론과 윤리』를 번역하면서 'evolution'을 '자강불식'(自强不息)이라고 옮겼다. 단재는 이런 진화론적 자강주의(自强主義)를 따라 한국사를 내셔널리즘으로 재해석하기 위해 역사 속에서 을지문덕, 최영(崔瑩), 이순신 등의 자강주의적 영웅을 찾아 민족아의 주축으로 세우고 정신사적 주류를 구성함으로써 민족주의 사관을 확립하였던 것이다.

그런데 이렇게 자강, 외경력(外競力)에만 역사적 가치를 부여하면 인류의 역사란 투쟁사이고, 평화는 깃들 수가 없다. 그 결과 중화적인 사대적 질서가 정착된 이후 청일전쟁 이전까지의 평화기에 대한 역사 인식에 대해서는 무력하게 된다는 것이 단재 사관의 약점이다. 따라서 그 결과 그의 민족사학은 주로 고대사, '완전히 개화된 대문명' 형성 이전의 민족사적 전개에 그치고 문명권 내로 내속된 역사 시기는 부정적으로 다룰 수밖에 없는 딜레마에 빠진다.

그러므로 선생은 진정한 주체성이란 '절대 배타적인 자기 폐쇄가 아니라 자기결정 능력의 증대'라고 규정한다(362). 우리 민족이 개화 이후 2중 3중의 문화적 사회적 민족적 적응실패에 허덕인 것이 사실이고 서구화(개화) 이후의 과중한 도전은 자기결정 능력의 무거운 부담이기도 했다. 우리는 이질적인 서구문화의 수용과정에서 서로 다른 두 가지 문화 속에 동시에 살게 됨으로써 그 어디에도 소속되지 못하는 소속 불명감 속에서 '아이덴티티

크라이시스'를 경험할 수밖에 없었던 것이다.

선생은 서구화 이후 비서구적인 지역에서 나타난 서구화의 이질적인 문화의 수용의 부담을 스스로 짊어진 '변압기적인 인텔리겐차'를 언급한다(363). 이들은 이중적으로 불행했다. 그러나 그 주변인적 불행은 불가피한 것으로 서구문화를 수용하는 모든 나라가 꼭 거쳐야 할 과도기적인 수난이라고 선생은 인식한다.

내가 보기에 선생 자신이 이 나라의 '변압기적 인테리겐차'였던 것이다. 그리고 한민족의 '변압기적 인텔리겐차'로서 자기가 겪은 '주체성의 위기'의 고뇌와 사색을 선생은 이 책에서 육성으로 들려주고 있는 것이다.

그러나 이 책에서 선생은 '주체성의 위기'를 진단하기는 했지만 우리 민족이 형성하고 추구해야 할 주체성의 내용은 제시하지 못했다. 그 내용은 차후에 선생이 탐구하고 모색해서 채워 나가야 할 것이었다. 이런 면에서 『주체성의 위기』는 그 시대의 '변압기적 인텔리겐차'였던 신일철 선생을 인간적으로 이해할 수 있게 할 뿐 아니라 그의 사회철학적 학문 활동이 어떤 개인적 민족적 사회역사적 배경에서 이루어진 것인지도 이해할 수 있게 해준다.

서평 『새 시대의 한국인』

이재영 조선대 철학과

이 책은 선생님의 에세이집 세 권 가운데 가장 나중인 1987년에 나왔다. 두 번째 에세이집인『주체성의 위기』가 1977년에 나왔으니 이 책에 실린 글들은 선생님이 40대 중반부터 50대 중반에 이르기까지 쓰신 것들이다. 1964년에 나온 첫 번째 에세이집의 제목이『한국을 탐구한다』였으니 세 권의 제목만 보아도 선생님의 관심사가 어디에 있는지 분명히 알 수 있다. 그러나 에세이집들이 대체로 그렇듯이 이 책은 처음부터 한 권의 책으로 출판할 목적으로 쓴 글들이 아닌 다양한 주제들에 관한 글들을 담고 있다. 이 책은 선생님의 표현대로 "어둡던 상황으로 인해 못다 부른 노래가 아쉬운 여운의 잡기장"이다.

1장에는 '마음의 수첩'이라는 주제로 13편의 글이 실려 있다.「지상의 논리와 천국의 논리」,「수묵화의 행복론」,「쓸모 있는 인재가 되는 길」,「주변인과 정신의 소화 불량」,「선악 불감증」,「1인칭 사회에서 2인칭 사회로」,「사람을 보는 눈」,「처음을 위하여 마지막을 위하여」,「지게꾼 부대와 담요 열장」,「도둑과 義盜」,「세모에 느껴 보는 시간 감각」,「놀이 문화의 반성」,「낚시로 본 국토 자연」이 그 글들의 제목이다.

2장에는 '개방시대의 한국인'이라는 주제로 15편의 글이 실려 있다.「吳越 同舟의 의미 변화」,「개방적인 한국인의 형성을 위하여」,「세계의 눈에 비칠 한국인」, 「새로운 조국관」, 「3·1 운동의 역사적 해석」, 「독립운동사의 교육」, 「진화론의 한국적 수용」, 「재군국화 일본의 내심」, 「사회 발견의 독서」, 「사지선다형은 알맞은가」, 「입시난조의 의미」, 「현대사의 의미와 역사적 이해」, 「참고서 문화」, 「백제사 속의 고대 일본」, 「샤머니즘적 통치」가 그 글들의 제목이다.

3장에는 '사색의 파문'이라는 주제로 19편의 글이 실려 있다. 「월남 패망의 원인」, 「아시아 침략에 대한 일본의 사죄」, 「일본의 병적 열등 콤플렉스」, 「치부 경쟁의 가치관」, 「자유복의 의미」, 「역사란 무엇인가」, 「몸만 커진 공룡대학의 운명」, 「자율사회의 지혜」, 「폴란드와 인간의 철학」, 「해금된 좌익서적」, 「요행과 배짱의 인생관」, 「마르크시즘의 죽음」, 「일본인의 原像」, 「통금적 사고의 종언」, 「주술적 광신」, 「북녘땅의 수용소 군도」, 「신문은 굴뚝이냐 放氣냐」, 「기업 소아병」, 「중공의 시장형 사회주의」가 그 글들의 제목이다.

4장에는 '주체적 한국인'이라는 주제로 비교적 긴 글이 5편 실려 있다. 「한국인은 주변인인가」, 「저항적 민족주의의 명암」, 「민족성 개혁의 선구자 안도산」, 「개화기 지식인 이상재론」, 「정의의 철학」이 그 글들의 제목이다.

글은 주로 언론 매체에 실린 것들이어서 2쪽에서 5쪽에 이르는 짧은 글이 40편으로 주종을 이루고, 6쪽에서 9쪽 분량의 글이 8편, 13쪽에서 31쪽에 이르는 글이 4편이다. 제목들을 살펴보면 선생님은 역사나 이데올로기와 같은 거시적인 문제로부터 일본과 중국, 북한 같은 이웃나라들과의 문제, 대형 부패 스캔들과 같은 사회 문제, 입시 제도와 교복 자율화 같은 학교 문제, 그리고 행복론에 이르기까지 우리가 살아가고 있는 사회에서 현재 일어나고 있는 모든 일들에 대해 관심의 끈을 놓지 않고 있었음을 알 수 있다. 그런데 시론에 속하는 글은 그것이 쓰인 배경적 상황과 분리시켜 고찰할 때는 그 시의성을 잃는 경우가 많아서 자칫하면 현실의 발판을 잃은 추상적 논의가 되기 쉽다. 이 글에서는 '새 시대의 한국인'이라는 책 제목에 걸맞은 내용만을 추려 내어 필자 나름대로 선생님의 의도를 재구성해 보고자 한다.

1. 우리 사회 진단

선생님은 이 수많은 글들이 실린 책의 제목을 왜 '새 시대의 한국인'이라고 하셨을까? 선생님은 1980년대를 "새 시대의 한국인 상이 형성되는 국제적 개방 시대"라고 하면서 이 시기를 우리 역사의 전환기로 보았다. 이 역사적 전환기에 대한 선생님의 묘사는 이중적이다.

> 80년대에 들어선 오늘날 코리아는 허구 많은 수난과 전란의 폐허 속에서 불사조처럼 일어나 '승룡의 한국'으로 각광을 받기 시작했다. 자원이 없고, 작은 나라라고 해서 후진과 예속에 머물러 있으란 법은 없다. 거액의 외채와 분단의 긴장 속에서도 우리 민족이 경제적 기적을 이룩한 것은 사실이며 해외로 약진하는 한국의 나래를 폈다. 못난 나라, 짓밟히는 민족으로 태어난 것을 한스러워 하던 열등의 마음을 덮었던 구름도 조금씩 걷히면서 오연히 재기한 새 한국은 이제 보람찬 민족 부흥의 희망도 가져 보게 되었다.
>
> 그러나 우리 사회 내부를 들여다보면 아직도 정치적 미숙에서 오는 실망, 권력 부패의 경제적 부조리, 분에 맞지 않는 대국주의적 허세, 거침없는 강권 만능의 군사학적 사고와 사상적 갈등이 소용돌이치는 현실이 있다.(머리말)

선생님은 역사에 지각한 민족의 가슴 속에서 오랫 동안 잠자던 무서운 잠재 에너지가 밖을 향해 용출하기 시작한 상서로운 조짐을 직감하면서도 급속하게 새로운 문명을 일으키는 과정에서 발생한 부정적인 측면을 외면하지 않았다. 선생님은 짧은 시간에 진행된 근대화, 산업화가 가져온 명암이 동일한 원인들의 결과라는 것에 주목한다. 그 원인들로는 비상시적 상황론, 도구 만능의 논리, 규칙과 구호의 난립이다.

첫째, 비상시적 상황론은 정상적으로 해야 할 과제들을 뒤로 미루는 구실을 마련해준다. 우리는 현실적으로 휴전하의 가상적 평화 속에 있으며, 북한의 호전적 도발이 빈발하는 비상시적 상황 속에 있는 것은 사실이다. 그러나 비상시적 논리가 산업화에 가져다준 무시할 수 없는 영향은 목적과 수단에 대한 도착된 사고 방식이다. 70년대의 산업화와 기업체질도, 그리고 행정도 정치도, 외교도 비상시적인 편법주의로 처리되었고, 상품을 만들어 팔아도 돈만 받고 그 자리를 떠나 버리는 일회주의가 팽배했었다. 무엇보다도 산업화가 가져온 가장 심각한 부작용은 모든 치부에 대한 전면적 불신이다. 자본주의 존립의 기본적인 모럴은 정당한 수단에 의한 축재를 불가침의 소유로 인정하는 일이다.

둘째, 해방 후 우리나라에서 눈부신 발전을 거듭한 경제가 준 것은 분명 산업화 과정에서 생긴 급속한 경제 성장의 탈시간 이데올로기요, 생산에서 도구 만능의 논리였다. 도구적인 기술 혁신에는 급속한 발전을 이룩할 수 있다. 그러나 인간과 자연의 관계에서 성립되는 도구의 논리와 달리 인간과 인간 사이에서 언어와 대화를 통해 짜내는 정신 문화의 성장에는 도구의 논리를 그대로 적용해서는 안 된다. 그것은 서로 대화와 상호 행위를 통해 역사적으로 형성해내는 강제 없는 합의의 산물이기 때문이다.

셋째, 우리 사회는 국민에게 너무도 많은 규칙을 강요했다. 그중에는 지킬 수 없는 규칙, 지키지 않아도 무방한 구호가 얼마나 많은가. 사람의 행위를 규제하는 법이나 규칙이 많으면 많을수록 사회질서는 오히려 허물어지게 된다. 비현실적인 법규, 규정, 지시가 많아지면 모두가 범법자가 된다. 법 규범의 과다 속에서 법은 지키기 위한 것이 아니라 피하기 위한 표지가 되고, 걸리면 단지 재수가 없었다고 여길 뿐 깊은 죄책감은 없다. 법이나 규칙이 존엄성을 잃고 선악의 구별이 희미해진 사회는 범법이나 범칙을 하고도 죄책감을 느끼지 않을 수 있는 면책 사회요, 무슨 짓을 해도 성공만 하면 된다고 여기는 무규범사회다.

비상시적 상황론에 의해 비약적인 산업화를 이루었으나 자본주의의 기본적인 모럴을 잃어버렸고, 도구 만능의 논리에 의해서 기술 혁신을 이루었으나 정신 문화의 쇠퇴를 가져왔으며, 급조된 규칙과 구호에 따라 물질적인 번영은 이루었으나 선악 불감증에 걸려 도덕 의식이 마비된 사회가 되었다. 이와 같은 병폐를 극복하기 위해서는 유교적 가치의 재인식, 시간 이데올로기와 도덕 의식 회복이 필요하다.

첫째, 자본주의 경제의 에토스로서 정당한 수단에 의한 성공을 인정하고 부당한 수법으로 성공을 사취하는 행동을 응징하려는 윤리적 분위기의 조성이 필요하다. 그 점에서 그 효능성이 아무리 많다고 해도 정통성이 없으면 그것을 인정해 주지 않는 고도의 명분의식을 마련해 준 유교문화는 산업화의 경쟁모럴로서 무시할 수 없는 값진 유산이다. 산업화와 경제 개발의 재출발을 위해 지금 우리가 고려해야 할 과제는 그 정신적 자산의 축적이다.

둘째, 시간의 원료가 중요한 몫을 하는 정신 문화의 영역에 대해 시간을 무시한 급변은 쇼크요 후퇴일 수도 있다. 인간이 오랜 세월을 두고 만들어낸 도덕, 종교, 행정 제도 등은 시간의 흐름 속에서 오래 시행되는 동안에 정착되는 것일 때 그 나름의 합리성을 갖게 된다. 시간이 이룩한 불가시(不可視)의 유산을 존중하는 풍토가 조성되어야 한다.

셋째, 한 사회의 정치적 위기는 항상 도덕적 위기에서 시작된다. 더 이상의 경제 발전과 사회 개발을 위해서는 우리 사회의 윤리적 힘이 어느 정도인가 하는 의문이 제기되지 않을 수 없다. 우리는 유죄와 무죄가 분명한 사회를 만들기에 최선의 노력을 다해야 할 것이다.

정통성을 생명으로 하는 유교 문화를 산업화의 경쟁모럴로 삼아야 한다는 주장은 놀라웠지만 서양철학을 전공하면서도 우리 역사와 사회에서 단 한 순간도 눈을 떼지 않았던 선생님으로서는 어쩌면 당연히 할 수 있는 것이었는지도 모른다. 우리의 정신적 자산을 소중하게 생각하는 선생님의 태도는 가변적인 개화의 밑바닥에 불변의 전통을 수호할 것을 역설한 이상재를 이 책에서 가장 긴 글로 극찬하고 있는 것과 일맥상통한다. 선생님은 또한 일본식의 참고서 문화가 우리 경제의 부흥을 가져왔지만, 미래 사회를 위해서는 버려야 할 것으로 보고 있다.

> 이 지구의 어디를 둘러보아도 선생이 필요 없을 정도로 완벽하게 해답을 가르쳐주는 일본식 참고서 문화는 찾아볼 수 없다. 이는 학생들에게 탐구 방법을 가르치는 시간을 절약해서 남이 이룩해 놓은 지식과 정보를 될수록 많이, 단시일 안에 주입, 암기시키는 속도 학습이요 일본식 요령주의의 산물이다. 자주적인 문제 해결 능력과 탐구심을 가르쳐주지 않는 참고서 문화가 지난 날에는 일본이 최단 시일에 선진국을 모방하는 지름길이 되어 주었다. 그러나 앞으로는 이 참고서 문화가 창의력과 기술 혁신을 해치는 무서운 장애물이 될 것이 분명하다. 우리도 이 일제 잔재인 참고서 문화를 극복하지 않는 한 새 세대 속에서 창의력의 개발은 기대하기 힘들고 지적 소유권의 설움을 면하기 힘들 것이다.(91쪽)

2. 개방적인 한국인의 형성

선생님은 1980년대에 이르기까지 지난한 시기를 다음과 같이 회상하고 있다.

새로운 국제 질서에 우리 민족이 주체적으로 적응하는 데 성공하기 위해서는 많은 시행착오를 겪어야 했다. 35년간 일제의 지배로 인해 우리 민족은 깊은 민족적 열등감의 상처를 입게 되었고, 일제 식민지 잔재는 해방 후 민주적인 독립 국가를 건설하는 데 심각한 장애 요인이 되었다. 손상된 민족적 양심의 회복을 위해 친일이나 반민족적 행위를 도덕적으로 심판하지 않고서는 새로운 민족국가의 정치원리를 확립하기 힘들게 되었다.

1960년대의 한국은 '자본 없는 자본주의'를 했고, 그 다음 단계에서는 건전한 자본주의 정신이 결여된 '얼이 없는 자본주의'를 해 왔다. 국제 사회의 일원이 되는 데는 경제만이 아니라 정치 사회 문화 모든 면에서 국제 수준화가 요구된다. 경제 개발의 물량적인 측면만 중요시되어 개발 성과의 분배, 사회 개발, 정치 문화와의 조화 등 다른 요인과의 변증법적 긴장 없이 기형적으로 과대화하면 물량적 측면만의 무한 확장으로 인한 갈등을 면하기 힘들다.

해방 40년 이제 우리는 위험스러운 중년기 고비에 접어들면서 자기 과시의 허세를 버리고 현실적인 자기를 솔직하게 인정할 줄 아는 성숙한 한국인이 되어야 하겠다. 현실 그대로의 자아를 솔직하게 인정하고 자기를 평가할 수 있는 눈을 가지며 남들의 평판에 귀를 기울일 줄 아는 균형 잡힌 인격을 갖추는 것이 성숙이다. 우리는 국제적 개방의 격랑 속에서 벅찬 경쟁을 감당해야 할 새 세대에 접어들었다. 외국의 보호 무역주의의 장벽을 반대하면서 우리의 보호벽만은 끝내 헐지 않고 버틸 수 있는 응석이 통하는 시대는 이미 지나가 버렸다.

1980년대를 '국제적 개방 시대'로 규정한 선생님은 이 시대에 맞는 새로운 한국인이 형성되기 위해서는 무엇보다도 정착민적 사고 방식을 버려야 하고, 평등 사회의 인간 관계를 규율할 새로운 규범을 수립해야 하며, 세계 속의 한국인이 되어야 한다고 주장한다.

1) 정착민적 사고에서 유목민적 사고로

우리는 오랫 동안 농경 민족으로서 정착민의 사고가 몸에 배어 있기 때문에 국제적 개방 시대에 적합한 유목민의 사고를 터득하는 데에는 대담한 패러다임의 전환이 요구된다. 정착민의 정착성에서 유목민의 개방성으로 전환하는 데에는 사고방식의 개종이 요구된다. 자기 폐쇄적 수직성은 개방사회의 형성을 지연시킨다. 그러나 유목민적 사고는 땅 밑의 칸나 뿌리처럼 갖가지 방식으로 발달한 도중에 구근이 주렁주렁 달린 상태에서 이동하고 있는 망상 구조다. 국제적 무역 전쟁의 일선을 뛰는 세일즈맨들의 시장 개척에서 유목민적 사고의 전형을 엿볼 수 있을 것이다. 이항 대립이 일자 중심의 정착민적 사고에 고착화되어 다자 공존, 즉 다양성 속에서 통일을 이룰 수 있는 구심점을 얻어 낼 수 없을 만큼 경직화된 것이라면 개방적 주체성의 형성은 기대하기 힘들 것이다. 단색적인 순혈주의의 고집을 벗어나 이종혼합의 새로운 개방 공간을 만들 줄 아는 유목민적 사고를 체득할 때 비로소 우리는 오랜 일자 중심의 정착민 문화의 낡은 굴레를 벗고 세계로 열려진 개방 시대의 새 한국인으로 거듭날 수 있을 것이다.

2) 1인칭 사회에서 2인칭 사회로

근대 이후 신분 평등 사회로 돌아선 우리에게는 그에 맞는 가로의 인간 관계를 규율할 규범이 아쉽다. 오늘의 사회는 측면적인 협력의 분업 사회다. 개성이 다르고 생각이 다른 사람들이 모여 서로 각자의 자기를 보존하면서 공동의 일에서만 측면적으로 협력하는 주식회사식 인간 관계가 필요하다.

2인칭 사회는 각자가 자기와 상대방의 인격을 존중하면서 살면 남으로부터 자존심의 상처를 입지 않을 수 있는 사회인 점에서 서로 인간다운 대접을 받을 수 있는 유정한 사회다. 그러나 누구나가 손상 받을 수 있는 자존심의 소유자인 점에서는 2인칭 사회는 깔끔한 대인 관계를 유지하기 위해 신경이 피곤한 사회요 무정한 사회인지도 모른다. 사르트르는 '인간은 자유이도록 선고되었다'고 했다. 각자가 개성을 가지고 자유를 누리면서 살려고 할 때, 자유는 무거운 짐이다. 그러나 이 자유의 짐을 스스로 질 때, 항상 힘든 선택 앞에서 자기 선택의 고난을 감수할 때만 자유인이 될 수가 있다.

3) 경제만이 아니라 생활 문화도 국제적 수준으로

6·25동란 때 비참한 모습으로 알려졌던 한국의 낡은 옷을 벗고 이제는 우리나라도 세계 속의 주목받는 존재로 두각을 나타내기 시작했다. 그동안 급속한 경제 성장의 열풍을 타고 우리 상품이 세계 시장으로 대거 진출한 탓으로 우리나라는 대만, 홍콩, 싱가포르와 아울러 무시하지 못하는 아시아의 4용의 하나로 부각되었다. 우리 자신도 한국이 희망에 찬 발전된 나라라는 이미지를 세계에 심기를 원하고 있다. 이제는 우리도 우리 자신에 대한 해외의 이미지에 관심을 갖지 않을 수 없는 때가 온 것 같다.

세계에 한국을 잘 소개하기 위하여 천만금을 써도 우리나라로 찾아온 외국 손님에게 비칠 거리와 집, 화장실이 불결하고 보면 아무 소용도 없는 헛구호가 될 것이다. 먼저 우리 땅에서 생활 주변에서 한국의 이미지를 개선시켜 나가는 것이 해외 홍보의 기본이고 왕도가 아니겠는가.

세계의 손님들에게 우리가 보여주어야 할 것은 세계 어디서나 흔히 있는 현대식 빌딩이 아니다. 그들은 머나먼 극동에 와서 동양의 이국적인 훈향과 한국적인 것을 보기 원한다. 80년대에 들어선 우리는 86아시안 게임과 88올림픽으로 세계의 손님을 맞이해서 큰 잔치를 벌이게 되었다. 지금 올림픽 준비 사업에서 가장 시급한 것은 명랑하고 청결하고 즐거운 관광을 위한 공중 위생 시설이며, 전 국민의 공중 도덕의 개발이다. 올림픽을 주최하는 나라는 경기장소를 제공하는 데 그치지 않고 세계 각국의 시민 앞에 자기 나라를 있는 그대로 보여 주어 문명 국가의 처신과 자격을 시험 치르는 중대한 역사적 시간을 맞는 것이다. 민도의 해외 전시이기도 하다. 사람답게 사는 길은 남으로부터 사람답게 살고 있다는 것을 인정받는 데에도 있다.

특별히 선생님은 일본이 도쿄 올림픽을 앞두고 대대적인 캠페인을 벌여 쓰레기 수거의 전통을 세우고 화장실을 개선한 것을 염두에 두고 우리도 화장실 문화를 개선할 것을 역설한다.

> 한국 동란에 참전했던 미군 병사들은 한국의 산야 도처에 복병하고 있는 괴물들과 대결하는 데 신경을 곤두세웠다고 한다. 어느 미군 병사는 "한국전에서 우리는 공산군보다 더 무서운 적을 만났다. 그것은 도처에 도사리고 있는 인분이었다."고 토로했다. 걸음을 뗄 때마다 그것이 무서워 주저하고, 적 앞에서 포복하려 해도 가슴에 그것이 와 닿는 것 같아 도무지 운신을 할 수가 없었다는 것이다.(95쪽)

3. 주체적 한국인의 형성

선생님은 새 시대의 한국인은 단순히 개방적이어야 할 뿐만 아니라 주체적이어야 한다고 주장한다.

지금 우리 문화가 당면한 과제는 국민의 내면에 '우리는 다 같은 한국인이다'라는 국민적 일체감을 건설하는 데 있다. 서로 불신하고, 서로 감시하고, 서로 의심하고, 서로 적대하는 주변인적 성격을 극복할 수 있는 주체인의 문화, 특히 민족적 정치적 정통성에 있어서 하늘을 우러러보아 부끄럽지 않은 주체적 문화 풍토에서 비로소 따뜻한 내 나라의 국민적 공속감이 생기고 떳떳한 정신적 국적이 움터 올 것이다.

선생님은 주체적 한국인상의 모델로 안창호와 이상재를 들고 있다. 새 시대의 한국인의 모델이기에는 그들이 살았던 시대가 오늘날과 너무 다르기는 하지만, 도산에게서는 건전한 국민 정신 건설자, 월남에게서는 민족 자주적 개화인의 면모가 시대를 초월하여 우리가 본받아야 할 가치라고 생각한 것 같다.

1) 민족성 개혁의 선구자 안도산

도산은 민족 자립을 범국민 운동으로 전개하려고 한 민족 교육의 선구자다. 그는 민족 운동의 방법이 무력 항쟁이나 사회개혁에 있는 것이 아니라 먼저 개인의 내면적 자아 혁신, 인격 수양에 있다고 생각한 점에서 교화파라고 할 수 있다. 그러나 도산은 민족주의적 운동 방식에서 시민적 자유주의의 한계성을 탈피하지 못하고 민족 운동에 대한 사회과학적 파악도 없이, 따라서 민족 운동의 사회경제적 방략에서도 다음 단계로 발전하지 못하고 자아혁신의 교화주의에 시종하고 말았다.

도산을 정치가나 사회개혁자, 민족주의 운동자라는 시각에서만 포착하려고 하면 비판할 점이 많지만 도산에게는 위대한 점이 많이 있다. 그는 티 없는 인격자요, 이상주의적인 국민 교육자요, 성인이라고 할 수 있다. 그는 도학자적이라고 할 수 있는 건전한 국민정신의 건설자요, 민족성 개조의 선각자였고, 교육 방법에서 주입식이 아닌 소크라테스적 문답법을 체득한 애국심의 산파역이었고, 실천적인 민족 계몽가요 애국 운동자였다. 도산의 교훈은 개인적으로 건전 인격을 연마하여 민족 독립을 위해 신성 단결하라는 두 마디로 요약할 수 있다.

2) 개화기 지식인 이상재

이상재는 중화문화권과 새로운 서구 문화의 도래 사이의 갈등에서 유교적 독서인의 선비 사대부적 관인과 야인적 민족 지도자의 갈등, 개화와 수구의 갈등, 그리스도교 입신으로 겪은 종교적 갈등 등 독서인 선비로서 삼중 사중의 자아 동일성의 위기를 경험하였다. 또 50세가 넘어서 그리스도교로 개종한 사상적 자기 전신에서, 왕조의 몰락 과정에서 거듭되는 자아 주체성의 위기를 겪었다. 그는 1단계의 갈등을 건실하게 극복한 개방적 개화의 지식인이었고, 민족적 자주 의식을 주체적으로 확보하면서 시대적 변화를 능동적으로 소화한 개방적 자아 주체성의 범형이었다.

신간회운동에서 반자치주의 편에 선 이상재는 타협주의적 개화형 지식인과는 성격을 달리한다. 그의 그리스도교인으로서의 행동은 유교의 선비의 인격을 그 밑에 간직한 인격적 자주성이 있는 그리스도교 신자의 행동이었고, 교회활동도 개인의 영혼 구원 중심의 맹신적 신앙과는 달리 과감한 청년 계몽운동이었고, 서양인 선교사에 의해 조종되는 교회가 아니라 그리스도교의 토착화, 민족화 방향에서 YMCA 운동이었다.

특별히 '변압기적 인텔리겐챠'의 역할을 훌륭히 수행한 만년의 이상재에 대한 선생님의 평가는 대단히 호의적이다.

> 표면적인 대결을 선언하지는 않았으나 내면적으로는 거부와 저항을 강력하게 견지하는 강인한 지식인의 비폭력 저항적 인격이 이상재의 노년기를 지탱했다. 그는 빛 잃은 암흑기에 오직 하나의 민족적 양심, 민족의 스승으로서 정신적 국보의 위치를 구축할 수 있었다. (…) 그는 일제 침략하의 국내에 있으면서 친일 순응주의와 항일 민족주의의 이율배반적 갈등 앞에서 민족 지성으로서의 깊은 고뇌를 감내하면서 그리스도교로 개종한 후에도 유교적 선비의 기풍과 민족적 주체 의식, 그리스도교의 박애 정신

3가지를 자기 인격 속에서 변증법적으로 조화시킨 민족 자주적 개화인이었다.(275-276쪽)

4. 새로운 조국관

개방적이고 주체적인 한국인이 형성해 나가야 할 새로운 조국의 모습은 어떠한 것인가. 선생님은 롤스의 정의론에서 평등한 자유의 원리, 차등의 원리, 기회 공정의 원리를 받아들여 건전한 자유 시장 경제에 의해 운용되는 정의롭고 민주적인 복지 국가를 꿈꾼다.

1) 민주적 복지 국가

온 국민이 너나없이 사랑할 수 있는 새 조국의 상은 빈부의 격차로 인해 민족적 동질성마저 깨트리는 불평등사회에서는 확보될 수 없으며, 모든 근로자가 경영 참가, 이윤 참가를 통해 인간다운 생활을 누릴 수 있는 민주적 복지 국가를 지향하지 않고서는 확립될 수 없는 단계에 이르렀다. 세계로 약진한다는 거창한 구호 아래에서 특혜 받은 신치부 층이 마구 퍼트리는 전시 효과가 주변 일대에 상대적 빈곤감을 만연시켜 깊은 소외감을 양산하는 사회에서는 건전한 조국애로 한데 뭉친 국민적 연대감을 구축할 수 없을 것이다.

주체성에는 개인의 자아 주체성이 바탕이 되어 그 위에 자기 민족과 조국에 대한 뚜렷한 소속감을 가지는 민족적 주체성이 있다. 어린이에게 어머니가 뿌리이듯이 민족 성원들에게는 조국이 그 뿌리다. 우리 모두가 자랑스러운 내 조국, 해외에 나가서도 부끄럽지 않은 내 조국, 독재자가 강요한 사이비 조국애가 아니라 모든 국민의 가슴속에서 목숨 바쳐 지켜 나가고 싶은 보람찬 조국을 80년대에는 꼭 이룩해야겠다. 그리하여 그 조국애가 남북 간의 동결을 해빙하는 뜨거운 민족적 의지로 승화되어야 할 것이다.

2) 건전한 자유 경제

자본주의의 장점은 개인의 자유로운 활동을 통해서 선의의 자유 경쟁에 의해 경제를 번영시킬 수 있는 활력소를 가진 점이다. 그러나 그것이 빗나가서 정당한 방법으로 돈을 버는 사람들보다 무슨 수단을 써서라도 치부하는 사람들에게만 편리한 풍토를 만들 때 그 장점은 약점으로 전환된다. 더욱이 끊임없는 치부욕의 자유 경쟁이 방임되면 이는 자본주의가 아니라 거부의 탐욕주의로 탈바꿈하게 되고 빈부의 격차를 격화시켜 그 사회를 반목과 불화의 도가니로 몰아넣게 되는 것이다. 그 점에서 우리는 건강한 자유 시장 경제를 계속 키울 수 있는가의 더 중대한 자기 반성의 시점에 선 것 같다. 건전한 자유 경제의 생명은 공개적 시장성이다. 공공성의 영역을 계속 확보하지 못하면 우리는 이 자유의 제도를 유지 존속시킬 수 없는 것이다.

3) 정의로운 사회

세계 각국에서 행해지는 소득의 재분배 문제에 대해 적정한 분배의 형태는 무엇인가, 공정한 정의의 실현과 개인의 자유의 보장을 그 어느 쪽도 희생시키지 않고 양면을 조화시킬 수 있는 제3의 길은 무엇인가. 롤스의 문제제기는 자유방임주의와 경제적 평등주의의 수정을 통해 자유와 평등이 공존할 수 있는 자유민주주의의 정의관의 철학적 기초를 다시 세우려는 신보수주의의 신천지를 개척하면서 자유주의도 정의의 요청을 외면할 수 없다는 이유 있는 소리를 들려주었다.

사람에게는 모든 사람이 똑같게 분배받는 평등보다 공정한 배분에 더 큰 관심이 있다. 대개 사람들의 불만과 분노의 대상은 산술적 평등이 아니라 어느 누가 부당하게 더 많은 편익을 얻는 데서 오는 불공정이다. 그것은 인간의 가장 근본적인 정의감이 용서하지 않기 때문이다. 타산적 자본주의 사회가 기본적으로 힘써야 할 것은 불평등보다는 불공정의 제거다. 불평등을 일단 용인해 놓고 공정한 경쟁을 통해 점진적으로 평등을 실현해 가려는 도상에서 산업사회의 정의가 서는 것이 아닐까.

5. 결론—새 시대의 한국인은 누구인가

선생님은 도산에 관한 글 마지막을 이렇게 장식하고 있다.

> 도산 선생은 갔으나 지금도 저 세상에서 혼미해 가는 조국을 염려하며 이렇게 외치고 있을 것이다.
>
> "우리들 중에 인물이 없다는 것은 인물이 되려고 마음 먹은 사람이 없는 까닭이다. 인물이 없다고 한탄하는 그 사람 자신이 왜 인물 될 공부를 아니하는가. 민주주의란 것은 백성 저마다가 그 나라의 주인이다."(255쪽)

선생님이 말씀하시고 싶어한 '새 시대의 한국인'은 결국 '인물이 되려고 마음 먹은 우리 각자'가 아닐까?

강의안 분석

신일철 교수의 '서양철학사' 강의

이유선 서울대 기초교육원

유럽철학과 영미철학은 철학함의 방식이 다르다. 독일이나 프랑스에서는 앞선 철학자들의 사상으로부터 영감을 얻어 새로운 철학을 창안하는 전통이 이어졌고, 영미철학은 20세기 이후 유럽에서 미국으로 건너간 논리실증주의자들과 논리학을 중시했던 프레게, 러셀, 화이트헤드 등과 같은 철학자들의 영향을 받아 주어진 철학적 논제에 대한 논증적인 글쓰기의 전통이 형성되었다. 영미철학에서 철학사는 철학함에 있어서 그다지 중요한 요소가 아니다. 그렇다면 한국에서 철학을 한다는 것은 어떤 것일까? 한국 대학의 철학과 커리큘럼은 영미철학, 대륙철학, 동양철학 모두를 포함하고 있다. 학생들은 논리학도 공부해야 하고, 한자도 알아야 하며, 철학사에 대한 기본적인 지식도 있어야 한다. 적어도 철학과에 입학한 학생이라면 그중에서도 가장 우선적인 것이 철학사 공부였다고 생각한다. 1980년대 고려대 철학과를 다닌 학생들은 그래서 가장 먼저 들어야 하는 수업이 바로 신일철 교수의 '서양철학사'였다.

1학년 신입생들 사이에서 신일철 교수의 수업에 대한 이야기는 늘 관심거리였다. 수업을 듣고 있는 학생들은 신일철 교수의 강의 스타일과 풍모에 대해 약간의 과장을 첨가해서 정보를 전달함으로써 아직 수업을 듣지 않은 신입생들에게 호기심과 존경, 원인 모를 경외심을 불러일으켰다. 지금은 교수들이 학생들과 서로 의사소통을 하면서 강의를 진행하는 것이 일반적이지만 당시로서는 대부분의 대학 강의가 교수가 일방적으로 자신의 강의안을 읽는 식으로 진행되었다. 독일식으로 말하자면 일종의 'Vorlesung'인 셈이다. 신일철 교수의 강의 역시 기본적으로는 강의안을 읽는 방식으로 진행이 되었지만 다른 교수들과 분명히 다른 점이 있었다. 강의 중간에 신일철 교수는 중요한 대목을 설명하면서 학생들이 앉아 있는 자리로 내려와 학생들에게 갑작스러운 질문을 던지곤 했던 것이다. 지금 생각해 보면 그것은 교수자가 할 수 있는 일상적인 행동이지만, 당시로서는 매우 파격적인 것이어서 신일철 교수의 강의를 듣는 수강생들은 그 질문 시간만 되면 바짝 긴장하지 않을 수 없었던 것이다. 그렇다고 해서 신일철 교수가 대단히 어려운 질문을 던진다거나 학생의 생각을 길게 설명하라고 주문하는 것은 아니었다. 다만 강의의 진행상 학생들이 어느 정도로 배경지식을 가지고 있는지 환기시키려는 의도의 질문들이었다고 생각된다. 지금도 잊지 않고 있는 질문 가운데 하나는 그리스의 자연철학자들에 대해 설명하시다가 갑자기 음양오행이 무엇이냐고 물어보셨던 것이었다. 신일철 교수는 대개 가운데 쪽 통로에 앉아 있는 학생들에게 순서대로 질문을 했는데, 앞의 학생이 대답을 못하면 곧바로 뒤의 학생에게 기회를 주는 식으로 질문을 던졌다. 이제 와서 생각하면 아마도 대답하지 못한 학생이 무안해 할까 봐 재빠르게 다른 학생에게로 주의를 돌리고자 했던 배려였다고 여겨진다. 당시 나는 그날따라 무슨 생각에서였는지 앞쪽에 앉아 있었는데 갑작스러운 질문에 당황해서 대답을 하지 못하고 얼굴만 벌개져 있었다. 그 다음에 앉은 학생에게 기회가 넘어갔는데 그 학생은 매우 차분하게 음양오행이 무엇인지 설명했다. 그 학생이 바로 부산외대에 재직하고 있는 박병철 교수였다. 어쨌든 그런 질문방식은 학생들에게 주의를 집중시키고 공부에 대한 열의를 갖게 하는 좋은 수업방식이었다고 생각해서 나중에 강의를 하게 되었을 때 따라해 보았으나 신일철 교수와 같은 카리스마가 없는 필자에게는 유감스럽게도 그와 같은 효과가 있었던 것 같지는 않다.

'서양철학사' 강의는 그리스의 자연철학자들로부터 시작해서 칸트까지 다루었다. 이 강의에서 다룬 내용을 열거하면 다음과 같다. 먼저 왜 그리스에서 서양철학이 시작되었는가에 대해 설명하면서 토인비가 문명은 자연의 악조건에 대한 인간의 응전에서 비롯된 것이라고 말한 것을 인용하고 있다. 그리스는 자연의 도전에 대응하면서 1차 문명을 성립시켰고, 이어서 사회로부터의 도전에 대응하면서 전통적인 폴리스를 발생시켰다는 것이다. 폴리스는 다원적 공동체로서 다수결에 의한 합의에 바탕을 두고 운영되었으므로 민주주의가 탄생하게 되었고, 합의과정에서 부상하는 추상적인 일반성, 즉 로고스가 중시되기 시작하였다. 그와 같은 로고스를 찾고자 하는 시도가 물질계에 적용되어 나타나게 된 것이 바로 자연철학이었다는 것이다. 이 강의에서는 그리스 철학을 세 시기로 구분했다. 먼저 제1기는 아테네 전기철학의 시기로서 퓌시스(Physis)를 중심으로 한 전-소크라테스 시기이다. 제2기는 아테네 후기철학의 시기로서 노모스(Nomos)에 대한 논의를 중심으로 소피스트와 소크라테스가 등장하였으며, 플라톤과 아리스토텔레스에 의해 종합된 시기이다. 제3기는 헬레니즘과 로마철학의 시대로서 자연이 아닌 윤리와 종교가 주요한 관심사가 된 시기이다.

그리스 철학은 매우 상세하게 소개되었다. 밀레토스 학파로부터 시작하여, 탈레스, 아낙시만드로스, 아낙시메네스, 헤라클레이토스, 파르메니데스, 제논, 피타고라스, 엠페도클레스, 아낙사고라스, 레우키포스, 데모크리토스에 이르기까지 거의 모든 자연철학자가 비교적 심도 있게 소개되었고, 학생들은 자연철학자에 대한 소개를 따라가면서 점차, 철학자들이 추구하는 '본질'이라는 것이 무엇인지 개념을 형성해 갈 수 있었다. 이어서 소피스트들,

특히 프로타고라스가 언급되었고, 소크라테스가 어떤 의미에서 서양철학의 시조라고 불릴 수 있는지가 설명되었다. 신일철 교수에 의하면 소크라테스는 철학을 보편적인 개념의 학으로 정립시켰으며, 주체적인 자각의 학으로서 성립시켰다. 특히 소크라테스는 퓌시스나 노모스와 같은 외적인 세계에서 진리의 기준을 구하지 않고 그것을 인간 이성의 기초에서 찾아야 한다고 보았다. 소크라테스에 대한 설명에 이어 플라톤의 이데아론과 아리스토텔레스의 목적론적 세계관에 대해서도 상세한 설명이 이루어졌다.

헬레니즘 시기는 폴리스 공동체가 무너지고 알렉산더의 등장으로 코스모폴리스 시대가 열린 시대로서 일종의 난세였으며, 개인의 입신양명이 중시되고, 특히 금욕적인 사상이 등장했던 시대로 소개되었다. 여기서 다루어진 학파는 스토아학파, 에피쿠로스학파, 그리고 퓌론이 중심이 된 회의주의학파 등이다. 이들의 등장은 그리스 정신의 쇠퇴를 의미하는 것으로 그리고 새로운 종교적 시대의 문을 연 것으로 해설되었다. 그러한 전환점에서 등장한 철학으로 플로티노스의 신플라톤주의가 설명되었다.

중세철학은 그리스적인 이성, 정신(헬레니즘)과 헤브라이즘적인 신앙이 결합되어 이성과 신앙이 결합된 종교의 등장과 더불어 시작되는 것으로 소개되었다. 이 시기에 철학은 신학의 도구로서 신학을 정당화, 합리화하는 데 사용되었으며 자체의 영역을 갖지는 못한 것으로 평가되었다. 예수 그리스도의 행적과 사상에 대해서 먼저 설명하고, 그것이 어떻게 교부철학에 의해 전개되었는지 설명되었다. 그노시스트와 아폴로지스트의 대립에 대해서 소개한 다음, 헤르모네스와 테르툴리아누스의 창조설에 대한 견해의 차이도 설명되었다. 이후 아우구스티누스, 펠라기우스의 자유의지론 논쟁이 설명되었다. 스콜라철학의 시기로 넘어가서 그 시기의 철학자들이 아리스토텔레스로부터 어떤 영향을 받았는지 설명되었고, 주요 철학자로서 에리우게나, 안셀무스, 토마스 아퀴나스의 철학에 대한 설명이 이어졌다. 중세철학이 근대로 넘어가는 과정을 설명하면서 신일철 교수는 실재론과 유명론의 논쟁을 소개했다. 오캄의 사상은 특히 근대적인 신앙과 지식의 분리를 예고한 철학으로 설명되었다.

근세철학을 설명하면서 신일철 교수는 르네상스와 근대 시민사회의 형성과정을 먼저 설명함으로써 중세와 구별되는 근대적인 사유가 어떤 사회경제적 조건에서 출현했는지 학생들이 알아듣기 쉽게 설명하였다. 마키아벨리의 철학이 근대국가의 구성과 어떠한 관련이 있는지 설명하고 그의 사상이 토마스 홉스의 사회철학에 어떤 영향을 미쳤는지 설명되었다. 또한 독일의 신비주의자들인 쿠자누스와 뵈메 등의 철학자들이 자연에 대한 관점을 어떻게 변화시켰는지 설명되었다. 또한 브루노의 우주관이 중세적인 세계관을 어느 정도로 흔들어 놓았는지 재미있게 소개되었다. 홉스의 사회철학이 이어서 자세하게 설명되었고, 로크의 관점과 비교되었다. 이후 대륙의 합리론에 대한 설명으로 넘어가서 데카르트에 대해서 매우 상세한 강의가 진행되었는데, 전체 강의의 7분의 1 정도가 데카르트에 대한 강의라고 해도 좋을 정도로 매우 자세하게 소개되었다. 이어서 스피노자와 라이프니츠의 철학에 대해서도 자세하게 소개되었다. 영국의 경험론은 유명론과의 관련하에서 소개되었으며, 로크의 유물론, 버클리의 관념론, 흄의 회의주의가 매우 자세하고도 알기 쉽게 설명되었다. 마지막으로 칸트의 『순수이성비판』과 『실천이성비판』의 내용을 중심으로 칸트의 관념론이 강의의 대미를 장식하였다.

80-90년대에는 박사과정에 등록한 대학원생들이 여러 대학에 시간 강의를 나가는 일이 드물지 않았다. 대체로 철학개론이나 서양철학사를 강의하게 되었는데, 고려대 대학원에서 공부를 한 강사들 가운데에는 신일철 교수의 서양철학사 강의 노트가 매우 든든한 참고자료가 되었다는 것을 부정할 사람은 거의 없을 것이다. 신일철 교수의 강의는 상세하면서도 전체의

흐름을 파악할 수 있게끔 정리가 되어 있었기 때문에 그 어떤 강의 교재보다도 훌륭한 강의 교재의 역할을 했던 것이다.

강의안 분석

신일철 교수의 '사회철학' 강의

이유선 서울대 기초교육원

80년대 초반 신일철 교수의 '사회철학' 강의는 당시의 고대생이라면 졸업 전에 반드시 들어야 할 최고의 명강의로 꼽혔다. 지금 기억나는 것은 캠퍼스에서 우연히 만난 고등학교 동문 선배가 신일철 교수의 '사회철학'을 F학점을 받았으나 수강을 전혀 후회하지 않는다고 말했던 일이다. 그 선배는 철학 전공이 아닌 경영학 전공자였다. 신입생이었던 필자는 과연 얼마나 좋은 강의이기에 낙제점을 받고도 좋다고 말할 수 있는가 하는 의문이 들었다. 그 의문은 2학년이 되어 직접 '사회철학' 강의를 수강하면서 풀렸다. 과연 명불허전이었다. 80년대가 어떤 시대인가. 강의를 듣기 위해 강의실에 들어가면 사복 경찰이 강의실에 상주해 있고, 강의를 듣다가도 창밖에서 최루탄이 터지면 불가피하게 휴강이 되던 그런 시대였다. 학생들은 소위 이념 서적을 읽기 위해 마르크스, 레닌, 모택동의 텍스트를 등사하여 돌려 보았다. 책가방 속에 칼 포퍼의 『열린사회와 그 적들』이라는 자유민주주의를 옹호하는 온건한 서적을 가지고 있어도 불온 서적을 소지했다고 하여 잡혀갔던 시대였다. 그런 시대에 대학의 정규 강좌에서 프랑크푸르트 학파, 포퍼, 마르크스, 레닌까지 공부할 수 있는 강좌였으니 당시의 시대적 교양을 따라잡기 위해서는 필수적으로 들어야만 했던 강의였다고 할 수 있다.

'사회철학' 강의는 '사회철학'과 '사화과학의 철학'이 어떻게 다른지를 설명하는 것으로 시작했다. 전자가 사회의 목표, 가치, 이상 등을 다룬다면 후자는 사회과학 방법론에 관한 탐구이고 '사회철학' 강의는 전자를 다루는 것임을 명확히 했다. 그러나 강의의 전반부는 여전히 사회에 대한 '객관적' 탐구가 가능한가의 문제를 파고들었다. 막스 베버의 가치중립적인 사회과학 방법론에 대한 소개로부터 포퍼와 하버마스 사이에 벌어진 실증주의 논쟁, 그리고 과연 가치중립적인 인식이 가능할 수 있는가에 대한 쿤의 논변에 이르기까지 사전 지식이 없는 학부생으로서는 그 범위를 따라가기 힘든 다양한 논쟁들이 소개되었다. 이런 논쟁의 귀결은 현대철학의 흐름을 세 가지로 대별하고, 각각의 흐름이 어떤 사회철학적 입장으로 귀결되는지를 보여 주기 위한 것이었다. 강의 초반부의 다음과 같은 말씀은 신일철 교수의 사회철학적 관심이 어디를 향하고 있는지 암시한다.

> 현대의 철학을 크게 분리하면 마르크스주의, 실존주의, 논리실증주의의 세 가지로 나눌 수 있고, 특히 실존주의는 인간 내면의 주체적인 결단을, 논리실증주의는 과학의 일반정신을 중시한다. 여기서 각각의 한계와 난점도 발생하게 되는데, 우선 실존주의는 칼 슈미트의 말처럼 1인의 내면적 결단을 중요시하며 결국 독재주의로 빠진다는 것이며, 이런 독재를 정당화하기 위한 방법의 한 가지는 바로 위기의식을 강조하는 것이다. 그리고 이것을 가장 잘 이용한 역사적 실례를 우리는 나치에서 찾을 수 있다. 이에 반하여 논리실증주의는 몰가치성의 추구를 이상화하여 현재까지의 철학의 대부분의 논의를 무의미한 형이상학으로 배제한다. 즉 논리적 실증주의에 의하면 세계, 인간관, 실천의 결단, 규범, 신앙의 비합리적인 영역은 전부 배제되지 않을 수 없게 되어 버린다.(강의 노트 중에서)

신일철 교수는 더 나은 세상을 위한 고민이라고 할 수 있는 사회철학적 성찰이 개인의 주관에 갇혀 독재주의로 흘러서도 안 되고, 실증주의에 빠져 지금까지의 인간의 성취를 무의미한 것으로 배제해서도 안 된다고 생각했을 것이다. '사회철학' 강의의 대부분이 프랑크푸르트학파의 비판이론과 마르크스주의에 집중되어 있는 것이 그 근거이다. 신일철 교수는 "결국 이 두 영역이 독립되어 있다는 것은 분명한데 두 영역의 독립 자체를 부정하며 실증적 사실과 실천적인 결단의 영역을 변증법적으로 통합한 것이 바로 마르크스주의이며, 프랑크푸르트학파 역시 이런 변증법에 속한다"라고 말한다. 신일철 교수의 관점에서 사회철학이란 바로 '실증적 사실과 실천적 결단의 두 영역'을 변증법적으로 지양하는 지점에 있었다.

호르크하이머와 아도르노 그리고 에리히 프롬의 관점을 종횡무진 설명하면서 신일철 교수는 프랑크푸르트학파의 학자들이 이성의 도구화를 비판함으로써 현대사회의 인간 소외의 문제를 어떻게 드러내고 있는지 보여주었다. 이성의 도구화는 계량적 이성을 인간 관리의 도구로 사용한 나치의 사례를 통해 드러나며 이런 경향이 바로 스탈린에게도 이어지고 있다는 것이다. 히틀러와 스탈린이 같은 관점에서 비판받을 수 있다는 것을 지적한 것은 그 당시에 수강생들이 제대로 알아채지 못한 매우 앞선 통찰이었다는 생각이 든다. 마르크스가 절대적인 선으로 여겨졌던 당시 학생들에게 그를 계승한 스탈린이 결국 히틀러와 같은 잔인한 독재자일 뿐이라는 지적이 귀에 잘 들어왔을 리가 없다. 그런 지적을 신일철 교수는 그저 지나가듯이 언급했을 뿐이었지만 그것은 매우 확고한 이론적 입장에서 나온 통찰이었으며 중요한 강조점이었다고 생각된다.

다음으로 이어진 강의는 대니얼 벨을 위시한 이데올로기 종언론자들에 대한 소개였다. 과학기술의 발달로 사회 현상에 대한 예측이 가능해지고 낡은 이데올로기가 점차 설 자리를 잃게 된 미국적 상황에 대한 설명이었다. 그러나 이러한 입장을 소개할 때에도 신일철 교수는 반드시 그 긍 · 부정의 측면을 모두 주목하게 하였다. 사회공학(social engineering)만이 강조되는 지식인 위주의 사회는 예측, 통계 숫자 등의 조작으로 사회전체가 조작될 가능성이 있으며, 선악마저도 관리체계의 한 분야로 포섭될 수 있다는 것이다. 결국 이데올로기 종언론 역시 계량적 이성의 승리를 전제하고 있는 것으로 그런 사회에서 개인의 자유가 위협당할 수 있다는 점을 지적한 것이다.

필자가 '사회철학' 강의 노트를 꺼내 보고 새삼 놀랍게 생각한 것은 라이트 밀스의 '사회적 상상'을 소개하면서 미국의 프래그머티즘의 특징을 너무나도 압축적이고 정확하게 요약해 주고 있다는 점이었다. 신일철 교수는 "밀스의 '사회적 상상'이 발상된 시초는 듀이의 철학이었으며 특히 듀이의 저서 중 『철학과 문명』에서 당시의 미시적 실증주의가 압도하는 것에 대한 대안으로 상상력의 필요성을 역설한 데서 시작된다"고 설명했다. 학부 때 필자가 나중에 프래그머티즘을 전공하게 될 것이라는 것을 미리 알았다면 아마도 이 대목에서 눈이 번쩍 뜨였을지도 모른다. 필자로서는 로티를 거쳐 듀이를 다시 읽게 됨으로써 '상상력'이 얼마나 중요한 키워드였는지를 알게 되었다. 그 상상력에 대한 이야기를 신일철 교수는 이미 80년대에 소개하고 있었던 셈이다.

그 다음으로 강의는 포퍼와 헤겔 그리고 마지막으로 마르크스로 이어진다. 헤겔과 마르크스에 관한 내용은 80년대 학생들이 구해 읽었던 소련의 국정 교과서와는 차원이 다른 것이었다. 학생들의 혁명을 위한 얕은 지식은 아이러니하게도 보수주의 철학자였던 신일철 교수의 '사회철학' 강의에서 발가벗겨짐으로써 오히려 깊이를 얻게 되었다. 왜 신일철 교수는 80년대에 마르크스를 강의했던 것일까? 아마도 신일철 교수는 마르크스가 사실과 가치의 이분법을 뛰어넘어 거시적인 사회의 미래를 말해야 한다는 사회철학자의 소명에 충실한 철학자였다고 평가했을 것이다. 그러나 학생들에게 그런 철학조차도 계량적 이성의 힘에 압도될 때 개인의 자유가 어떻게 유린당할 수 있는지 보여 주고 싶었을 것이다. 이데올로기가 점령한 80년대의 대학 교정에 학문적 갈증을 해소시켜 준 강의였기에 아마도 학생들은 F학점을 감수하면서도 기꺼이 그 강의를 듣고자 했을 것이다.

강의안 분석

신일철 교수의 '현대철학의 사조' 강의

이유선 서울대 기초교육원

신일철 교수의 철학에 대한 기본적인 태도는 '실천적' 혹은 '실용적'인 것이었다고 생각한다. 당시에는 잘 이해하지 못했으나 신일철 교수가 동학에 대해 천착하고 북한의 주체사상을 연구하고, 또 현대의 자유주의 사상가들에 대해 심도 있게 접근한 것은 모두 현실의 문제에 대한 철학적 대안을 찾으려는 노력이었던 것 같다. 한 사회가 분열되고 여러 집단이 대결하고 갈등이 해결되지 않을 때 과연 어떤 사회적인 흐름들이 나타났으며 그 가운데 올바른 방향의 흐름은 어떤 것인지 진단할 수 있는 큰 그림을 보여 주는 것이 철학자의 역할이라고 생각하셨던 것 같다.

'현대철학의 사조' 강의는 그런 의미에서 현대를 살아가는 우리가 처한 여러 문제들을 바라볼 수 있게 해 주고, 그에 대한 철학자들의 대처방안을 소개했다는 점에서 매우 현실적인 내용을 담고 있다고 할 수 있다. 이 강의에서 특징적인 것 중 하나는 미국의 프래그머티즘을 매우 자세하게 소개하고 있다는 점이다. 프래그머티즘은 미국의 고유 사상임에도 불구하고 유럽에서 건너온 논리실증주의자들에게 밀려나 미국에서조차 비주류의 철학으로 그 위상이 추락했다가 80-90년대에 들어서야 네오프래그머티즘으로 복권된 철학이다. 프래그머티즘을 대변하는 철학자인 듀이가 1952년 사망한 이후 미국의 강단철학은 카르납 등의 영향을 받은 분석철학이 주류를 차지하게 된다. 우리나라에서도 프래그머티즘에 대한 소개와 연구는 50-60년대에 비교적 활발했다가, 70-80년대에는 거의 이루어지지 않았는데, 신일철 교수는 프래그머티즘의 의미를 시류에 따라 평가하지 않고 여전히 중요한 사상으로 간주했던 것이다.

'현대철학의 사조' 강의는 먼저 현대의 사상적 상황을 소개하는 것으로부터 시작했다. 신일철 교수는 현대를 시민사회에서 대중사회로의 전환이 이루어진 시기로 간주하고, 기계화, 거대 조직화, 개인의 무력감 등을 시대적 특징으로 보았다. 다음은 현대적 상황에 대한 신일철 교수의 진단이다.

> 첫째, 근대사상의 핵심은 이성이다. 그런데 이 이성에 대한 절대적인 신뢰가 붕괴되면서 현대사상이 나타났다. 이성은 인간의 합리화, 능률화를 가져왔지만, 그것은 마침내 인간의 기계화에까지 이른 것이다. 즉 이성은 과학기술의 발달에 의해서 그 극단에 이르렀다. 현대사상은 인간의 기계화로 말미암아 인간이 소외되고, 인간성이 상실되었다는 것을 문제 삼는다. 지나친 이성주의가 인간의 이성이 모든 것을 해결할 수 있다는 맹신에 빠져 버렸기 때문에 이와 같은 이성에의 과신과 과학기술 만능에의 반동으로 나타난 현대사상에서는 비합리주의가 고개를 들게 되었다.
>
> 둘째, 근대를 상징하는 것은 산업혁명이다. 산업혁명은 생산력을 급격히 상승시킴으로써 물질적인 풍요를 가져다주었다. 이러한 산업혁명이 바로 이성에 의한 합리적 사고를 시작하게 했다. 자본주의는 봉건사회와 달리 신흥 상공업자 계층이 주조가 된 사회이다. 이같은 사회에서는 생산과 유통이 중요한 역할을 하며, 그러한 배경이 되는 경쟁적 시장의 원리는 인간의 사고를 극단적으로 합리화, 능률화시켰다. 이러한 원리가 막다른 골목에 다다랐을 때부터가 현대사회의 시작이다.
>
> 셋째, 20세기 현대사조는 1930년대에 시작되었다. 어떤 이들은 헤겔철

> 학이 끝난 1870년대 이후부터를 현대사상이라고 하지만, 일반적으로 후기자본주의가 시작된 1930년대를 그 시작으로 본다. 1930년대에는 빅 비즈니스가 출현, 국가권력과 경제가 불가분의 관계에 놓이게 되었고, 국가자본주의에 의해 근대시민 사회의 이념, 개체의 존중, 이성주의 등이 몰락했다. 그것은 곧 개체성의 파괴, 즉 이성의 파괴에 기인한다. 근대국가는 산업화를 위해서 과학기술을 고도로 발전시켰지만 그것은 바로 농업경제에 대한 공업의 상품경제의 승리를 의미한다. 결국 건전한 시민사회가 대중사회로 옮아가기 시작했던 것이다.(강의노트 중에서)

후기자본주의의 출현과 더불어 현대사상이 시작된다는 지적이야말로 신일철 교수가 철학의 실천적 역할을 늘 염두에 두고 있었다는 점을 보여준다. 현대의 특징과 사상적 상황을 설명하고 생철학으로부터 본격적인 강의가 시작된다. 한 학기 동안 다루어진 사조와 철학자들은 생철학자로서 쇼펜하우어, 니체, 베르그송, 실존철학자로서 키에르케고르, 하이데거, 사르트르, 프래그머티스트로서 퍼스, 제임스, 듀이, 구조주의자로서 레비스트로스 그리고 끝으로 마르크스주의 등이다. 이상의 철학자들이나 사조의 철학적인 내용들을 소개하는 강의였다면 그리 특이할 것이 없다고 하겠지만, 신일철 교수는 각각의 철학자들이 왜 그와 같은 생각을 하기에 이르렀는지 시대적인 배경을 고찰하면서 명료하게 설명했다는 점에서 다른 철학 강의와는 확연히 구별되는 강의를 했다. 예컨대 17세기가 데카르트의 이성으로 대표되는 귀족주의의 시대였다면, 18세기는 루소의 감성적이고 여성적인 사상으로 대표되며, 19세기는 동물적 반주지주의의 표출로 대표된다는 것이다. 19세기에 등장한 생철학은 이성주의가 가졌던 아폴로적인 것과는 반대되는 디오니소스적인 어두운 의지와 억센 의지 충동이 중요한 사조가 되었는데, 여기서 강조되고 있는 맹목적 의지로서의 부조리한 삶이 곧 실존의 사상으로 이어진다는 것이다. 그런 점에서 생철학과 실존철학은 같은 노선에 있다는 것이 쉽게 설명된다. 심지어 근대 산업사회의 모순을 지적한 마르크스와 신의 죽음을 선언한 니체도 신일철 교수는 비합리적인 삶과 그 현실에 주목한 사상가들이라고 진단한다.

국내에서 프래그머티즘을 자세하게 소개했던 강좌는 별로 없었던 것으로 기억한다. 신일철 교수의 프래그머티즘에 대한 소개 내용은 매우 간략하고 그 핵심을 알기 쉽게 전달하고 있어서 한 번 인용해 보고자 한다.

> 프래그머티즘은 미국 사회 밖에서 들어온 것과 원래 미국에 있던 것과 갈등이 일어날 때 그 문제해결의 방법으로 나타난 것이다. 그리하여 양 극단을 중재하는 철학이라고 한다. 초기 이민의 근면의 윤리는 프로테스탄트적인 윤리였다. 그런데 과학기술이 들어오면서 종교와 과학 사이의 갈등을 해결하는 것이 큰 문제로 등장하기 이르렀다. 농민적인 근로윤리를 산업의 실험적인 지성으로 변화시키는 데서 나온 것이 프래그머티즘이다.
>
> 프래그머티스트들은 스펜서식의 적자생존의 사회진화론을 비판한 사람들이었다. 혁신적, 진보적 지식운동의 성격을 가진 것이 프래그머티즘이다. 이러한 중재의 사상으로서의 프래그머티즘은 어떤 문제에 있어서 원인보다는 실제적으로 나타나는 결과에 주목해야 한다는 입장으로 나타난다. 두 사상이 같은가 다른가는 그것을 실제로 적용해 본 뒤 실제적 결과가 같은가 다른가를 통해서 설명할 수 있다. 유신론과 무신론의 경우도 그렇다. 신이 있다는 것과 없다는 것을 각각 인간의 생활에 적용시켜 보고 그 유용성, 만족도 등을 측정해 본 뒤 어떤 것이 옳은가를 판단한다. 종교라는 것은 결국 믿으려는 의지(will to believe)이다.(강의 노트 중에서)

이 짧은 언급으로 신일철 교수는 프래그머티즘이 가진 다원주의적 특성, 결과주의 및 도구주의적 성격, 과학과 종교의 갈등뿐 아니라 다양한 사회적 갈등을 중재할 수 있는 특성을 내포한 사상임을 설명하고 있다. 프래그머티즘 강의에 뒤이은 레비스트로스에 대한 소개도 다른 강의에서는 들을 수 없는 매우 소중한 내용이었다. 당시로서는 국내에 본격적으로 포스트모더니스트들에 대한 소개가 없던 시기였음에도 신일철 교수의 니체와 레비스트로스에 대한 설명은 포스트모더니스트들의 파격적인 주장에서 오는 충격을 흡수할 만한 지적인 대비를 할 수 있게 해 준 셈이다.

강의안 분석

'현대영미철학' 강의에 대한 회고

박병철 부산외대 파이데이아 창의인재학과

학부 2학년 때였으니까 30년도 넘은 이야기다. '서양철학사' 수업을 통해 신일철 선생님을 만났다. 공부든 철학이든 그리 진지하게 생각하지 않았던 시기였고, 나는 아직 뭐가 뭔지 잘 모르는 어리버리한 학생이었다. 당연한 일일까? 그때 무엇을 배웠는지도 잘 기억이 나지 않는다. 다만 학생 수가 제법 많았었고, 다른 과 학생들도 꽤 있었다는 것은 분명히 기억에 남아 있다. 그리고 시험을 칠 때 다른 과목에 비해 문항 수가 무척 많았다. 한 20문제 정도였던 걸로 기억하는데 한 시간 동안 짧지만 묻는 것에 대해 핵심적인 내용을 적기 바빴다.

물론 무엇을 배웠는지 잘 기억나지 않는다는 말은 거짓일 수도 있다. 1983년 '서양철학사' 수업을 들은 후 군복무 시기를 제외하고 대학을 떠나본 적이 없는 내가, 그리고 전공을 바꾼 적도 없는 내가, 지금 가지고 있는 철학사에 대해 알고 있는 것들 중 많은 것을 나중에 알게 되었겠지만, 철학사를 처음 접했던 수업에서 배웠던 내용의 전부가 기억에서 사라졌을 리도 만무하기 때문이다. 게다가 그 과목에서 좋은 학점을 받기까지 했으니 말이다.

하지만 무엇을 배웠는지도 잘 기억이 나지 않는다는 말이 나로서는 전혀 틀린 말이 아니라는 것은 그로부터 1년 반 후가 지나 3학년 2학기에 수강했던 '현대영미철학'을 보면 잘 알 수 있다. '서양철학사'의 기억이 가물가물한 반면, 학부 생활의 절반 이상 지난 시점에 들었던 이 과목은 나에게 '아, 이런 게 철학이구나!'라는 생각뿐 아니라 '철학을 계속 공부해 봐야겠다'는 생각을 진지하게 하게 만들었으며, 그때 들었던 강의 내용의 상당 부분은 지금도 기억하기 때문이다.

'현대영미철학' 강의에서 신 선생님은 20세기의 영미철학의 흐름을 영국의 신실재론에서부터 버트런드 러셀과 비트겐슈타인을 거쳐 미국의 프래그머티즘에 이르기까지 상세하게 소개하셨는데, 진도가 나갈 때마다 마치 미드의 새로운 에피소드를 접하듯이 정말 흥미진진하게 수업을 들었다.

그도 그럴 것이 학기 초반에 다루었던 무어(G. E. Moore)의 철학은 1학년 때 배운 윤리학 시간에도 소개되었기 때문에 그리 생소하지 않았지만, 러셀을 다룰 때부터 새로운 세계가 펼쳐진다고 느꼈다. 이미 『행복의 정복』 같은 에세이를 통해 러셀이라는 철학자 이름을 들은 적은 있지만, 약 2주에 걸쳐 선생님의 입을 통해 전달된 기술의 이론, 논리적 원자론, 중성적 일원론 같은 내용은 매우 재미있었다.

러셀에 이어 비트겐슈타인에 대해서 집중적인 강의가 이어졌는데, 나는 선생님으로부터 전기 비트겐슈타인과 후기 비트겐슈타인에 대해 약 4주에 걸친 강의를 듣고 철학에 대한 생각이 완전히 바뀌게 되었다. 선생님의 강의를 듣고 나서 비트겐슈타인에 대해 책도 찾아보고 더 공부해 보고 싶다는 생각이 들었는데, 이런 일은 과거에 전혀 없었기 때문에 아마도 내가 대학원에 진학하겠다는 생각에 결정적인 영향을 미쳤다고 할 수 있다.

'현대영미철학'을 듣고 3학년을 마친 후 나는 처음으로 철학 원서를 사게 되었는데, 그게 바로 비트겐슈타인의 붉은색 표지의 『논리-철학 논고』와 하늘색 표지의 『철학적 탐구』의 복제본이었다. 그걸 구입하고 혼자서 읽어 보고 노트에 정리도 해 보았지만 잘 이해할 수 없는 것은 당연한 일이었는데, 유학 시절에도 들고 가 계속 읽고 또 읽으면서 결국은 지금은 겉표지가 다 떨어져 나가고 여백에 빼곡히 메모가 적힌 소중한 장서의 일부가 되었다.

수강한 지 30년도 넘은 교과목에 대해 이렇게 비교적 자세히 기억하고 있는 것은 물론 그때 신 선생님의 강의가 인상적이었던 것도 있고, 훗날 나의 박사학위 논문 주제가 된 비트겐슈타인을 처음 알게 된 강의였기 때문이기도 하지만, 진짜 결정적인 이유는 당시 강의의 내용을 상당히 자세히 필기노트로 남겼고 그것을 지금까지 보관하고 있기 때문이다.

학부에서 철학과를 다닌 4년 동안 나는 신일철 선생님이 담당하신 과목 중에서 5개를 수강했다. 2학년에 들었던 '서양철학사'와 3학년 2학기에 들은 '현대영미철학'과 '지식의 문제' 외에도 4학년 1학기에는 '역사철학'을, 그리고 마지막 학기에는 교양과목인 '현대철학사상'을 수강했다. 3학년 이후에 들은 수업에 대해서는 매우 자세히 노트필기를 했고 학부 졸업 후에도 노트를 보관했는데, '서양철학사'는 아예 보관할 노트 자체가 없었다. 그것은 앞에서 쓴 것처럼 공부에 그리 진지하지 않았던 시기에 들었던 수업이라서 진지하게 노트 필기를 하지 않았기 때문이다.

신 선생님은 수업에서 다루고 있는 내용에 대한 세부적인 설명뿐 아니라 언제나 철학적 흐름이나 맥락을 잡을 수 있도록 강의하셨는데, 그러한 방식은 전체를 보는 능력이 부족할 수밖에 없는 학부 학생들에게 철학적 흐름의 큰 그림을 볼 수 있도록 하는 데 도움이 되었다. 예를 들어 '현대영미철학'에서 G. E. 무어와 러셀의 언어분석 강의를 다음과 같은 방식으로 시작하는 것을 볼 수 있다.

왜 20세기의 철학은 언어분석에 치중하게 되었는가? 칸트 인식론에서 인

> 간의 지식에 대한 자기비판이 있었다. 그것이 발전해 오다가 지식의 문제는 언어의 문제로 귀착되었다. 고대 이래로 철학의 주요 기능은 언어의 명료화 기능이었다는 것이다. 현대철학은 과거의 철학이 사변적 기능을 한 것에 대해 언어분석에 의한 비판적 기능을 한다. 이는 무어, 러셀에 의해 새롭게 시작되었는데 그것이 발전되어 분석철학(Analytic Philosophy)이라고 불리게 되었다.[1]

위의 강의를 통해서 분석철학과 관련된 내용을 처음 접한 것은 아니겠지만, 과거에는 철학이 사변적이었으나 20세기에 들어서면서 언어의 명료화 작업으로 변화하게 되었다는 설명은 무척 흥미롭고 신선하게 느껴졌던 것 같다. 위 노트 필기를 전후해서 신 선생님이 이것저것 부연하여 말씀하신 것들을 괄호까지 쳐 가면서 적어놓은 것을 보면 '현대영미철학'에 내가 매우 적극적으로 반응한 것은 틀림없어 보인다.

내가 '현대영미철학'을 듣기 1년 전에 신 선생님의 같은 과목 강의 노트를 보면, 강의하신 내용이 제법 바뀐 것을 알 수 있다.[2] 1983년 강의에서는 현대 영미철학의 배경에 대해서 훨씬 자세하게 다루었고, 1984년 강의에는 빠져 있는 행동주의와 사무엘 알렉산더와 화이트헤드를 다룬 후에야 비로소 언어분석 강의가 시작된다. 그리고 무어와 러셀에 이어서 곧바로 카르납과 논리실증주의에 대한 강의가 이어지는데, 1984년 강의에서는 무어와 러셀 다음에 라일(Gilbert Ryle)의 일상언어 분석이 소개되고 이어서 곧바로 비트겐슈타인으로 넘어간다.

앞부분의 강의 내용에 차이가 있다 보니, 비트겐슈타인을 다루는 데 있어서 1983년 강의는 후기 비트겐슈타인만 다룬 반면 1984년에는 전기 비

1 박병철 정리, 「현대영미철학 노트」(1984. 9. 28. 강의).

2 '현대영미철학'의 1983년 강의노트를 제공해주신 김성호 선생님께 감사드린다.

트겐슈타인과 후기 비트겐슈타인을 각각을 비교적 상세하게 다루고 있다. 이를테면, '현대영미철학'의 1983년 강의노트는 비트겐슈타인 부분을 다음과 같이 시작하고 있다.

> 비트겐슈타인의 전기사상은 논리적 원자론으로서 주로 『Tractatus』에 나타나 있다. 이것은 이상언어를 기준으로 해서 모든 문장을 이상언어로 환원시킴으로써 언어의 명료화를 얻을 수 있다고 보고서 언어의 명제와 그에 대응하는 사실의 세계를 상정한 그림 이론을 제시했다. 그러나 후기에 들어와서는 주로 일상언어에 있어서의 용법에 중심을 두게 되었으며 자연히 문맥(context)주의적 성격을 띠게 된다.[3]

아마도 현대 영미철학의 배경, 사무엘 알렉산더, 화이트헤드, 논리실증주의와 같이 1984년 강의에서는 다루어지지 않은 내용이 1983년 강의에는 다수 다루어지다 보니 비트겐슈타인 부분은 후기의 언어게임 이론 위주로 강의가 진행된 것 같다.

1984년에 기록한 나의 노트를 보면 전기 비트겐슈타인만 14쪽 분량을 차지하는데, 나로서는 한 해 전이 아닌 1984년에 '현대영미철학' 수업을 들은 것이 행운이 아닐 수 없다. 비트겐슈타인의 철학을 처음 접한 것이 신 선생님 강의를 통해서였는데, 비록 아래 인용하는 강의노트 내용을 당시에는 제대로 이해 못했지만 그래도 『논리-철학 논고』의 내용을 접할 수 있었기에 지금도 철학을 계속하고 있고, 비트겐슈타인을 계속 공부할 수 있는 첫 계기를 제공받은 셈이니 말이다.

> 『Tractatus』에 의하면 思念(Gedanke)할 수 있는 모든 것은 말할 수 있다

---

3 김성호 정리, 「현대영미철학 노트」(1983년 강의).

(sagen). (Zeigen은 顯示한다는 뜻.) 사념할 수 있는 것은 유의미한 명제들이다. 무의미한 명제는 참, 거짓을 결정할 수 없는 명제이다. 즉 cognitive meaning을 가지지 못하는 명제를 말한다. 외견상 명제처럼 보이지만 이는 사이비 명제이다. 그리하여 언어의 한계는 사념의 한계이다. 형이상학이 사념의 한계를 넘어 있을 때 이는 언어의 한계를 넘어선 것이다. 말할 수 없는 것에 대해서 마치 말할 수 있는 것처럼 쓴 것이다.[4]

신 선생님은 수업 중에 가끔 학생들에게 질문을 던지기도 하셨지만, 대체로 전달하고자 하는 내용을 학생들에게 일방적으로 전달하는 스타일로 강의를 하셨다. 그때만 해도 토론식 수업이 도입되기 전이고, 학부에서는 학생들의 발표 수업도 거의 없을 때였다. 철학 텍스트를 직접 읽은 일은 원어로든 번역본이든, 전혀 없지는 않았지만, 드물었다. 그런데 비트겐슈타인은 저작 스타일 때문이었겠지만, 신 선생님이 제법 자주 독일어 또는 영어로 텍스트의 내용을 칠판에 적으면서 설명을 해주셨다. 『논리-철학 논고』의 경우 첫 문장부터 노트 필기의 대상이었다.

… 원자적 명제에 대응된 것보다 구체적인 세계 구성요소는 존재하지 않는다. 이러한 기초적 구성요소는 atomic fact이고 따라서 세계는 원자적 사실들의 총체이다.

Die Welt ist alles, was der Fall ist. (1)
→ The world is all that is the case.
Die Welt ist die Gesamtheit der Tatsachen, nicht der Dinge. (1.1)
→ The world is the totality of facts, not of things.

4 박병철 정리, 「현대영미철학 노트」(1984. 10. 29. 강의).

복합명제는 이에 대응하는 복합적 사실이 있으며 이 복합적 사실을 이해하기 위해서 우리는 그 사실을 표현하고 있는 언어의 복합성을 이해하지 않으면 안 된다. 그 복합하는 방식을 Frege와 Russell의 논리에 의해서 이해한다.[5]

이 외에도 칠판에 적고 설명하신『논리-철학 논고』에 나오는 문장들은 1.14, 2.1, 2.18, 2.172, 3.12, 3.14, 4.21, 2.12, 4.021, 3.202, 3.144, 6.53, 6.54, 4.003, 4.0031, 4.112, 4.461, 7 등이며,『철학적 탐구』에서도 영역본에서 7, 27, 43, 325, 421, 569, 12, 5, 23, 241, 243, 244, 71, 384, 122, 98, 123, 119, 38, 132, 126, 109절 등을 칠판에 적으면서 강의하셨다.

다른 철학자들에 대해 설명할 때와 달리 비트겐슈타인 철학을 다룰 때는 거의 강독 수준의 강의나 다름없었는데, 아마도 요즘 같았으면 학생들에게 책을 수업시간에 가져오라고 할 수 있겠지만 그때는 상황이 달랐다. 하지만 약 4주 동안 이렇게 다루다 보니 자연스럽게 비트겐슈타인의 원전을 직접 보고 싶다는 생각이 들게 되었고, 더 공부하게 되는 계기가 되었던 것이다.

이렇게 신일철 선생님의 강의는 지금은 소중한 추억이자 나의 철학적 삶의 중요한 일부로 남아 있다. 공부를 업으로 삼고 비트겐슈타인 연구자가 되는 데 큰 영향을 미친 30여 년 전 선생님의 비트겐슈타인 강의는 내가 아주 좋아하는 비트겐슈타인의 말을 담고 있는 다음과 같은 노트필기 내용으로 끝나고 있다. 그 문장들로 선생님의 강의에 대한 회고를 마치고자 한다.

문제는 어떤 새로운 정보를 부여하여 해결되는 것도 아니고 우리가 알고 있는 것을 재배치하기만 하면 해결된다. 철학은 언어에 의하여 우리의 지

---

5 박병철 정리, 「현대영미철학 노트」(1984. 10. 29. 강의).

성이 마술에 걸린 것에 대해서 싸우는 것이다(탐구, 119). 비록 철학은 언어에 의해 지성이 마술에 걸린 것을 벗어나게 하는 것이라 해도 언어를 있는 그대로 기술하는 것이다. 설명도 논리도 필요 없는 것이다.

124. It leaves everything as it is.[6]

6 박병철 정리, 「현대영미철학 노트」(1984. 11. 19. 강의).

강의안 분석

'지식의 문제' 강의에 대한 회고

박병철 부산외대 파이데이아 창의인재학과

'현대영미철학'을 수강했던 3학년 2학기에 신일철 선생님의 수업을 하나 더 들었는데, 그게 바로 '지식의 문제'였다. 그 당시 고려대학교 철학과에서 개설되었던 과목들에는 '윤리학', '종교철학', '역사철학', '사회철학'과 같이 주제 중심의 교과목과, '도이치 고전철학', '현대영미철학', '현대독불철학'과 같이 시대 중심의 교과목들이 있었는데, 윤리학을 제외하고는 하나같이 '철학'이라는 말이 제목에 포함되어 있었다. 그런데 '지식의 문제'라는 교과목 이름은 '철학'이라는 말은 빠져 있지만 왠지 훨씬 더 철학적인 느낌을 주었다.

요즘 같으면 철학 과목에 '철학'이라는 말이 들어 있지 않은 경우가 제법 있지만, 35년 전 기준으로 볼 때 '지식의 문제'라는 제목은 파격에 가까웠다. 그 과목에서 다루는 내용은 그야말로 지식과 관련된 문제를 중점적으로 다루는 인식론 수업이었는데, 지금 돌이켜봐도 제목이 멋있었다는 생각이 든다. 이 글을 준비하느라 고려대학교 홈페이지에 접속하여 철학과의 교과과정을 검색해보니 '윤리학', '역사철학', '독일 고전철학', '현대영미철학', '현대유럽철학' 등 대부분의 과목 제목이 35년 전과 크게 다르지 않았지만, '지식의 문제'라는 제목의 과목은 없어지고 '인식론'이라는 과목이 개설되고 있었다.

지식이나 인식이라는 주제는 근대 이후의 철학에서 매우 중요하게 다루어진 것이라 3학년 2학기까지 오면서 다른 과목들에서도 자주 언급되었고 배웠던 것으로 기억한다. '철학개론'은 물론이고 '서양철학사'라든지 근대 철학 수업시간에서도 다루었을 것이기 때문이다. 하지만 고전적인 문제에서부터 20세기 전반기에 이르기까지 완전히 인식론만을 주제로 한 강의는 역시 처음이었고, 20세기의 분석적 전통에서 다루어지던 주제들이 중점적으로 소개되었기 때문에 나에게는 무척 흥미로운 수업이었다.

옛 필기노트를 둘러보니 지식이 무엇인지에 대한 여러 소개들이 나와 있다. 노트에는 '안다'는 것의 의미로는 어떤 사람을 익히 안다(acquaintance)는 의미도 있고, 방법(know-how)의 의미도 있으며, 명제적 의미의 안다(I know that p.)의 의미도 있는데, 역시 철학적으로 중요한 것은 명제적 의미의 앎으로 지식의 요건에 대한 설명한 후, 명제적 의미의 앎이 갖추어야 할 세 가지 요건에 대한 설명이 이어지고 있다.

> 'know'가 성립하기 위해서는 다음과 같은 몇 가지의 조건이 필요하다. 'I know that p'(p는 proposition을 의미)라고 할 때 ① P must be true. p를 안다는 것은 p가 참임을 안다는 것이다… know는 나의 심리적 상태에 대한 것이 아니고 명제가 참임으로 요구하는 성격을 지닌다. 하지만 이것은 필요조건이지 충분조건은 아니다. 즉 지식의 객관적인 요건에 대해서 설명한 것이다. ② 주관적인 요건으로서 Not only must p be true, but we must believe that p is true가 주장될 수 있다. 믿는다는 것은 안다는 것의 정의적 특성이기 때문에 'I know p'는 이미 'I believe p'를 함축하고 있다. 하지만 p를 믿는다는 것은 p가 사실이라는 것을 정의적 특성으로 지니지 못한다. 이런 면에서 알면서 믿지 않는다는 일은 있을 수 없다. 여기서 단지 지식을 신념의 문제로 정의할 수 있는가라는 문제가 생겨난다. ③ You must

have evidence for p (reason to believe p). 어떤 신념을 가지고 있다고 해서 그것이 반드시 지식은 아니다. 어떤 명제가 참이면 그것이 참이라고 믿을 수 있으나 그 명제가 참인지 거짓인지 모르는 경우도 있다. 그러므로 세 번째의 조건이 나타나게 된 것이다. 이것은 증거 요건이라고 할 수 있다.[1]

위 노트에서 보듯이 나는 '지식의 문제'를 수강하면서 지식을 '정당화된 참인 믿음'으로 정의할 수 있다는 것을 처음 배우게 되었는데, 그러한 생각은 나에게 매우 참신한 느낌을 주었다고 기억한다. 같은 학기에 수강했던 신 선생님의 현대영미철학 강의에 매력을 느꼈듯이, 나는 추상적 개념인 '지식'에 대해 논리적이고 명료하게 접근하는 방식이 매우 흥미로웠다. 그래서 '지식의 문제'에서는 로크나 버클리 등이 제시한 고전적 인식론 역시 다루었지만, 위에 인용한 부분이 아직도 선명하게 머릿속에 남아 있다.

그 당시의 강의에서 하나 아쉬웠던 점은 지식을 '정당화된 참인 믿음'으로 정의하는 것에 대한 반론인 '게티어 문제'가 소개되지 않았다는 것이다. 요즘 같으면 웬만한 학부 인식론 수업에서도 다루는 '게티어 문제'를 당시에 소개하지 않은 것에는 여러 이유가 있을 수 있다. 1984년이면 '게티어 문제'가 발표된 시점으로부터 20년 정도밖에 지나지 않아서 그 문제가 철학적으로 최신 경향에 속하는 것이었기 때문일 수도 있겠고, 신 선생님의 판단에 당시 학부 수준에서는 그 정도만 다루어도 충분하다고 생각하셨을 수도 있겠다.

사실 신 선생님의 '지식의 문제' 강의는 존 호스퍼스의 『철학적 분석 입문』(*An Introduction to Philosophical Analysis*)을 주 텍스트로 한 것이었는데, 1950년

1 김성호 정리, 「지식의 문제 노트」(1983. 9. 14. 강의). 내가 1984년 2학기에 수강했던 '지식의 문제'의 강의노트는 몇 년 전까지 보관하고 있었는데, 학교 연구실을 이전하면서 분실했는지 이 글을 쓸 때까지 찾지 못했다. 그래서 이 글에 필요한 내용은 1983년 강의노트에서 인용하였다. '지식의 문제'의 1983년 강의노트를 제공해 주신 김성호 선생님께 감사드린다.

대 중반 초판이 나온 이래 지금까지 제4판까지 나왔고 1990년대 후반에는 한국어 번역본도 출간될 정도로 널리 읽힌 철학 입문서이지만, 1980년대 초반에는 제2판이 나왔을 때였고 '게티어 문제'는 등장하지 않는다. 미국에서 공부를 마치고 돌아왔을 때 신 선생님이 여전히 호스퍼스의 책을 높이 평가하는 말씀을 하시는 것을 들은 적이 있는데, 분석적 철학 입문서로서의 내용에 대한 평가를 넘어 어쩌면 선생님의 정치적 성향이 자유지상주의의 정치철학을 지니고 미국 군소정당 대선후보로 출마한 경력을 지닌 호스퍼스와도 잘 맞을 것 같다는 생각을 해 본다.

'지식의 문제' 강의에서 인식론의 고전적 테마인 실재론의 여러 유형과 관념론, 그리고 현상론에 대해서 배웠을 뿐 아니라 선험적(*a priori*) 지식, 필연적 지식에 대해서도 알게 되었으며, 현대 인식론의 중심적 주제들에 익숙하게 되었다. 게다가 호스퍼스의 책이 다루는 주제가 인식론에 국한된 것이 아니었기에 분석철학에서 다루는 여러 주요 주제들을 덤으로 접할 기회도 가질 수 있었다.

이를테면 과학철학에서 다루는 이론과 법칙, 검증과 반증과 같은 주제에 대해서도 알게 되었으며, 심리철학에서 다루는 심신문제나 다른 사람의 마음의 문제와 같은 것들, 그리고 분석적 전통의 범위를 넘어선 주제들에 대해서도 자연스럽게 배울 수 있었다. 이는 한편으로는 과목명이 "인식론"이 아니었기 때문에 '지식'을 중심 주제로 하여 관련된 다양한 문제들을 다룰 수 있었던 것일 수도 있고, 다른 한편으로는 신 선생님의 철학적 관심이 분석철학의 맥락으로 국한되지 않고 유럽철학에 대한 해박한 이해를 기초로 한 것이었기 때문일 수도 있다.

실제로 강의의 마지막 부분에서 신 선생님은 하버마스를 빗대어 나름의 결론을 다음과 같이 제시해 주셨다. 다소 길지만, 지금 다시 보아도 지식의 문제를 좀 더 진지하게 고민하게 해 주는 통찰이기에, 인용과 더불어 이 글을 마무리하도록 하겠다.

> 이상에서 보아 왔던 인식론은 지나치게 객관화를 추구하여 경험과 실재 사이에 대한 해명을 시도하였는데, 차라리 이것은 그 자체로서 존재하는 것보다 사회의 사회존재론과 연결되는 한 사회가 지닌 선이해(先理解)의 틀로 돌리는 것이 타당하지 않겠는가? (하버마스의 사회이론적인 접근) 진리와 과학의 간주관성은 그것 자체가 진리가 아니라 인간생활의 틀로서의 선이해로서 이해되고 받아들여져야 한다. 과학적 프레임워크로 드러난 것의 하부에 사회의 틀이 존재하는데 이것은 전적으로 무시하고 위에 드러난 것만을 가지고 과학적 완전성의 영역을 추구하는 것은 현대적 실증주의의 미신이다. 이제 하부의 틀로 눈을 돌려서 종교, 언어와 인간 사이의 커뮤니케이션을 행위의 측면에서 연구하여야 하겠다. 실증주의의 논리는 하부의 인문적인 것에까지 도구적 이성을 가지고 해명하려 하는 월권행위를 하고 이다. 자연과학적 바탕을 성립시켰던 실증주의적 논리는 에어(Ayer) 이후에 더 이상 발전하지 못하고 있다. 그러므로 이제는 종교, 언어, 신화 등의 사회적 존재론에 대한 구조주의적, 해석학적 접근 방법이 더욱 타당하다. 현대의 문제는 더 이상 인식이 아닌 '관심'으로 돌려져야 하며, 베버(Weber)식 '가치중립성(Wertfreiheit)은 휴머니즘을 잊어버린 과학이다. 결국 현대에 있어서는 인문주의적 진리의 복권을 이루어지게 하기 위하여 계량적 이성의 남용을 저지하는 실천이성적인 것이 절실하게 요청된다.[2]

2 김성호 정리, 「지식의 문제 노트」(1983. 11. 21. 강의).

강의안 분석

역사철학 강의

김창래 고려대 철학과

신일철 교수의 역사철학 강의는 역사라는 문제에 대한 인류의 철학적 성찰 전체의 축소판과도 같은 것이었다. 물론 이 강의는 역사 그 자체가 무엇인지를 설명해 주지는 않았다. 아마 그런 설명은 우리 유한한 인간에게는 불가능한 일일 것이다. 그러나 강의는 역사를 대하는 인간의 태도 그리고 역사에 대한 인간의 생각들에 대해서만큼은 더할 나위 없이 명쾌한 설명을 제공해 주었다. 그리고 그것은 '이미 지혜를 갖고 있어 철학할 필요가 없는 신'이 아닌 우리 인간, '지혜를 원하지만 갖지 못해 지혜를 사랑하며 철학(애지)해야 하는 인간들'에게는 아마 최대한의 것일 것이다. 한 학기 동안 우리 어린 수강생들은 신일철 교수의 인도 아래 선철들과 함께 역사라는 문제 앞에서 역사에 대해 철학할 수 있었다. 아직도 신일철 교수에게 감사해 하는 이유 중의 하나다.

나의 기억에 따르면 강의는 '게쉬히테(Geschichte)'와 '히스토리(History)'의 구분에서 시작했다. 전자는 '일어난 사건(res gestae)' 자체를 의미하지만 후자는 그 '사건에 대한 기록(historia rerum gestarum)'을 뜻한다. '역사란 사건들의 연속이고 실제로 일어난 사건 자체를 파악하는 것이 역사가의 과제'라고 굳게 믿고 강의실에 들어갔던 우리 소박한 역사 실증주의자들 앞에서 신일철 교수는 분명하고도 단호하게 역사를 과거에 대한 인간의 기록에 한정했다. 인간은 어떤 경우에도 사라진 과거의 사실 자체를 직접 대할 수 없으며 과거에로의 유일한 통로는 과거에 대한 인간의 기록이라는 것이 그 논거였다. 이 한정으로 인해 역사를 공부하며 과거 자체와 만날 수 있으리라 기대했던 우리들의 소박한 역사 실재론은 산산조각이 났다. 관찰자의 관점에 의해 해석되지 않은 순전한 사실은 없고 모든 사실(史實)은 사실(事實)과 해석의 종합의 결과일 뿐이라는 것이 '기록으로서의 역사'라는 가르침의 진의였기 때문이다. 소박 실재론을 버리도록 강요당했던 것은 이제 막 철학 공부를 시작한 34년 전의 나에게는 당혹스러운 일이었지만 지금에 와 돌이켜 보면 그것은 참으로 복된 경험이었다. 헤겔의 말대로 참된 경험은 자기 전도의 경험이고 이 경험만이 '새로운 나'에로의 길을 열어 준다면 말이다.

학기 초의 충격 이후 강의는 비교적 담담하게 진행되었다. 우선은 비판적 역사철학, 이른바 역사 서술의 가능 조건에 대한 인식론적 탐구가 소개되었다. 다양한 주제들과 입장들이 소개되었지만 나의 학문적 관심을 가장 강하게 자극했던 것은 카를 구스타프 헴펠로 대표되는 역사 실증주의자들과 윌리엄 드레이로 대표되는 역사 관념론자들 간에 벌어졌던 '역사적 설명의 논리'에 관한 논쟁이었다. 헴펠은 역사학도 하나의 과학인 한에서 자연과학과 다를 바 없고 따라서 자연 연구의 방법을 그대로 채용해야 한다고 주장했다. 그리고 그 방법이 이른바 설명되는 현상을 해당 일반 법칙의 사례로 포섭하는 이른바 '법칙 연역적 설명'이다. 이 입장에 따르면 역사학자는 설명하고 있고 또 설명해야 한다. 반면 드레이는 실제로 역사가는 일반 법칙을 정립하고 이 법칙 아래 역사 현상을 포섭하는 일에는 아무런 관심이 없다고 반박한다. 즉 역사학자는 실제로 설명하지 않고 있고 또 설명하려 들지도 않는다는 것이다. 여기에 콜링우드, 오크쇼트, 월쉬 등이 제시한 '재사고'(rethink) 및 '재연'(reenactment), '연속적 계열 모델'(continuous series model), '총괄'(colligation) 등 자연과학적 설명과는 구별되는, 역사학 고유의 탐구 논리가 소개되었다. 신일철 선생께서도 역사학을 자연과학에 환원하는 실증주의의 위험을 지적하며 역사 관념론의 손을 들어 주었다. 역사 서술의 위대한 문학적 전통과 역사가의 통찰력은 역사의 포기할 수 없는 보고라는 강조도 잊지 않았다. 이렇게 해서 '역사적 설명—해석 논쟁'에 관한 강의는 일단락되었지만 나에게는 영 개운치 않은 뒷맛이 남았다. 인문학이 좋아 인문학을 전공하고 평생을 인문학 연구에 바치기로 결심하고 있던 젊은 인문학도에게 역사학 등 인문학도 결국 자연과학과 다른 것이 아니라는 헴펠의 주장은 참으로 고약한 것이었기 때문이다. 이 문제에 대한 강의는 끝났지만 나는 이 문제를 더 추적하기로 했다. 파고들어 따라가 보니 문제의 연원은 19세기에 있었다. 정신과학에게 인과적 설명을 강요하여 이 과학을 자연과학의 일부로 환원하려던 존 스튜어트 밀의 과학 일원론과 설명과 구분되는 이해라는 정신과학 고유의 방법을 제공하여 정신과학의 자립성을 보장하려던 빌헬름 딜타이의 과학 이원론의 논쟁이 바로 그 시원이었다. 이후 나는 이 문제를 천착하여 다양한 연구 결실을 내놓을 수 있었는데, 그 계기와 시발점이 바로 신일철 교수의 역사철학 강의였으니 그 분에게 참으로 큰 학은을 입은 셈이다.

개강 후 한 달가량의 시간이 지났을 무렵부터는 다양한 역사관에 대한 검토가 진행되었다. 고대 그리스의 엠페도클레스, 투키디데스 등의 순환사관에 대한 설명에서 시작하여 이내 중세의 그리스도교적 직선 사관에 대한 논의가 이루어졌다. 이에 따르면 역사란 시작과 끝을 가진 닫힌 드라마, 즉 그 어떤 단계도 하나의 목적을 향하고 있고 그 목적을 향한 모든 진행과정을 배후에서 섭리하는 신의 의지가 장악하는 역사다. 이 사관은 이른바 섭리 사관이고 목적론적 종말론이었다. 이에 대해서는 상당히 긴 강의가 이루어졌는데 거기에는 이유가 있었다. 이어진 강의, 즉 근대의 역사철학이라는 타이틀 아래 진행된, 비코, 헤르더, 칸트, 헤겔, 마르크스 등의 역사철학에 대한 모든 강의는 단 하나의 핵심적 메시지, 즉 '서양의 역사철학의 역사는 그리스도교적 섭리 사관의 세속화 과정'이라는 통찰에로 수렴했다는 것이 그 이유다. 실제로 비사교적 사교성에 대한 칸트의 주장, 이성의 간지에 관한 헤겔의 사유, 마르크스의 프롤레타리아 독재라는 역사의 목적을 향한 결정론적 사회 발전론의 근거에는 하나같이 역사의 배후에 숨어 섭리하며 역사를 '그 하나의 목적(telos)'에로 이끌어가는 보이지 않는 손이 있었다. 사회주의 사상은 물론이고 계몽사상의 배후에도 근본적으로는 그리스도교적 역사관에서 발원한 사유 도식, 그 하나의 목적을 전제하는 목적론 그리고 그 목적에 이르는 직선을 추구하는 선형적 사유가 서 있었다. 아니 선형적 목적론은 역사철학적 사안일 뿐 아니라 오히려 서양철학 전체의 근간이라 할 수 있을 것이다. 역사철학 강의는 이 근본 사실에 대한 더할 나위 없는 학습장이었다. 무려 강의의 3/4 정도가 반복해서 이 하나의 통찰을 교육하였으니 말이다. 분명 한 학기 동안의 강의를 통해 배우기에는 결코 작지 않은 통찰이었다.

내가 역사철학을 수강했던 것은 대학 2학년이었던 1982년 봄이었다. 이제 어느덧 50대 중반에 이른 중년 교수로서 나는 이 글을 쓰기 위해 다시 34년 전의 노트를 꺼내어 훑어보았다. 행마다 행간마다 선생의 기억이 서려 있었다. 그중에도 한 부분이 유독 눈길을 끈다. "엠페도클레스의 역사의 네 가지 순환"이라는 글자들과 함께 세월 속에 묻혀 버린 한 뭉치의 기억이 밀려온다. "사물의 근원들이 조화와 균형을 이룬 사랑의 시기"에서 "사랑이 추방되고 미움의 지배가 시작되는 시기" 그리고 미움이 완전히 지배권을 장악하여 "흉작과 전쟁"이 반복되는 시기를 거쳐 다시 "만물의 뿌리가 결합하여 사랑이 회복되는 시기"로의 순환, 이것이 역사의 순환이다. 사랑과 미움의 순환 사관을 설명하시던 선생은 갑자기 산 같은 몸을 이끌고 성큼성큼

내게로 걸어오시더니 물으셨다. "학생! 엠페도클레스가 주변의 흔한 어떤 현상을 보고서 사랑과 미움의 순환으로서의 역사라는 생각을 했다고 하는데, 그게 어떤 현상일 것 같은가?" 급작스런 질문에 당황한 나는 얼떨결에 이렇게 답했다. "부부 싸움하다가 그러지 않았을까요?" 선생께서 특유의 저음으로 말씀을 이으셨다. "흠, 검은 머리 파뿌리 되도록 사랑하자던 부부가 이내 권태기에 빠지고, 칼로 물 베기가 몇 차례 반복되다가 다시 사랑을 회복하고… 일리 있는 가설이군. 역시 사람은 자신이 관심 갖는 분야에서 가설을 세운다는 건 진리야. 그런데 엠페도클레스는 부부 싸움이 아니라 달이 차고 기우는 모습을 보면서 저 생각을 했다네."

2부

선생님과의 대화

나의 아버지 신언준을 말한다*

아버지에 대한 나의 어릴 적 기억은 서재에 쌓여 있던 많은 책과 중국 상해 프랑스 조계의 집이다. 지난 해 10월, 나는 상해시 하해중로 마당로에 있는 나의 생가를 수소문 끝에 찾았다. 상해 임시정부가 있던 곳도 이곳이다. 그 집 앞에 섰을 때는 감개가 무량했다.

조국 광복을 위해 프랑스 조계에 모였던 애국지사들. 이 속에서 부친은 도산 안창호 선생을 도와 독립운동을 전개했고, 도산이 체포된 후에는 김구 선생과 더불어 우리 청년들을 독립군 장교로 양성하기 위해 중국 군관학교에 입교시키는 사업을 했다. 부친은 동아일보가 임시정부가 있는 상해로 특파한 '상해특파원'이었다. 동아일보 보관지의 색인에는 부친이 송고한 기사가 많다.

1931년 7월 만보산 사건이 일어났을 때, 만주와 국내에서는 한 · 중 민족 간의 대립이 폭동으로 번질 지경이었다. 신 특파원은 이것이 일제의 한 · 중 양 민족 이간책이란 기사를 송고했다. 당시 동아일보의 사설 「2천만 동포에게 고함」에는 7월 6일자 상해특신(特信) '신언준 상해 급전'을 기초로 해서 "일제의 허무한 선전에 속지 말라"는 호소가 나와 사태는 역전되었다.

---

* 월간 『역사산책』 창간호, 1990년 9월 1일, 범우사, 46-49쪽.

신 특파원은 중국정부 외교부장을 방문하고 '중국신문기자 초대회'를 여는 등 동분서주하며 일제의 간계를 분쇄했다.

요사이에도 만보산 사건에 대한 보도에 부친 신 특파원의 활약이 언급되지 않는 것을 볼 때마다 자식된 본인으로서는 안타까움을 금할 수 없다.

부친은 오산학교 때 함석헌 선생과 같은 반의 동창생이었고, 학생 때부터 한문실력이 출중해서 교사를 대신해서 가르쳤으며, 그 후 중국에 건너가 항주 영문전수학교에서 수학하여 영어에 능통하게 되고 영자신문의 논설위원이 되었다. 그 후 오송정치대학과 동호대학 법학과를 나와 중국신문에 논설을 쓰면서 동아일보의 상해 · 남경 방면 특파원으로 1937년까지 활약했다. 부친은 한문, 영어, 중국어, 일어에 모두 능통했고, 특히 중국 백화문(白話文)에 관한 한 한국인으로서는 제1인자였다고 한다.

중국 연변에서 발행되는『아리랑』지(1983. 9)에「로신과 조선사람」(리정문)이란 논문이 실렸다. 이 글은 일본에서 발행되는『삼천리』(45호)에 번역 전재되었다. 이 글에서 신언준에 대해 다음과 같이 소개하고 있다.

> 신언준은 30년대 조선 동아일보 중국 특파기자로 상해에서 활동하신 분이다. 신언준은 상해에 체류하는 기간에 채원배 등 중국 유지인사들과 두터운 우정을 맺은 진보적 기자였다. 그는 중국의 진정한 형편을 조선의 독자들에게 소개하기 위해 많은 노력을 기울였다.

부친은 한국의 독립운동가로서 상해, 북경 등지의 민권연맹 회원들과 가까이 사귀었다. 당시 노신은 은신 중이었으므로, 그와 친교가 있던 북경대학 총장 채원배의 보증이 없이는 노신을 만나 담화를 나눌 수 없었을 것이다. 한국인으로서는 부친과 이육사, 이정규 세 분이 노신과 교류가 있었던 것으로 전한다.

다행히도 부친은 1934년 4월호 『신동아』지에 「중국대문호 노신 방문기」를 남겨, 중국 · 일본 학계의 주목을 받게 되었다. 이 방문기는 노신을 연구하는 데 귀중한 자료가 되고 있다. 이 대담에서 노신은, 병든 중국 사람을 구하기 위해 의학을 택했으나 먼저 그 정신을 구하겠다고 결심하고 의학을 버리고 소설을 쓰기 시작했다고 술회하고 있다.

지난 해 상해에 갔을 때, 부친과 노신이 대좌했던 내산서점을 찾았으나 찾지 못하고, 내산서점을 경영했던 일본인 부부의 묘지를 만국공묘(萬國公墓)에서 찾았다.

내산서점은 지금은 동경으로 옮겨 중국책을 전문으로 팔고 있다. 나는 그곳에 들러 책 한 권을 샀다. 아무도 알아주는 이 없으나 나 혼자 감개가 있었다. 노신과 나의 부친의 만남은 실로 중국 문호와 조선의 한 독립운동가의 정다운 해후였다고 새삼 그 역사적 의미를 되새기게 된다. 부친은 독립 운동의 공적이 인정되어 지난 87년 정부로부터 '건국공로훈장' 국민장을 추서받았다.

최근에 중국에서 발표된 양소전(楊昭全) 교수의 글이 번역되어 소개된다니 기쁘기 한량없다. 오는 기일(忌日)에는 부친의 영전에 이 희소식을 고하려 한다.[1]

1 신언준 선생과 관련된 사항으로는 1986년 8월 15일 『신언준논설선』 출판, 1987년 9월 18일 건국훈장 국민장 서훈, 1998년 1월 '이 달의 독립운동가' 선정(보훈처)이 있다.

나의 철학적 인생론*

비극적 인생의 의미

I

중학생 때부터 철학이 무엇인지도 확실히 모르면서 철학을 꼭 공부해 보겠다고 마음 먹었다. 철학을 공부하면 인생의 의미를 깨치게 된다고 믿었다. 철학에 입문하는 사람들의 동기는 대개가 인생관의 문제를 해결하려는 것이다.

철학공부에서 처음으로 나에게 준 감명은 철학이 "지혜를 사랑하는 것"이라는 뜻의 필로소피아(Philosophia)였다. 여기서 지혜의 사랑이란 무엇인가? 그것은 육체적 사랑하고 다른 이론적 견지에서의 지적인 탐구 활동이라는 것이다. 보다 완전한 것, 보다 실재적인 것, 다시 말해서 진리를 끝없이 탐구해 가는 것이다.

플라톤의『심포지움』에는 이러한 "사랑"의 이야기가 나온다. 소크라테스를 좌장으로해서 많은 사람에 의해 사랑에 대한 정의가 제안되었다. 마침내 소크라테스는 무녀 디오티마의 말을 인용해서 풍요의 신 포로스와 빈궁의 신 페니아의 사이에서 태어난 아들인 사랑의 신이 에로스라고 하였다.

* 『철학과 현실』, 1991년 봄호, 22-30.

그래서 에로스는 중간자적 존재(中間者的 存在)다.

에로스는 선과 악의 중간자요, 진리와 허위의 중간자요, 신과 동물의 중간자라고 풀이할 수 있다. 만일 에로스가 신의 위치에 있다면 상승하려는 노력(努力)을 할 필요가 없을 것이요, 동물이라면 상승하려는 노력이 생기지 않을 것이다. 에로스는 전지 전능과 무지의 중간자이기 때문에 부단히 무지의 지각을 가지고 저 높은 진리를 향해 상승하려는 노력을 하게 된다.

내가 어렸을 때 강가에서 종달새 둥지를 발견한 일이 생각난다. 아지랑이 피어오르는 봄 날, 강가 풀숲 속에서 퍼드득하고 새 한 마리가 하늘로 날아오르는 것이 아닌가. 그것은 어미 종달새임을 알 수 있었다. 내 앞의 둥지 속에서 갓난 새끼 종달새들이 이러저리 퍼드득거리며 사람을 피한다. 어린 호기심에 나는 그중 한 마리를 손으로 덮쳤다. 그러나 날갯죽지를 손끝에 스치고 놓쳤다. 다시 손을 뻗어 1미터 앞의 종달새를 덮쳤다. 또 놓치고 새는 다시 2미터 앞으로 도망쳤다. 다시 뒤를 좇아 덮쳐서 잡았다고 생각하는 순간 놓친 것을 알게 되었다. 그러기를 거듭해서 새를 좇아 10리 길을 온 것이다. 벌써 해는 저물고 주위가 어두워졌다. 나는 아쉬운 마음으로 집으로 돌아갔다.

어떻게 나는 10리 길을 새를 좇을 수 있었을까. 처음부터 새가 멀리 날아가 잡을 희망이 없었다면 아예 뒤쫓기 시작도 하지 않았을 것이다. 덮쳐서 잡았다 싶으면 놓치고 해서 나도 모르게 10리 길을 뒤쫓은 것이다.

인류의 철학사를 읽어 보면 한 철학자가 진리를 붙잡았다고 하나 곧 놓치고, 다음 철학자가 그것을 뒤쫓아 덮친다. 그리고 또 놓친다. 이렇게 해서 20세기의 오늘에 이르기까지 온 것이다. 그래서 톨스토이는 철학사 책을 읽어 보고 모두가 오류의 역사라고 단정했다. 톨스토이는 철학의 탐구과정이 비판정신의 전개과정임을 인정하지 못했다. 오랜 후에야 처음 그 새를 잡았다면 먼 10리 길을 뒤쫓지 않았을 것이란 사실을 깨달았다. 부단히 진리를 좇아 진리에 접근하려는 노력 그자체가 귀하고, 탐구정신의 끝없는 전진이 소중한 것이다.

그래서 나는 인간은 "도상(途上)에 있는 존재(存在)"라는 칼 야스퍼스의 표현을 좋아한다. 인생에 있어서 안이한 자족은 금물이다. 진리의 탐구에 종착역이 없듯이 인생은 한평생 값있는 것을 성실하게 추구하는 과정이 있으면 그만이다. 이제 모든 것이 다 이룩된 최고의 행복한 상태란 한낱 착각이요 자기 기만에 불과하다. 우리 말에 개같이 벌어서 정승처럼 산다는 말이 있다. 이는 인생에 있어서 수단과 목적을 분리시키는 태도다. 인생의 목표가 없을 수는 없다. 그러나 그것은 인생의 그때그때 순간을 정신을 다해 사는 과정을 통해 실현되는 것이다.

II

나는 어렸을 때부터 근심 걱정이 없는 편안한 인생을 원했다. 헬레니즘 시대의 철학자들은 아파테이아(apatheia), 즉 무감동의 상태를 그리워했다. 감성적 욕구는 끝이 없으므로 사람의 마음을 괴롭힌다. 욕심이 없이 살면 마음이 산란해지지 않고, 아파테이아의 자족적 상태에서 행복을 얻을 수 있다는 것이다. 이런 사랑에는 현실 도피의 난세적 세계관의 성격이 있다. 일제침략의 민족수난과 6·25 전란의 난세를 살아온 사람들에게는 모나지 않게 살고 그럭저럭 안빈낙도를 하자는 인생태도가 생길 법한 일이다. 장만(張晩)의 다음과 같은 옛 시조는 우리 민족의 가슴 한구석에 뿌리깊은 은둔적 인생태도가 있었다는 데서 생각되는 바가 많았다.

> 풍파(風波)에 놀란 사공 배 팔아 말을 사니
> 구절양장(九折羊腸)이 물도곤 어려워라.

이후란 배도 말도 말고 밭갈기만 하리라.

한때는 만주 땅을 주름잡으며 달리던 고구려 기마민족의 억센 기상이 있었건만 어느덧 왕조 지배에 짓눌린 민중에 터잡힌 은둔주의의 일단을 보게 된다. 그렇다고 해서 이런 사상을 은둔 자폐증으로까지 몰아붙일 수는 없고, 이 역시 험악한 현실에 대한 소극적 반항의 기미를 읽을 수 있다.

사람은 누구나 고난을 두려워한다. 그리고 고난에서의 도피를 궁리한다. 그러나 인생에서 고난의 최후 도피처란 없다. 대낮에 자기의 검은 그림자가 두려워 거기서 벗어나려 해도 그 그림자는 한 치의 거리도 주지 않고 달라붙는다. 그것은 자기의 그림자이기 때문이다. 인생의 생활이란 문제의 연속이다. 듀이의 말처럼 유기체는 항상 환경과의 상호작용 가운데 있다. 문제상황 속에서 부단히 문제를 해결해 가는 과정이 인생이다. 그렇다고 해서 완전히 문제가 해결될 종점은 없다. 살아가는 동안 인간은 문제 해결을 위해 노력하지만 그때그때 문제상황에서 문제해결로 가는 과정은 다만 불안정 상태에서 그보다는 상대적 안전상태로 옮아간 데 불과하다. 이런 인생태도는 인생을 보다 역동적으로 파악하고 끊임없는 모험의 과정으로 파악한다. 듀이의 목소리는 방관자적 태도에 대한 비판의 소리로 들렸다. 보다 좋은 사회, 보다 보람 있는 인생을 위해 퇴영적 태도를 버리고 보다 적극적으로 보다 참여적 태도로 살 것을 권하고 있다고 느껴진다.

실용주의(프래그머티즘)가 미국인의 생활방식 사고방식을 대표한다면 거기서도 도피적 은둔사상의 치료제로서 배울 점이 있는 것이다.

지식 이론에 대한 방관자적 태도에 대한 듀이의 비판에는 이론에 대한 실천의 우위가 자리하고 있다. 듀이는 "실천가는 불확실하고 위험한 것을 다룬다"라고 했다. 따라서 불변적 대상과 대상 간의 불변적 관계만을 다루는 이론가들에게는 불확정한 미래에 대한 불안이나 위험이 적다는 것이다.

프래그머티즘은 통속적으로 실용적인 것의 존중이라고 이해해서는 안 되겠다. 오히려 그 인간관은 불확정한 상황을 두려워하며 안일한 생활에만 안주하려는 소극적 인생태도보다는 위험이 있는 가변적 상황속에서 불확정한 미래를 향해 모험하는 적극적 인생태도에서 진정한 이론과 실천의 종합을 파악하는 것이다.

III

인생을 하나의 드라마라고 한다.

드라마에는 희극과 비극이 있듯이 인생관에도 낙관주의와 비관주의가 있다. 우리는 쇼펜하워의 철학에서 비관주의의 전형을 본다. 인생은 결국 고뇌에 차 있다. 인간이 살려는 의지를 가지고 있는 한 고뇌는 불가피하므로 고뇌에서 벗어나려면 살려는 의지 그 자체를 부정할 수밖에 없다는 것이다. 생활고, 실연 등 수많은 인생고에 직면한 사람들 중에는 인생고에서 도피하는 방법으로 자살을 택하는 것을 본다. 비관주의는 염세관이 된다.

이와 반면에 인생은 즐겁고 행복한 것이라고 낙관하는 낙관주의가 있다. 인생에 대해 낙관주의를 가지게 되는 이유는 여러 가지가 있다. 이 세상은 근본적으로 합리적으로 되어 있다는 이성주의에서 낙관주의적 인생관이 연유된다. 이 세상에는 빈곤도 있고 악도 있고 병도 있고 고통도 있으나 악은 선과 더불어 완전한 세상을 만들어 놓았다는 것이다. 어둠이 있음으로써 광명이 빛나고, 악이 선을 더욱 돋보이게 해주는 바와 같이 이 대립자들이 병존함으로써 전체적으로 조화로운 세계가 성립된다는 것이다. 그러나 이런 낙관적 인생태도도 인생에 대한 피상적 관점에서 온 것이다.

우리는 비관주의를 극복한 비극적 인생의 의미를 음미하게 된다. 고대 그리스의 비극에 대해 현대적 해석을 가한 니체의 비극론에서 많은 시사를

1960년대 초

얻을 수 있다. 독일의 음악가 바그너의 음악을 예찬하던 니체는 음악으로부터의 『음악의 정신으로부터의 비극의 탄생』이란 처녀작을 발표했다. 니체야말로 비극이란 텍스트를 그 나름의 빛나는 통찰력으로 독해한 해석학의 선구자에 속한다. 비극론을 위해 그가 마련한 미의 형이상학은 그리스 정신의 두 가지 원천인 아폴로적인 것과 디오니소스적인 것의 두 가지 정신의 조화에서 찾는다.

니체는 아폴로가 해맑은 합리적 이성으로 대표된다고 보았다. 이는 지적 사색, 논리적 질서, 철학적 고요를 존중하며 회화, 조각, 서사시에서 나타난다. 이와 반면에 디오니소스는 바카스의 축제가 보여 주듯이 술과 주정의 신이었고 따라서 행동에의 즐거움, 고양된 정서, 모험, 굽힘 없는 수난 등으로, 예술에서는 음악과 춤, 드라마로 나타난다. 그런데 아폴로적 요소가 과도해지면 지나치게 관조적인 주지주의가 되고 추상적 사고에 골몰한 나머지 힘찬 행동에의 의지가 결여된다. 그 반면에 디오니소스적 요소가 번성하면 세상은 난폭해지고 무법, 주정, 싸움의 세상이 된다. 그리스 시대에 대한 니체의 해석은 무엇이나 이성에 의해 합리적으로 처리하려 했던 소크라테스의 합리주의에서 디오니소스가 소실된 아폴론적인 세상이 되어 비극이 소멸하게 되었다는 것이다.

그리스 비극정신에 대한 니체의 해석은 "그리스 드라마의 탁월한 특징은 예술을 통해 페시미즘을 디오니소스적으로 정복하는 것"이라고 듀런트는 풀이했다. 그리스 비극은 특히 코러스를 통해 현상의 세계에 안주하는 주인공에게 그 가상의 표면의 배후에 있는 근원적인 것을 자각케 함으로써 개체들의 파멸에도 불구하고 관객에게 영원한 생명과의 합일을 느끼게 해준다. 이것이 비극이 주는 "마음의 정화"로서의 카타르시스 효과이다.

따라서 비극은 통속적으로 이해되듯이 비참한 것도 아니고 가련한 것도 아니다. 비극에는 장엄미가 있다. 피닉스(Phoenix)의 신화가 보여 주듯이 자기 몸을 불사른 잿더미 속에서 다시 살아가는 불사조(不死鳥)처럼 무대의 주인공의 파멸에도 불구하고 그 가운데서 관객의 마음속에 보다 근원적인 깨우침으로 되살아난다. 그러므로 현실의 부정에 그치는 페시미즘이 아니라 그 부정을 다시 부정하여 새로운 긍정을 이끌어내고야 마는 데 비극의 변증법적 성격이 있는 것이다. 헤겔의 변증법의 연원을 그리스 비극에서 찾으려는 헤겔철학 연구가도 있다.

헤겔의 변증법을 간단히 정 · 반 · 합으로 도식화하는 것은 아주 피상적이다. 교조적 마르크스주의는 변증법을 도식화한 나머지 그 본질을 왜곡한 것이 된다. 헤겔은 변증법을 즉자(卽自)와 대자(對自) 즉대자(卽對自)의 세계사적 정신의 자기화와 다시 그것을 부정함으로써 보다 고양된 자기로 되돌아오는 로고스의 자기확대의 운동으로 파악했다. 먼저 변증법에는 하강하며 몰락하는 측면이 있고, 그 밑바닥에서 다시 상승하여 새로운 긍정을 얻는 과정이 있다. 단순화시켜 표현하면 변증법은 개념이나 정신의 자기 자각과정이라고 할 수 있다.

이러한 자기 자각의 과정이 비극의 본질인 것이다. 인류 역사를 통해 인간의 정신이 이러한 정립과 반정립, 다시 종합의 자기 자각과정을 되풀이해 왔고 그 밑바닥에는 "관념의 모험" 과정이라 할 비극정신이 깔려 있는 것이 아닐까.

비극론의 저자 시월(Sewall)의 시사를 참조한다면 "나는 생각한다. 고로 나는 존재한다"라는 명제는 너무 이성적 사고만을 강조한 나머지 주지주의에 편향되고 인생을 전인적으로 파악하지 못했다. "나는 고난을 당한다"라는 명제로 대표되는 페시미즘도 인생고만을 보고 그것을 극복해 가는 인간의 의지는 보지 못했다. "나는 행동한다. 고로 나는 존재한다"란 명제는 저돌적인 행동만을 강조한다.

비극적 인생의 의미는 "나는 고난을 당한다. 그러나 나는 그것을 극복해 나간다"란 명제로 요약할 수 있다. 비극은 난관과 고난에 짓눌린 페시미즘이 아니라 그것을 극복하고 새로운 긍정을 이끌어내는 역동적 과정이므로 암야에 너무 환히 밝은 태양을 보고야 마는 "정오(正午)의 사상(思想)"이기도 하다.

그런데 우리나라 고전에서는 비극을 찾아보기 힘들다. 춘향전은 비극이 아니라 서정적 시적인 희극에 속한다. 고난에 처한 애인 춘향을 보고도 속수무책이다가 암행어사의 권세를 가지고 남원으로 내려와 문제를 해결한다. 과거 출세주의의 해피엔딩이니 희극이 아닐 수 없다. 옥에 갇힌 춘향의 소식을 듣고 적수공권으로 단숨에 남원까지 달려와 애인을 구하려다 사라지는 역동적 사랑이 그려졌다면 우리도 비극의 명작을 가질 수 있었을 것이다.

야스퍼스가 동양 문화에는 비극은 없고 클라게(Klage)만이 있었다고 지적한 것에 귀를 기울이게 된다. 우리 독자들이 좋아하는 많은 작품에는 눈물이 있고 페이서스가 있는 것들이다.

파리통 속에 파리가 들어갔다. 일단 들어간 파리는 출구를 찾지 못한다. 출구가 없는 데를 여기저기 날아다니며 밖으로 나가려고 애를 쓰지만 결국은 빠져나가지 못한다. 자세히 보면 출구는 밑에 있음에도 불구하고 파리는 그 출구를 찾지 못한다.

비트겐슈타인은 오늘날까지 철학자들이 사용하는 언어가 병들어서 정신분석과 같은 치료가 필요하다는 뜻에서 이러한 예를 들었던 것이다. 그러나 이 삽화는 인생이 빠지는 미혹에도 그대로 들어맞는다.

철학은 우리가 사용하는 언어의 잘못된 사용, 불건전한 사용으로 언어와 사고의 병을 치료하고 분석해야 한다는 것이다. 그러나 철학의 언어 자체가 파리통 속의 파리 신세가 되었다면 철학에도 언어의 명료화에 의한 문제의 해결을 기대할 수 없을 것이다.

철학은 좁은 생각, 빗나간 관점, 잘못된 판단을 시정하고 치료하는 데 기여해 왔다. 철학의 근본에 흐르는 비판 정신은 미혹에 빠진 생각을 깨우쳐 주고 우상파괴의 작용을 한다. 우리는 크게는 정치 이데올로기나 특정 종교의 맹신자가 되기도 하고 작게는 편견이나 아집으로 특정한 사람을 미워하는 데 골몰하기도 한다. 팔망미인처럼 누구에게나 호감을 받는 것이 반드시 좋은 것은 아니지만 적을 많이 가진 사람은 마음이 좁거나 아집이 강한 경우가 많다.

세상을 크게 넓게 보다 근원에서 생각하는 태도를 길러 주는 것이 철학이다. 우리는 살아가는 동안 결단하기 힘든 문제, 양자 택일의 곤란에 많이 직면한다. 그리고 그것이 자기의 전 인격을 걸거나 생사를 건 중대 결단일 때도 있다. 이러한 경우에는 마음의 눈을 크게 뜨고 근원적인 자리에 다시 돌아가 신중하게 생각할 필요가 있다.

인생은 부단한 선택의 과정이다. 선택은 많고 풍부한 정보와 지식에 기초해야 하지만 보다 중요한 것은 적확하고 건전한 판단력의 육성이다. 판단력은 지식의 학습과는 다르다. 베르그송은 수영하는 방법은 물속에 들어가지 않고서는 배우지 못한다고 했다. 직접 수영을 배우지 않고 수영에 관한 많은 지식만을 가지고 물에 들어가면 물속에 들어가자마자 익사 지경에 처할 것이다. 수영은 물속에 들어가 첨벙거리고 허우적거리고 물을 먹으면서 몸으로 배우는 것이다. 인생의 지혜라는 것도 매일매일 직면한 도덕적 갈등의 문제 앞에서 무엇이 도덕적인가를 진지하게 선택하고 결단하는 과정에서 얻어진 슬기로운 판단력이다. 진정한 인생 경험은 과보호의 부모 밑에서는 육성되지 않는다. 인생의 지혜는 수많은 난관과 역경 속에서 올바른 선택을 한 산 경험에서 습득된 진지한 인생 경험에서 얻어진다.

인생의 지혜나 도덕적 판단력은 폴라니의 암묵지(暗黙知, tacit knowledge)와 같은 것인지도 모르겠다. 과학적 지식은 대개가 명시적 지식(明示的 知識)이다. 과학적 탐구에 있어서 발견의 맥락에서 안다는 것은 명시적 지식이 아니라 암묵지이다. 우리는 사람의 얼굴을 보고 난 다음 사람의 코가 어떻다, 눈이 어떻게 생겼다, 귀가 어떻다, 입이 어떻다를 분석적으로 설명하라고 하면 그것은 하기가 힘들다. 그러나 많은 사람 가운데에서 한 번밖에 보지 않은 사람이라도 정확히 골라낼 수 있다. 이러한 지식이 암묵지이다. 폴라니는 이 암묵지를 명시적 지식과 달리 대상 속에 들어가 사는 것(dwelling)이라 했다. 암묵지는 몸으로 아는 것이라고 말할 수도 있을 것이다. 가족유사성을 주장한 비트겐슈타인의 일상 언어적 지식도 이러한 암묵지와 유사하다고 할 수 있다.

오늘날 현대 사회의 교육은 정보의 홍수 속에서 많은 정보와 지식을 제공하고 있다. 그럼에도 불구하고 정보와 지식을 제것으로 만드는 데 필요한 판단력은 가르치지 않는다. 과학 기술적 지식은 명시적 지식의 영역에 속한다. 이제 진정 우리에게 필요한 인생을 어떻게 살아야 하는가에 대한 인생지와 같은 암묵지는 가르치지 않는다. 물론 암묵지로서 인생지는 과학적 지식의 교수법과는 다르다. 암묵지는 머리로 배우고 가르치는 것이 아니라 온몸으로 가르치고 배워야 한다.

현대를 살아가는 많은 사람들은 인생지를 얻지 못하고 파리통 속의 파리처럼 아집, 편협, 정신적 스트레스, 콤플렉스 등에 매여 마음의 병이 깊어 모두 불행하다. 다시 말해서 인생지의 빈곤에 허덕이고 있다. 철학은 다시금 그 사회적 기능(社會的 機能)을 회복해야 할 뿐만 아니라 슬기로운 인생지의 교사로서의 몫을 회복해야만 할 것이다.

고대 철학과 50년의 회고*

서양철학

"민족의 대학" 고려대학교 철학과가 창립 50주년을 맞이했다. 이제 "고대 철학"은 50의 知天命하는 장년기에 접어든 것이다.

해방 후 처음으로 우리나라에 대학이 설립됨에 따라 대학으로 승격된 고려대학교에 문과대학이 설치되고 철학과가 탄생했다. 보성전문 시절에 법경 · 상과는 있었으나 인문과학과 자연과학과 같은 Liberal art와 Science가 결여되어 전문학교 체질을 못 벗어났다.

이제 고대에 문과대학이 생기고 특히 철학과가 개설된 것은 유니버시티의 심장부가 갖추어진 것이 된다.

일제하 보성전문 시절에도 교양과정으로 철학개론을 교수하면서 독일 예나대학에서 최초의 독일 철학박사를 가지고 귀국한 안호상 박사가 『보전 논집』에 헤겔철학에 관한 연구논문을 발표했다. 안 박사는 일어를 모르므로 헤겔철학을 우리말로 직접 번역하는 데 노심초사했다. 예를 들면 헤겔 변증법의 aufheben을 그 원어의 뜻과 사상을 잘 살려 "없애가짐"이라는 신역어를 만들어 냈다. 일본인들은 이 개념을 "止揚"이라고 번역했으나 역시 안 박사의 번역이 일품이다. 그 후 이종우 선생이 명문 三高를 나와 일

* 1996년 12월 31일 『철학연구』, 19집, 고려대학교 철학연구소, 389-396쪽.

본 京都帝大에서 철학을 공부하고 城大大學院에서 독일철학을 연구하다가 보전에 왔다. 이종우 선생은 헤겔철학과 실존철학 야스퍼스를 전공했다. 박희성 선생은 연전 문과를 나와 영어실력이 대단한 분으로 미국 미시간대학에서 철학박사학위를 받고 귀국하여 보전에 부임했다. 여기에 중국어에 능통한 이상은 박사가 북경대학에서 철학을 연구하고 귀국하여 보전에 왔다.

이처럼 보성전문에는 독일철학 · 영미철학 · 동양철학에서 우리 학계의 각 분야의 泰斗가 된 분들이 모여 철학과를 잉태케 한 것이다. 창립 당시 우리 철학과는 국내 최정상의 교수진을 자랑했다. 신설 당시 서울대 철학과와 우리 고대 철학과는 우리나라 철학의 선구적 개척자가 되고 특히 이상은 선생의 권위로 인해 우리 철학과가 동양철학의 정상을 오랫동안 유지할 수 있었다.

해방 후 큰 희망을 품고 고대 철학과에 들어온 제1회는 6명이 모두 우수한 수재들이었고 그 분들이 그대로 성장했다면 우리나라 철학계의 동량이 되었을 것이다. 그러나 그들은 6·25 전란으로 납치, 입대 이산하였고 후에 졸업한 분은 한두 명으로 기억된다.

6·25 전란으로 고려대도 대구로 피난했고 임시 사무실을 최재희 교수 댁에 차려 재건준비를 서둘러 대구시 변두리 논밭지대인 원대동에서 개강했다. 멀리서 들려오는 전란의 포화소리를 들으며 개강한 피난교사에서 교수나 학생들은 유달리 학구열에 불탔다.

피난교사에서 이종우 교수는 전교생을 상대로 철학개론을 강의했다. 이 강의는 대단히 수준이 높아 수강생들이 애를 먹었다. 그때 학기말 시험에 출제된 문제 중의 하나가 "변증법의 일반적 의의를 논하라"라는 대학원 수준급의 문제였다. 수강생 100여 명이 모두 낙제하고 두 명만 합격점이었다(필자는 유례없이 최고점을 받았던 기쁨을 회상케 된다). 이종우 교수의 철학개론은 전교생 교양필수여서 이 과목에 합격하지 못하면 졸업을 할 수 없으므로 졸업 지연생이 많이 나왔다. 이 교수의 철학과 과목으로 헤겔철학원강에는『엔치클로페디』의 독어원문을 강독하는 것이었는데 이 역시 시험결과 합격이 단 2명이었다. 얼마나 엄한 성적평가였는가를 알 수 있다. 이종우 선생은 본교 부총장 · 총장을 거쳐 문교부장관, 국회의원을 역임했다.

박희성 교수는 보성전문에서 심리학 영어를 가르쳤으나 뜻한 바 있어 미국 미시간대학에서 철학박사학위를 받고 돌아왔다. 귀국할 때 미 국무성은 일본 외무성에 "조선의 공산주의자가 귀국한다"는 연락을 했으므로 박 박사는 요시찰 인물로 조사도 당했다. 연유인즉 선생이 미국에서 기숙한 "socialist house"라는 자선단체 장학기숙사명 때문인 것이 판명되었다. 박희성 교수는 영어 구사능력이 우아할 뿐만 아니라 철인적 인격의 훈향으로 고대생 전체의 우상적 존재였다. 선생은 세계와 인생을 보는 혜안을 가지고 있어서 뜨문뜨문 논평하는 언설이 파격적인 정도로 충격을 주어 우리 학생들의 좁은 시야를 깨뜨렸다. 당시만 해도 이스라엘 · 아랍 간의 분쟁에 대해 아랍은 나쁘고 이스라엘이 절대 옳다는 고정관념이 지배할 때 박 교수는 "그런 여론은 틀렸어. 아랍이 오히려 피해자인거야. 이스라엘은 자기 입장을 미국 등 서방언론이 대변해 주는 반면에 아랍은 자기를 변호할 세계적 보도기관을 못 가진 때문이야"라고 깨우쳐 준 일도 있다. 선생의 兒名이 "꺽바위"인데서 호가 "格巖"이 되었으나 선생의 반골적 품격 역시 꺽바위같이 억센 데가 있었다. 당시 우리 철학계는 일본의 잔재로 독일 관념론이 지배할 때 홀로 영미철학의 신개지를 개척하여 우리나라 영미 철학의 泰斗가 되었다. 그 학맥이 고대 철학과에 연면히 이어오고 있어 그 역시 우리 철학과의 자랑이라 할 것이다.

서우 최재희 교수는 城大哲學科 대학원에서 칸트를 전공한 우리나라 칸트철학의 개척자이다. 세계 3대 난서라는『순수이성비판』의 한역이 선생의 공들인 노력으로 나왔다. 최 교수는 고향이 대구였기에 대구 피난 시 고대 사무소도 그 댁에 둔 일이 있다. 선생은 대단히 꼼꼼하고 정밀을 기하는 학구태도를 견지했다. 선생은 논리학을 강의하면서 정성들여 작성해 온 강의안을 읽어서 정확히 필기시키는 고전적 강의방식이었다. 수강생이었던 본인은 그것을 열심히 노트했더니 선생께서 그것을 원고지에 옮겨 오라고 했다. 그것이 선생의 『논리학개론』 교재로 나왔는데 그 서문에는 "고대 철학과 신일철"의 원고작성을 명기해 주셔서 오래도록 자랑스럽게 느꼈다. 근년에 선생의 유업을 기념하는 서우 철학상의 제1회 수상자로 본인이 된 것도 서우 선생과의 각별한 인연으로 생각되어 크나큰 學恩을 잊지 못한다. 피난 교사 시절에 잊지 못할 추억은 서우 선생의 칸트 『실천이성비판』 독어판 원강시간에 최동희 교수와 본인 두 사람이 청강하며 칸트 이해에 골머리를 앓았던 그때가 새삼스러워진다.

6·25 휴전으로 환도가 시작되어 판잣집 대구 피난교사를 떠나 고대도 서울로 돌아왔으나 그때까지도 석탑의 본교사는 미 제5공군 특수부대가 점유하고 있어서 임시로 중앙학교에서 셋방살이를 했다. 유진오 총장을 비롯해서 모든 교수가 유엔군 사령부를 상대로 교사반환교섭을 할 때 박희성 교수가 장문의 영문 교사반환 청원서를 만들었다고 기억된다. 드디어 본교사 반환의 날이 왔다. 미 제5공군으로부터 교수 대표 1명과 학생대표 1명이 본교로 오라는 연락을 받고 학생감 정재각 교수를 모시고 학생대표로 본인이 갔다. 우아한 석탑의 본교사 앞에서 인수식을 했을 때의 그 날의 감격은 한평생을 잊지 못한다.

본교사 반환 후 석탑의 전당에서의 수업 중 손명현 선생의 철인적 풍모를 잊을 수 없다. 손 교수는 그리스 철학을 강의하면서 고대 희랍어, 라틴어에 능통한 교수였다. 우리 모교에서 라틴어 강의는 손 교수가 시작한 것이다. 선생은 가식 없고 검소한 스피노자적 인격의 소유자였다. 선생은 오히려 재력은 있었으나 질박한 생활속에서 오직 학문연구에만 정진하는 학구적 인격이었다. 1975년경 본인이 와세다대학 객원 교수로 갔을 때 손교수의 와세다대학 동창인 松浪 교수가 손 교수에 대한 회상기를 발표했다. 松浪 교수는 조선서 온 손 교수와 같이 프랑스어반에서 친하게 지냈는데 하루는 두 사람의 귀가방향이 같아서 전차를 타고 가자고 했더니 손 교수가 사양했다는 것이다. 손 교수 자신은 전차를 안 타고 걸어다녀 그렇게 축적한 돈으로 책을 산다고 말했다는 것이다. 松浪 교수는 친구 손 군이 돈이 없어서가 아니라 조선의 영동 갑부 집안이라고 들었다고 썼다. 松浪 교수는 진실한 학구파 동창을 40년이 지나서도 잊을 수가 없어 회상기로 남겼다. 손명현 교수는 서양철학에서는 Brentano에 심취하였고 또 한편으로는 좌우명처럼 「禪家龜鑑」을 애독한 기억이 난다.

휴전이 되면서 전선의 학생들이 제대하고 학교로 돌아오기 시작했다. "늙은" 복학생들이 돌아와서 교실의 연령 차가 커졌다. 말하자면 애기 아버지 학생들과 현역 학생이 섞여서 공부한 그 당시의 학구열은 열화와 같이 뜨거웠다.

그 당시 미국 컬럼비아대학에서 철학박사 학위를 취득하고 돌아온 김준섭 교수가 영미철학 · 논리학을 강의했다. 김 교수는 전후에 새로 대두된 기호논리학의 전파자라고 할 수 있다. 김 교수는 또한 20세기의 최후의 형이상학자 Whitehead의 철학을 처음 소개했는데 교재는 화이트헤드의 명작 『Science and Modern World』였다. 이 책은 그의 "유기체 철학"을 과학사상사 속에서 전개한 책으로 대단히 난해한 데가 많았다. 이 강의에서 강독을 준비하는 동안에 Whitehead 철학에 매료되어 본인의 석사학위 논문의 주제가 되었다.

왕학수 교수는 일본 上智大學에서 철학과 교육학을 전공하여 고대의 교육학과를 만든 분이다. 그 점에서 교육학과는 철학과에서 분과되어 나갔다고도 볼 수 있다. 뛰어난 문필로 철학적 에세이를 써서 많은 독자를 가졌던 연대의 김형석 교수도 헤겔철학을 강의하기 위해 출강했다. 헤겔철학에 조예가 깊은 전원배 교수는 난해한 "정신현상학" 강의로 고대 철학과에 헤겔철학을 심어 주었다.

1950년대 말부터 본교 철학과 생산의 교원이 강단에 서기 시작했다. 이것이 교수진의 제1차 세대 교체의 시작일 것이다. 최동희 교수는 독일철학 특히 하이데거를 전공하고 김영철 교수는 이론철학보다 실천철학에 깊은 관심을 가지고 윤리학을 강의하며 윤리학 분야의 선도자가 되었다. 본인은 현대영미철학 · 지식론을 비롯해서 서양철학사 근년에는 역사 · 사회철학을 강의했다.

"민족대학" 고대 철학과에는 "철학의 민족주체화" 노력도 있었다. 최동희 교수는 주로 동학사상과 실학사상을 연구하고 본인은 장지연 · 신채호의 자강주의 사상과 동학사상을 연구하였고 윤사순 교수가 이 퇴계 사상의 연구를 비롯해서 "한국철학"의 체계화에 힘쓴 결과 우리 고대 철학과는 "철학의 한국 주체화"에서도 그 개성을 나타냈다. 서양 외래사상의 직수입 소개에 그치는 것이 아니라 자기 민족의 철학적 사유의 재발견에서도 우리 과는 철학계의 주목을 끌었다.

박희성 교수의 권유에 따라 여훈근 교수는 기호논리학 연구에서 우리나라의 선도자 위치를 점했고 작고한 조병일 교수는 논리실증주의 등 경험론의 연구에 힘썼다. 표재명 교수가 본교로 들어와 근대철학 · 미학 등을 강의하며 키에르케고어의 연구에 전념하여 이 분야의 제1인자가 되었다. 이초식 교수는 과학철학을 깊이 있게 전공하고 근년에는 철학교육 문제에 힘써서 이 방면에서 큰 공헌을 했다. 인도 등 해외 연구를 통해 인도철학 · 불교철학의 깊은 경지를 개척한 김하우 교수가 우리 과에 비어 있던 큰 공간을 메워 주었다. 고대 그리스 철학을 희랍 아테네 대학에서 연구하여 철학

박사학위를 받고 귀국한 권창은 교수가 손명현 선생의 뒤를 이어 그리스철학과 서양고전학을 개척하고 있다.

그 동안 우리 철학과는 훌륭한 철학자들을 많이 배출하여 전국 각 대학의 철학과 교수로서 고대철학의 학맥을 이으며 뻗어 나가고 있다. 니체 연구의 선구자인 중앙대학의 박준택 교수, 분석철학계에서 활약이 크고 철학연구회 회장을 역임한 이화대학의 정대현 교수, 중국철학의 연구업적을 많이 낸 서강대학의 정인재 교수, 프랑스 철학 연구에서 단연 두각을 나타내고 있는 강원대학교 이광래 교수, 독일 마인츠대학에서 현상학 연구로 박사학위를 취득한 이선관 교수, 과학철학 · 영미철학을 전공하고 본교 대학원에서 박사가 된 신중섭 교수, 프라이부르크대학에서 플라톤 철학 연구로 박사학위를 취득한 한림대학교 김성진 교수, 하버마스 연구 등 사회철학의 많은 업적을 내고 있는 한신대의 윤평중 교수, 강원대의 안건훈 교수와 해양대의 박성수 교수, 정의론 연구에서 많은 업적을 쌓은 전북대의 최용철 교수, 경북대의 송휘칠 교수와 같이 정치철학에서 신경지를 개척하는 동문 등 모두 열거하려면 지면이 모자랄 것이다. (여기 열거한 동문 외에 훌륭한 본과 출신 교수들이 많이 있음을 부기해 둔다.)

1990년대에 접어들면서 본교 철학과에서 최동희, 김영철 그리고 본인 등이 정년이 됨을 계기로 해서 우리과 교수진의 제2차 세대교체가 시작되었다. 서양철학에 국한해서도 독일철학의 임홍빈 교수, 윤리학의 이길우 교수, 지식론의 하종호 교수가 충원됨으로써 교수진이 보강되었다.

올해로 창과 50주년을 맞는 우리 철학과는 2대 경사로 마음 흐뭇함을 금할 수 없다. 첫째는 50주년을 계기로 철학과의 발전을 위해 학과발전기금을 모집하여 이에 많은 교우의 정성이 모아져 21세기로 향한 고대철학의 약진을 위한 도약대가 마련된 것이다. 보내 주신 애틋한 愛科精神에 보답하기 위해 우리 과 교수진과 재학생은 가일층의 분발과 교우 여러분의 고마운 뜻에 보답해야 할 것이다.

둘째로 우리 과는 오랜 숙원인 고려대학교 부설 철학연구소를 지난 9월 발족시킴으로써 교육뿐만 아니라 철학의 학문적 연구기능을 한층 강화할 수 있는 새 기틀이 마련되었다. 이 연구소는 교우 여러분의 성원으로 탄생되었고 앞으로도 교우 여러분은 나의 모교와 내가 나온 학과의 연구소라는 뜨거운 소속감으로 키워 주는 후견자가 되어 주어야 할 것이다.

우리 모교 고려대학교는 우리 출신들의 영원한 "마음의 고향"이다. 그리고 우리 철학과는 스승과 제자 선후배 동창 간에 따뜻한 정으로 뭉친 영원한 "마음의 고향집"이다.

우리는 21세기의 미래를 향해 다음 50년의 고대철학의 새 출발점에 섰다. 우리 고대철학과는 기필코 한국은 물론 동아시아 철학계에 우뚝 솟은 정상을 향해 약진을 거듭할 것이다. 우리 철학과는 학문연구에서 왕성한 경쟁력을 가질 뿐만이 아니라, 철학의 기본 목표인 풍부한 인간성의 형성을 표방하는 인격의 도장으로서 착실한 전진을 거듭해야 할 것이다.

정년퇴임 만찬 답사*

교통도 번잡한 데 축하해 주러 오셔서 감사합니다.

우리 교가의 1절에 '마음의 고향'이라는 귀절이 있습니다. 강사 시절과 전임으로 재임한 기간을 모두 합쳐 46년을 석탑의 고대에서 지냈습니다. 평생을 석탑의 고대에서 지냈다고 할 수 있겠습니다. 그러나 무엇보다도 고대의 철학과에서 반평생을 보냈다고 할 수 있습니다. 그 때문에 어떤 일보다도 철학과의 가족 모임 하나만은 거절하지 않고 응했습니다. 강의실에서 반평생 이상을 철학과 더불어 같이한 평생동지이기 때문입니다.

이 자리에 와서 축하해 주신 것을 감사합니다.

情이란 것이 있습니다. 오래 같이 있으면 사람 간에 생기는 보이지 않는 마음의 연결입니다. 정은 이성을 초월해서 사람을 결합시킵니다. 인생을 살아가는 데 정을 소중히 해야 하겠다고 깨우침을 가집니다. 차가운 분석과 가차 없는 비판이 철학의 직분이라고 하지만 따뜻한 정의 세계를 가슴으로 받아들이는 정의 철학도 소중하다고 생각합니다. 철학은 잊어도 강의실에서 신나게 강의하였을 때의 정이 남았습니다.

따라서 철학은 다시 '인간의 문제' '인생을 어떻게 사느냐'의 기본문제로

---

* 1997년 3월 8일 오후 6시.

1990년대

되돌아가야 한다고 생각합니다.

언젠가 정인재 교수가 서양철학에는 '수양'이라는 것이 없다고 말한 것이 생각납니다. 이성을 닦는 이성의 도야, '窮理'는 있으나 '居敬'이 결여되어 있습니다. 거침없고 고매(高邁)한 인격을 수양하여야겠습니다. 외면적인 기술이 높아지는 것보다 내면적인 인격이 거룩해지는 공부를 늦었으나 다시 시작해야 하겠습니다. 저는 인생의 문제를 생각할 때 인간은 '途上에 있는 *存在*'라는 말에 다시 감명을 받습니다. 끝없는 탐구과정—그것이 학문이 아니더라도 자기가 하는 일에 중단 없는 전진을 계속하는 사람이 인생의 성공자라고 생각합니다.

제가 교단에서는 거의 한 번도 하지 않은 제 얘기를 남기겠습니다. 제가 평생을 교육에 뜻을 둔 데는 젊었을때 계기가 있습니다. 포화가 퍼지는 6·25동란 때 대구에서였습니다. 저는 국민방위군 소위로서 팔공산 밑에 25사단에 배속되었습니다. 1950년 당시 신병은 시골서 온 농민들이었습니다. 이 순진한 농민들을 상대로 고등학교, 대학 재학출신의 장교들이 기합만 주고 못살게 굴었습니다.

저는 이 불쌍한 병졸들에게 밤에 야학을 열어서 한글을 가르쳤습니다. 초등학교 교실이었던 교실에는 한글을 배우려는 장정들로 가득 찼습니다. 1-2개월 만에 모두 한글을 깨칠 수가 있었습니다. 그 병졸들이 일선으로 출정하는 날이 왔습니다. 출정식이 끝나는 날 모두 트럭에 오르게 되었을 때 많은 병졸들이 말석에 서 있는 소위인 제 앞에 모여들었습니다. '고맙습니다' '덕택에 한글을 깨우치게 되었습니다'라고 눈물을 흘리며 인사를 하고 떠났습니다. 지금까지도 그날의 감격스러운 사은의 석별은 잊지 못합니다. 그리고 50년 만의 오늘 그와 같은 석별의 자리를 마련해 주신 것을 진심으로 감사합니다. 오래오래 추억으로 간직하겠습니다.

84동기의 '마음의 고향'*

우리의 영원한 '마음의 고향' 모교에 대한 50년 전의 추억과 전란 속에서 대구의 원대동 고대 임시교사의 학창시절이 아련히 떠오른다. 밭자리에 엉성하게 만들어진 판잣집 피난교사는 그래도 우리 84동기의 청춘의 꿈이 서린 본 고향이다. 멀리, 아니 지척에서 포화소리를 들으며 고려대학교에 입학하고 대학강의에서 진리에 목마른 마음에 학문의 양식을 마련해 주던 샘터가, 이 초라했지만 그 속에서 우리의 학구열은 용광로같이 이글거리던 우리 84동창의 성지 같은 곳이 그 원대동 교사가 아닐까. 피난교사에서 새 인생의 도약대를 구축하던 그때 그 자리가 우리 산업계의 기린아인 박종구 회장과 같은 우리 사회의 거목들이 자라던 苗床이라고 생각하니 원대동 학창시절의 요람이 더욱 그리워진다.

단군기원, 단기 4284년이 우리 84동기회명 속에 살아 있다. 추억의 오솔길을 더듬어 가면 단기 4284년, 1951년 9월을 앞두고 우리 84동기들은 대구시의 중심가에 있는 '고려대학교 대구 임시연락사무소'에 입학원서를 내고, 어느 학교를 빌려 입학시험을 치렀다. 그 임시사무소가 당시 고려대 교수 최재희 선생의 사가 기와집이었다. 소장은 학생감 이상은 선생, 입학 시

---

* 『실크로드로 가는 길』, 우당 박종구 회장 고희 기념 수상집, 세창출판사, 2001, 158-164쪽.

험은 대구, 부산, 광주, 대전의 4개 도시에서 실시하여 합격자 350명. 그때에는 전시 연합대학의 임시조치로 서울대, 연대생도 우리와 같이 공부하여 상당수의 '타교 동학생'도 있었다. 대구의 고대를 다니고 서울대에서 졸업장을 받은 동창생들이 많이 있는데 이들은 말하자면 '高서대생'인데 그 동학에게는 애석하게도 84동기회원의 자격이 없다.

대구 고대 피난시절의 모교 교수진은 가히 전국 최고 수준이었다. 우리 재학시절의 교수님들은 신기석 교수의 부산대 총장 진출을 비롯하여, 서울법대로 옮긴 황산덕, 서울문리대로 간 최문화 교수, 최재희 교수 등이 있다. 고대는 교수수급의 풀과 같았다. 1970년대 고대 교수 출신의 대학총장을 10명 이상이나 배출하여 고대가 총장양성대학이란 말까지 나왔다.

필자는 이북피난민으로 고대에 입학원서를 낼 때 주민증도 졸업증명서도 성적표도 아무것도 첨부하지 못했다. 합격자 발표의 방에 내 이름이 없는 것이 아닌가. 크게 실망했다. 그러나 그 방문의 맨 끝에 '가합격'이라 해서 내 성명 석 자, 이래서 '무자격입학'이었다.[1]

다음 해부터는 내가 구두시험 때 이북출신 지원자의 학력증명의 진위를 가리는 보조원으로 동원되는 영광을 차지했다. 구두시험 교수의 지시에 따라 나는 "학생이 다녔다는 그 학교가 평양의 어디에 있느냐"의 첫 질문부터 가짜를 가려 내는 족집게 형사 구실을 한 셈이다. 지금 같으면 너그럽게 눈 감았을 텐데 후회막급이 된다.

대구 피난교사시절은 우리 동기들의 청춘기여서 그때 한창 유행했던 '신라의 달밤' 등 유행가가 상기되게 마련이다. 나의 18번은 역시 '고향초'였다. "남쪽나라 바다 멀리 물새만 나르고 뒷동산의 동백꽃이 곱게 피었네"의

1 선생은 이종우 선생님에 대한 고마움을 다른 곳에서 다음과 같이 표현하고 있다. "6·25 전란 중 대구 가교사 때 입학한 피난민인 필자를 배려하여 특대생 제도를 만들어 학업의 길을 열어주신 사은을 어찌 잊을 수 있겠는가?"(『앞서 가신 회원의 발자취』, 독일철학의 정통파 이종우 박사, 대한민국 학술원, 2004년 6월 30일, 22쪽)

멜로디는 대구 피난기의 추억의 앨범 속의 주된 멜로디이다. 간혹 부산을 다녀오면, 그리고 그 후에도 부산역 시발의 서울행열차는 '12열차'가 단연 으뜸이다. 언제부터인지 확인할 길이 없으나 남단시발역 부산역에서는 서울행 12열차가 발차하기 전에는 '이별의 부산정거장'이 온 역 구내에 울려 퍼진다. 피난시절 낙동강을 경계로 경상북도에 피난 온 사람들은 모두 실향민이었고, 나 같은 이북출신은 "38 따라지"라 했다. '따라지' 신세의 젊은이의 가슴에는 '이별의 부산정거장'이 그렇게 심금을 울려 줄 수가 없다. 가사로 미루어 환도 후 피난지 부산을 떠나는 이별의 노래였던가.

대구 원대동 시절 유진오 박사는 도미하고, 이종우 부총장이 고대를 이끌었다. 이 때 원대동 교무과에는 렌즈 도수가 유난히 높은 안경을 낀 처녀가 타이피스트로 들어왔다. 이 타이피스트가 육영수 여사의 동생 이른바 '작은 육여사'였다. 이종우 부총장은 대구시절 박정희 장군과의 안면이 생겼을 성싶다. 이종우 선생은 6·25 때 종군문관으로 동래육군병원에 배속되어 있었는데, 그 병원에서 함경도 피난민청년 조태호를 만나 대구 개교 때 그 착실한 청년을 고대 교학과에 취직시켰다. 환도 후 이 조태호 과장과 육 여사 동생의 결혼의 주선과 주례는 이종우 부총장, 신부 측 대표는 형부인 박정희 장군이었다. 신랑의 친구들인 고대 직원들이 함을 가지고 박정희 장군 집 앞에 가서 함값을 올리려고 버티자 화가 난 박 장군이 벌떡 일어나 "자네들 모두 워커힐로 가자"고 해서 장모가 겨우 말렸다는 이야기를 들었다.

철학과 소속이던 왕학수 교수는 박 장군과 대구사범 동창이었다. 당시 박 장군의 가난한 군인살림에 그 통 큰 성미로 워커힐에 갔다면 거금이 없어졌을 것이다. 당시 고대 교수님 중에는 호주가, 애주가가 많았다. 그중 제1인자가 왕 교수였다. 어느 날 점심에 과음하시고 강의에 임하여 무려 한 시간에 걸친 술주정 강의의 장광설에도 불구하고 단 한 학생도 자리를 뜨지

1950년대

않고 스승에 대한 예의를 지켰다. 당시 고대생의 스승 존중은 대단했다.

5·16 후 이종우 선생이 문교장관, 국회의원으로 나간 연유에는 피난 대구시절의 인연이 있었지 않은가 짚어보게 된다.

1953년 8·15 광복절을 기해 환도가 결정되고 우리 84동기생들도 박종구 형 같은 부산 출신도 모두 서울행 열차로 꿈에도 그리던 안암동의 성동원두에 높이 솟은 석탑의 본교사로 돌아오게 되었다. 그러나 아직 안암동 교사는 미 제5공군 레이더 부대가 사용하고 있어서 중앙학교의 셋방살이 1년 만에 1954년 2월에야 안암동 본 교사에 들어섰다. 안암동 석탑교사로 들어오던 날, 마지막으로 떠나는 미 5공군의 교사 인계식에 학생감 정재각 교수와 학생대표로 본인이 가서 교사인계를 받던 그 찬란한 순간을 평생을 두고 잊지 못한다. 판잣집 피난 고대에 입학했으나 옥스브리지 같은 석조전을 모교로 가지게 되었다는 그 가슴 뿌듯했던 감격은 우리 84동기의 모교사랑의 또 하나의 원천이 되었다고 하겠다. 한마디로 아무렇게나 주운 돌이 황금의 금괴가 된 느낌 같은 것이었다.

그러나 환도 후의 84동기 세대의 학창시절은 민족사의 깊은 상처와 장래가 암담하기만 했던 '로스트 제너레이션'의 고민을 앓아야 했다. 일제식민지 과거의 민족적 열등감, 6·25 전란의 폐허, 그리고 산업화가 안 된 '후진국', 아마도 개인소득 100불의 최빈국 코리아의 젊은이들이 우리 84동기 세대였다. 우리들이 모이면 이 나라에 기술도 부존자원도 없어 희망이 없다고 한탄했다. 그 시절의 가장 상징적인 단어가 '엽전'이 아니었나 생각된다. 개화기 일본화폐가 침투할 때 그 신식화폐에 비해 왕조시대의 '상평통보' 등 엽전은 성냥 한 통 사는 데도 엽전을 소에 한 바리 실어다 주어야 할 정도로 값이 없었다. 그래서 '엽전'은 6·25 동란의 폐허 속에서 가졌던 민족적 후진국 열등감과 무기력의 자조요 자기비하였다.

그런 전란의 시대를 살면서도 우리의 구교가 "젊은 가슴 숨은 생명 힘 넘쳐 뛰노라"를 목 놓아 부르고, 뒤이어 "입실렌티 체이홉"의 교호를 주먹을 불끈 쥐고 외치고 나면 가슴 속에서 만난을 극복해 나가고 신천지를 개척할 수 있다는 패기가 솟아올랐다. 우리 84세대에게는 신교가보다 구 교가가 더 좋아 보인다. 구 교가는 춘원 이 광수가 작사했고, 교호는 미국 듀크대학에서 철학 박사가 되어 귀국해 보전 교수가 된 오천석 박사가 지은 것이다.

고대 학창 시절에도 도대체 '입실렌티'란 것이 어느 나라 말인지 아프리카 어느 부족의 말인지를 알 수가 없었다. 일제하 보전 때에는 그 교호 속의 '칼마시'가 칼 마르크스라고 해서 일경의 조사까지 받았다고 한다. 구 교가와 교호가 심어 준 모교 고대의 '호랑이' 정신은 우리가 평생을 두고 고난과 난관에 부딪쳤을 때 불퇴전의 용기를 북돋아준 정신적 저력이 되었다.

우리 84동기는 이제 그 암울하던 50년대의 엽전의 열등의식을 극복하고 '한강변의 기적'을 일으켜 자랑스러운 조국 '대한'의 부강을 이룩하는 우렁찬 역사의 현장, 여기저기에서 최선을 다했다. 우리 84동기세대는 다시는 못난

조상이 되어서는 안 된다는 역사의 교훈을 고대정신에서 배운 것이 된다.

'삼구통상'의 총수 박종구 동창과 같이 국내와 해외를 뛰어다니며 큰 기업을 일으켰거나, 수출입국을 영어의 국력으로 뒷받침한 시사영어사의 민영빈 회장, 코리아 헤럴드 사장을 역임한 한종우 이사장, 외교관. 대법관 등 이루 헤아릴 수 없다. 우리 동기가 각자의 자리에서 최선을 다하였다면 그것으로 우리는 모두 당당한 인생의 승리자가 된 것이 아니겠는가.

호랑이는 굶어 죽어도 썩은 고기를 먹지 않는다는 깍듯한 절조가 있다고 한다. 우리 84동기는 모두 여생을 패기에 찬 호랑이의 기백과 선비다운 인격의 중심을 결코 흐트러짐이 없이 아름답게 보내야 하지 않을까 한다. 저 50년 전 대구 원대동에서 학창시절의 새 출발점에서 가졌던 찬란한 희망과 패기로 우리는 다시 인생의 새 출발점에 섰다는 싱싱한 마음가짐으로.

나의 철학적 독해, 도상(途上)에 있는 존재*

1. 철학을 통한 한국의 재발견 동기

중학 시절 서북의 명문이라 해서 '평고보(平高普)'로 총칭되는 학창시절, 저는 유달리 서점을 많이 드나들었다. 그러는 동안에 학문의 왕도는 철학이라는 데 눈뜨게 되었다. 해방 공간에서 사상 문제가 분단과 독립의 주된 관심사가 되었다. 지금 돌이켜보면 그 사상, 철학은 이데올로기였다.

그러나 나는 중학 시절부터 『철학 입문』(三木淸 등), 『서양철학 이야기』 등에 지적 호기심을 느끼게 되었다. 우리 집안은 선친이 중국 상해 『동아일보』 특파원으로서, 도산 안창호, 백범 김구 등 독립운동의 거성을 도운 독립운동가요 언론인이었으므로 당시의 '사상가' 집안이었다. 1938년에 중병으로 향리에 돌아와 작고했는데 그때까지 우리집에는 일제 고등계 형사가 와서 지켰다. 어려서부터 나만은 애국가를 알고 태극기를 알게 되었다. 그러나 상해 태생(프랑스 조계)으로 중국어가 모국어처럼 되어 소학교 입학 후에도 우리말이 서툴러 놀림을 많이 받았다. 이런 이중 언어의 장벽을 극복하는 주변인적 고민이 나로 하여금 철학에 관심을 갖게 한 심층의식의 동기

* 『한국철학회 50년: 역대 회장의 회고와 전망』, 철학과 현실사, 2003, 42-59쪽. 선생은 제17대 회장을 역임하셨다.

가 아니었나 생각한다.

상해에서 여객선이 인천항에 입항할 때 어린 내가 어머니에게 “저게 어느 나라냐?”고 물었다고 한다. 주로 영국의 조계지 도시의 번화가 상해를 보며 살다가 가난에 찌든 것 같은 게딱지 집들의 인천을 내가 바라볼 때 모친은 나에게 “저것이 너의 나라란다”고 일러주었을 때 어린 내가 얼마나 실망스러웠는지 대답도 안 했다고 한다. 나는 이렇게 식민지 조국으로 돌아왔다. 내가 유독 민족주의에 관심이 깊고 박종홍 선생을 모시고 한국사상연구회를 하며 박종홍 교수가 『한국 사상』에 한국철학사를 연재하도록 격려한 것도 이런 연유에서다. 필자는 서양철학을 전공하면서도 석굴암 등 한국 미술사에 관심이 깊은 박종홍 선생을 사숙하고 ‘한국 민족도 철학이 있는 민족’임을 자부하고 싶었다.

고대 철학과를 다니면서 오늘의 대학로에 있던 서울 문리대의 박종홍 교수의 철학 강의를 ‘도강’해서 두 과목을 청강했다. 나는 고대 강사 시절 철학개론의 강의 방식을 박종홍 철학 강의 방식의 모방으로 시작했다.

필자는 한국 근대 철학의 ‘데카르트’를 찾다가 결국 동학 사상과 단재 신채호의 역사철학을 우리 근대 사상의 기둥으로 삼게 되었다. 대개 국사학계에서는 단재를 ‘민족사학’의 연원으로 삼는다. 그러나 필자는 단재의 사상적 기초가 허버트 스펜서 · 헉슬리의 ‘사회진화론’임을 밝히는 데 학적 희열을 느꼈다. 단재의 유명한 민족사학의 명제 ‘아(我)와 비아(非我)의 투쟁’은 다윈의 진화론의 생존 경쟁, 적자생존의 원리에 기초하여 대한자강회(大韓自强會)의 ‘자강주의’였고 한국에 처음 수용된 서구 사상이 사회진화론의 민족주의였음을 밝히는 데 힘썼다. 단재 신채호의 국사관을 서양철학도인 필자가 서양 사상의 시각에서 해석하는 데 대한 국사학계의 반발도 만만치 않았다. 그러나 한국사학계의 권위 이기백(李基白) 교수가 전국 국사학대회 기조 연설에서 단재 사관의 서양철학적 해석이 적확함을 발표해 주심으로써 내가 '구제'된 학은을 잊지 못한다.

한국 사상과 민족주의에 대한 저의 학적 관심에서 단재 연구가 동양사상이 아닌 서양철학의 관점에서 해명될 수 있었으므로 서양철학 전공과 단재 신채호 연구가 긴밀한 관련이 있었음을 밝혀 두고 싶다. 최제우의 '시천주(侍天主)', 동학의 '인내천(人乃天)'도 역시 서양 사상의 안경으로 보면 그 명암이 더 뚜렷이 드러난다.

2. 마르크스주의 철학의 극복을 위한 노력

1975년에 고려대와 와세다대의 학술 교류가 시작되어 고대 화공과의 김용준 교수가 와세다대를 첫 번째로 방문했고 제2호가 본인이었다. 와세다대에 도착한 다음 날 그 대학의 철학과 대학원교수급 12교수가 본인에 대한 환영회를 오쿠마회관에서 베풀어 주었다.

그 회식 자리에서 와세다대 철학과 교수들은 한국과 한국철학계에 대한 많은 질문을 했다. 우선 한국 대학들에게 철학과가 많다는 데 무척 놀라는 기색이었다. 당시 동남아시아에는 불교학과는 있어도 대만 이외에는 철학과가 없다는 것이었다. 과거의 식민지 한국의 대학마다 철학과가 있다는데 감탄하는 기색이었다.

일제 때 와세다대 출신의 교수로는 안병욱, 손명현 교수가 있는데 당시 일본의 프랑스철학의 권위자가 역시 와세다대 철학과 교수 마츠나미 신사브로(松浪信三郎)였고 전후 실존주의 철학의 주된 해설자였다(사르트르, 『존재와 무』의 일본어 역자). 마츠나미(松浪) 교수는 고려대 손명현 교수의 안부를 물었다. 과거에는 와세다대 철학과에 입학하면 우선 독일어, 프랑스어반으로 나눠지는데 프랑스반에서 마츠나미 교수와 손 교수가 만나 교우가 깊었다고 한다. 마츠나미 교수는 손 교수를 인상깊게 회고했다. 손 교수는 돈을 아껴서 책만 사는데, 한 번은 귀가할 때 전차를 같이 타자고 했더니 손 교수는 걸어가겠다고 고집했다. 전차로도 족히 한 시간가량 걸리는 하숙집까지 걸어다니는 이유는 그 돈을 아껴서 책을 사기 위함이라고 했다(손 교수는 영동의 갑부 집 장남이라고 했다).

1970년대

손 교수는 철학의 기본이 고대 그리스철학이라고 확신하고 고대 그리스어, 라틴어를 공부하여 고대에서도 그리스 · 라틴어의 고전어는 손 교수가 강의했다. 그리고 손 교수는 프랑스철학보다 브렌타노(Brentano)의 철학에 심취해 있다고 마츠나미 교수에게 일러 주었다. 두 철학자는 끝내 다시 만나지 못하고 모두 작고했다.

이 환영회의 다음 화제는 북한에 관한 것인데 그 교수들이 6·25가 북침이냐 남침이냐에 대해 알고 싶어 캐물었다. 당시만 해도 좌파 언론의 논조가 지배적인 일본에서는 6·25를 북침이라고 믿는 이가 많았다. 저는 한마디로 "6·25 그날이 일요일인 것을 아십니까?"라고 물었다. 그 분들은 6·25가 일요일인 것은 처음 듣는다고 한다. 기독교 신자 이승만과 남한의 일요일을 택해 기습한 점에서 6·25는 북한군에 의한 남침이라고 설명했다. 미숙한 일본어였지만, 이 한마디로도 그 교수들의 6·25관을 바꿔놓는 데 성공했다.

다음 그 분들은 북한 철학계에 대해 묻고 북한의 철학자들에 대해 알고 싶다고 했다. 이에 저는 "북한에는 단 한 사람의 철학자밖에 없는데 그것이 김일성이다"라고 했더니 역시 그럴 것이라고 모두 수긍했다. 구소련이나 북한에서는 '철학의 1인 독점 체제'였기 때문이다. 황장엽 선생의 망명 후 비로소 북한의 유일한 철학자가 황장엽 선생임을 뒤늦게 알게 되고 김일성은 마르크스 · 레닌주의 등 철학 사상뿐만 아니라 학력이 없어 철학에 무식한 독재자였음을 알게 되었다.

필자가 북한의 주체철학 연구와 비판에 주력한 것은 역시 월남하기 전에 김일성대에 수학하면서 소련에서 파견된 츠브로프 교수의 마르크스 · 레닌주의 철학 강좌를 수강한 데서 비롯된다. 츠브로프는 강의 노트를 그대로 낭독하고 도대체 설명이 없었다. 저런 교수가 어떻게 모스크바대 철학 교수인가 하고 한심한 생각이 들었다. 그 강의 내용은 교조화된 볼셰비키 당사 제4장 '변증법적 유물론과 사적 유물론'이었다. 이는 스탈린 철학이며 도그마화된 철학 교조이므로 교수가 마음대로 해설할 자유도 없었다는 것을 알게 되었다.

황장엽 선생이 모스크바대 철학부 제1호 유학생인데, 모스크바대에서 츠브로프 교수에 대해 알게 되었으며 사실은 실력 없는 무자격 교원이었으므로 평양에 보냈다고 한다. 이런 강의를 듣고 마르크스 · 레닌주의자가 되기는 힘들었다. 1955년에 북한은 구소련의 공산당 당사나 '변증법적 유물론'을 버리고 북한판 철학 교정을 만들기 시작했는데, 그것이 주체사상의 대부 황장엽이 집필한 『인간중심의 세계관』, 『주체사상의 철학적 원리』다.

스탈린의 사후 소위 '변증법적 유물론'을 버리고 소련당의 철학교과서 『마르크스 · 레닌주의의 기초』를 새로 만들고 유물론 대신에 사상 의식 동원을 위해 '토대에 대한 상부 구조의 상대적 독립성' 테제로 '정치적 관념론'을 내놓기 시작했다. 이것이 마르크스의 '자연성장성'에 반대하는 '의식화'의 레닌주의였다.

그리고 '모순 논쟁'을 통해 사회주의하에도 모순이 있어야 역사가 발전한다는 교조주의파와 모순 · 대립은 사회 발전의 장애물이 된다는 반대파가 나타나서 변증법 자체를 수정하기 시작했다. 변증법의 세 가지 법칙, 특히 '부정의 부정의 법칙'은 구소련 체제를 부정하지 않고는 새로운 긍정이 있을 수 없다는 점에서 반체제적인 해석이 가능하다는 것을 깨달았기 때문이다.

토론과 비판도 질식된 구소련 철학계를 보고 사르트르는 소련에서 마르크스주의가 조로증에 걸리고 동맥경화되었다고 선언했다.

1960년대에 체코에서 「이천어(二千語) 선언」이 발표되자 『동아일보』 문화부에서는 나에게 논평을 써 달라는 부탁이 왔다. 그 선언을 읽어 보고 동유럽에서는 '늙은 마르크스를 버리고' 젊은 마르크스(junge Marx)의 인간소외론으로 사회주의적 휴머니즘이 대두하기 시작했음을 알게 되었다. 이것이 '인간의 얼굴을 한 사회주의'였고 이런 마르크스주의의 신사조가 마침내 1990년의 구 사회주의 해체에 이르게 한 것이다.

나의 마르크스주의 철학, 주체철학 비판은 1990년의 세계사적 전환으로 그 학적 관심도 종언되었다. 그때부터 구 사회주의 실패 원인을 찾으려는 학적 관심에서 하이에크를 재발견하여 2000년 『시장의 철학』을 내놓았다. 필자가 고대에서 강의해 온 '서양 철학사', 특히 근세 철학이 자유주의 철학이고 동시에 시민사회형 시장의 철학임을 뒤늦게 깨달은 셈이다.

역사철학을 강의하면서 학생들에게 헤겔의 'List der Vernunft'(理性의 奸智)를 설명했으나 그 착상이 아담 스미스의 '보이지 않는 손'의 신의 예정조화설이고 또한 시장의 성립을 위한 철학적 합리화였음도 뒤늦게 깨우친 셈이다. 헤겔의 세계사에서 '이성의 간지'가 하이에크에게서는 자생적 질서로서의 시장과 언어가 되었다. 헤겔의 논리는 자연언어의 생성 질서 모델이었다.

3. 헤겔 『정신현상학』의 독해법에 대한 감명

한국의 대학 초창기에는 학문을 하려면 독일어가 거의 필수였다. 법학이나 의학도 독일어가 기초 어학이었고 철학도 독일어의 기초 없이는 입문할 수 없는 독일 학풍이 지배했다.

고대 철학과 2학년 때 최재희 교수의 윤리학 강의를 수강했는데, 교재가 칸트의 *Kritik der praktischen Vernunft*였다. 처음부터 숨이 꽉 막히는 기분이었다. 그리고 최 교수는 칸트주의자로서 칸트 독해를 철학의 기본으로 삼았다. 그 난해한 독어 원강에서 한 단어, 한 문장씩 꼼꼼히 따지고 나가는 철저한 원전해독주의에서 철학하는 지적 고역을 실감했다.

3학년 때 이종우 교수는 헤겔을 강의하는데, 헤겔의 원전 중 『엔치클로페디』의 서문을 첫 줄부터 철저히 따지고 가는 데 한 학기에 그 서문만 읽었다. 그런데 기말 시험이 그 독일어 원전에서 몇 문장 출제되고 그 문장에 대한 해석과 해설을 하라는 것이다. 수강생 30여 명 중 단 둘만이 합격 점수를 받았는데 거기서 본인이 높은 점수를 받은 행운을 얻은 것이다. 이종우 교수는 수재만 선발되는 일본의 명문 '제3고등학교(三高)'를 나와 교토대(京都大) 철학과에서 니시다 기타로(西田幾太郞), 다나베 겐(田邊元) 등 일본 헤겔 학파의 최고 권위의 강의를 수강했는데, 고려대 철학과에서도 그런 학구적 태도를 그대로 강행했다.

이종우의 '철학 개론'은 당시 전교생 교양필수였는데 법과 등 많은 학생들이 이 과목 때문에 1년, 2년 졸업을 연기했다. 대개 150명의 '수강생 중 60점 이상의 합격자는 겨우 세 명이고 나머지는 모두 낙제 점수였다. 그 후 이종우 교수(총장 시절)의 칸트 강의에서 전원 불합격이어서 수강생 50여 명을 대표한 학생이 총장 비서실로 항의하러 온 적도 있었다.

역시 1975년에 와세다대에 객원 교수로 가서 그 철저한 원전 독해의 표본을 확인할 수 있었다. 나의 와세다대 측 파트너 교수는 당대 헤겔 철학의 최고 권위자인 가시야마 긴시로(搜山欽四郎) 교수였다. 가시야마 교수는 그 학문적 권위가 대단해서 그 당시의 총장을 '촌정군(村井君)'이라 호칭한다. 역시 일본의 대학에서는 행정직보다 학문적 권위가 높이 인정되는 학풍의 일면을 보았다. 가시야마 교수는 그 난해한 헤겔의 『정신현상학』의 명역을 냈고, 『헤겔 정신현상학의 연구』 등 헤겔 연구에 철저한 학자였다.

한 번은 그 교수의 대학원 강의를 참관했다. 역시 정신현상학의 원전을 가지고 한 자, 한 문장씩 독해하고 해설하는 데 90분 한 강좌에 1쪽은커녕 반쪽도 다루지 못한다. 그 시간이 끝나고 수강생에게 물었더니 선생의 『정신현상학』 원강은 17년 전에 시작되었는데 아직 그 책의 3분의 2도 다루지 못했다는 것이다. 물론 그 교수는 그 책의 번역도 내고 연구서도 냈으나 강의 특히 원강에서는 한 문장을 가지고 그 많은 연구자, 주석가들의 견해를 모두 소개하고 단 1쪽의 진도도 나가지 않는다. 그러나 나도 몇 시간 청강한 다음에, 비로소 헤겔의 『정신현상학』이 대단히 압축된 서양 사상의 사변적 개념화임을 깨우치게 되었다. 이런 정독을 통하지 않고 헤겔의 『정신현상학』을 독해했다고 말해서는 안 된다는 것을 새삼스럽게 알게 되었다. 원강의 진도 면에서는 그 교수는 『정신현상학』의 마지막 쪽까지 가지 못하고 작고했다. 그러나 일본 철학계에서 『정신현상학』 연구에서는 가시야마 교수의 권위에 이른 후학이 아직 없을 것이다. 오늘의 대중화 대학 시대에는 걸맞지 않으나 고전 연구의 철학하는 탐구 정신에서 배우는 바가 컸다. 이것이 또한 일본의 학풍이기도 했다. 귀국할 때 선생은 나에게 한국과 인연이 있다고 해서 '하카다 인형'을 선물로 주셨는데 그 인형을 볼 때마다 헤겔의 『정신현상학』의 독해법을 되새겨보곤 한다.

최재희 교수가 강의를 하시다가 원전의 인용을 하시고 반드시 독일어 'Punkt'라고 했다. 콤마와 마침표의 점도 철학적 독해에서는 중요한 내용이므로 'Punkt'를 소홀히 해서는 안 된다는 것이 곧 철학하는 정신이었다.

4. 스승 박희성 교수에 의해 영미철학에 눈뜨다

고려대 철학과에 입학하여 박희성(朴希聖) 교수를 스승으로 모신 것은 본인의 서양철학 전공에서 특히 영미철학을 전공하는 계기가 되었다. 해방 후 우리나라는 미국 교육의 압도적 영향을 받았다고 하지만 교육학계에 주로 수용된 존 듀이의 교육철학 수용에 그치고 프래그머티즘도 철학다운 철학으로 인식되지 못했다. 러셀은 미국의 프래그머티즘을 미국 상업주의의 철학이라고 깎아내렸다.

해방 후 우리 철학계에 영미 철학이 빈곤했던 배경에서 일본 철학계의 독일 관념론 주도가 그대로 영향을 미쳤음을 부인할 수 없다. 1945년 이전에 일본 대학과 철학계에는 영미철학 교수가 와세다대철학과 우에타(植田) 교수 단 한 명뿐이었다. 일본 패전 후 미국과 영국의 철학이 소개될 때 우에타 교수가 홀로 고독하게 신개척에 나섰다. 1975년에 내가 와세다대 철학과에 가 있을 때도 이소노(機野)란 영국철학 전공 교수가 일본에서는 영국경험론을 강의하면서도 마르크스를 연관시켜야 하는 기괴한 풍토라고 귀띔해 주었다.

일본 교육과 학계는 대단히 배타적이어서 외국인 석학이라고 교수가 될 수 없었다. 경제는 영미적이고 학계는 국수주의와 독일 관념론, 마르크스주의가 지배하는 이중성도 섬나라 일본이 보여 준 '닫힌 사회'의 면모였다. 일본의 제노포비아는 대단했다. 그런데 1950년에 다시 도미했다가 귀국한 박희성 교수는 미시간대의 철학 박사로서 한국 철학계에 미국철학을 전파하는 단 한 분의 희귀한 존재였다. 대학원 강의에서 박희성 박사는 당시 최신호 *Philosophical Review*에서 콰인의 논문 「Two dogmas of Empiricism」을 채

택했다. 박 교수는 콰인의 이 논문이 칸트 이래 오늘날까지 지식론의 기본 패러다임인 '분석 명제와 종합 명제'의 2원론을 부정한 대단히 도전적 논문이라고 해설하고 강독을 해 갔다. 지금 생각해 보면 콰인 철학의 강의는 너무 일러 속도 위반이 아니었나 생각된다. 콰인이 휴식년을 이용해 부부 동반으로 일본과 한국을 방문했을 때 고려대에도 와서 그의 철학 중 주로 번역의 문제에 대해 강연을 했다. 배경적 지식 없이 콰인의 철학 강연이 학생들에게 이해될 리 만무했다.

콰인 부부는 박희성 교수의 안내로 동구릉(東九陵)을 관람했는데, 거대한 9개의 능을 보고 콰인은 인민들의 노역이 대단했을 것이라는 소감을 피력했다. 군주제도 없이 건국한 미국의 시민적 자유주의 안목으로 보면 동구릉은 인민에 대한 폭정의 상징으로 받아들여졌을 것이다.

필자는 대학원에 진학하여 박희성 교수를 지도 교수로 모시고 '화이트헤드(Whitehead) 철학'을 전공했다. 당시 우리 한국의 철학계에서 20세기의 최후의 형이상학자인 화이트헤드 철학을 아는 이가 박 교수밖에 안 계셨다. 박 교수의 재미 유학 시 미국철학을 주름잡은 것이 62세에 하버드대에서 철학 교수로 제2의 인생을 시작한 화이트헤드 교수였다.

나는 6·25 때 남하하여 피난지 대구서점에서 김준섭 교수의 『서양철학사』를 구입했다. 고려대 철학과에 입학하여 3학년 때 미국 컬럼비아대에서 철학 박사 학위를 취득하고 돌아온 김준섭 교수가 고려대에서 서울대 철학과로 옮겼으나 고려대에도 출강했다.

김준섭 교수의 영미철학 강의는 화이트헤드의 *Science and Moderm World*를 교재로 썼다. 당시 미국 대학에서는 교양 필독서로서 명저였던 이 『과학과 근대세계』는 철학적인 자연과학 개론에 해당하는 명저였다. 원래 수학자였던 화이트헤드는 후배인 러셀과 *Principia Mathematica*의 대작을 내어 기호논리학의 기초를 세웠다. 그 후 논리적 경험론으로 나간 러셀과 달리 화이트헤드는 그의 해박한 수학, 과학, 철학의 지식을 토대로 해서 아인슈타인의 상대성 원리와 양자역학의 현대 과학에 대한 철학적 기초를 주려는 과학의 형이상학자가 되었다.

김준섭 교수의 화이트헤드 강의는 나에게 철학이 무엇인가, 특히 근대 철학의 '실체(實體)' 개념에 기초한 유물론을 깊이 있게 이해하는 길을 열어 주고 마침내 화이트헤드의 '신'관에까지 초대되는 철학적 각성을 마련해 준 점에서 김준섭 교수의 학은을 영원히 잊지 못한다.

김 교수의 강의 시간에 가장 많은 질문을 한 학생이 필자였고 아인슈타인의 상대성 원리와 양자역학을 통해 기왕의 '물체' 개념을 파괴하면서 새로운 '이벤트(events)'의 세계관을 제창하는 화이트헤드 독해에서 선생님을 매 시간 괴롭히다 보니 어느덧 나는 대학원에서 「화이트헤드의 유기체의 철학」 석사 논문의 줄거리를 4학년 때 이미 완성하게 된 셈이다.

『장자』에서는 소잡이(包丁)가 그 기예에서 도(道)에 이른 이야기가 나온다. 그 소잡이가 처음 소잡이를 시작할 때 보이는 것은 소밖에 없었다. 그러나 어느덧 소는 보이지 않게 되고 소의 근육과 뼈 사이가 환히 보이는 경지에 이르러 그 사이에 칼을 넣으면 고기와 뼈가 분리되는데, 19년을 쓴 칼이지만 뼈에 부딪힌 바가 없이 아직도 숫돌에서 갈았을 때의 새 칼과 같았다는 도의 이야기가 있다.

나는 다만 그 소잡이의 초보 단계와 같이 보이는 것은 모두 화이트헤드뿐이요 무슨 책을 들어도 거기에 화이트헤드가 언급되어 있는지만을 찾아보았다. 내가 작성한 화이트헤드 철학의 석사 논문에 대해 박희성 교수가 과찬해 주신 것이 얼마나 기뻤는지 알 수 없다. 박 교수는 여간해서 창찬을 하지 않는 근엄한 교수형이었기 때문이다.

박희성 교수는 화이트헤드 신봉자는 아니고 어디까지나 철저한 경험론, 논리적 경험론에 철저했고, 김준섭 교수는 서울대와 고려대에서 처음으로 기호논리학과 과학철학을 보급하는 선각자가 되었다.

만년에 박희성 교수는 칸트의 윤리학 강독을 하시며 칸트를 높이 평가했으나 끝내 헤겔에 대해서는 무시했다. 그러나 화이트헤드는 그의 철학의 근저에서 베르그송의 생철학으로 과학주의를 비판했고 그의 대표작 *Process and Reality*에는 헤겔의 영향이 많이 나타나 있다. 그의 철학을 '과정(Process)'의 철학이라고도 한다.

월북한 영문학자 김동석 씨의 문학평론집의 서문에서 경성대의 연구실에서 화이트헤드의 *Process and Reality*를 도서관에서 대출했다가 탐독했다는 대목이 나온다. 나는 *Process and Reality*를 가지고 독해해 보려고 애쓰다가 철학의 3대 난서인 아리스토텔레스의 『형이상학』, 칸트의 『순수이성비판』, 헤겔의 『정신현상학』에 다시 현대에는 이 *Process and Reality*를 첨가하여 철학의 4대 난서로 인정되고 있다는 실감을 얻었다. 화이트헤드는 헤겔처럼 너무 많은 신조어를 만들어 내어 번역이 거의 불가능한 철학고전을 저술했다.

헤겔의 'Geist'가 영어로도 번역하기 난감하여 'Culture'라고 하며 하이데거의 '세계 내 존재(In-der-Welt-Sein)'도 그 뜻을 파악하려면 상당한 지적 노고가 요청된다. 화이트헤드의 'fallacy of simple location' 이나 'Prehension'과 'Superject'도 역시 난해하다.

5. 고등학교 철학교육 도입에 얽힌 추억

6·25동란 피난지에서 서울로 환도한 후 한국철학회가 활성화되고 회지인 『철학』이 힘겹게 간행된 것으로 기억된다. 1950년대 고려대의 이종우 부총장이 회장을 맡게 되고 내가 간사가 된 것이 한국철학회와 나의 첫 인연이었다. 이종우 회장은 전임 고형곤(고건 총리의 선친) 회장으로부터 회무의 인수 인계에서 당시 학회의 기금이라 할까 회의 돈 당시 구화 200만 원을

내가 총무로서 인계를 받았으니 오늘의 20만 원이다.

1950년대의 한국학계에서 한국철학회와 같은 학회를 가진 학문분야도 아주 희소했다. 주로 대학 교수진으로 조직된 한국철학회에는 서울대의 박종홍, 김계숙, 고형곤, 최재희, 고려대의 이종우, 이상은, 박희성, 김경탁, 연세대의 정석해, 김형석 교수 등 당시로서는 학력이나 인격에서 우리나라 최고 지성의 모임이었다. 특히 대학의 교양필수 과목의 주종이 철학개론이었으므로 유니버시티를 지향하는 한국 대학의 형성 과정에서 정신적 기둥의 몫을 했다고 해도 과언이 아니다.

비록 대한민국 건국 과정에서 미국 교육 제도의 수용에도 불구하고 그 학문과 강의는 역시 독일의 훔볼트적 대학 이념인 엘리트 위주의 상아탑적 고고함이 있어 거기에 철학이 중심적 역할을 했다. 그러나 해방 후 겨우 한글을 깨친 학생과 우리말과 글에서 미숙한 교수 간에 한국어에 의한 민족교육을 하는 데 많은 난관이 있었다. 일본 대학의 영향이 남아 대단히 독일적인 학문관과 특히 철학의 개념들이 독일적 개념이어서 그 번역어가 철학교육에서 학생들에게 골치 아픈 난해한 학문이 되지 않을 수 없었다. 철학개론을 수강한 학생들은 도대체 존재, 실재, 실체, 실존 등이 모두 '있음'인데 그것이 어떻게 다른지 분간할 수 없다고 불평했다.

더욱이 해방 후 그리고 6·25 후의 철학 교양이 구제일본고등학교에서 유행하던 '데 · 칸 · 쇼'(데가르트 · 칸트 · 쇼펜하우어)의 잔영이 있었고 칸트 · 헤겔 중심의 독일 관념론이었는데 그 철학 개념의 한국화가 난제였다.

일제 때 보성 전문에서 철학을 가르친 안호상 박사는 독일 유학을 하고 돌아와 일본어를 모르므로 헤겔 변증법의 aufheben을 일본 번역인 '止揚', '揚棄'가 아닌 순우리말로 '없애가짐'으로 만들고 존재도 '있음'으로 한국화하려는 일단의 노력이 있었다. 그러나 우리 철학계는 그런 최현배식의 번역을 받아들이지 않았다.

미국 홉킨스대에서 윤리학 연구로 박사 학위를 받고 돌아온 김태길 교수도 pragmatism을 '실용주의(實用主義)'로 번역한 일본식을 따르다 보니 이 미국 철학이 '실용'의 주의로 속화되어 문제가 있다고 해서 '프래그머티즘'으로 통용시키자는 합의를 저와 몇 교수가 본 바도 있다.

1960년에 4·19민주 혁명이 일어났을 때 학생들의 희생을 더 이상 방관할 수 없다고 해서 4월 25일, 서울 시내 대학 교수단의 데모가 일어났다. 가벼이 현실 참여를 해서는 안 된다는 상아탑적 권위의 수호자인 교수들이 궐기하여 시국선언문을 채택하고 4월 혁명을 평화적 정권 교체의 '비로드'(무혈) 혁명으로 마무리짓는 데 결정적 역할을 했다. 이 교수 궐기가 한국철학회의 거사는 아니었으나 한국철학회의 주요 멤버가 주동한 점에서는 그 의의를 찾을 수 있다. 고려대의 이종우, 이상은 교수, 연세대의 정석해 교수, 성균관대의 임창순 교수 등이 주동했고, 그 시국선언문은 이상은 교수가 기초했다.

1970년에 서강대의 김규영 교수가 한국철학회 회장을 맡고 부회장으로 윤명로 교수와 필자가 지명되었다. 김규영 교수는 우리 철학계에서 중세철학의 독보적 개척자로서 철학자적인 인격의 성찰로 회원 간에 신망이 높았다. 김규영 회장은 일단 회장을 맡은 이상 철학회의 발전에 성심을 다해 힘쓰게 되었다. 우선 회원 명단부터 정리하고 특히 학회지『철학』의 간행에 힘쓰게 되었다. 내가『사상계』편집국장 경력을 가지고 있었으므로『철학』지의 속간 편집을 맡아 한국철학회에 활기를 되찾게 하는 데서 김 회장을 비롯한 회장단이 보람을 느꼈다.

1983년에서 1985년 6월까지 한국철학회의 회장을 맡게 된 나는 우선 선임 회장단이 착수한 문교부 학회 보조금을 기초로『한국철학사』편집 · 간행사업을 이어 맡아 거의 마무리했다.

그리고 그 기간에 우리 철학회가 당면한 과제는 고등학교 '철학' 교양의

1960년대

도입이었다. 우선 철학회는 주로 고등학교 철학 교과를 주제로 한 연구회를 누차 개최하고 문교 당국에 대해 고등학교 교사 자격증을 철학과 학생들에게 줄 수 있는 정책 건의를 하는 데 힘썼다.

해방 후 잠깐 동안 고등학교 교과의 선택으로 철학이 들어간 바 있었다고 하지만, 1980년대 초까지 철학 · 논리학이 없는, 말하자면 '넋 빠진 고교 교육'이 계속된 것이다. 이미 대학 입시의 과열로 인해 고등학교는 입시학관처럼 되어 인성 교육이 실종되었다는 비판이 높아졌다.

다만 중앙고등학교에서는 수학자 심형필 교장의 집념으로 2학년 논리학, 3학년 철학의 필요 교양이 2~3년 교육되었는데 그 전담 교사로 본인이 출강했다. 입시 공부에 여념이 없는 학생들에게 입시와 상관없는 논리, 철학을 가르친다는 것이 여간 어려운 일이 아니었다. 내 철학 수업 시간에는 수학이나 영어 책을 펴놓고 있는 학생들을 상대로 해서 philosophia의 어원을 설명하고 형식 논리의 동일률을 강의한다는 것이 그야말로 말에 약 먹이는 고역과 다름이 없었다. 나에게는 논리나 철학의 수업을 어떻게 재미있게 하여 학생들의 정신을 집중시키느냐의 전투와 같았다. 근래에도 가끔 길가에서 50대의 신사가 인사를 하며 "제가 중앙고등학교 시절 선생님의 철학 강의를 들었습니다"라고 말할 때마다 감수성이 풍부한 젊은 세대에게 철학 수업은 큰 인상 깊은 과목으로 기억되고 있음을 확인하여 새삼 보람을 느낀다.

1980년대

뻐고 너무 놀랍고 감사했다.

그로 인해 문교부는 고등학교 교과 과정에 이수 과목으로 철학을 넣게 되고 철학과 학생들이 교직 과목만 이수하면 철학 교사 자격증이 나오게 된 것이다. 특히 지방 대학의 철학과가 대단히 기뻐했는데, 철학과를 졸업하면 중 · 고교 교사 자격증을 취득할 수 있게 되었기 때문에 철학과 사활의 관심사였다. 지금까지 고등학교 교사 과정에 철학과 논리학이 이수과목으로 살아 있다. 더욱이 논술 고사 실시와 더불어 논리 · 철학의 비중이 높아지고 있다고 믿는다

1994년부터 시작된 교육개혁 위원회에서 이석희 위원장과 이명현 위원과 본인의 세 철학 교수의 '3철'이 인성 교육과 특히 학교를 '도덕적 분위기'로 가득 찬 인간 교육의 도장으로 거듭나게 하는 데 힘썼다

이 글은 한국철학계에 대한 '회고'요 필자의 기억을 더듬어 엮어 본 철학적 독해의 '도상에 있는 존재'로서 보고 느낀 파노라마 같은 편편상(片片想)에 불과하다.

미네르바의 올빼미는 황혼이 깃들 무렵에야 나래를 편다고 했다. 그러나 야스퍼스의 말처럼, 나의 철학적 독해의 과정은 아직 '도상에 있는 존재'며 앞으로도 그럴 것이다.

6. '철학의 종언'인가?'

20세기 말에 와서 리처드 로티(R. Rorty)의 반기초주의(anti-foundationalism)에 입각한 '철학의 종언'이 우리 철학계 일각에도 소개되어 반감을 사고 있다. 그러나 로티의 발상은 철학사에서는 언제나 되풀이된 영원한 철학의 운명 같은 것이다. 데카르트가 자명한 진리라고 한 이성과 경험론, 실증주의의 '확고한 소여(所與)'를 믿는 기초주의 인식론이 종언되었다는 로티의 선언은 철학사에서 되풀이되어 온 '사상의 모험'의 창조적 파괴 과정에 대한 언설에 불과하다. 인문학(Humanities)의 위기를 개탄한다. 오늘의 '철학의 종언'은 그의 고향인 인문학을 버린 철학의 자기 업보다. 대단히 전문적

으로 분과화되고 세분된 골목에서 단 몇 사람만이 주고받는 철학의 전문가 행색은 인문학의 고향을 상실한 '철학의 종언'의 처량한 신세를 자초했다. 수학 · 자연과학의 시녀가 된 '자연화된 인식론'(콰인)이 다름 아닌 '인식론'의 종언이 아니겠는가.

소설, 시 , 드라마에 대한 문학 비평은 대단히 발달하고 철학 고전의 훈고 고증학의 수준이 높아지는 것은 좋은 일이다. 철학은 원래 해석학이었다. 그러나 소설 · 시 · 희곡을 창작하는 작가가 없는 문학 세계를 생각할 수 없듯이, 대화와 토론에서 비롯된 철학의 창작적인 본 고향이 고갈된다면 이 역시 '철학의 죽음'이다. 오늘의 심각한 '철학의 고향 상실'의 위기에서 고대 그리스의 폴리스 시민 공동체에서와 같이, 대화와 토론에서 철학이 다시 살려면 자연 언어의 기반을 망각해서는 안 될 것이고 인생의 깨우침의 계발(edify)의 기능을 외면해서는 안 된다.

철학은 헤겔처럼, 화이트헤드나 하이데거처럼 형이상학적 언어의 신조어를 창작하여 인간 사고의 영역과 사상의 새 지도(地圖)그리기를 거듭해 왔다. 그러나 철학이 영원히 이탈해서는 안 될 언어적 기반은 역시 일상 언어일 것이다. 철학계가 자기의 청중을 잃어버리고 '답장 없는 편지'만 쓰고 있다는 자괴감이 든다면 철학을 외면한 청중을 탓하기에 앞서 철학 자신의 자기 성찰과 발상 전환이 요청되어야 할 것이라고 생각된다. 인문학으로서의 자기 고향의 회복이 철학이 다시 살 수 있는 새 발판이다.

환경 윤리, 글로벌 세계화와 민족 자주 그리고 정보화 시대의 디지털 공간에서도 정보의 홍수 속에서 '의미 결핍증'으로 삶의 지혜에 목마른 현대인들에게 정보적 독해력과 판단력, 특히 의미 부여의 '의미의 해석학'에서 철학의 사회적 책임과 그 활로를 다시 모색해야 할 것이다. 훈고 고증의 연구 못지않게 철학에서도 창작 활동의 '작가' 정신이 대망된다.

도산의 시민적 민족주의와 '대공주의' 노선*

'대공주의'는 대독립당 통합을 위한 연합노선

1. "국민" 만들기 내셔널리즘—市民的 民族主義

도산 안창호의 정치사상은 그 기본발상이 자유민권에 기초한 대한사람에 의해 조직된 新國, 새나라 건설의 공화주의에 터전했다. 1907년 "신민회"는 君王이 없이도 백성들이 만든 나라, 자유문명국의 민주공화국을 지향했다. 그 신국의 모델은 독립협회, 만민공동회 이래의 "미합중국"이었고, "자유문명국"이라 했다.

정치에 대한 도산의 기본구상은 오랜 왕조 지배의 유산인 지배·피지배의 권력관계보다는 자유민권의 시민사회가 정치구조의 토대라고 확신했다. 민주공화정의 새 나라의 주인은 "대한사람"인 자유시민이므로 도산의 정치관에서는 오랜 전통적인 왕조모델의 통치관념이 극복된다.

도산은 독립운동을 항일정신과 아울러 한국 독립운동의 주체가 될 민족

---

* 『도산 안창호의 유산과 미래』, 광복 60주년 · 8월의 독립운동가 도산 안창호 선정기념 학술회의, 2005년 8월 10일(서울 역사박물관 강당), 95-104쪽. 이 글은 신일철 선생이 공식적으로 남겨 놓은 마지막 글이다. 선생이 이 글을 쓰셨던 때는 세 차례에 걸친 항암 치료가 막바지에 이르렀을 때라고 판단된다. 또한 글의 주제가 선생의 선친께서 1927년 인연을 맺기 시작한 이래 선생이 특별히 주목해 온 도산 안창호 선생의 사상이라는 점이 단순히 우연에 불과한 것은 아니라는 생각이 든다. 도산 선생과 80년에 걸친 부자의 인연이 막을 내린 셈이다.

을 형성하는 것을 선결적 과제로 여겼다. 외세배척과 국권회복을 위해 우리 민족의 "힘"을 기르는 것이 독립의 토대라고 확신했다.

도산의 정치는 근대적 자유민권에 기초한 민족국가의 민족정신을 조성하여 국민을 만드는 네이션적인 "민족"의 정치철학이었다. 도산은 독립운동은 "민족"의 재발견이요 대한사람들을 대한의 국민적 일체성을 가진 "국민"으로 만들어 독립국가의 주권자로 만들어 가는 일이 독립운동의 초석이라고 믿었다.

근대 민족주의 운동의 기조가 어디에 있었는가는 한스 콘(H. Kohn)의 유명한 민족(nation)의 정의에 고전적으로 나타나 있다. 즉 갖가지 인간군을 하나의 네이션으로 조직해 내는 것이다. 근대 민족주의 운동에서 민족의 유형은 크게 두 가지로 나누어진다. 그 하나는 독일에서와 같이 민족주권을 주로 내세우는 헤르더(Herder)형이 있고 또 하나 영국, 미국에서와 같이 나라 안의 자유민권을 내세우는 루소형이 있다. 전자의 민족이 Volk라면 후자는 Nation이다.

독일과 같이 후진민족에서나 대외적으로 민족의 적을 가진 독립투쟁단계에서는 밖에 대한 저항을 위해 나라 안의 자유민권이 등한시된다. 그러나 근대 민족주의는 정치면에서 "네이션" 만들기 운동이었다. 마하트마 간디도 영국에 대한 비폭력저항을 전개한 인도 독립운동가이지만 간디정신의 본령은 4민 차별의 카스트로 분리됐고 종교적 갈등으로 참다운 "하나의 인도"가 없었던 그 대륙에 처음으로 "인도네이션"을 만든 것이다. 이것이 간디의 인도 국민회의 운동이다. 독립을 위해서는 독립해야 할 주체인 "인도국민"이 먼저 서야 할 것이 아닌가.

도산 안창호의 정치사상은 왕조사가 끝난 후 근대 민족국가의 주인인 "대한사람", "대한네이션"을 만드는 민족주의 철학에 기초해 있었다. 도산의 독립된 조국 "내 나라"는 "대한사람"의 네이션이었다. 여기서 도산사상의 기초에 있는 "私와 公"의 2분법에서 "공"은 이러한 "민족국가(nation state)"의 모델에 따르는 민족적 공공성이다.

1920년대 후반에 일시 제창한 도산의 "大公"주의도 그 기본발상은 그의 시민 사회적 민족주의의 뿌리에 기초해 있다. 비록 좌파나 사회주의의 평등사상의 수용에 관심을 갖긴 하였지만 도산은 사회적 균점의 이념을 그의 시민적 자유, 민족의 자유의식, 인격주의의 토대 위에서 이해했다고 볼 수 있다.

1920, 30년대 일본, 한국, 중국에 전파된 사회주의 좌파이념은 주로 코민테른의 지령에 의한 레닌주의였고 그 "대중" 개념도 독재당에 의해 의식화된 점에서 도산의 자유민권적인 "국민"의 인격적 형성과는 거리가 먼 것이었다. 도산의 "大公주의" 노선이 도산사상에서 그 근본을 떠나 어떤 형태의 좌익이념으로 변질된 것이라고 속단해서는 안 될 것이다.

2. "대공주의"는 다당합작, 대독립당연합의 그릇이다

1920, 30년대에 상해임시정부가 있던 중국 대륙에는 레닌주의적 좌파와 장개석의 우파적 파시스트 운동이 자웅을 겨루었다. 그러나 두 사조는 소위 "대공"을 앞세우는 전체주의인 점에서는 닮은꼴이었다. 오히려 이 두 사조로 인해 지난 20세기 중국 대륙에 자유민주적 민주주의가 꽃필 바탕이 좁아진 것이다.

그렇다고 해서 도산 안창호가 "대공주의"를 적극적으로 이념화한 흔적은 아직 발견되지 않는다. 해방 후에 나온『도산 안창호』(1947년)에서는 1927년 이후 도산이 공화주의, 자유주의, 개인주의에 대해 비판하기 시작한 것이 "대공주의"의 발상이라고 풀이하고 있다. 그러나 그 책의 대공주의 서술에서는 도산다운 표현을 찾기 힘들다. 그 개념, 문체에서 "여기서 대공은 곧 전 민족의 복지, 공공의 이익, 국가의 요청을 표하고 그에 대하여 개체, 소아, 사익을 희생할 것을 요구하니 이는 공리주의, 자유주의, 개인주의에 대한 비판을 뜻하는 것이다." 이것이 과연 도산의 대공주의라고 할 수 있을까.

"經世的으로 본 대공주의는 이상사회건설의 설계도니 도산은 침략주의에 대한 민족해방사상, 정치적 민주주의사상, 경제적 착취에 반항하는 사회혁명사상, 링컨의 民有 · 民治 · 民亨, 孫文의 민족·민권·민생 내지 종족 상호부조에 근거한 자유연합사회사상 등을 종합하여 그 모든 장점을 取하고 단점을 去한 조화적 건설이념을 세우려 한 것이다. 그리하여 선생은 당면의 정책으로 민족평등 · 정치평등 · 경제평등 · 교육평등의 네 가지 평등을 주장하였다"(앞의 책).

이 대공주의 해설은 도산의 사상을 정확하게 소개한 것이 아니라 그 필자가 도산을 좌익으로 전향한 듯이 억지해설을 하고 있다. 더욱이 이 서술에는 당시 중국에 유행하던 각종 사회사상의 전체 목록을 열거하여 결국 도산의 신사상은 "민족평등, 정치평등, 경제평등, 교육평등"의 4가지 평등을 주장하였다고 보고, 그를 강유위의 大同사상과 같은 평등주의 추종자로 규정했다. 도산은 평등과 균점에 관해 관심을 가졌고, 또 사회주의 사상에 대해서도 반공주의적 적대감보다는 이해와 포용의 마음을 가지고 있었다. 그러나 앞에 든 『도산 안창호』의 대공주의는 각종 주의나열식 글짓기이지 도산의 사상이 아니다.

여기서 유의할 점은 도산의 1927년 후의 대공주의 발설이 도산 자신의 민족사상의 근본 뼈대를 좌경화한 것이 아니라 당시 임정 주변의 좌우익 정치이념을 하나로 묶어 "대독립당"을 만들 수 있는 말하자면 좌우합작 정책의 제안 같은 것이었다고 보인다는 점이다. 도산의 대공주의를 개인적 자유를 부정한 전체주의의 일종으로 해석하기 위해 "개인은 제민족을 위해 일함으로써 인류와 하늘에 대한 의미를 수행하라"(『안도산전서』, 5쪽) 등을 전거로 삼는다고 해서 도산의 개인격의 수련을 강조한 인격주의가 좌파적 사상으로 왜곡, 재해석될 수 있는 길이 트이는 것은 아니다.

도산은 좌우합작의 독립당 통합을 위해 사회주의에 대한 폭넓은 이해를 가지고 있었다. 그러나 우익의 민족진영에서는 너무 급격하게 밀려드는 레닌주의 좌파돌풍에 대해 우리 민족의 자주성을 견지해야 한다는 민족의식에서 급진 좌파 바람에 대해 거세게 반발했다.

임시정부 주변의 젊은 레닌주의자들에 대해 김구 선생은 레닌주의의 선동에 맹종하는 것을 크게 꾸짖으면서 "오늘날로 보아도 요새 일부 젊은 청년들이 제정신을 잃고 러시아로 조국을 삼고 레닌을 국부로 삼아서 〔…〕 주자님의 방귀까지 향기롭게 여기던 부류들 모양으로 레닌의 똥까지 달다고 하는 청년들을 보게 되니 한심한 일이다"라고 하였다. 단재 신채호도 외래사조에 맹신하는 줏대 없는 풍조에 대해 다음과 같이 경종을 울렸다.

> 석가가 들어오면 조선의 석가가 되지 않고 석가의 조선이 되며 공자가 들어오면 조선의 공자가 되지 않고 공자의 조선이 되며 무슨 주의가 들어와도 조선의 주의가 되지 않고 주의의 조선이 되려 한다.

맑스주의에 대해서도 신채호는 "맑스의 조선"이 되는 것을 거부했다. 그 대안으로 택한 단재의 이념은 무정부주의의 "자유연합사회"의 비전이었다.

도산의 "대공주의"는 임정 주변의 정치세력에 대해 각파연합의 합작 강령으로 그 내용이 간접적으로 나타냈다고 보인다. 1929년 조소앙에 의해 기초된 한국 독립당의 강령에 있는 "균점", "평등"의 3균주의적 표현에서 사회민주주의의 경향을 엿볼 수 있다. 이런 사회민주주의적 이념은 손문의 三民主義, 강유위의 大同思想, 중국 무정부주의 등 중도좌파와 애너키즘 이념을 원용하고 있음을 볼 수 있다. 『안도산전서』(주요한, 1963년)에서는 1920년대 말에, 도산이 대공주의라는 말을 사용했는데, "50 평생에 생각하여 온 인생관과 정치철학을 정리, 종합한 것"일 것이라고 상정했다. 그런 추정의 구체적 자료는 아직 나타나지 않았다. 같은 책에서 주요한은 "도산은 한국민족운동의 공통적 표어를 마련할 목적으로 대공주의라는 용어를 창작하였을 것"이라고 해석하였다. 『전서』도 대공주의가 도산의 인생관, 정치철학의 결산이라고 단정하지는 않고, 도산이 고안한 "한국민족운동의 공통적 표어"일 것이라고 결론지었다. 『전서』는 대공주의의 용어가 전체주의로 오해되어서는 안 된다고 주석을 달았다.

1920년의 "6대 사업" 대강연에서 도산은 장래의 세계정세를 관망하면서 "금후 세계의 대세는 사회주의적으로 경향할지요. 결코 군국주의적으로 연연하지 아니하리라"(앞의 책, 560쪽)라고 한 구절이 있다. 그러나 여기서 사회주의적 경향은 반군국주의의 뜻으로 언표되고 있다. 그 강연에서는 도산은 역시 미합중국의 "인도주의"에 큰 기대를 걸고 있다.

> 아직 세계에는 인도주의는 없다 하지만은 이는 곡설이요, 거짓 인도주의로 쓰는 자는 있지만은 참으로 인도주의를 주장하고 실행하는 자가 있는 것은 사실이요. 美國의 참전(1차 세계대전)에 비록 여러 가지 동기가 있다 하더라도 人道主義가 그 중요한 동기중의 하나인 것도 사실이요.(앞의 책, 560쪽)

도산은 사회주의보다 미국의 인도주의가 세계의 위대한 가치관임을 역설하고 있다. 도산은 민권운동자인 북경대학장 채원배(채원배는 송경령, 노신, 호적 등과 더불어 중국 자유주의자로 민권운동을 전개했다. 그는 마오쩌둥 등의 중공당 노선에 가담한 일은 없다) 학장과 시국의 장래에 대해 논의하고서 중한 양국에서 사회주의가 우세하게 된다는 데 도산도 동의하고 한국, 중국, 러시아의 연대지식인 모임을 만드는 데 뜻을 같이했다는 구절(앞의 책, 769쪽)도 있다. 그러나 이 표현은 중국 등의 대세가 중국 공산당 편에 있다는 관찰이지 한국도 그런 사회주의로 나가야 한다는 뜻이 아니었다.

이에 대해 그 후 근 60년이 지난 오늘에 와서 고찰하면 도산의 현실주의적 소련관은 소박하고 안이했다고 볼 수 있다는 견해도 있다(양호민, 『도산 정치사상의 현대적 구현』, 470쪽). 당시 독립운동자들은 우익에 속해 있으면서도 레닌주의 소련의 실상이나 權力慾을 잘 몰랐고 도산도 중국 대륙이 홍군의 우세로 기울어지는 가운데 소련의 공포정치를 이해하기 힘들었다.

바로 이점에서 도산 정치사상의 기본이 1920년대 이후 대공주의로 전환되었다는 속단은 대단한 위험성을 내포하고 있다.

1925년 국내에서도 좌우합작 민족단일운동당인 "신간회"가 깨진 것도 좌파와 중도우파 간의 대립이 "민족해방이냐, 계급해방이냐"로 양극화되었기 때문이었다. 이미 "민족해방"의 독립운동은 민족자주정신마저 내버린 극좌파와는 합작할 수 없었다. 도산도 이런 계급해방 우선의 레닌주의와의 합작이 난감함을 몸으로 깊이 체험했다.

도산의 "대공주의"에 대한 좌파적 해석은 자칫 잘못하면 도산사상 속에 있는 중핵을 빼버리고 "진보"주의로 다시 해석하려는 좌경화 유혹에 희생물이 되게 할 수 있다. 도산사상에서는 좌경적이든 우경적이든 파시즘 냄새나는 "멸사봉공(滅私奉公)"의 "공" 관념을 허용해서는 안 될 것이다.

도산의 대독립당 연합에서 걸림돌이 된 것은 좌우의 이념대립뿐만 아니라 젊은 운동권들이 기성 세대를 지도자로 옹호하는 데서 지나치게 흠 없는 인물을 고르고자 했던 결백주의였다. 그것은 각 당의 통합으로서 대독립당의 연합에 큰 지장을 주었다. 이른바 혁명당 만드는 데는 "聖賢黨"이어야 한다는 젊은 운동권적 과격을 어떻게 정리하느냐의 방법안이 "大公主義"로 나온 일면도 없지 않다. 각 파 간에 세대 간에 서로 헐뜯지 말고 공과

사를 구분하여 "공공성"의 영역에서 합의를 보자는 것이 다름 아닌 도산의 "대중주의"의 정치윤리였다고 보인다.

1926년경에는 임시정부 주변에도 젊은 과격분자가 많이 들어와 임시정부의 통일·단결에 분란을 일으켰다. 일부 열혈청년은 도덕적으로 깨끗한 성인, 현인의 "聖賢黨"을 고집하려 하였다. 흠집 내는 판국에서는 지도자가 드러날 수 없다. 또 한 부류의 지도자 끌어내리기는 더 가관이다. "저놈 저렇게 열렬한 운동자라 하면서 이때까지 죽지 않고 있으니 때려죽여야 한다고 떠듭니다"(도산, 「상해삼일당 연설」, 1926년 7월). 이것이 대독립당을 만들려는 과정에서 겪은 도산 등 지도층의 고민이며 그 해법 중의 하나는 이 대공주의 "정치윤리"였다고 보인다.

3. 도산의 "대공"사상에 대한 "公共圈"적 해석

"대공주의"에 대한 도산사상다운 해석을 시도해 볼 수 있는 길이 위에서 지적한 바와 같이 몇 가지 있다. 1920, 30년대의 레닌주의적 "좌경광풍 속"에서 도산의 "대공주의"를 좌경화로 해석할 수 있을까. 그러나 난국에 처한 독립운동가들이 사회주의와의 협동을 모색한 공공성 추구를 좌경화로 몰아세워서는 안 될 것이다.

도산의 "대공"(大公) 사상은 결코 각 개인의 자유정신을 부정한 멸사봉공형의 전체주의화로 해석해서는 안 되고 이미 도산은 "공"에 못지 아니한 개인의 인격적 자아인 "私"의 영역을 사회주의 못지않게 중요시했다. 도산의 "자아혁신"은 건전한 개인, 시민적 자유권을 지닌 "국민"이 되는 것이고, 그는 이것이 독립부강의 길이라고 믿었다. 이 자아의 "사"에 기초해서 민주적 대화, 토론, 협동을 통해 "공"이 드러난다. 이것이 공공적 공간이다.

도산의 대공주의는 "공공적 영역"(public sphere)의 확대로 큰 합의를 이룩하여 독립운동에서 대독립당을 건설하는 기본방식으로 제안한 유일 독립당 형성의 정책으로 이해될 수 있다.

예를 들어 각양각색의 정당, 단체가 있는데 어느 누구도 범접할 수 없는 개인의 私密적인 영역이 있고 또한 이에 대해 다수 시민들이 더불어 논의하고 자유롭게 합의를 볼 수 있는 "공공적 공간"이 있다. 이런 공공성의 확대가 시민사회이며 근대국가도 이런 공공권의 산물이다. 많은 사람들이 토론하고 논의하고 강제 없는 합의를 볼 수 있는 영역이 이 "공공권"이다.

이 다양성의 통일단합을 위해 이런 정당, 단체의 토론, 협의, 강제 없는 합의를 거치지 않고 위로부터 중앙지령을 한다면 그런 "통합안"은 독재자의 강제지령일 뿐이다.

도산의 "대공"은 많은 정당, 단체들의 자유로운 토론과 원만한 합의로 그 대독립당의 당헌과 정책을 얻어 내자는 것이다. 도산의 정치는 군왕시대의 중앙지령과는 달리 근대 자유민권사회의 시민정치 모델이었다. 근대 시민사회에만이 열려진 공간이 있고 자유로운 토론, 비판, 합의과정이 있어 "공론"이 있게 된다. 근대사회의 신문, 라디오 등 커뮤니케이션의 발달로 인해 하버마스의 이른바 노동의 영역과 달리 의사소통에 의한 언어의 "상호행위"의 영역이 다름 아닌 시민적 "공공적 공간"(Offentlichkeit)이다. 이는 간단히 "公共圈"이라 한다. 현대 정치철학에서 "공공권"의 언론, 여론, 공론의 형성에서 정치의 본령을 재발견한 대표자가 한나 아렌트(Hannah Arendt)였다.

"큰 공공성"을 이룩하는 도산의 정치논리도 이미 그의 公論의 이념에서 그 기틀이 잡혀 있었다.

도산의 "토론적 공공성"의 사고가 잘 드러난 것은 공론형성의 진화론적 모형의 파악이며 여론의 회화(합의)적 형성과정에서 "대공"의 논리가 드러난다. 자유토론에서는 온갖 다양한 의견이 개진되어 자연선택 과정을 걸쳐

"강제 없는 합의"에 이르는 공론형성 과정도 진화론 모델에 따르는 것으로 보인다.

> 이 모양으로 각각 의견을 발표하고 나면 그것이 自然淘汰와 適者生存의 원리에 의지하여 마침내 가장 완전한 가장 여러 사람의 찬성을 받는 여론을 이룰 것이니 이 여론이야말로 한 민족의 뜻이요, 소리요, 또 명령이외다.(도산, 「합동과 분리」)

특히 "공론"의 형성을 통해 통일하는 것이 도산의 온갖 합의 통일방법의 기본이다. "공론"은 다양한 사람들의 의견 · 지혜 · 판단력이 다양의 통일로 여과되는 "합의된 공론"이다.

> 통일은 불가분하여야 되겠는데 그 통일은 어떤 방법으로 할까? 우리 국민의 公論을 세워가지고 큰 사람이나 작은 사람이나 물론 그 어떤 사람이든 다 그 공론에 복종케 함이 가장 필요하다 함이요.(도산, 「정부에서 사퇴하면서」)

도산은 나라와 공적인 것을 위해 단결하기보다 私情的, 義兄弟적 통일에 흐르면 이는 "통일"이 아니라고 했다. 참다운 정치는 "공공적 공간에서의 통합"이다.

도산은 중앙최고기관의 강력한 지령보다는 "사회의 공론"을 세우고 "큰 공공성"에서 합의, 통합하는 데 역점을 두었다.

탁월한 대웅변가인 도산은 대화와 토론, 설득과 웅변이 여론이나 공론 형성에 기여한다는 공공적 커뮤니케이션 성격에 대한 인식을 가지고 있었다. 도산의 公論은 독백(monolog)과 다르고 비판하고 대화 · 토론, 더 나아가서 많은 사람이 참여하는 회화(conversation)를 계속하는 사교적 자유연합체를 지향했다고 해석된다.

홍사단운동의 깊은 곳에서 사교적 공공권을 이루려는 "신성단결"의 "더불어 생각하고 살기" 공동체 정신이 있음을 감지할 수 있다.

도산의 정신이나 정치이념이 거창한 느낌을 주는 그 무슨 철학이념이나 되는 듯이 "대공주의"를 재해석할 때 어떤 일이 생기는가. 우선 그 "대공"이 무엇인가가 먼저 문제가 된다. 1920, 30년대의 중국 사상계 속에서 "대공"은 좌익의 레닌주의와 우익의 파시즘에서 나를 버리고 큰 공(大公)에 봉사하라는 것이 된다. 이처럼 "대공주의"의 과장, 확대해석은 도산정신의 자기부정에 인도할 수도 있는 함정이 있음을 깊이 경계해야 할 것이다. 도산사상에서 "대공"은 민족의 대아이며 앞으로 건설할 자유대한의 새 조국이었다. 그러나 그 "대공"도 "시민적 공공권"에 기초해야 한다는 것이 도산사상다운 "대공주의"의 해석이 된다.

50년을 지켜본 친구 민영빈*

나는 대학에서 평생 철학을 강의했다. 프래그머티즘의 창시자 퍼스는 의미 이론에서 "어떤 말의 의미는 그것을 검증해 본 결과이다"라고 해설한다. 전두환 군사 정권이 등장했을 때 삼엄한 계엄령하에서 '교수 서명 사건'이 무슨 '반란 음모 사건'으로 과장돼 나는 난생 처음 '남산'에 끌려간 일이 있다. 그 삼엄한 시국에 동료 서명 교수들은 물론이고 내게 안부 전화를 걸어 온 사람이 거의 없었다. 단 두 사람, L교수와 민영빈만이 나를 걱정해 주며 안부를 물어왔다. 그 사건이 내가 평생을 두고 진정한 친구를 식별하는 잣대가 되었다.

* 『영어강국 KOREA를 키운 3·8 따라지-민영빈 회고록』(2004, YBM/Si-Sa), 548-553쪽에 있는 친구 민영빈에 대한 회상의 글 맨마지막 부분이다. 민영빈 회장은 사업 차 뉴욕에 갔을 때 선생의 아들 영석 씨가 공부하고 있던 필라델피아까지 찾아와서 친구 아들이 사는 모습을 보고 장학금을 손에 쥐어 주었을 정도로 신 선생님과 각별한 사이였다. 영석 씨는 그 장학금이 자신이 끝까지 공부할 수 있도록 해 주었다며 지금도 고마운 마음을 간직하고 있다.

생각나는 사람들*

1951년 5월 국민방위군이 해체되자 나는 대구에 피난 내려와 있던 가족과 합류하게 되었고, 그 때부터 영어공부에 전념하기 시작했다. 낡은 일본식 주택에 있는 넓은 다다미방 하나에서 수십 명이 공부하는 아주 영세한 학원에서 나는 평양에서 피난 온 친구를 만났다. 그는 내가 50년 동안 형제처럼 지낸 친구로, 훗날 고려대 철학 교수가 된 신일철이다. 신일철 모친은 내가 자신이 지나가는 것도 못 알아보고 무언가 혼자 중얼중얼하고 다니는 걸 여러 차례 목격하고는 나를 실성한 사람으로 착각한 적도 있었다. 그 때 나는 영시를 다 외워서 읊으라는 숙제를 하느라고 걸어다니면서도 중얼거린 것이었다. 또한 전쟁 통에 행방불명된 나의 형 민영철이 서울에서 공부할 때 가정교사를 했고 장래를 약속한 사이였던 애인, 전쟁만 나지 않았다면 우리 집안의 맏며느리가 되었을 김영숙과 신일철의 부인인 이경숙은 경기여고 시절 이웃에 살던 단짝 친구였다. 신일철 부부와 나 사이에는 전생의 인연이 있지 않았을까 싶다.

---

* 『영어강국 KOREA를 키운 3·8 따라지—민영빈 회고록』(2004, YBM/Si-Sa), 468-473쪽. 이 글은 이 부분 이외에도 책 전반에 걸쳐 신일철 선생에 대해 언급되어 있는 내용을 발췌하여 작성하였다. 3·8 따라지는 '38선을 넘어온 북한 사람으로서 손에 가진 게 아무 것도 없는 빈털터리 피난민'이란 뜻이다.'

신일철은 선친 신언준이 1920년대 상하이에서 『동아일보』 특파원으로 활동하실 때 태어났다. 그랬다가 선친이 일찍 돌아가시는 바람에 해방 전에 평안남도 고향으로 귀국했다. 그의 선친은 중국에서 크게 활약했으며 많은 업적을 남겼다. 그 당시 김구 등 상해 임시정부의 요인들과도 아주 가까이 지냈다고 한다. 몇 년 전에 나와 신일철이 상하이에 갔을 때 루쉰(魯迅) 공원 안에 있는 기념관에 들렀다가 뜻밖에 뜻깊은 전시회를 보게 되었다. 그 전시회는 신언준 특파원과 중국의 대표적 문인 루쉰 사이에 있었던 교류에 관한 것이었다. 루쉰 선생과 신 특파원이 만나서 직접 나눈 대화 기록과 신 특파원이 쓴 루쉰 선생에 관한 글 등이 전시되고 있었다. 물론 신일철과 나는 그런 전시회가 있는 줄도 모르고 갔다. 신일철이 그분이 자기 아버지라고 했더니 기념관의 안내자도 깜짝 놀라며 반가워했다. 신일철의 선친은 그 당시 중국에 서 활동한 한국 인텔리 중 대표적인 인물이었던 것 같다.

1950년 6·25 전쟁이 터질 당시 그는 김일성대학 1학년 학생이었다. 김일성대학을 위시한 북한의 모든 대학에서는 '조국해방전선'에 자원하자는 궐기대회가 열리고 학생들이 실제로 인민군에 입대했다. 그는 인민군에 입대하지 않고 고향에 가서 숨었다. 어느 날 숨어 있는 것이 발각되어 끌려가 심문을 받았다. 그런데 군사 동원 위원장이 밤늦게 조용히 자기를 불러내더니 이런 충격적인 이야기를 했다고 한다. "나도 신 씨요. 나는 중국 출신인데, 중국에 있을 적에 당신 아버지를 여러 차례 만났소. 당신 아버지는 위대한 애국자요. 아버지는 불행하게도 일찍 돌아가셨지만 당신은 이 전쟁에서 살아남아야 합니다. 오늘 밤 안으로 다른 먼 곳으로 가서 숨으시오." 이렇게 말하며 놓아주었다는 것이다. 이 종씨 당 간부를 만나지 못했다면 그는 아마 그날로 처형되었거나 인민군에 징집되었을 것이다. 살다 보면 소설 같은 일, 꿈같은 일을 누구나 다 겪는가 보다.

그는 1·4 후퇴 때 월남해 국민방위군에 편입되었다. 1951년 5월에 국민방위군이 해체되자 수많은 청년들이 귀향길에 올랐다가 장티푸스에 걸려 죽어 갔다. 국민방위군 장교였던 그도 경상도 산골에서 고열로 정신을 잃고 어떤 농가 마당에 쓰러졌다고 한다. 그때 지나가던 한 촌로가 쓰러져 있는 청년을 불쌍히 여겨 집에 데려다 간호하고 거두어 주어 덕분에 목숨을 건졌다. 그 후 그는 해마다 빠짐없이 그분께 세배를 갔고 결혼한 후에는 신부를 데리고 인사를 갔다. 그 촌로는 그를 양아들로 삼았다. 그 분의 자식들은 평범한 청년들이었다고 한다. 그 분이 돌아가시자 묘비를 세웠는데, "신일철은 내 양아들이며, 고려대학교 중앙도서관장, 대학원장 등을 지낸 훌륭한 사람으로서 나는 그를 자랑스럽게 여긴다"라는 내용의 비문을 새겨 놓았다고 한다.

우리 두 집은 달성공원 가까이에 살아서 자주 만나는 처지였다. 학원에 다니면서 나는 대구대학에 전시연합대학 청강생으로 입학하게 되었다. 1952년 봄에 학제가 변경되면서 우리 9월 입학생은 다섯 달 만에 2학년으로 올라가게 되었다. 어느 날 신일철을 만났더니 "너 그러지 말고 고려대에 와서 편입 시험을 쳐 봐" 하고 권했다. 그는 51년 9월에 입학시험을 치르고 고려대학교에 다니고 있었다. 후에 알게 된 사실인데 그는 북한 출신이라 고교 졸업장도 없고 입학이 불가능한 상황인데 성적이 하도 우수해 고려대에서 특별히 배려해 가입학이라는 조건부 입학을 시켜 주었다고 한다. 그 당시 서울에 있는 모든 대학이 부산으로 피난을 갔는데 고려대학만 대구에 와 있었다. 고려대학에 가는 건 좋지만 나는 시험에 붙을 자신이 없었다. "고려대학에 가 보니까 이남 친구들, 공부도 안 하고 모두 영어가 형편없어. 네가 오면 아마 영어 제일 잘 할 거야." 믿기지 않는 이야기였지만 그의 격려에 힘을 얻어 나는 한 번 원서를 내보기로 했다.

개학을 해 등교를 했더니 고려대학에서는 대구대학에서 1년 동안 배운 성적증명서를 제출하라고 했다. 그런데 대구대학에서는, 내가 청강생으로 과목당 수강료만 내고 강의를 들었지 입학 수속은 하지 않은 상태이므로 내가 대구대학 학생으로 남든 고려대학으로 옮기든 일단 대구대학에 입학 수속을 하라고 했다. 그래야 성적표를 떼어 줄 수 있다고 했다. 그러나 고려대학에도 입학금을 내야 하고 대구대학에도 입학금을 내야 하는 나로서는 부담이 너무 컸다. 나는 고려대로 가서 신일철을 만났다. 그는 사정 이야기를 듣더니 대뜸 이렇게 말했다. "너 미쳤냐? 앞으로 대구대학은 안 다닐 건데, 왜 거기에 입학금을 내? 1년 동안 돈 내고 강의 들었고, 시험 친 성적도 있고, 그거면 되지. 입학금을 내라는 것은 부당하잖아." 그러더니 좀 기다려 보라며 총장실로 들어갔다. 유진오 총장은 미국 시찰 여행 중이었고, 철학과의 이종우 부총장이 총장 대행을 하고 있었다. 마침 그는 철학과 학생이라 부총장과 가까운 사이였다. 한참 후에 나오더니 일이 다 잘 되었다고 좋아했다.

그는 이종우 선생님에게 "이 학생이 피난민이라 두 군데 등록금을 낼 능력은 없고, 결국 대구대학으로 갈 것 같은데 구제해 달라"고 부탁했다. 부총장은 서랍에서 성적표를 꺼내더니 이름이 뭐냐고 물었다. 내 이름을 댔더니 "아주 우수한 학생이구만. 놓쳐서는 안 되겠어" 하며 구제 방법을 제시했다. 일단 고려대학에서 1년 동안 강의를 들은 다음 시험을 쳐 봐서 대구대학에서처럼 실력이 입증되면 그 학점을 인정해 주자는 것이었다. 얘기를 듣고 나는 바보 같은 질문을 했다. "내년에 가서 무슨 말썽이 나면 나는 어떻게 하지?" 그는 "1년 후에는 아무도 기억 못 해. 걱정할 거 없어. 이제 다 해결된 거야" 하며 큰소리를 쳤다.

그 당시 고려대학에는 모두 A를 받으면 특대생이라고 해 다음 학기 등록금을 면제해 주는 제도가 있었다. 그 많은 학생 중에서 영문과 민영빈, 철학과 신일철 둘만이 나란히 특대생이라고 공고되었다. 그는 학생 때부터 좀 유별난 데가 있었다. 학기말 시험이 끝나면 모두 해방감에 들떠, 요샛말

1955년 신일철 선생님

로 '쫑파티'를 한다고 시내버스로 미도파 앞까지 가서 명동 쪽으로 몰려가곤 했다. 그러나 그는 언제나 명동으로 가지 않고 국립도서관으로 들어갔다. 지금의 롯데백화점 입구가 예전 국립도서관이 있던 자리이다. 그렇게 열심히 공부한 덕분에 그는 4년 내내 특대생 장학금을 받아 입학 후에는 등록금을 한 번도 내지 않고 대학을 졸업했다. 대학원에 가서도 보통 네 학기 코스를 하는데 그는 두 학기 만에 석사 학위를 받고 26세에 강사가 되었다. 그는 대구 피난 시절 가족들이 힘겹게 모은 돈으로 등록금을 내는 것이 너무나 죄송스러워 특대생이 되기로 마음먹었다고 한다.

1953년 8월이 되자 피난 갔던 서울 사람들이 모두 돌아왔다. 우리는 안암동의 그 유명한 고려대 석탑 교사에서 공부한다는 기대에 부풀어 있었다. 그러나 그곳에는 미 제5공군 부대 일부가 철수를 완료하지 못하고 남아 있었다. 우리는 3학년 2학기인 53년 9월부터 54년 3월까지 중앙고등학교에서 수업을 했다. 미8군 사령부는 고려대에 신세를 갚는 뜻으로 서관 신축을 원조해 주기로 했다. 그 기념으로 미8군 사령관 테일러 장군이 헬리콥터를 타고 고려대를 방문했다. 그 때 나와 신일철 등 학생 대표 여럿이 테일러 장군과 인터뷰를 했다. 며칠 후 학교 측에서 우리에게 테일러 장군의 고려대 방문 기념사진을 미8군 사령부에 전달하라고 했다. 고려대 신문 편집장이던 신일철과 둘이서 학교 지프차를 타고 용산 미8군 사령부에 들어갔다.

1954년 7월, 4학년 여름 방학을 맞이할 무렵에 누군가가 나한테 이화대학 영문과 학생들이 만든 영자 신문『The Ewha Voice』을 주었다. 순간 나는 우리도 해 보고 싶다는 생각이 들었다. 그래서 만들어 낸 것이『The Granite Tower』첫 호였다. 총장 비서에게 부탁해서 등사 원지에 타이핑을 해 등사판에 밀어 만들어 낸 신문이었다. 9월 학기가 되자 학교 측에서 제대로 인쇄를 해 보라고 했다. 사실은 고려대 신문 편집장이었던 신일철이 자매지인 영자 신문을 만드는 것이 좋겠다고 훈수를 둔 것이다.

1959년 고려대 경제학과를 나왔다는 배종호라는 후배가 하루는 내가 근무하던『코리아 헤럴드』(당시는 코리안 리퍼블릭)로 찾아왔다. 당시 일본에서 큰 인기를 끌고 있던 겐큐샤(研究社) 발행의 영어 학습지『時事英語研究』를 보고 한국판을 내도 되겠다고 판단해『사상계』편집장 일을 하고 있던 신일철에게 도움을 청했더니 영어 잡지라면 나한테 가 보라고 해서 찾아왔다는 것이다. 그렇게 해서 1959년 4월, 우리나라 최초의 영어 학습 월간지『時事英語研究 The Study of Current English』가 창간되었다. 4·19 학생 의거가 터지자 배 씨는 더 버틸 수 없었던지 내게 찾아와 잡지 인수를 권했다. 나는 잡지를 잘 아는 신일철과 상의하고 제본소에도 직접 찾아가 발행 부수까지 확인을 했다. 마침 창간 때부터의 인연도 있고 해서 나는 이 잡지를 인수하기로 했다. 결심을 굳히자 잡지 만드는 일이라면 숨쉬는 일처럼 여겨온 신일철이 자기 일인 양 기뻐했다.

『코리아 헤럴드』에서 사회부장을 하고 있을 때 4·19 학생 의거가 터졌다. 나는 매일 미국문화원에 가서 세계 주요 통신사들이 타전하는 한국의 4·19에 관한 뉴스를 읽었다. 하루는 이 쏟아져 들어오는 통신 뉴스를 주워 모으면 책이 되겠다는 생각이 들었다. 그래서 그 기사들을 다 모아 놓았다. 책을 만들자니 막연해 당시『사상계』편집국장인 신일철을 찾아갔다. 그는 그것 참 좋은 생각이라며 적극 나섰다. 편집은 그가 맡고 나는 번역을 맡아 했다. 기사들을 분류해 번역하던 중 'representative government'라는 말이 나왔다. 나는 '대표 정부'라고 했으나 그는 '대의 정치'란 개념이라고 주장했다. 그가 맞았다. 책 제목을 『April Heroes』라고 지었는데 당시 『코리아 헤럴드』에서 영문 교열을 해 주던 네일런(Edward Neilan)이란 친구가 붙여 주었다. 우리말로는 『4월의 영웅들』이었다. 훗날 하버드대학 옌칭도서관의 소장 목록에도 이 책이 들어 있는 것을 보고 참으로 기뻤다.

신일철이 고려대 강사를 하고 있을 때 5·16군사 정부로부터 정부 요직에 취임해 달라는 요청을 받은 적이 있다. 그는 거절했다. 이 소문을 듣고 내가 왜 사양했느냐고 물었더니 그의 대답은 이러했다. "나는 양식 있는 학자로 평생을 보낼 생각이야. 그런데 이제 군사 정부에 들어가 봉사를 하면 나는 훗날 군사 독재를 비판할 자격이 없어져." 그때 우리 나이 서른한 살이었다. 그 대답이 얼마나 어른스러웠는지 나는 깊은 인상을 받았다.

62년 2월 경영상의 어려움에 처해 있던 『영어생활』이라는 잡지를 인수한 데 만족하지 않고 63년 3월에 『고교영어연구』를 창간하고 이어서 『중학영어』도 창간했다. 그러나 의욕을 갖고 잡지 종수를 늘리긴 했으나 기대만큼 움직여 주지 않았다. 64년 4월 『영어생활』과 『고교영어연구』를 통합해 『영어세계』로 이름을 바꾸고, 그 뒤 『중학영어』도 없앴다. 『중학영어』를 창간할 무렵 신일철이 한 말이 있었다. "성공 속에 실패가 싹튼다." 이 말은 그 후 오랫동안 나에게 큰 교훈이 되었다.

우리 회사는 66년에 첫 심사를 하는 고교 영어교과서부터 신청했다. 지금 우리 회사 고문으로 있는 신일철이 좋은 아이디어를 냈다. "지금 군사 정권이 들어서서 민족적 민주주의를 표방하며 민족을 내세우고 있소. 우리도 그 분위기를 살려야 합니다. 그동안 우리나라 영어 교과서 내용은 한결같이 외국 책에서 따온 것이라 한국에 관한 것이 없다는 데 주목해야 합니다. 우리는 외국 교과서의 좋은 부분만 잘라다가 손질한 책은 만들지 맙시다. 한국의 민족 주체성을 중시하는 인상을 풍길 수 있도록 책을 구성합시다." 그렇게 해서 나오게 된 교과서가 아주 반응이 좋았다. 나 자신도 우리 교과서가 지금까지 나온 어떤 다른 영어 교과서보다 잘 되었다고 자부하고 있다.

우리가 발행한 60여 종의 사전 중에서 20년이 넘도록 독자들에게 꾸준히 사랑을 받은 사전이 있다. 『시사 엘리트 영한사전』이 그것인데, "사이즈는 중사전, 값은 콘사이스"라고 선전한 '수퍼 콘사이스' 전략이 적중해 한때 연간 20만 부 가까이 팔릴 정도로 그 인기가 대단했다. '수퍼 콘사이스'라는 이름은 신일철의 작품이었다.

1970년대 우리나라 오디오 영어 교재의 선두는 두말할 것도 없이 『English 900』이다. 『English 900』 판매를 시작하던 71년에는 온 나라가 한창 불황에 허덕이고 있었다. 그 시절 우리 회사에서 유일하게 잘 나간 제품이 바로 『English 900』이었다. 아마 전체 매출의 90퍼센트는 되었을 것이다. 우리 회사 입장에서 이것은 회사를 기사회생시켜 도약 단계로 들어서게 한 기념비적 제품이다. 『English 900』은 광고도 매우 신선했다. 딱딱한 인상을 벗어버리고 독자들에게 더 부드럽고 친근하게 다가가기 위해서 광고 문구 하나에도 많은 신경을 썼다. "이거 하나면 영어는 술술…" 당시로서는 매우 파격적이고 독자들에게 신선함을 주는 광고 카피였다. 정말 그랬다. '이거 하나' 덕분에 우리 회사는 다시 힘차게 일어섰다. "『English 900』, 이거 하나면 영어는 술술…" 우리는 신일철이 만든 이 광고 카피를 그 뒤 오랫동안 여기저기에 계속 사용했다.

신일철은 자타가 공인하는 미래의 고려대 총장 감이었다. 본인의 실력으로 보아서도 고려대 총장직은 떼어 놓은 당상이었다. 그러나 총장 직선 바람이 불면서 그는 그 희망을 접었다. 어느 날 그는 나에게 "마누라가 적금 들어 놓은 돈이 500만 원 있는데, 그것 가지고 총장에 출마해 보라고 농담 삼아 권하더라"면서 웃었다. 내용을 알고 보니 총장 직선제에서 후보들이 거금의 돈을 뿌린다는 소문도 있었다. 그래서 나는 돈은 내가 대 줄 테니 걱정 말고 출마해 보라고 했다. 그러나 그때는 이미 총장 선거가 끝난 뒤였다. 그는 이렇게 자기 심경을 털어놓았다.

"나는 오랫동안 내 제자나 동료들한테 학교 보직에 출마했다며 한 표 달라는 전화를 여러 번 받았어. 직선제에서 총장이 되려면 나도 동료나 제자 교수들한테 그런 식으로 한 표 구걸해야 하지 않겠어? 나는 죽을 때까지 그런 건 안 할 작정이야." 나는 친구를 잘 사귀라는 어머니 말씀대로 좋은 친구를 사귀었다는 보람을 느낀다. ■ 민영빈

신일철 선생 추모집 간행에 부쳐*

나와 신 선생의 만남은 고려대학교 철학과의 후배와 선배, 그리고 그 학과의 대학생과 시간강사의 처지로 시작되었다. 그 관계는 이어 같은 학교 철학과의 동료 교수로 지내다가 퇴직 후, 지금은 이와 같이 서로 유명을 달리하게 되었다. 내가 그에 대해 회상하는 것도 자연히 이런 관계 안에서 기억하는 범위를 벗어나지 않는다. 그가 별세할 때, 나는 마침 '콜레주 드 프랑스'에 초대되어 문상(問喪)조차 못해 서운했던 터라 이 기회에 고인의 명복을 아울러 빌고자 한다.

내가 신 선생을 처음 보았을 때, 그의 모습은 여윈 몸집에 수면부족이 역력한 파리한 안색이 인상적이었다. 노년에 들수록 그의 몸집은 불었지만, 젊은 날부터 항상 변하지 않은 모습으로는 '묵직한 가방'을 들고 다니는 것이었다. 줄담배와 줄커피도 거기에 첨가되는 그의 특징에 든다.

그의 필수 휴대품인 가방은 곧 그의 지식공급의 원천이었다. 그것은 '손에서 책을 놓지 않던(手不釋卷) 습관'의 상징이었다. 무슨 책이건 항상 읽지 않고서는 못 배기는 선생의 습관은 그의 중학 시절 한 은사에게 배운 것이라고 들었다. 중학교 교사치고는 거의 모르는 것이 없어 보이던 그 '은사의

* 이 글은 2007년 6월 15일 『논쟁과 철학』 출판기념회에서 윤사순 명예교수가 '내가 기억하는 신일철 교수'라는 제목으로 추모사를 한 것을 본인이 부분 수정한 것이다.

박식'이 부러웠던 그는 그 박식의 연유가 끊임없는 다독(多讀)에 있음을 알고 자신도 그렇게 했던 것이다.

백과사전식 다독에 기인한 선생의 '박학다식(博學多識)'은 언제 어느 자리에서나 새로운 '정보(情報)의 연발'까지 더해져, 중인의 이목을 끌기에 부족함이 없었음은 다 아는 점이다. 그 정보의 풍부한 축적은 철학의 담론에서도 마찬가지였다. 이끌어대는 인물과 사례가 풍성했다. 그의 '철학개론'의 강의가 명강의 평을 듣게 된 것도 우연이 아니었다.

그의 인간상은 '학자'이자, '언론인'이었고, '문필가'이기도 했다. 다재 다능의 '재사(才士)'였음에 틀림없다. 학문 특히 철학이 그의 본령이었음은 물론이다. 각종 철학의 요지 파악에 그는 누구보다 탁월했다. 그의 해박한 지식은 항상 명문장으로 장식되어 매스컴을 타기에 부족함이 없었다. 그의 학자로서의 업적 가운데 '서양철학의 대중화(大衆化)'는 첫째 자리에 놓일 업적이 아닌가 한다.

구체적인 예로, 그가 신구철(申棣澈)이라는 별명으로 낸 카뮈의 『반항적 인간』은 6·25 직후 전란의 분위기에서 대중 속에 '실존철학의 바람'을 일으키는 데 한몫을 톡톡히 했다. 그는 본래 20세기 최대의 형이상학이라는 '화이트헤드의 철학'으로 석사논문을 썼다. 그것을 바탕으로 하여, 일간지에까지 화이트헤드의 독특한 신관(神觀) 등을 소개한 그였다. 이러한 활동은 자연히 강사 신분이던 그의 '명성'을 전임교수들의 그것을 능가하게 했다. 강사 시절의 그는 학계나 대중이나 가릴 것 없이 모든 사람들의 각광을 받던 '신진기예'였다.

더욱이 신 선생은 교양잡지인 『지성』과 『사상계』의 편집인으로 활약한 적도 있다. 그의 편집안과 필봉은 때로 당시 '독재정권 타도'를 겨냥했고, 그런 점에서 그는 민주화에 일조를 한 셈이다. 행동하는 지성의 면모도 약간 지닌 인물이다.

하지만 우리 학과의 은사들이 선생에 대하여 무언으로 행한 '강사훈련'은 그 기간으로 보아 혹심한 편이었다고 생각된다. 거의 10년 가까운 세월을 그에게 시간강사로 견디게 했기 때문이다. 남녘에 특별한 근거 없이 '월남한 난민'으로서 홀로 생계를 꾸려 가던 그의 처지를 우리 은사들은 전혀 괘념하지 않았던 것 같다.

어렵사리 전임으로 된 그는 특별한 전공의식이 없이 '역사철학' '사회철학' 등에도 조예를 깊이 했다. 한때는 한국철학회장으로 학계의 발전에도 공헌했다. 유물변증법과 사적 변증법이 어떻게 레닌주의와 스탈린주의에 이용되었는지, 그리고 북한의 주체사상은 어떤 성격인지, 등등 공산주의(마르크시즘) 비판에 정력을 쏟았음도 널리 알려진 일이다. 만년에는 신자유주의의 '시장론'에 몰입했던 것으로 기억된다.

한국철학 또는 동양철학 전공인 나의 눈으로는 동학(東學)과 단재(丹齋)의 역사관에 대한 그의 업적 또한 높이 사야한다는 생각이다. 동학에 대한 그의 관심은 '한국의 근대사상 발굴'의 시각에서 나온 것이어서, 그 견해가 매우 신선한 편이었다. 그의 박사논문으로 작성된 「단재 신채호의 역사관」은 학계에서 처음 '서양사상과의 관련'이라는 관점에서 다룬 특징을 지녔다. "아(我)와 비아(非我)와의 투쟁이 곧 역사"라는 단재의 주장을 그는 20세기 초에 도입된 다윈의 진화론과 헉슬리, 스펜서의 사회진화론의 영향으로 해석한 대목이 특히 그러한 것이다.

이것들은 다 서양철학의 시각이 아니었더라면 이루기 어려운 한국철학에 대한 그의 공헌이다. 비록 서양철학을 두루 익혔더라도, 한국인이 한국철학을 하던 태도는 자연스러움을 넘어 당위라고 할 수 있다. 이는 서양철학을 익힌 많은 중국인들이 마지막에는 중국철학 연구에로 귀착하던 것과 같은 현상이었음을 부언하고 싶다.

신 선생은 만년에 자기를 가리켜 "철학적 독해의 도상에 있는 존재"라고 하던 술회가 떠오른다. 그리고 로티가 말한 "철학의 종언"을 상기시키면서, 이 시대의 철학이 갈 길을 '철학의 모태인 인문학으로의 회귀'라고 한 지적이 새삼 떠오른다. 이는 그가 철학자로서 지니고 있던 고뇌의 일단이어서, 내게는 잊혀지지 않는 기억으로 각인되었다.

신 선생의 철학은 다만 독서와 홀로 사색하여 낸 것만이 아니라고 짐작된다. 선생의 철학 방법에는 그러한 것과 아울러 일찍이 시작하여 말년까지 계속하던 '제자들과의 공동연구' 내지 '진지한 담론'이 들어가야 할 것이다. 제자들과 정기적으로 가진 모임을 통해 그는 자신의 철학을 더욱 풍요롭게 한 학자라는 것이 나의 판단이다.

이 추모집 간행 행사는 바로 그 모임이 중심이 되어 추진한 것이 아닌가 한다. 그에게 훈도 받은 제자들이 '값진 논문'을 작성하여 고인을 기리는 이 행사에 진심으로 박수를 보낸다. 이는 학문의 길에 들어선 사람들만이 가질 수 있고, 누릴 수 있는 독특한 보람이기도 하다. 이런 행사가 점차 희귀해져 가 아쉽게 느끼던 참이라 이 행사가 더욱 값지게 여겨지는가 보다. 아마 저 세상의 신 선생도 제자들의 이 기림을 받고서 더 없는 큰 보람으로 느낄 것이다. ■ 윤사순

신일철 교수를 다시 생각한다*

1974년 여름 나는 일본 와세다 대학교 이공학부 응용화학과에 교환교수로 동경에 머물고 있었다. 내 후임으로 와세다 대학교에 일 년간 파견될 후보를 추천해 달라는 김상협 총장의 부탁을 받고 며칠을 생각한 끝에 나는 문과대학의 신일철 교수를 차기 교환교수 후보로 결정하였다. 신 교수가 머리에 떠오른 것은 그가 『사상계』지의 주간을 맡아서 자주 그의 글을 접할 수 있었기 때문이었던 것으로 생각된다. 그리고 대학이란 역시 인문학, 특히 철학이 중심을 이루어야 한다는 옛날의 문리과 대학 중심의 대학교육을 내 나름대로 머리에 그리고 있었는지도 모르겠다.

어느 날 느닷없이 나의 집을 방문한 신 교수는 그 거구를 구부리고 나에게 정식으로 한국식으로 절을 하는 것이 아닌가? 나는 당황할 수밖에 없었다. 그러면서 하는 말이 자기가 몇 번 기회가 있었지만 그때마다 실기를 하게 되어 그때까지 외국에 나가지를 못해 적지 않게 마음에 부담을 가지고 있었는데 이번에 일면식도 없다시피 한 내가 자기를 기억하고 와세다대학교의 교환교수로 적극 추천해 준 데 대하여 진심으로 감사한 마음을 표하려 이렇게 찾아왔다는 것이다. 이런 경위로 신일철 교수와 나와의 약 30년에

---

* 『논쟁과 철학』, 고려대학교출판부, 2007, 591-608쪽 요약.

걸친 교우관계가 시작되었는데 여전히 나는 신일철 하면 나에게 큰 절을 하던 그의 소박한 인간미에 머리가 수그러지는 것이다.

1975년 첫 번째 해직을 당하고 하릴없을 때 한 주일에 한 번씩 모이는 독서 모임을 시작하였는데 이 무렵 읽고 있었던 책은 화이트헤드의 *Science and Modern World*였다. 신일철 교수를 모시고 수안보 온천장까지 원정을 나가서 어느 산장에서 자정 가까이까지 신 교수의 화이트헤드 철학 강의를 듣던 기억이 새롭다.

1980년 두 번째로 해직 교수가 되어 하루는 쉬고 다음 날은 놀고 있다고 답을 할 수밖에 없는 신세였던 어느 날 나는 신 교수로부터 전화를 받았다. 용건은 33인의 한 분인 이갑성 선생님의 아들이시고 서울대학교 교수 그리고 박 정권 시대에 통일원 장관을 하셨던 이용희 선생을 한 번 만나 뵐 의향은 없느냐라는 것이었다. 대우그룹의 김우중 회장이 당시로서는 거금이라고 할 수 있는 200억 원을 출연하여 대우문화복지재단을 설립하고 특히 불우 부진한 학문 분야를 지원해 줄 것을 당부하면서 이사장에 이용희 선생을 영입하였던 것이다. 이용희 선생은 우선 인문·사회·자연 세 분야의 자문위원을 위촉하는데 인문 분야는 신일철 교수를, 사회 분야는 노재봉 교수를 위촉하고, 자연 분야의 자문위원을 두 분에게 문의했다는 것이다. 신 교수와 노 교수는 현직 교수였기 때문에 비상임 자문위원으로, 나는 상임 자문위원으로 위촉되었고 매주 한 번씩 모이는 자문회의에서 네 사람이 모든 안건에 대해 난상 토론을 벌이고 충분히 검토하여 모든 방침을 결정해 나갔다. 말하자면 대우재단의 최고의결기관이 자문회의였던 셈이다.

1984년 복직하고 보니 신일철 교수는 도서관장 직을 맡고 있었다. 그가 도서관장을 그만둔 1987년 10월까지 3년여의 세월이 아마도 내가 신일철 교수와 대화를 나눌 수 있었던 가장 긴 시간이었다. 당시 도서관은 학생 시위의 본산이나 다름이 없었다. 도서관의 열람실은 거의 매일이다시피 시위

학생들의 농성장으로 점령당하고 있었다. 교무위원 직을 겸하고 있는 도서관장 신 교수는 거의 매일 밤을 도서관장실에서 지새우고 있었다. 나는 사흘이 멀다 하고 도서관장실을 찾았다. 홀로 외로이 관장실을 지키고 있던 신 교수는 나를 무척이나 반겼다. 그리고 서로 대화를 나누는 사이에 상대방을 좀더 익힐 수 있었다. 몸집은 큰 사람이었지만 참으로 소심한 사람이라는 느낌이 다가왔다. 이북에서 해방 직후에 김일성대학을 다니다가 남하했다는 사실이 본인의 행동거지에 많은 영향을 미치고 있구나 하는 점도 알 수가 있었다. 신 선생이 아버님에 대한 프라이드가 대단하다는 것도 그때 알았다. 아버님이 오산고보를 다니셨고 함석헌 선생님과 같은 반 학생이었다는 사실도 알게 되었다. 이 사실이 함 선생님을 『사상계』지의 필자로 모시는 데 결정적인 역할을 했다는 사실도 알게 되었다.

신 선생을 생각할 때마다 내가 좀 아쉽게 생각했던 점이, 화이트헤드로 석사논문을 쓴 그가 화이트헤드를 접고 왜 신채호로 학위논문을 썼을까라는 의문이었다. 본인에게 직접 물어보지는 못했지만 아마도 자기의 출생과 이북 출신이라는 사실이 심리적인 압박으로 작용했던 것이 아닐까라는 생각도 해보았다. 신 선생의 책상 위에 항상 뒹굴고 있었던 일본 평범사(平凡社)의 『철학사전』을 나는 신 선생의 '마메홍'(일본말인데 교과서에 나와 있는 문제의 답을 풀어 놓은 소책자)이라고 말한 적이 있지만 신 선생의 머릿속에는 이 『철학사전』이 거의 그대로 들어가 있는 것이 아닌가 하는 생각이 들 정도로 그가 철학 분야 전반에 걸쳐 정확한 개념파악을 하고 있는 분으로 나는 생각하고 있다. 신일철 교수는 어떤 새로운 학설을 창의적으로 주장한 위대한 학자라기보다는 철학 전반 분야에 관한 정확한 지식을 전수하고 가르친 교육자였다고 해도 크게 잘못이 없는 것이 아닌가 하는 생각을 해 본다.

자연과학도인 내가 철학자 신일철 교수를 이렇게 평가한다는 것 자체가 참람한 망언임을 알면서도 지하의 신 선생은 나를 용서해 줄 것이라고 생각한다.

복직 이후인가? 평생 후회스러운 일을 저질러 총장직선에 자의 반 타의 반으로 입후보하는 우를 범했을 때도 신 선생은 자기의 입후보를 사퇴하면서까지 나를 도와주었던 일도 나로서는 잊지 못할 추억으로 남아 있다.

노태우 정권에서 국무총리를 지냈던 노재봉 교수가 서울디지털대학교의 총장 직을 맡으면서 신 교수와 함께 특강을 맡아 석좌교수로서 일 년간 같이 근무했던 것도 신 선생을 생각할 때 머리에 떠오르는 추억거리 중 하나다.

대우재단빌딩 8층에 있는 세미나실에서 한 달에 한 번씩 모이는 신 선생의 문하생과의 세미나와 내가 참석하고 있었던 '과학과 종교 연구모임'의 세미나가 겹쳐서 신 선생과 가끔 마주쳐서 반갑게 악수를 나누었던 그 어떤 날이 그와의 마지막 회우가 되리라고 꿈엔들 생각할 수 있었겠는가? 늙으면 80%가 고생을 하는 전립선비대증으로 고생한다는 말을 들으면서 나도 앓고 있는 병이기에 그저 가볍게 생각하고 있었던 것이 그의 임종 전의 문병조차도 할 수 없게 만들고야 말았다. 방광암으로 인해서 암세포가 전이하면서 그는 참으로 어이없게도 이 세상을 일찍 하직하고 말았던 것이다.

"신일철 교수 없는 이 세상은 쓸쓸하기만 하네."

■ 김용준

고려대학교 철학과 60년-서양철학*

고려대학교 철학과 제2세대(1950년대 말 - 1990년대 초)

고려대학교 철학과에서 철학 교육을 받은 분들이 고려대학교 철학과의 강단에 서게 된 것이 1950년대 말로, 바로 이때가 제1차 세대교체의 시작, 즉 고대 철학과 제2세대의 등장이 이루어진 시기이다. 2세대에 속하는 교수들은 물론 많지만, 서양철학과 관련해서는 우선 최동희, 김영철, 신일철의 3인을 꼽아야 한다. 이 분들은 각기 47, 49, 51학번으로 철학과의 출범을 같이했으며, 1세대 철학자들에게 직접 받은 지적 자양분을 바로 후학들에게 전수해 고려대 철학과 학문적 전통의 기틀을 다진 분들이기 때문이다. 하이데거를 전공한 최동희 교수는 주로 독일철학에 대한 강의를 맡았고, 실천철학에 관심이 많았던 김영철 교수는 윤리학 관련 강의를 담당했다. 화이트헤드를 전공한 신일철 교수는 영미철학과 지식론 강의를 맡았으나, 그 특유의 박학으로 역사철학과 사회철학에서도 명강의를 해 명성이 높았다. 2세대의 등장과 관련하여 특히 주목할 것은 서양철학을 전공한 최동희, 신일철 교수가 한국 사상과 관련한 박사논문을 썼다는 점일 것이다. 최동희 교수의 박사논문의 제목은 「신후담 안정복의 서학 비판에 관한 연구」이고, 신일철 교수의 논문 제목은 「신채호의 역사사상 연구—양계초를 통한 서

* 『고려대학교 철학과 60년사』, 2006, 10-14쪽 요약.

구사상 수용을 중심으로」이니, 동양의 정신으로 서양철학을 통찰하고, 서양의 방법론으로 동양철학을 탐구하는 고대 철학과의 전통은 이미 이때 움텄다고 할 수 있을 것이다. 이 전통의 힘 아래서 고대 철학과는 줄곧 동양철학과 서양철학 모두를 아우르는 총체적인 철학자들을 배출해 올 수 있었다.[1]

신일철 교수(1963년–1997년)는 원래 화이트헤드에 대한 연구로 철학 공부를 시작하여, 고대에서도 공식적으로는 영미철학 담당교수로 재직했지만, 실제로는 영미와 유럽은 물론, 서양과 동양, 이론철학과 실천철학 다방면을 섭렵한, 그야말로 총체적인 철인이었다. 선생의 연구는 인식론과 과학철학, 사회철학, 프래그머티즘, 역사철학, 철학사 일반, 한국사상, 심지어 주체철학 비판에까지 이르도록 폭이 넓었고, 강의 역시 '지식의 문제', '역사철학', '사회철학' 등 다양한 방면에서 이루어졌다. 필자 역시 대학 시절 신일철 교수의 많은 강의를 통해 철학 훈련을 받았는데, 유난히 잊을 수 없는 강의는 선생의 해박한 철학적 지식들이 총동원되었던 '서양철학사'였다. 이 강의는 마치 탈레스에서 현대에 이르는 서양 정신사의 파노라마와 같아서, 초학자들도 학기 말이면 서양철학사의 맥과 낙이 무엇인지를 깨달을 수 있는 그런 훌륭한 강의였다. 그런 분에게 철학을 배울 수 있었고, 대학원에서 석사논문의 지도까지 받을 수 있었으니, 그것은 필자가 고대 철학과에서 누릴 수 있었던 각별한 복이었다. 다방면에 걸친 연구와 저술 활

---

1 한편 신일철 교수는 이 같은 일련의 전통을 고대 철학과에 의한 "철학의 민족 주체화"로 파악한다. 물론 이를 위해 필요했던 가장 중요한 기여는 윤사순 교수의 "퇴계 사상 연구"와 "한국철학의 체계화의 노력"이었을 것이다. 그러나 거기에 최동희 교수의 "동학사상과 실학사상 연구," 그리고 신일철 교수의 "장지연, 신채호의 자강주의 사상과 동학사상 연구"가 또한 적잖은 공헌을 했음은 의심의 여지가 없어 보인다. 그 다양한 노력들의 결실로 비로소 "철학의 한국 주체화"(394)가 이루어졌고, 이로 인해 한국 철학계에서 차지하는 고대 철학과의 위상은 크게 높아졌다. 이 점은 두고두고 내세울, 고대 철학과의 큰 자랑거리가 아닐 수 없다.

동, 강의를 하셨지만, 그러나 그 근본에 있어 선생은—그 분의 한 제자가 정확히 표현했듯이—"우리 사회의 현실과 우리 민족의 앞날을 진지하게 고민하고 철학적인 대안을 끊임없이 모색하신 참된 사회철학자"였고, 그 분의 철학은 시장경제와 "자유주의에 바탕을 둔 합리적인 보수주의"였다. 1997년 강단 철학계를 떠나시며 많은 시간을 얻게 된 선생은 이제 비로소 하고 싶은 일을 할 수 있게 되었다며 기뻐하셨다. 실제로 은퇴 후 선생은 놀라운 열정과 에너지로 평소 원하던 연구에 몰두했고, 그 결과『평양에 봄은 오는가』(1999),『시장의 철학』(2001),『북한 정치의 시네마 폴리티카』(2002),『북한 주체사상의 형성과 쇠퇴』(2004),『뉴 라이트와 시장의 철학』(2004) 등의 저서를 출판했다. 가족의 전언에 의하면 읽고 싶은 것을 읽고, 쓰고 싶은 것을 쓸 수 있었던 바로 이 시기가 선생의 인생 중 가장 행복했던 시간이었다고 한다. 마지막 책을 출판하신 후 건강에 문제가 생겼고, 이듬해부터는 심각한 투병이 시작되었다. 제자들이 선생을 뵐 수 있었던 것도 2005년 9월이 마지막이었다. 그 후 몇 차례 문병을 시도했지만, 제자들에게 흐트러진 모습을 보이기 싫다며 한사코 거절하셨다. 결국 강제 침입을 하듯 선생 댁의 문을 밀치고 들어갔던, 서강대 철학과의 정인재 교수 외에 투병 중의 선생의 모습을 뵌 제자는 단 한 명도 없었다. 안타까워하는 제자들에게 '철학자의 정갈함'이라는 가르침을 남기시고, 선생은 2006년 1월 홀로 북망으로 가셨다. 그야말로 "한국 철학계의 큰 별이 지는" 순간이었다. 유족들은 평소 선생의 뜻을 받들어 고려대학교 철학과에 2억 원의 장학금을 기탁했다.

(조위금으로 들어온 1억 원에다 가족들이 1억 원을 보태서 2006년 1월 23일 2억 원을 기탁하였는데 이것은 생전의 선생님의 마음을 헤아린 사모님의 결정에 따른 것이었다. 선생님이 돌아가시기 전 2005년 11월 6일에 아들 영석 씨가 이미 장학기금을 약정하였다. 추가 금액 1억 원은 처음에는 맏사위인 홍덕표 씨가 냈고, 사

모님께서 적금을 찾으실 때마다 되돌려 주셔서 나중에는 명실상부하게 신일철교수 장학기금이 되었다. 유족이 요구한 장학기금 운용 원칙은 원금 보존, 장학금 수혜자는 대학원생 중에서 성적이 우수하나 경제적으로 어려운 학생, 이자 수익이 부족할 경우 매학기 지급하지 않아도 된다는 세 가지였다. 선생님께서 대학원생 시절 경제적 어려움으로 고생하신 기억으로 기부하시게 된 것이어서 경제적인 어려움이 반드시 반영되어야 한다고 강조하였다. 장학기금은 금융 위기에도 불구하고 잘 운용되어서 이자 수입으로만 2007년 1학기부터 2014년 2학기까지 13명의 대학원생에게 58,406,000원이 지급되고도 2016년 1월 현재 235,425,546원이 남아 있다. 철학과에서는 앞으로 대학원 과정 재학생보다 경제적으로 더 어려운 박사과정 수료생에게 장학금을 주기로 결정하여 선생님의 유지를 더 충실하게 따르고자 한다.)[2] ■ 김창래

2 괄호 안의 부분은 편집자가 추가한 것이다.

교수님과 관장님

나의 학부 시절 지도교수는 신일철 교수님이셨다. 일찍 별세한 아버지를 연상시키는 풍채와 목소리… 그래서 교수님을 아버지처럼 마음으로 대하며 존경했다. 그러다 교수님을 직장 상사로 모시는 인연으로 이어져 생각하지 못한 인생이 펼쳐졌다. 이 글은 교수님에서 관장님으로 호칭을 바꿔 부르게 된 과정과 이후 기억에 남는 관장으로서의 교수님에 관한 일화를 짤막하게 펼친 것이다.

1980년 겨울 졸업을 앞두고 돈을 벌며 공부도 할 수 있는 교사 자리를 구하고 있었는데, 교수님의 부름을 받고 도서관으로 향했다. 당시 교수님은 도서관장 보직을 맡고 계셨기 때문에 관장실로 간 것이다. 시내에 있는 어느 중학교에서 윤리교사가 될 사람을 추천해 달라는 의뢰를 받았으니 어떠냐는 말씀을 들었다. 교수님 덕분에 교사가 되나 보다 싶었다.

그런데 채용 수속을 밟던 중 학교의 사정이 변해 교사 채용계획이 취소되었으며, 이 소식을 알리러 다시 관장실을 방문했다. 교수님은 웃으시며 "어, 그러냐? 다른 데에서 의뢰가 오면 또 연락해 줄 테니 기다려 보라"고 하셨다. 감사의 인사를 하고 관장실을 나오는 순간, 불현듯 학교가 아니라 도서관에서 근무하면 좋겠다는 생각이 들었다. 도서관의 책을 마음껏 볼 수 있으니 얼마나 좋으랴? 다시 노크하고 들어가 도서관에서 일하면 좋겠다고 하니, 마침 직원을 모집하고 있으니 총무과에 가 보라고 하신다. 이렇게 하여 나의 진로가 바뀌었다.

운이 좋은 것인지 인연이 닿아서인지 필기시험에 합격하고 면접을 보게 되었다. 면접장에 들어가니 총무과장 옆자리에 교수님이 계시는 게 아닌가? 교수님은 내가 성실한 학생이며 입사시험의 영어성적도 좋으니 도서관에서 일하면 좋겠다고 보증해 주셨다. 이렇게 하여 학생 때 공부하던 도서관이, 전혀 생각도 못했던 직장으로 바뀌었으니 교수님이 지도교수가 아니었다면, 도서관장이 아니었다면 불가능한 일이었다.

내가 입사할 때 모두 7명의 신입이 도서관에 들어왔는데 6개월 전에도 3명이 들어왔다고 한다. 이렇게 짧은 기간에 도서관 직원이 많이 증원된 경우는 전무후무하다. 1978년 개관한 중앙도서관 신관으로 인해 도서관의 규모가 커져 인력 확충이 필요했는데 교수님의 노력으로 이런 일이 성사된 것이다. 이뿐 아니라 도서관의 외형적인 성장도 크게 이루어졌다.

1981년 조치원 분교에 도서실을 열어 2년 후 도서관으로 승격시켰는데, 이를 위하여 장서를 미리 입수, 정리를 하고 직원을 파견하는 등의 지원을 아끼지 않으셨다. 1983년 과학캠퍼스에 개관한 과학도서관은 교수님이 신경을 많이 쓰신 결과물이다. 하나의 예를 들자면 건물에 엘리베이터를 많이 설치하지 않았던 당시 과학도서관에 6개나 설치하도록 요구하여 장애인을 비롯하여 방문자의 이동 편의에 대비한 부분도 있다. 1984년 아연도서실 병합, 1986년 독일법 자료실 개관 등이 모두 교수님의 임기 중에 이루어진 일이다.

교수님은 책을 다독하시는 걸로 유명한데, 그만큼 책을 사랑하셨고 도서관에 좋은 책이 가득차기를 바라셨다. 시내 나가실 때마다 꼭 서점에 들러 도서관에 소장하면 좋을 책을 직접 고르셨다. 예산을 증액하여 자료 구입량을 늘리는 한편, 당시 많이 나오던 원서 복사판마저 모두 구입하게 하셨다. 아울러 백만 장서 확충운동을 벌여 사립대 최초로 백만 권의 장서를 소장한 대학의 영예를 안게 되었다. 그 추진력의 결과 지금도 우리 도서관은 사립대학 중 최대인 320만여 책의 장서량을 보유하고 있다.

교수님은 도서관이 학문의 전당으로 남도록 바라셨다. 학생 데모가 한창이었을 무렵 교내 시위가 끝날 때까지 항상 도서관을 지키시고, 도서관에 시위대가 들어오지 못하게 현관에 누워 나를 밟고 들어가라고 소리치신 일화도 있다. 도서관에서 공중도덕을 지키지 않는 학생이 있으면 관장실에 데려가 훈계를 하시곤 했다.

도서관에서 본 교수님의 습관을 공개하자면, 커피와 담배, 짜장면을 즐기셨다. 커피는 하루에 몇 잔이라도 마다한 적 없으시며, 담배는 흔히 말하는 줄담배 스타일이지만 실제로 담배를 빨기보다는 손에 담배를 쥐고 있음으로 해서 심리적인 안정감을 유지하신 게 아닌가 싶다. 그런데 라이터를 탁자 위에 둔 채 그냥 가시곤 하여 필요할 때 쓸 수 없는 경우가 많았다. 그러다 보니 탁자에 앉았다 일어설 때 놓여 있는 라이터가 있으면 주인이 누구건 간에 무심결에 호주머니에 넣는 에피소드도 종종 발생했다. 점심으로 짜장면을 자주 드셨는데, 점심시간 전에 사환 여학생이 늘 여쭈어 보고 배달시키곤 했다.

여름방학에는 직원들과 함께 버스를 대절하여 단체여행을 가는 행사를 여러 번 개최하셨다. 여행을 잘 가지 않던 나는 주왕산, 안동 등 여러 명소를 탐방하여 견문을 넓히고 지방의 맛도 즐긴 것이 아직도 좋은 기억으로 남아 있다. 여행 중 제자가 마중 나와 안내를 하거나 우연히 만나 인사하는 모습은 훈훈하게 보였다.

교수님은 당시 고대의 3대 천재 교수 중 한 분으로 알려져 있었는데, 악필로도 유명했다. 원고지에 글을 쓰실 때가 많았는데 의뢰한 곳에 그 원고를 전하기 전에 필체가 좋은 직원에게 옮겨 써 달라고 부탁하시곤 했다. 그

직원은 교수님의 글씨체에 익숙함에도 불구하고 해독이 안 되면 나를 불러 "제자니까 무슨 글자인지 알지?" 하면서 함께 풀어나갔던 적이 여러 번 있었다.

도서관 문화가 발달한 미국의 경우 도서관장의 임기가 정해져 있지 않고 오래함으로써 리더십을 일관성 있게 발휘하는 것이 보통이다. 미국 프린스턴대학의 사학과 교수였던 James Billington은 1987년부터 지금까지 의회도서관장을 역임하고 있다. 하버드대학의 경우 Sidney Verba 교수가 1984년부터 2007년까지, 뒤를 이어 Robert Darnton 교수가 지금도 관장 직에 있다. 그런데 도서관장의 임기가 짧은 우리나라는 관장 리더십의 잦은 끊김 혹은 변경으로 인해 도서관 문화가 상대적으로 빈약할 수밖에 없다.

그런데 교수님은 한국에서 도서관장을 오래 역임한 드문 경우에 해당한다. 지금은 임기가 2년이지만 당시는 보직이 3년으로, 1978년부터 1987년까지 세 번 연임을 하셨다. 그 9년 동안 도서관을 최고로 발전시킨 업적, 도서관 경영 철학을 보건대 우리나라 최고 도서관장 중 한 분으로 교수님은 기억될 것이다. ■ 방준필

신일철 선생님의 '낚시만세'

신일철 선생님이 낚시를 좋아하신다는 말은 80년대 후반 내가 대학원 다닐 때 언뜻 들은 적이 있었다. 그런데 선생님이 71년부터 89년까지 『낚시춘추』에 쓰신 글을 읽어 보니 내가 생각한 것 이상으로 선생님은 낚시를 삶의 중요한 한 부분으로 즐기셨던 것으로 생각된다. 낚시와 붕어에 대한 애정과 열정이 글에서 고스란히 느껴졌기 때문이다. 시쳇말로 낚시광이었다고 해도 과언이 아니다. 선생님의 낚시 관련 글을 읽으면서 나 역시 한때 낚시에 반쯤 미쳐 강원도와 경기도의 강과 저수지를 누볐던 일들이 주마등처럼 스쳐 지나갔다. 지금은 낚시보다 등산을 더 열심히 하지만 아무래도 낚시가 주는 매력과 즐거움은 산행에서 얻는 것과는 또 다른 의미가 있다.

이제 선생님이 『낚시춘추』에 실은 낚시 관련 글을 읽고 선생님이 낚시에 대해 가졌던 일종의 낚시 철학을 내 나름대로 정리해 볼까 한다.

신일철 선생님이 생각하는 낚시가 갖는 첫 번째 의미는 '몰입의 즐거움'이다. 오직 수면에 잠긴 찌를 바라보며 무상무념의 상태에 빠질 수 있기 때문이다. 이 순간은 세속의 모든 일들을 잊어버리고 오직 나와 대상이 하나가 되는 순간이다. 남들이 보기에 낚시는 사서 고생하는 상식적으로 이해하기 어려운 고상한 취미다. 추위나 더위 또는 모기들에 시달리면서도 시선을 찌에 놓고 한없이 기다리는 모습은 누가 봐도 이해하기 어려울 것이다. 그러나 선생님은 낚시인의 그러한 태도야말로 일종의 수도인이 법열의 상태에 빠지는 것과 같다고 말한다. 그것은 자신을 잊고 하나의 대상에 몰입하게 되는 무아경 또는 삼매경의 상태와 같다. 이 상태는 시간의 흐름마저 의식하지 못하는 망각의 상태이며, 또한 모든 속세의 번뇌와 탐욕을 버리고 순수한 무의 순간에 들어가는 것과 같은 상태다. 그러나 실상 이러한 상태는 지루한 기다림의 연속된 과정이다. 그리고 낚시인은 언제 끝날지 모르는 무한한 기다림 속에서 찰나적인 찌의 신호를 놓치지 않고 그 결정적 순간을 포착한다. 이 순간은 과거와 현재의 순간의 단절이자 법열의 체험으로서 마치 철학자가 난해한 철학텍스트를 읽고 이해했을 때 느끼는 관조적 쾌락과 같은 느낌이다. 73년 6월 중순 한 여름 새벽 6시 10분경 수원 근처의 '영천리 못'에서 43.5센티 무려 1.6kg의 대형 붕어 월척을 낚았을 때가 선생님이 이러한 카타르시스를 강하게 느낀 순간이었을 것이다. 낚시 좀 다닌다는 낚시마니아 중에서도 이 정도 월척을 낚은 사람은 그리 많지 않을 것이다. 원래 낚시 좀 다녔다고 하는 조사들은 허풍이 세다. 20센티 정도 될까 하는 붕어를 잡아 놓고 새로운 친구를 만날 때마다 매번 5센티가 길어져 어느 사이엔가 50센티의 월척으로 둔갑하기 마련이다. 선생님이 생존해 계셨다면 서재에 포르말린 처리된 이 주인공을 볼 수 있지 않았을까 하니 아쉬운 마음이 든다.

둘째는 자연에 대한 사랑이다. 진정한 낚시인이라면 낚시를 하러 가는 주된 목적은 붕어를 낚는 것이 아닐 것이다. 붕어를 잡아 팔 것도 아니고, 또 그것을 먹기 위한 것도 아니다. 붕어를 잡아도 좋고 못 잡아도 좋다. 자연이 낚시인의 친구가 되기 때문이다. 낚시인은 자연이라는 어머니 품에 안겨 자신을 성찰하고 자신을 치유하는 시간을 가질 수 있기 때문이다. 선생님은 현대인들이 도시의 매캐한 오염된 공기 속에서 치열하게 경쟁하며 살아가는 일종의 인생환자라고 말한다. 그래서 선생님은 일요일에 교회에

가는 대신에 낚시터에 가서 영혼의 카타르시스를 맛본다고 말한다. 자연은 인생환자의 영혼을 구원해 주는 인생병원이 되기 때문이다. 선생님에게 낚시하는 시간은 자연과 대화하면서 자신을 치유하고 자신을 구원하는 순수한 시간이 되는 것이다.

선생님이 '낚시만세'를 주창하는 중요한 또 다른 이유는 낚시가 페어플레이 정신을 보여 주기 때문이다. 실상 낚시인과 붕어의 관계는 치열한 경쟁관계이다. 낚시인은 새벽에 일어나서 곱지 않은 부인의 눈총을 받아 가며 차를 타고 비포장도로를 달려 강원도 산골짜기 강을 찾는다. 이것저것 붕어를 유혹할 수 있는 온갖 비술(秘術)을 거친 떡밥을 잘 말아 낚시 바늘에 꿰어 물에 던진다. 이후 언제 올지 모르는 어신(魚信)을 기다리며 흐트러짐도 없이 자리를 뜨지 못하고 하염없이 찌만을 바라볼 뿐이다. 정성도 이만한 정성과 부지런함이 없을 것이다. 한 마리 월척을 낚기 위해 전심전력을 다하는 것이다. 붕어는 어떤가? 붕어에게 미끼는 더할 나위 없이 좋은 영양분이다. 그러나 잘못 물었다간 자신의 생명이 끝나게 되는 것이다. 암컷 붕어의 산란에 의해 한 마리 붕어가 월척이 되기까지는 실로 우리가 상상하기 어려운 엄청난 난관들을 이겨내야 한다. 그런데 어느 날 한 낚시꾼의 거부하기 어려운 미끼의 유혹에 넘어가 자신의 일생의 종지부를 찍게 되는 비극적인 날을 맞게 될 수 있는 것이다. 그렇기 때문에 낚시인과 붕어의 경기는 실로 그 어떤 세계적인 빅 매치보다 긴장감이 있다. 밀고 당기는 팽팽한 신경전을 벌이게 되는 것이다. 그렇기 때문에 붕어는 신중에 신중을 기한다. 그러한 붕어의 신중함을 소심함으로 표현하는 것은 적절하지 않다. 한 마리 멋있는 성년 붕어가 되기까지 얼마나 많은 소쩍새가 울었을까를 생각하면 말이다. 노련하고 지혜로운 낚시인은 그것을 잘 안다. 그렇기 때문에 그는 겸허한 자세로 인내심을 갖고 온갖 미끼를 바꿔 가며 새벽까지 기다리는 것이다. 그리고 그의 정성과 끈기가 마침내 감동을 주었는지 어느 순간 입질이 온다. 그래서 붕어와의 진검승부가 비로소 있게 되는 것이다. 물 안의 붕어와 물 밖의 낚시인 사이의 일전(一戰)이 있게 되고, 붕어는 최선을 다해 살고자 몸부림을 치고, 낚시인은 죽을 힘을 다해 붕어를 수면 위로 끌어올리려 애쓴다. 중요한 것은 붕어는 수면 위로 끌어올려져 공기를 한입 마시는 순간 자신의 패배를 인정한다는 것이다. 올바른 낚시인 역시 붕어가 월등한 힘으로 낚시줄을 트고 탈출하면 더 이상 미련을 가지지 않는다. 서로가 최선을 다했기 때문이다. 선생님은 붕어의 소심함은 생명보존을 위한 신중함으로 볼 수 있지만 인간은 붕어보다 더 소심하다고 말한다. 인간은 자신의 소심함으로 인해 경기에서 져 놓고도 인정하려 하지 않고 오히려 복수를 모의한다고 비판한다. 참된 낚시인의 모럴은 붕어와 크게 한번 승부하고 그 결과를 겸허하게 담담하게 받아들일 수 있는 자세를 가진 자이다.

90년대 후반 박사 학위를 마치고 좀 늦은 나이게 결혼을 하게 되었다. 당시 스승이셨던 권창은 선생님이 암 투병으로 어려운 시기였기 때문에 결혼 주례를 신일철 선생님께 부탁드리게 되었다. 선생님은 흔쾌히 승낙을 해주셨고, 많은 하객들 앞에서 플라톤의 『심포지움』에 나오는 아리스토파네스의 양성인간(androgynon)과 관련된 에로스(eros) 이야기를 통해 결혼의 의미를 말씀해 주셨다. 신일철 선생님의 에로스의 대상은 무엇이었을까를 생각해 보게 된다. 『낚시춘추』에 기고한 글의 여기저기서 사모님에 대한 사랑과 고마움을 표현하셔서 첫 번째 에로스의 대상을 어렵지 않게 알 수 있었다. 또한 선생님의 철학과 학문에 대한 에로스는 제자들이나 가까이서 본 지인들은 누구나가 알고 있는 사실일 것이다. 그런데 선생님이 낚시와 자연에 대한 에로스가 있었는지를 아는 분들은 생각보다 많지 않을 것 같다. 나는 선생님의 왕성한 철학적 활동과 집필의 원동력이 낚시에 대한 에로스에서 비롯한 것이 아닌가 하는 생각을 해본다. 자연과 하나가 되는 몰입에서 오는 카타르시스의 체험이 선생님의 왕성한 지적인 활동을 위한 정신적 에너지로 전이(轉移) 내지 승화되었을 것이라는 추측에서다. 이제 겨울 추위도 막바지에 이른 것 같다. 조금 있으면 산천 이곳저곳에서 파릇파릇한 새싹이 돋을 것이다. 봄이 되면 선생님이 늘 하신 것처럼 나도 봄날의 따뜻한 햇살을 받으며 저수지 한쪽 양지바른 곳에 앉아 낚시대를 드리우고 자연 속에서 붕순이와 함께 노닐어 볼까 한다. ■손병석

스승 스케치

내가 기억하는 선생님과의 첫 대면은 신입생 첫 학기 철학개론 시간이다. 선생님은 철학에 대해서 명쾌하게 설명하시고 곧잘 질문을 하셨다. 수업 내용에 대한 질문이었기에 별로 어렵지는 않았지만 "자네" 하면서 질문을 하시는 카리스마에 압도되어 대답을 머뭇거렸던 일이 생각난다. 유감스럽게도 그 수업은 긴급조치 7호로 학교가 휴교되는 바람에 한 달 만에 중단되었고, 한참 지나 강의가 속개된 이후의 기억은 별로 없다. 대학 생활 첫 학기의 다짐이 무너져 내린 뒤 걷잡을 수 없이 진행된 무질서한 몇 년간의 생활 끝에 군에 입대하니 그렇게 철학 강의가 듣고 싶을 수가 없었다. 첫 휴가 나왔을 때 반갑게 맞아준 친구들과 막걸리 한 사발을 걸치고 군복 위에 친구 옷을 입고 들어간 시간이 바로 선생님의 수업이었다. 낮술에 하나둘씩 졸기 시작한 친구들과 달리 꿈에도 그리던 수업에 들어간 내게는 두 시간 동안 진행된 선생님의 강의가 사막에서 만난 오아시스의 샘물 같았다.

선생님은 내가 시간 강사를 할 때 강사료를 물어보시면서 당신도 젊은 시절 어머니께서 낮에는 남들 눈이 있으니 밤에 와서 쌀 퍼가라고 하셨다면서 나의 생활을 걱정해 주실 정도로 자상하셨지만 자기 관리에 엄격하셔서 본 모습을 잘 알 수가 없었다. 사은회나 신년 하례식 때 건배를 하는 것은 보았지만 나는 박사학위 논문 심사일까지 선생님이 술을 잘 드시는 줄 몰랐다. 심사위원들과 학교 근처 중국집에서 식사하시면서 내가 논문을 잘 써서 기분이 좋다고 죽엽청주를 많이 드셨다. 놀라운 사실은 선생님의 아들 영석 씨가 술을 전혀 못 하시는 아버지를 닮아서 자기도 술을 못 마신다고 말한다는 사실이다. 나는 선생님이 밤에 글을 쓰기 위해서 취하지 않으려 절제하셨다고 생각한다. 하지만 젊은 시절에는 선생님도 플라톤처럼 향연을 즐기며 철학을 하셨던 것 같다. 오래된 기록(1960년 12월 31일「심포지움: 현대사조의 위기와 전망– 1960년의 한국사상은 어디로? 최동희, 김영철, 신일철」,『철학연구』3집, 53-70/1960년 12월 16일 해당화, 사회–황문수, 밤 11시 32분, 속기–정동구, 함안영)을 보면 종로 뒷골목의 음식점인 해당화가 그 향연이 자주 열렸던 장소가 아닌가 싶다.

선생님은 chain-smoker로 유명하셨다. 두 시간 이상 진행되는 대학원 세미나에서 보통 9-10개피를 피우셨으니 평균 15분에 한 대꼴이었던 셈이다. 학생들 중에는 선생님이 담배 연기를 깊이 들어 마시는지 아니면 소위 빼끔담배를 피우시는지 유심히 관찰하는 사람도 있었다. 휴대용 재떨이까지 들고 다니셨으니 금연운동이 정착되어 있는 요즈음엔 상상도 못 할 일이다. 선생님은 퇴직 후에 민영빈 회장이 얻어 준 고대 후문 근처 사무실, 나중에는 종로3가 시사영어사 본사에 차려 준 사무실에서 주로 글을 쓰셨지만, 당시에 커피 한 잔 시켜 놓고 마음대로 담배 피우면서 오래 앉아 있을 수 있었던 다방도 주요한 글쓰기 장소였다. 선생님은 대부분의 글을 한밤을 지새우며 쓰셨는데 아침마다 담배가 수북이 쌓인 재떨이는 옮기기 힘들 정도였다. 담배(Input)와 글(Output)을 맞바꾼 셈이다. 보다 못한 사모님께서는 주방용 환풍기를 서재에 설치하셨다. 우리 학창 시절 고대 교수님들 가운데 독한 술은 최동희 선생님, 묽은 술은 윤사순 선생님이 가장 잘 마시며, 담배는 신일철 선생님이 가장 많이 피우신다고들 했다. 선생님 사진 중에는 담배를 피우거나 손에 들고 있는 사진이 많은데 기자들이 의도적으로 그런 사진을 실었던 것 같다.

선생님은 커피도 많이 드셨다. 도서관 직원이 타 주는 이른바 다방커피, 자동판매기에서 빼먹는 커피도 마다하지 않으셨다. 특이한 것은 블랙 커피의 경우 설탕 대신에 뉴트라스위트를 갖고 다니시면서 타서 드셨다는 점이다.

선생님이 하셨던 유일한 운동은 낚싯줄을 던지고 낚싯대를 들어올리는 것이었다. 어쩌다가 저수지 한가운데로 배 타고 갈 때면 노 젓는 운동을 하실 때도 있었다. 낚시를 얼마나 좋아하셨던지 버지니아에 사는 아들 영석 씨에게 들르셨을 때 한국에서 떡밥을 갖고 가셔서 같이 낚시 하면서 미국 잉어가 한국 떡밥을 무는지 알고 싶어 하셨다고 한다. 빵조각만 먹던 미국 잉어들은 정신없이 떡밥에 덤벼들었다고 한다. 선생님은 보통 토요일 밤 11시 정도에 출발해서 새벽에 낚시터에 도착한 뒤 점심 때까지 낚시하고 늦은 오후 귀가해서 저녁 드시고 일찍 잠자리에 드셔서 10시간 정도 숙면하셨다. 항상 수면부족에 시달렸던 선생님은 낚시하는 시간이 긴장 상태에서 벗어나 재충전하는 시간이었다. 어쩌다가 날씨가 좋지 않아서 낚시를 가지 못했을 때는 컨디션이 더 좋지 않았다. 낚시터는 반드시 자연 저수지를 고집하셨고, 어떤 물고기가 잡히느냐에는 별로 관심이 없으셨다. 선생님은 평생 고대 근처(안암동 로터리 양옥, 종암동 한옥, 안암동 아파트)에서 사셨는데 모두 택시 기본 요금 거리였지만 반드시 택시를 이용하셨다. 학생들과 배구 시합을 했던 70년대 초반 선생님은 토스를 못 해 배구공에 얼굴을 맞은 적도 있었다.

선생님의 노래 실력은 별로였다. 책에 몰두해 달걀 대신 시계를 끓는 물에 넣었다던 뉴턴처럼 선생님은 책 읽고 글 쓰는 것 이외에는 관심이 없으셔서 남들 앞에서 노래를 잘 해야 되겠다는 생각이 없으셨다. 그래도 십팔번은 있었는데 그것이 바로 '고향초'이다. 또 처음으로 가족을 떠나 외국 생활을 하셨던 와세다대학 교환교수 시절 이와사키 히로미의 로망스에 심취하셔서 테이프를 가족에게 보내기까지 하셨는데 노래를 부른 그 가수는 당시 19살 처녀였다.

선생님은 소중하게 생각했던 것들은 항상 여분으로 준비하셨다. 쓰신 글의 사본은 최소한 5부 정도 이곳저곳에 보관하셨다. 즐겨 피우던 담배와 자주 복용하던 판콜 에이는 떨어질까 봐 주머니 여러 곳에 두 개씩 넣어 두셨다. 낚시 도구도 항상 두세 배 사서 보관했는데 선생님 못지않게 낚시를 좋아하는 아들이 선생님 돌아가신 지 10년이 된 지금까지도 다 못 썼을 정도다.

선생님은 아들 영석 씨가 펜실베니아대학(University of Pennsylvania)에 유학가게 되었을 때 대단히 기뻐하셨다. 당신께서 대학원을 마치고 유학 갈 기회가 생겼는데 전액 장학금이 아니어서 유학을 포기했던 학교가 바로 그 학교여서 마치 본인이 가게 된 것처럼 좋아하셨던 것이다. 또 선생님께서 1986년에 펴내신『隱岩 申彦俊論說選』으로 다음 해 선친께서 독립유공자 최고 훈장을 받게 되었을 때 경제적으로 궁핍한 교수의 길을 고집함으로써 장남으로서 함께 월남한 동생들의 가장 노릇을 제대로 하지 못했다는 자책감에서 다소 벗어난 듯 아주 기뻐하셨다. 여덟 살 때 돌아가신 아버지 대신 가장 역할을 해야 했던 선생님의 마음고생이 보통 심한 것이 아니었으리라고 짐작된다. 선생님 어머니께서 약국을 경영하셨는데 선생님은 약을 사기 위해 전대를 배에 두르고 서울 평양 간 열차를 많이 타셨다. 피난 올 때 어머니와 누이동생은 객실에 타고 두 남동생과 함께 지붕 위에 탔던 기차가 바로 당신이 수없이 탔던 그 기차였다.

책을 읽고 글을 쓰는 것에만 관심이 있으셨던 선생님은 이사 갈 때면 언제나 반대하셨다. 박사학위도 사모님이 등을 떠밀다시피 하셔서 받으셨다. 당신께서 남을 심사할 지위에 있는데 내 논문을 누가 심사한단 말인가 하고 선뜻 마음 내켜 하시지 않던 선생님에게 남들이 다 갖고 있는 박사학위를 안 하면 안 된다고 밀어붙이신 것은 사모님이셨다. 뿐만 아니라 사모님의 내조는 선생님이 돌아가신 뒤 철학과에 2억 원의 장학금을 내는 데 이르게 된다.

사람들은 흔히 선생님을 천재라고 한다. 중앙대학교 철학과 교수이셨던 박준택 선생님의 회고에 따르면 최재희 선생님께서 신 선생님을 보고 철학과에 천재가 하나 들어왔다고 칭찬하셨다고 한다. 우리처럼 젊은 제자들은 책을 읽고도 금방 내용을 잊어먹는데 선생님은 다 기억하시고 곧 자신의 글에 인용하곤 하셨다. 어떤 장소에서 어떤 종류의 질문을 해도 대답을 못하시는 경우가 없었던 선생님이 천재인 것도 틀림없지만 지적 성실성이 그 천재성을 유지하게 했다고 생각한다. 다독하시는 데다가 독서카드를 항상 휴대하고 계셔서 그때그때 메모하신 것이 밑바탕이 되었으리라고 생각한다. 도서관장 시절에는 관장실뿐만 아니라 옆 회의실에도 선생님이 보시던 책들이 수북이 쌓여 있었다. 선생님 댁 서재에는 방바닥까지 책이 쌓여 있어서 명절 때 인사 가면 책들 사이로 앉았던 기억도 있다.

선생님은 건강이 소진하도록 글로 현실에 참여하셨다. 연구만 하기엔 너무 문제가 많았던 우리 사회의 격변기를 살아오시면서 그때 그때 글을 써서 개입할 수밖에 없었던 선생님은 항상 긴장 상태에서 사셨고, 낚시하는 시간이 그나마 긴장에서 탈출하는 유일한 시간이었다. 한 번 문제의식이 생기면 하나의 글로 결실을 맺기 위해 밤을 지새우고 새벽녘이 되어서야 잠깐 눈을 붙이셨다. 교정을 거닐 때에도 항상 담배를 피우며 뭔가 골똘히 생각하시던 선생님에게 체육대학 모 교수님은 인사를 해도 안 받아서 자기를 무시하나 싶어 그 다음부터는 아예 인사를 하지 않았다고 한다. 언론사의 부탁은 언제나 사회정치적 현안에 대한 남다른 시각의 글이었다. 선생님은 정치적 격동기에 직설보다는 우회적으로 여러 사상가들을 인용하여 자신의 견해를 피력하는 방식으로 글을 쓰셨다. 마르크스주의 철학연구가 신정암(申楨庵)이라는 필명을 쓴 것(『국제문제』 27호, 1972년 11월-『북한학』, 1975년)도 그런 관점에서 볼 수 있지 않을까? 글의 마지막 부분을 맺기가 가장 어려워서 종종 아침에 가족들에게 글을 읽어 보라고 하셨는데 정치적으로 민감한 사안 또는 메시지가 약한 것은 가족들이 고치기도 했고 그 역할은 주로 사모님과 큰 딸이 맡았다.

그토록 건강하시던 선생님에게 2004년 여름 뜻밖에 이상 신호가 왔다. 선생님은 전립선비대증 요인이 비만이라기에 우롱차를 많이 마셨고 그 결과 살이 빠지자 모두 다이어트가 된 걸로 생각했다. 하지만 내과 의사인 둘째 사위의 권고로 정밀 검사를 한 결과 방광암이 전이되어 폐암에 걸린 것을 발견하였다. 흔히 방광암의 원인으로 담배, 아세트아미노펜, 뉴트라스위트, 염색, 야간작업을 드는데 그중에서 선생님은 염색만 안 하셨다. 글을 쓰시느라 밤 새워 담배 피우고 뉴트라스위트를 커피에 타서 드셨고, 각성제로 판콜 에이를 드셨던 것이 방광암으로 귀결된 것으로 보인다. 건강하셨던 만큼 병도 젊은이처럼 신속하게 진행되어 선생님은 날이 갈수록 눈에 띄게 쇠약해지셨다.

항암 치료 와중이었던 2005년 8월 10일에 선생님은 광복 60주년 8월의 독립운동가 도산 안창호 선정 기념 학술회의에서 공식적으로 마지막 글을 발표하셨다. 몸을 가누기 힘드실 정도로 편찮으셨던 9월 3일에는 매달 제자들과 갖던 모임에 마지막으로 나오셔서 금일봉을 주셨다. 암 치료를 위해 산속으로 가서 사시라는 의사의 말에 글도 못 쓰고 책도 못 읽고 죽음을 기다릴 수는 없다고 반대하셨던 선생님은 12월 어느 날 밤 글쓰기를 시도했다. 그러나 그 글은 무슨 내용인지 알 수 없을 정도였고, 선생님은 더 이상 글을 쓸 수 없다는 사실에 크게 상심하셨다.

12월 12일 전국경제인 연합회에서 주는 제16회 시장경제 대상은 아들이 대신 수상하였다. 투병 생활 마지막에 찾아온 민영빈 회장은 두 시간이나 기다렸지만 끝내 선생님을 보지 못하고 발길을 돌려야 했다. 세상에 둘도 없는 친구에게조차 마지막 모습을 보여 주기 싫으셔서 그랬을까?

선생님은 돌아가시기 이틀 전 밤 아들 영석 씨에게 갑자기 아주 또렷하게 "이제 그만 하라우, 겁내지 말라우"라고 두 마디 말씀을 하셨다. 영석 씨는 당황해서 아무 말도 못했지만 아직도 생생히 기억하고 있다. 선생님의 마지막을 알려 달라는 나의 부탁을 받은 친구이자 선생님의 둘째 사위인 채동완 박사로부터 걸려온 전화벨이 울린 2006년 1월 16일 오후 3시 45분 스승 신일철 선생님은 우리 곁을 떠나셨다. ■ 이재영

한국 철학계의 큰 별이 지다

고 신일철 교수님을 추모하며

2006년 1월 16일 일생의 은사이신 신일철 선생님이 돌아가셨다는 전화를 받고 머리 속이 하얗게 변하는 것을 느꼈다. 힘들게 암과 싸우고 계시다는 사실을 알고 있었기 때문에 마음의 준비를 해야 한다고 생각하고 있었지만, 막상 부고를 접하자 가슴 한구석이 뻥 뚫린 것 같은 공허감이 밀려 왔다. 지금도 커다란 손에 커피 잔을 들고 인자하게 웃고 계신 선생님의 모습이 눈에 선하다. 교정의 모퉁이마다 오래된 바바리코트를 걸치고 큰 책가방을 들고 걸어가시는, 마치 큰 산처럼 느껴지던 선생님의 뒷모습이 눈에 밟힌다.

한 평생을 고려대학교에서 후학을 가르치시고 연구에 매진하신 선생님은 우리 사회의 현실과 우리 민족의 앞날을 진지하게 고민하고 철학적인 대안을 끊임없이 모색하신 참된 사회철학자였다. 선생님의 철학은 언제나 우리 사회의 현실 문제와 맞닿아 있었으며, 대중의 삶과 철학이 분리되어서는 안 된다고 가르치셨다. 무비판적으로 외래의 사상을 수입해서 마치 자신의 이론인 양 떠들거나, 현실적인 삶의 문제와 유리된 현학적인 이론을 내세우는 태도를 경계하셨다. 이런 철학적 태도는 아마도 우리 근현대사의 질곡을 고스란히 안고 사셨던 선생님의 개인적인 삶의 역정과 무관하지 않을 것이다.

부친이 일제하에서 동아일보 상해 특파원을 지내셨기 때문에 선생님은 1931년 중국 상해에서 태어나셨는데, 안창호 등과 같은 독립 운동가들을 아주 어려서 만나 본 기억을 가지고 계셨다. 평양에서 학창 시절을 보내시다가 해방을 맞았는데, 선생님은 인민군대에 징발되는 것을 피하기 위해 김일성대학에 응시해 합격한다. 소련 군정하의 공산주의 통치를 경험하신 선생님은 1·4후퇴 때 남하하여 고려대학교 철학과에 입학한다. 1956년 고려대학교에서 교편을 잡으신 후 1997년 은퇴하실 때까지 41년간 선생님은 중앙도서관장, 문과대학장, 대학원장 등을 역임하시면서 학교 발전에 헌신하셨다.

돌이켜보건대 선생님은 항상 우리 사회의 현실 문제를 날카롭게 지적하고, 대중을 계몽하기를 게을리하지 않으셨다. 선생님은 박정희 정권 시절에는 장준하 선생이 이끌던 『사상계』의 편집국장을 맡아 활동을 하셨고, 이후로도 신문이나 시사지의 칼럼을 통해 대중들이 미처 깨닫지 못했던 우리 사회의 근본적인 문제를 유려한 문장으로 깨우치셨다. 그러면서도 선생님은 일생 동안 한 번도 현실적인 정치권력에 깊이 개입하지 않고, 언제나 비판적인 거리를 유지하셨다. 그것은 스스로 학자적인 성실함을 지키려 하셨기 때문이기도 하겠지만, 실향민으로서 반쪽의 조국에 뿌리를 내릴 수 없는 지적인 유목민으로서 스스로를 자리매김하셨기 때문인지도 모른다.

내가 짐작하는 선생님의 철학적인 화두는 분단된 나라의 정체성의 문제와 민족구성원의 자율적인 삶이었다. 이런 주제는 사실 이 땅에서 진지하게 철학을 하고자 하는 인문학도들에게는 피해 갈 수 없는 주제일 것이다. 동학과 신채호에 대한 연구, 그리고 은퇴 후에 오히려 더 열정적으로 몰두하셨던 북한 주체철학과 시장경제에 대한 연구는 모두 그런 문제에 답하고자 했던 치열한 노력의 산물이었다.

선생님의 학문적인 업적은 분단이라는 시대적인 상황 때문에 가능한 것이기도 했지만 다른 한편으로는 그런 역사적인 상황 때문에 올바로 평가되지 못한 측면이 있다. 독단적이거나 수구적인 태도를 옳지 않게 보신 선생님은 이 땅에서 자유주의에 바탕을 둔 합리적인 보수주의 철학이 어떤 문제를 다루어야 하고 어떤 내용을 갖추어야 하는가를 보여 주셨다. 이제 우리 민족에게 던진 선생님의 가르침을 올바로 읽어 내는 일은 우리들에게 고스란히 과제로 남았다.

선생님의 열정적인 강의와 자상한 가르침을 이제 더 이상 경험하지 못한다고 생각하니 애통한 눈물이 앞을 가린다. 부디 편안히 잠드시기를… ■ 이유선

3부

연보

저술 목록

연보

1931	9월 14일(음력 8월 3일)	중국 상해 프랑스 租界에서 동아일보 상해특파원이었던 隱巖 申彦俊(1904–1938)과 조성덕의 3남 1녀 중 장남으로 태어남. 본관은 평산(平山). 출생지: 上海 亞爾培路(陝西南路) 二二二弄 二八
1936	1월	부친을 따라 부친의 고향인 평남 평원군으로 이주. 원적: 平安南道 평원군(平原郡) 숙천면(肅川面) 미남리(嵋南里) 177번지. 본적: 서울특별시 종로구 효제동 54
1938	1월 20일	부친 별세
1944	3월	평양고등보통학교 입학
1949	2월	평양고등보통학교 졸업. 김일성대학 입학
1950	12월	국군의 평양 철수와 함께 남하
2006	1월 16일(음력 12월 17일) 오후 3시 45분	별세
		부인 이경숙(1935. 11. 5–2011. 2. 20), 슬하에 1남 3녀

학력

1951	9월	고려대학교 문과대학 철학과 입학
1955	3월	고려대학교 문과대학 철학과 졸업(문학사)
	4월	고려대학교 대학원(서양철학 과정) 입학

1956	9월	고려대학교 대학원 문학 석사(Whitehead의 유기체의 철학 연구)
1975	9월	고려대학교 대학원 철학박사(申采浩의 역사사상연구—양계초를 통한 서구사상 수용을 중심으로)

경력

1955		한국철학회 간사, 이사, 『한국사상』 편집위원
1956	9월–1963년 2월	고려대학교 문리과대학 강사
1960	–1964년	『사상계』 편집국장, 편집위원
1963	3월–1969년 8월	고려대학교 문리과대학 조교수, 부교수
1968	4월	고려대학교 아세아문제연구소 연구원, 편집위원
1969	8월–1997년 9월	고려대학교 문과대학 교수
1970		한국철학회 부회장
1975	9월–1976년 8월	일본 와세다 대학교 철학과 객원교수
1978	4월–1999년	대우재단 학술사업 기획 자문위원 및 심의 참여
	10월–1987년 10월	고려대학교 중앙도서관장
1983	6월–1985년 6월	한국철학회 회장
1987		인촌상 운영위원회 위원
1988	2월–1991년 2월	고려대학교 문과대 학장
1989	5월–2000년	서우철학상 운영위원
1992	8월–1994년 8월	고려대학교 대학원장
1994	2월–1996년 2월	교육개혁위원회 위원 (대통령자문)
1996	6월	단재 신채호 선생 기념사업회 부회장
	9월–1997년 9월	고려대학교 철학연구소 소장
1997	2월 28일	정년퇴임

	3월–2006년 1월	고려대학교 명예교수
2000		한국하이에크 소사이어티 회원
2002		바른 사회를 위한 시민회의 고문
2003	3월–2006년	서울디지털대학교 석좌교수
		KBS 사회교육방송 '노동당간부들에게' 진행

상훈

1971	2월 5일	헤겔 탄생 200주년기념 은메달 수여(독일철학회 헤겔 철학상—독일문화원)
1987	9월 18일	건국훈장 국민장(신언준)
1989	6월 20일	서우철학상 수상
1993	5월 12일	교육 30년 근속연공상(서울시교원단체연합회장)
1994	7월 14일	제9회 성곡학술문화상 수상
1996	8월 20일	국민훈장 목련장(교육개혁 유공자)
2000	1월 24일	제3회 자랑스런 문과대학인상 수상
2005	12월 12일	제16회 시장경제대상(『뉴라이트와 시장의 철학』)(전국경제인연합회)

지도학생 명단

석사학위

1969	2월	이진표(전 목포전문대 교수)
1972	8월	이형국
1979	8월	안건훈
1982	2월	신중섭

	8월	선혜영
1984	2월	이재영, 강교영, 하종호(고려대 교수, 미국 Brown University 박사)
	8월	양성만
1985	2월	박성수
	8월	최희봉(강원대 교수, 영국 University of Nottingham 박사)
1986	8월	이경민
1988	2월	김창래(고려대 교수, 독일 Bonn 대학 박사), 이유선
1994	8월	하태헌, 한곽희(부산외대 교수, 미국 Indiana University 박사)

박사학위

1987	2월	안건훈(강원대 명예교수) 「대칭 · 반대칭 관계에 대한 인과성 분석」, 이천희(고려대 체육교육과 교수) 「근대 민족주의 사상 형성기에 있어서 스포츠내셔널리즘 연구」
1990	2월	신중섭(강원대 교수) 「과학의 이론선택에 있어서 합리성 문제」
1994	2월	이재영(조선대 교수) 「영국 경험론의 추상관념 문제」
1995	2월	박성수(전 해양대 교수) 「『미적 판단력 비판』에 관한 연구 」 양성만(우석대 교수) 「비트겐슈타인의 언어사용론 연구」
	8월	이유선(서울대 교수) 「인식론 비판과 진리 문제—로티와 가다머를 중심으로」
1997	8월	홍은영(고려대 외래교수) 「미셸 푸꼬의 고고학적 방법에 관한 연구—전기 저작을 중심으로」

석사 과정

윤평중(한신대 교수, 미국 University of Southern Illinois 박사)

저술 목록

저서

1962 2월 20일 『철학개론—객관식 문제 중심』, 객관식 문제 연구 시리즈 4, 박영사

1964 12월 5일 『한국을 탐구한다』(탐구신서 31), 탐구당

1966 4월 20일 『현대사상의 모험—「신 없는 종교」의 시대』, 세계사

1977 10월 25일 『주체성의 위기—신일철 수상집』, 수문서관

1981 6월 15일 『申采浩의 歷史思想硏究』, 고려대학교출판부

1987 7월 25일 『새 시대의 한국인—신일철 에세이』, 삼육출판사

11월 20일 『북한 '주체철학'의 비판적 분석』(한국인 총서 10), 사회발전연구소 출판부

11월 30일 『현대 철학 사상의 새 흐름』, 집문당

1993 9월 25일 『북한주체철학연구』(나남신서 285), 나남

1995 6월 10일 『동학사상의 이해』(사회비평신서 51), 사회비평사

1997 2월 10일 『현대 사회철학과 한국사상』, 문예출판사

1999 3월 15일 『평양의 봄은 오는가—북한의 붕괴냐 아니면 개방이냐』, YBM 시사영어사

2001 6월 20일 『시장의 철학—하이에크와 "시장적 사고" 에세이』, YBM

시사영어사

2002 5월 11일 『북한 정치의 시네마폴리티카—주체철학과 김정일 통치술의 이해』, 이지북

11월 *Kim Jong-IL and Cinema Politica*, My Friend Publisher(2003년 4월 11일 *Kim Jong-il and Cinemapolitica*에 대한 George W. Bush의 감사 편지)

2004 12월 15일 『뉴라이트와 시장의 철학』, FKI미디어

12월 30일 『북한 주체사상의 형성과 쇠퇴』(방일영 문화재단 한국현대사상 강좌 2), 생각의 나무

공저

1958 『교양철학입문』, 최동희 · 김영철 · 신일철, 일신교양 3, 일신사

1961 『한국 혁명의 방향』, 후진국의 정신 혁명, 18–37, 중앙신서

『교양철학』, 최동희 · 김영철 · 신일철, 일신사(1964, 3 증보초판)

1964 3월 21일 『철학신강』, 최동희 · 김영철 · 신일철, 일신사

3월 『철학개론』(증보초판), 최동희 · 김영철 · 신일철, 일신사

4월 25일 『한국사상 강좌 7』, 일신사

1969 9월 15일 『엣세이 20—자천수필 20인집』, 이희승 외, 무안송 85–91, 악역의 고독 92–103, 배영사

1971 『세계고사 사전』, 해설, 동민문화사

9월 10일 『(대학교양) 윤리』, 최동희 · 김영철 · 신일철, 고려대학교 출판부

1972 『(대학교양) 철학』(신판), 최동희 · 김영철 · 신일철, 일신사

1975 9월 30일 『한국의 사상가 12인』(현암신서 26), 서장 7-42, 현암사

1977 『북한의 국사관비판논문집』, 국토통일원 조사연구실

10월 1일 『산 역사와 죽은 역사』, 우리 시대의 명칼럼 1, 자아상실 3제 107-117, 절대 생활권의 부재 118-127, 도레미탕 128-133, 청람

1979 3월 15일 한국현대문학전집 58『수필선집 2』, 고지명 부활절 외 7편, 307-324, 삼성출판사

5월 15일 『변혁시대의 한국사—개항부터 4·19까지』, 일제의 한국문화 침탈의 기조, 220-231, 동평사

1980 3월 1일 『철학개론』, 최동희 · 김영철 · 신일철 · 윤사순, 고려대학교출판부

1981 3월 30일 대학생활전서 5『대학강의와 노우트』, 대학강의는 어떻게 들을까, 23-39, 시사영어사

5월 15일 대학생활전서 9『20세기의 교양명저』, 인문사회과학편, 신일철 · 김용준, 시사영어사

『대학생과 사상』, 이민호 · 임희섭 외, 구조주의, 136-146, 시사영어사

『공산주의비판』, 양호민 외, 마르크스주의철학의 비판적 이해, 13-63, 극동문제연구소

1982 『마르크스 · 레닌주의』, 마르크스주의 철학의 교조: 변증법적 유물론과 사적유물론, 75-139, 아세아문제연구소

1984 『동학사상과 동학혁명』, 이현희, 청아출판사

11월 28일 대입논술고사 대비『한국명논설선』, 김열규 외, 한국인은 주변인인가, 84-93(『고대신문』1971년 6년월 8일), 범조사

1986 4월 7일 『월남이상재연구』, 월남이상재선생동상건립위원회, 개화기 지식인 이상재론, 3-27, 로출판

	10월 15일	『미국인의 생활과 실용주의』, 이보형 외, 미국문화 속의 프래그머티즘 철학의 역할, 113-138; 토론, 139-145, 대우학술총서, 민음사
		『근대서구학문의 수용과 보전』, 보전초창기의 근대민족주의사상—서구학문의 수용과 '춘군애국'적 국가의식의 자각과정, 1-63, 고려대학교출판부
		『현대의 사조 』(사상과 비평 제 2권). 김형석 외, 논리실증주의의 본질과 방향, 10-28, 범한
1991	10월 10일	『평전 인촌 김성수』, 머리말, 한국근대화의 선각자 인촌 김성수의 생애, 15-73, 동아일보사
1992	1월 20일	『현대철학과 사회』, 신일철 선생 회갑기념 논문집, 머리말: 현대철학의 향연 5-7; 프래그머티즘과 미국적 생활양식, 13-39, 서광사
1993	10월	『한반도 분단의 재인식—1945-1950』, 한림과학원총서 9, 양호민 외, 한국전쟁의 역사적 의의, 381-426, 나남
1996	2월 15일	고등학교 『철학』, 10인 공저, 1장 나와 철학, 2-26, 대한교과서주식회사
	3월 2일	『(고등학교 철학) 교사용 지도서』, 1장 나와 철학, 1-14, 대한교과서
1998	2월 20일	『대학의 이상과 미래』, 김호진 외, 대학의 전통과 학풍, 35-59, 역민사
2001		제도연구시리즈 3 『자유주의와 한국사회』, 신일철 · 한상범 · 최병선 외, 자유주의와 한국사회의 전통사상, 9-47, 한국경제연구원
2002	3월 1일	고등학교 『철학』, 1장 철학이란 무엇인가, 7-33; 『교사용 지침서』, 5-23

2005 『한국의 사상가 10인』, 수운 최제우—동학과 전통사상, 195-212, 예문서원

편저

1962 대학입시 국가시험『4295년도 필수 고등도의의 정복』(감수), 도의교육연구실, 중앙공론사

1966 『대학생과 교양—대학신입생을 위한 생활가이드』, 유진오 · 현승종 · 신일철, 세계사

1970 『인생의 斷崖에 서서』, 인생의 발견 4, 휘문출판사

1974 8월 10일 『한국인의 사상』, 해설: 한국의 현대사상, 21-39; 한국사적 주변인 현상—로우컬리즘과 민족적 일체감 형성, 99-113, 태극출판사

1975 7월 1일 『나의 소년시절』, 계몽사, 소년문고 29

1976 5월 10일 『한국인의 대표사상가』(한국사상전집 1권), 현암사

1979 11월 20일 『프랑크푸르트 학파』(청람논단 2), 머리말, 2-3: 프랑크푸르트 학파 서설 9-18; 후기 237, 청람문화사

1980 『대학생과 교양』, 현승종, 시사영어사

2월 5일 『대학생과 독서: 무엇을 어떻게 읽을 것인가—나의 교양서 10선(러셀의 서양철학사 외 9권)』, 75, 시사영어사

1984 6월 30일 『현대한국수상록 50』, 신일철 외 5인, 6-100, 금성출판사

『田寓전집』1-8, 신용하 · 이광린 · 신일철, 아세아문화사

9월 30일 『설명 · 논설문 53선』, 설명문 · 논설문을 이해하려면 11-16, 논리적 사고 48-53, 청림각

1985 『지석영 전집』(한국근대사상총서), 신용하 · 이광린 · 신일철, 아세아문화사,

1986	8월 15일	『隱岩 신언준논설선』
1987	4월 20일	『인생을 위한 45장』(한국테마에세이전집 3), 해설: 인생론류의 허실, 휘문출판사.
1990	9월 5일	『포퍼』(사상총서 4), 머리말: 비판적 합리주의, 1–15; 포퍼의 변증법 비판, 162–169; 반증주의의 한계(번역), 255–276, 고려대학교 출판부
1996	7월 20일	『현대의 사상』, 현대의 반동사상—전환기의 세계관, 한국중앙문화공사
1997	3월 1일	중학교 『국어 3–1』, 논리적 사고, 104–113, 한국교육개발원
1999		『한국 근현대사 논문 선집』, 전후 이데올로기의 성격, 삼귀문화사

역서

1958		『인간의 조건』, 앙드레 말로, 일신사
	2월 10일	『반항적 인간』, 알베루 까뮤, 일신사
1959	1월 17일	『단두대』, 알베르 까뮤, 범양출판사
	3월 10일	『현대철학의 혁명—분석철학입문』(박영문고 1–1), 에이어 저, 박영사,
	3월 30일	『현대철학사조 10강』, Vergillius Ferm, 범양출판사
		『인생여권: 일명 안전통행증』, 빠스떼르나크 저, 박영사
		『20세기 철학』(양문문고 1), 몰턴 화이트 저, 양문사/1972년 서문당(서문문고 39)/1987년 6월 25일 『20세기의 철학자들: 언어와 분석의 시대』, 서광사
		『나의 세계관』(양문문고 22), 아인슈타인 저, 양문사

1960	6월 30일	영한대역 The April Heroes—A Report on Korea's Freedom Revolution(4월의 영웅들—세계의 눈에 비친—한국 자유 혁명의 산 기록, 민영빈 역편, 일신사
1961	4월 14일	『Listen, Yankee 들어라 양키들아: 큐바의 소리』, 제1권 제5호, C. 라이트 밀스, 정향사
	5월 10일	『후진국의 장래』, 유진 스테이레이(Eugeene Staley)저, 정향사
		『인간성과 행위』(사상문고 19), 듀이 저, 사상계사/1972년 12월 5일, 문명사(사상신서 42)/1976년, 삼성출판사(세계사상전집 48)
1962	5월 5일	『비극론』(현대 교양 철학 총서 7), 야스퍼스 저, 신조문화사
		『인류에게 장래가 있을까』, 러셀 저, 창원사
		『초인과 절망』(젊은 세대를 위한 교양전집 2), 니체 저, 문학사/1976년, 문화공론사
1964		『비극적 인생』, 쇼펜하우어 저, 탐구당
1966	10월 20일	『신제국주의론』(탐구신서 48), Hugh Seton—Watson 저, 탐구당
1975		『젊은 시인에게 보내는 편지』, 라이너 마리아 릴케 저;
		『현대의 이성과 반이성』, 야스퍼스 저, 홍경호 공역, 범조사(세계명교양대전집 11)
1976		『언어학과 철학』(세계사상전집 39), 촘스키 저, 삼성출판사
1981		『살아있는 지혜: 젊은이를 위한 지적교양신서』, 슈바이처 저, 수문서관
1982	9월 30일	『러셀』(이화문고 19), 알프레드 에어 저, 이화여자대학교 출판부
1985	3월 15일	『현대의 과학철학』, 앨런 차머스 저, 신중섭 공역, 서광사
1994	8월 20일	『현대의 과학철학 2』, 앨런 차머스 저, 신중섭 공역, 서광사

논문

1967	4월	「맑시즘과 한국—신간회운동의 사상사적 측면」, 동국대학 개교 60주년기념 「한국의 근대화」 학술심포지엄 논문집, 1-28
1969		「역사적 이해의 기준문제」, 『고려대학교 논문집』, 15집, 75-102
1970		「한국통일에 있어서의 민족문제」, 아연국제학술회의
1974		「신채호의 민족사적 역사이론—조선상고사 총론에 대한 비판적 분석」, 『성곡논총』 제5집, 216-254
1979	11월	「역사의 과학성 문제」, 『철학연구』 제14집, 철학연구회, 21-36
1983		「Rawls의 정의원리에 대하여」, 『동원 김흥배 박사 고희 기념논문집』
1988		「연변조선족자치주의 성립과정」, 『연변조선족자치주연구』 홍승직 편, 아세아문제연구소, 21-53
1989	2월 17일	「3·1 독립운동과 민족통일」, 3·1운동 70주년기념 동아일보학술회의, 91-110
		「Are Revisions in Chuche Idea Possible」, 하와이대 동서문화센타 국제학술대회
1990		「북한의 주요 당-정 문건분석」, 『현대 중국과 북한 40년 II』, 서진영 편, 아세아문제연구소, 217-279
		「자유민주주의의 몇 가지 철학적 기초—Hayek, Nozick과 Rawls를 중심으로」, 『복지사회의 앞날—南齊 김상협선생 고희 기념논문집』, 32-59
		「申采浩의 근대국가관—자강주의 「국가」에서 애너키즘적

'사회'에로」, 『단재 신채호 선생 순국50주년 추모논총』, 강만길 편, 고려대학교출판부, 365-392

1991 「김정일의 주체사상 전개」, 『현대 중국과 북한 40년 III』, 서진영 편, 아세아문제연구소, 237-265

1992 「북한의 사회주의 좌절론—소련 · 동유럽 사회주의 해체에 대한 북한의 시각」, 『공산권연구총서』 제34권, 5장, 아세아문제연구소, 7-48

12월 30일 「김일성과 소련 극동방면군의 관계」, 『논문집』 16호, 서울대 부설 국제문제연구소 , 47-65

1994 「동학혁명의 사상사적 성격」, 『동학혁명 100주년 기념논집』, 천도교

1995 11월 3일 「Some Problems concerning North Korea's Juche Ideology」, *East Asian Review*, vol. 7, 극동문제연구소, 102-114

1998 9월 1일 「도산의 자강주의와 시장의 철학—'眞正' 자본주의의 '정신'」, 『도산학술논총』 제6집, 도산아카데미연구원, 7-24

2003 「아시아 공산주의: 과거 · 현재 · 장래」, 『신아세아』 35호, 신아세아질서 연구회 부설 신아세아연구소, 5-26

『철학연구』

1955 9월 20일 「Whitehead의 '사건' 개념—새로운 형이상학에의 길」, 1집, 고려대학교 철학회, 65-77

1958 「Whitehead의 自然觀—Whitehead 철학 연구(2)」, 2집, 고려대학교 문리과대학 철학학생회, 67-100

1960 12월 31일 「심포지움: 현대사조의 위기와 전망—1960년의 한국사

상은 어디로? 최동희 · 김영철 · 신일철」, 3집, 53−70; 「현대철학자 평전 1: 기지와 지혜의 철인 화이트헤드—그의 생애와 인격(번역)」, 128−142, 고려대학교 문리과대학 철학학생회

1961 7월 「윤리학에 있어서의 미적 성향(John A. Irving)」, 별권 제1호(번역 특집), 고려대학교 문리과대학 철학학생회, 3−16

1965 「Whitehead의 Aesthtiscism」, 4집, 고려대학교 철학회, 9−19

1996 12월 31일 「권두언, 혁신호에 부쳐」, 「고대 철학과 50년의 회고」, 19집, 고려대 철학연구소, 389−396

『문리대학보』·『인문논집』

1956 「과학과 종교—Whitehead의 所說을 중심으로」, 『문리대학보』 1집, 고려대학교 문리대학, 64−72

1991 12월 30일 「하버마스의 유물사관의 재구성론」, 『인문논집』 36집, 고려대학교 문과대학, 17−42

1995 12월 30일 「Nozick의 자유지상주의적 정의론 연구」, 『인문논집』 40집, 고려대학교 문과대학, 75−99

『아세아연구』(아세아문제연구소)

1978 1월 「한국 독립운동의 사상사적 성격」, 59호, 97−163

1979 「북한 '주체철학'의 관학적 성격—소련 '철학교정(教程)'과의 비교분석」, 62호, 1−36

1983 「토대 · 상부구조 논쟁의 전개과정과 그 영향—북한 '주체

철학' 교정(敎程)에 미친 영향」, 26호, 1-30

1984 「이데올로기 개념의 문제」, 27호(김준엽박사 회갑기념 〈한국과 아세아〉 특집—전후 이데올로기의 성격), 455-476

1987 「북한 '주체철학'의 개인숭배 교조적 성격—통치 이데올로기의 부자 세습작업과 관련하여」, 78호, 1-60

1989 「북한의 '사회주의에의 과도기'론—프로레타리아 독재의 장기화를 위한」, 81호, 1-33

1990 「연변조선족 자치주의 민족교육」, 83호, 179-200

『한국사상』(한국사상연구회)

1959 8월 「한국근대화와 최수운」, 1-2집, 고구려문화사, 96-110

1962 「우리의 언어와 사고방식—中村元 저 동양인의 사유방식과 관련하여」, 5집, 115-125

1963 8월 14일 「소월시의 사상수감—체념에 대한 편고」, 6집(한국사상연구회창립기념논문집), 163-178

1972 8월 10일 「신채호의 '자강론적'국사상—청말 엄복 · 양계초의 변법자강론의 서구수용과 관련하여」, 10집, 1-40

1974 3월 30일 「박은식의 '국혼'으로서의 국사개념」, 11집, 46-63

「최수운의 역사의식」, 12집, 15-44

1977 9월 10일 「신채호의 무정부주의 사상—단재 신채호의 역사사상연구의 제3부로서」(한국사상사의 주류 II), 15집, 5-49

1978 「저항적 민족주의의 한국적 전개」, 16집, 99-116.

1980 2월 15일 「동학사상의 전개—시천주, 사인여천을 거쳐 인내천 사상에로」(한국사상사의 전개), 17집, 75-119

1981 1월 30일 「신채호의 근대적 국사상 발상과정—개화기 국사 교과서

		에 대한 단재의 비판」, 18집(단재 신채호 탄신 100주년 기념 논집), 11−41
1982	5월 31일	「3·1운동의 역사해석」, 19집, 11−32
1985	7월 15일	「한국의 기철학사상—동학사상의 도교적 성격문제」, 20집, 24−36
1989		「천도교의 민족운동」, 21집, 36−63
1996	12월 30일	「동학 · 천도교의 현대적 과제」, 23집, 5−19
1998	8월 14일	「최해월의 범천주의 세계관」(한국사상사의 연구—전형적 민족주의의 한국적 전개), 24집, 29−51

『사상』(사회과학원)

1990	12월 10일	「북한이데올로기의 본질—주체사상에 대하여」, 7호, 289−316
1991	6월	「우리의 사상을 찾아서—최수운의 동학사상」(기획연재), 9호, 253−274
1994	12월 15일	「우리의 사상을 찾아서—도산 안창호」(기획연재), 23호, 231−252
1996	12월 4일	「신채호와 한국 민족주의—신채호의 민족주의적 세계관과 그 극복」(단재 신채호 선생 순국 60주년 기념학술대회), 9−21
1997	6월 12일	「신채호의 민족주의적 세계관과 그 극복」(특별기고), 33호, 249−264
	9월 25일	「황장엽의 망명과 주체사상」, 34호, 71−112
2000	3월 15일	「롤즈 · 노직의 정의론으로 본 한국통일문제—한국통일문제에 대한 철학적 탐검」, 44호, 210−232

국사편찬위원회

1976	12월 20일	「조선후기편—동학」, 『한국사론 4』, 213-226
1988		「한국 무정부주의 운동」, 『한국독립운동사 4』, 261-294
		「천도교」, 『한국독립운동사연구 2』, 431-448
		「중국의 조선족 항일 열사전 연구—동북 항일 연군(聯軍)에서의 한인들을 중심으로」, 『한국독립운동사 연구』, 549-567
1990		「6·10만세운동」, 『한민족 독립운동사 8』

서평·토론

1964		서평(『모택동사상』, 김상협 저), 『아세아연구』, vol.7, no.3, 101-104
	12월	서평(『한국문화사서설』, 조지훈 저, 시인적 직관의 '한국학'), 『사상계』, 141호, 186-190
1967		토론, 한국민족주의의 역사적 성격, 『국제정치논총』, vol.6, 한국국제정치학회, 83-114
1969		토론, 한국근대화에 있어서의 갈등, 『국제정치논총』, vol.8, 한국국제정치학회, 44-71
1970	7월 30일	통일문제 세미나—북괴의 남북교류공세와 우리의 역공세방안 제4주제, 국토통일원
1972		서평(『조선근대사연구』, 강재언 저), 『아세아연구』, vol.15, no.4, 249-255
1974	8월 23일	토론(고영복), 한국의 문화는 어떻게 나아가야 할 것인가, 『한국문화론 특강』(서울대 방송통신대학 교양강좌시리즈

		1), 대학문화사, 331−341
		서평(『개화당 연구』, 이광린 저, 일조각, 1973년 1월), 『아세아연구』, 51호, 333−338
1979	4월 15일	학술좌담, 단재 신채호론, 『한국학보』, vol. 5, no.2 일지사, 170−203
1986		서평(『한국과 일본—정치적 관계의 조명』, 이정식 저), 『아세아연구』, vol.29, no.2, 197−203
1989	2월 10일	주제발표: 소련경제 70년과 '인간적 요소의 부활', 2−15; 토론: 16−48, 『경제사회개발원 포럼 6—페레스트로이카와 한국기업의 북방비지니스』, 경제사회개발원
2000	2월 1일	토론, 문화재정과 문화정책, 한국문화정책개발원, 41−45
2004	2월 5일	패널토의, 황장엽선생의 북한민주화론의 독해, 인간개발연구원 창립 29주년 기념 특별세미나, 28−33

단편

1957	8월	공산주의의 종교성, 『자유춘추』 5호, 63−70
	11월	현대와 모랄—신 잃은 현대인의 윤리, 『현대』(창간호), 68−71
1958	11월 25일	『인간 조건』, 제2권, 제1호, 앙드레 말르로
1959	12월 15일	현대인의 세계관—논리적 실증주의, 『현대사상강좌 1』, 동양출판사, 183−198
	12월	무철학의 철학—법은 예언자의 무덤이다(화이트헤드), 『새벽』, 119−124
1961	3월 1일	민주주의의 한국화를 위하여, 『정치계』 혁신호 3, 6−13
1963	6월	과학하는 마음—미신적인 것들과의 대결, 『공군』 75호,

4-11

8월 15일 현대여성 교양강좌 5—전후사상의 체질, 『지성의 장미』, 계몽사, 27-37

1966 3월 20일 전통의 장, 『사색 2』(박우사판 인생론전집), 안병욱 선, 123-160

1967 12월 한국의 민족자주사상사 試考, 『한국사회과학론집』 제7집, 한국사회과학연구원, 31-38

1969 2월 1일 역사로서의 현실—역사결정론과 역사의식의 문제, 『아세아』, 창간호, 49-54

1970 1월 16일 사색 사장, 『선린』 18호, 선린상업고등학교, 22-26

12월 20일 『우리나라의 문화재』 총론, 문화공보부 문화재관리국, 7-39

1971 7월 25일 한국사적 '주변인' 현상—로칼리즘과 민족적 일체감 형성, 『문화비평』 10호, 385-398

1972 10월 도덕교육에 있어서의 주체성 문제, 한국교육이념 · 목표 확립을 위한 세미나 자료 III-1, 한국교육개발원, 극동문제연구소, 1-20

1975 행복의 정복(러셀) 해제, 77-84; 역사의 연구(토인비) 해제, 85-92; 과학과 근대세계(화이트헤드) 해제, 166-173, 『교양명저 60선』, 고려대학교출판부

12월 5일 Wisdom of the West—Contemporary Philosophy, Bertrand Russell, 고려대학교 출판부, 머리말, 3-4

12월 10일 韓国「東学」におけろ Grassrootsの Identity, 제32회 아시아문제연구회, 일본YMCA동맹, 5쪽 분량

1977 5월 20일 『고향을 어이 잊으리까—한국을 주제로 한 일본 중편선』 김소운 외 역, 해설—임란 때 잡혀간 한국도공들, 문학사

		상사, 289-298
	11월	3·1 운동의 민족관, 민족사의 이념 대학술회의, 국토통일원, 3-29
1978		아담 샤프, 『현대의 사상 77인』, 동아일보사, 40-43
1979	5월 15일	일제의 한국문화침탈의 기조, 『변혁시대의 한국사』, 동평사, 220-231
	-1991년	동학, 『한국민족문화 대백과사전』, 한국정신문화연구원
1981	3월 15일	『서구의 지혜(Wisdom of the West)』, 러셀 저, 해제: 논리적 분석과 경험주의를 옹호, 시사영어사 대학영어 문고 1
		『한국의 민속종교사상』, 해제 정감록, 삼성출판사
1984		철학논문집(퍼스), 『역사를 움직인 100권의 철학책』, 동아일보사, 144-146
1986	1월	파이어아벤트의 『반방법론』, 『오늘의 사상—100인 100권』, 동아일보사, 144-147
1987	4월 20일	『한국테마에세이전집 3』, 해설: 인생론류의 허실, 휘문출판사, 9-14
1988	1월	경영윤리에 대한 철학적 시고(試考), 고대 『경영연구』 105호, 5-14
	3월 15일	「인문 · 사회과학분야의 회고—단편적 논문에서 체계적 저작으로」, 대우학술총서 100권 출간 기념 23, 1-3
	12월 30일	통일과 주체의 민족, 『통일논총』, 천도교 중앙총부
	12월 30일	통일과 주체와 민족, 『통일론집』, 23-51
		페레스트로이카 해제, 「페레스트로이카 부록」
1990	9월 1일	나의 아버지 신언준을 말한다, 『역사산책』 창간호, 범우사, 46-49
1991	3월 1일	나의 철학적 인생론: 비극적 인생의 의미, 『철학과 현실』,

		1991년 봄, 22–30
	12월 23일	낚시 소요유, 『우리 시대의 한국문학 29』, 계몽사, 368–370
1996	10월 5일	동양사상과 사회발전—신유교와 개화사상 수용: 중국 · 한국의 변법자강 사상을 중심으로, 동아일보 · 인민일보 공동기획 국제학술회의, 91–120
1998	2월 27일	강의는 어떻게 들을까—대학 노트의 요령, 『생활과 문학』, 울산대출판부, 5–21,
	2월	권두언: 다시 신바람을 낼 때다, 『고국소식』, 자유평론사, 6–7
	4월 23일	산업사회의 시민윤리 형성, 제18회 정신문화 포럼, 경제난 극복을 위한 의식개혁의 과제 제2주제, 19–40
	5월 28일	글로벌화 세계와 '열려진 정신', 제1회 열린정신 포럼, 원광대학교 인문과학대학 열린정신 연구회, 1–15
	11월 1일	「11월의 문화인물 수운 최제우」, 문화관광부 한국문화예술진흥원, 2–57/『한국인의 재발견 8』 수운 최제우, 피아, 2000, 413–460
	11월 20일	기조강론: 최수운의 민족사상, 제3회 동학학술회의 문화관광부 선정 기념 11월 문화인물 심포지움, 수운 최제우의 생애와 그 사상, 1–8
1999	2월 24일	한말 안창호의 국민교육사상 21, 사상연구회
	3월 10일	미래의 도전에 직면한 현대의 대학상, 『한국의 언어와 문학』, 전남대학교 출판부, 13–21
	3월 25일	내가 본 함석헌 선생, 『씨올의 소리』, 147호, 함석헌 기념사업회, 56–66
	3월 30일	부싯돌과 한국의 얼, 『평고보 제38회 동창회보』, 1

	4월 8일	대한민국 임시정부와 독립운동, 임시정부수립 80주년기념
2000	3월 15일	국내 연구 · 언론기관, 대북포용과 正視(정시)의 책임은 없는가?—국민에게 북한을 바로 알려야 할 때이다, 『민족정론소식』 6호, 10–11
	4월 27일	물고기 전쟁론, 『고우경제』 61호, 12–16
	5월 1일	권두칼럼: 향토애에 착근한 방위력, 『향방저널』 352호, 6–7
	5월	이화여자대학교 창립 90주년 기념, 학술강연회, 주제: 이화 90년과 한국지성
	7월 1일	향토와 민족에 뿌리를 둔 문화시민의 길, 『우리문화』 141호, 22–25
	7월 30일	과학과 근대세계, 『세계를 움직인 100권의 책 상(上)』, 동아일보 출판국, 171–177
	9월 1일	권두칼럼: 개혁주의의 딜레마, 『나라경제』 118호, KDI경제정보센터, 4–5
	9월 5일	"남 · 남 갈등"론의 여론오도적 허구성, 『이북도민보』 29호
2001	1월 1일	"군인정신"의 역사철학적 성찰, 『합참』 16호, 합동참모본부, 221–229
	4월 21일	단식은 왜 하는가, 『다시 그리워지는 함석헌 선생님』, 한길사, 129–141
	4월	김정일 위원장의 통치 know–how, 국회국방안보정책연구회, 4–21
	9월 29일	김정일 "선군" 군사주의의 딜레마—스팔타가 자멸한 이유와 비교하여, 육군본부, 『군사연구』 117집, 403–416
	11월 25일	4월 혁명의 민족사적 의의, 『고려대학교와 4.18』, 고려대학교출판부, 11–26

11월 30일 대학의 전통과 학풍, 『지식혁명시대의 교육과 대학』, 김호진 편, 박영사, 45–76

12월 10일 고대—지성과 야성을 조화하여 세계 속의 대학으로 개성 살려야, 『고대 65동기회보』 21호, 7–16

12월 20일 84 동기의 '마음의 고향', 『실크로드로 가는 길』(우당 박종구 회장 고희 기념 수상집), 158–164

2002 여름 앙드레 지드의 명언을 회상하면서, 『생명과 인권』 24호, 북한인권시민연합, 4–6

2월 9일 북한의 제2차 정기보고서에 대한 소견, 제3회 북한인권 · 난민문제 국제회의, 도쿄, 북한인권시민연합, 44–49, The 1st Session: North Korea's Second Periodic Report versus the Truth Statement of views on the 2nd Periodic Report of North Korea

2월 28일 신채호, 한국 지성의 거성, 『비평』 7호, 한국비평이론학회, 생각의 나무, 328–367

11월 1일 장지연 언론의 자강주의적 부강국가론, 제8회 韋庵장지연기념 학술세미나, 위암 장지연 선생기념사업회, 3–24

2003 6월 10일 나의 철학적 독해—도상에 있는 존재, 『한국철학회 50년, 역대회장의 회고와 전망』, 2003, 철학과 현실사, 42–59

8월 31일 6.15선언은 연방제 통일의 합의로 해석될 수 없다, 『민족통합의 경제, 민족통합의 역사』, 김인영 편, 한림대학교 민족통합연구소, 213–242

2004 21세기 천도교현도의 신인간, 제6회 천도교 시대경영 심포지움, 신사회비전, 5–11

2월 3일 50년을 지켜 본 친구 Y.B. Min, 『영어강국 KOREA를 키운 3.8 따라지—민영빈 회고록』, 548–553

대한민국 '정통성'의 위기, Next 5월호, 59–69

6월 19일 도산 사상의 현대적 해석과 우리의 좌표, 『도산 안창호와 흥사단 운동』, 흥사단 중앙수련원, 61–73.

6월 30일 독일철학의 정통파 이종우 박사, 『앞서 가신 회원의 발자취』, 대한민국 학술원, 18–21

9월 18일 김정일은 북한경제 실패 장본인, 『미래한국』

2005 1월 1일 부싯돌—이질성과 공생하는 회화의 형식, 『부싯돌(문학 · 철학 편지)』 32호, 부싯돌 모임, 3

8월 10일 도산의 시민적 민족주의와 '대공주의' 노선—'대공주의'는 대독립당 통합을 위한 연합노선, 광복 60주년 8월의 독립운동가 도산 안창호 선정기념 학술회의, 95–104

『思想界』

1959 2월 생애와 사상 27—화이트헤드, 67호, 223–231

1960 2월 '신'의 형성과정, 79호, 184–190

1961 4월 대학 교수의 질적 향상: 젊은 '만년강사'의 혈대(血代)를, 93호, 170–176

11월 소리없는 혁명, 100호, 271–279

1962 1월 부랑아들이 건설한 '민주공화국'—난지도 '소년시' 현지르뽀, 103호, 182–194; 좌담회—'한국인의 사상적 자세' 박종홍, 이종우, 이상은, 김준섭, 신일철(사회자), 269–293

3월 (선구자의 회상 3) 도산 안창호: 민족성 개혁의 선구자, 105호, 154–166

6월 맑스주의 「신없는 종교」—권력의 유토피아를 꿈꾸는 「대용종교」, 108호, 242–247

	7월	(신문과 독자의 눈) 까십론 서설, 109호, 185–189
	8월	(현대적 사고방식의 변혁) 변증법적 논리—모순이라는 환각에 빠진 사고방식, 110호, 168–171
	9월	인격의 성숙과 휴머니즘—시브나라얀 레이(번역), 111호, 82–87
	12월	우리 역사의식의 빈곤—한국사와 한국인, 115호, 119–125
1963	1월	사회적 실존과 루카치—「사회주의에의 항가리의 길」을 모색한 수정주의자, 116호, 213–219
	3월	전후사상의 변모: 역사 · 인간 · 언어에 대한 사상의 모험, 119호(창간 10주년 기념 특별 증간호 특집: 20세기 사상의 모험), 80–88
	4월	(나는 이렇게 본다) 선서하던 마음자리로 돌아가자, 120호(창간 10주년 기념 특대호), 150
1964	4월	문화적 식민지화의 방비: 일본의 「색정문화」를 막으라!, 133호(4월 긴급증간호), 58–61
	5월	주체성의 회복—사대주의의 의미, 134호, 28–36
	7월	민주주의적 자유의 모랄—도덕적 니힐리즘을 넘어서, 136호, 40–46; 모택동의 변증법적 유물론비판(상)—쏘련과 중공의 철학적 견해차—호루브니치(번역), 136호, 128–137
	8월	모택동의 변증법적 유물론비판(하)—중.쏘간의 철학적 분열—호루브니치(번역), 137호, 140–147
	9월	맑스의 사안을 벗어라—유물사관공식은 허물어졌다, 138호, 128–134
1965	3월	(동양의 지혜 1) 『논어』—인자한 專政의 교양서, 144호,

		262–271
	4월	사월의 싹은 자란다—젊은 세대와의 대화, 145호, 60–69
	5월	(방담) 생활문화 없는 한국: 고영복 · 송건호 · 송욱 · 신일철, 146호, 194–215
1966	2월	모색과정의 전후 사상풍토—탄타로스의 초조와 비극(좌담—1965년12월 23일: 차기벽 · 신일철 · 홍승면 · 안병욱(사회), 156호, 193–217
	4월	서구사회주의의 한국 토착화 문제(대담—양호민 · 신일철), 158호(창간 13주년 기념호), 122–143, 맑스의 역사관(별책 부록), 13–23
	12월 25일	(잡지예찬) 「사상계」 칭찬은 해도 해도 모자라, 『한국잡지 1백주년 기념총서』, 한국잡지협회, 127–129

『세계』(국제문화연구소)

1959	1월	현대에 있어서의 이성과 반이성—과학성의 요구(1) 카르 야스퍼스(번역), 창간호, 6–19
	2월	현대에 있어서의 이성과 반이성(2) 카르 야스퍼스(번역), 2호, 6–18
	3월	현대에 있어서의 이성과 반이성—투쟁에 있어서의 이성(완) 카르 야스퍼스(번역), 3호, 30–41
	4월	나는 세계를 이렇게 본다—러슬(번역), 4호, 10–19
1960	3월	한국적 「실존」의 비극—현실도피와 빈곤의 생존, 15호, 191–194
	6월	절대주의의 종말—4월 혁명의 사상적 반성, 18호, 106–110
	7월	(연재)인생수첩—자연적, 19호, 212–213

8월 제2공화국의 경제 정책—최소의 계획, 최대의 자유(토론—사회자), 20호, 134-146

『국제문제』

1972 11월 남북교류의 명분과 실질—평화의 명분 아래 긴장 완화의 공식화, 27호, 신정암(申楨庵, 마르크스주의 철학연구가), 3-9

1973 1월 20세기 공산주의의 실체, 29호, 신정암, 65-70

2월 공산주의의 '교조' 형성—레닌의 주의주의적 허위의식, 30호, 신정암, 69-73

3월 물질을 신격화한 유물론—인간의식의 주체성을 거세한 유물결정론, 31호, 신정암, 51-55

4월 변증법의 딜레마—유물론과 변증법의 강제 결혼, 32호, 신정암, 61-65

5월 모순논쟁의 전개—평화공존론은 모순론의 자기 부정, 33호, 신정암, 71-75

6월 마르크스주의의 '역사' 개념—생산기술사의 독점적 주장, 34호, 신정암, 63-72

『지성』

1971 11월 '네오 맑시즘과 '인간'의 문제: 비스탈린화 이후의 동구 맑시즘을 중심으로', 창간호, 113-136

1972 2집 사대주의 상(대담)

3집 사대주의 하(대담)

『신인간』(천도교 중앙총부)

1959	6월 10일	수운의 한국적 세계관, 218호, 26–47
1960	12월 20일	1960년의 한국 그 방향, 222호, 39–43
1961	4월 5일	민족 해방과 동학 혁명, 223호, 32–35
1968	6월 10일	한국사상과 동학, 255호, 74–75
	7월 10일	민족사관의 형성, 256호, 38–45
	11월 1일	한국사상과 동학, 259호, 24–25
1999	3월 1일	글로벌 세계화시대의 3·1정신—세계개조의 신기운에 대한 민족자결주의, 583호, 28–33
	4월 1일	최수운의 민족사상, 584호, 24–31
2000	4월 1일	동학의 지상천국 해석—격양가에 깃든 무위적 시민사회관, 596호, 94–101
2002	2월 1일	동학사상의 21세기 비전, 618호, 112–117
2004	1월 1일	천도교의 21세기 비전(상), 641호, 40–47
	2월 1일	천도교의 21세기 비전(하), 642호, 22–27

동학

1957	12월 22일	새 인간형의 탄생, 『동학사상연구』 4집
1998	4월	최수운의 민족사상, 『동학연구』 2집, 한국동학학회, 73–84
		해월 최시형의 시侍와 경敬의 철학, 『동학문화』 1집, 동학연구소, 107–122
2000	2월	동학의 "무위"적 시민사회관, 『동학연구』 6집, 한국동학학회, 93–103
2003	6월 16일	동학과 전통사상, 『동학학보』 5호, 동학학회, 7–32

『한국인』(사회발전 연구소)

1982	8월	쓸모있는 인재가 되는 길, 1호, 53–59
1983	6월	'지겟군 부대'와 담요 열장, 11호, 62–65
	7월	북한에서 또 한 번 죽은 마르크스—마르크스 사후 1백년을 맞아, 12호, 27–31
1984	3월	사람을 보는 눈—처세에 대한 퇴계의 지혜, 20호, 102–105
	4월	수묵화의 행복론, 21호, 102–105
	5월	주변인과 정신의 소화 불량, 22호, 108–112
	6월	1인칭 사회에서 2인칭 사회로, 23호, 102–107
	7월	지상의 논리와 천국의 논리, 24호, 134–138
	9월	선악 불감증, 26호, 108–112
	11월	세계의 눈에 비칠 한국인—생활문화의 개선을 위해, 28호, 17–22
1985	7월	레비 스트로스의 구조주의 36호, 140–143
	8월	칼 포퍼의 비판적 합리주의, 37호, 64–68
	9월	에리히 프롬의 네오프로이드주의, 38호, 140–144
	10월	프랑크푸르트 학파의 관리적 이성의 비판, 39호, 108–112
	11월	하버마스의 비판 이론, 40호, 129–133
1986	1월	개방적인 한국인의 형성을 위하여, 42호, 38–43
	3월	광기 추방의 역사를 해부한 미셸 푸꼬, 44호, 129–133
1987	1월	'오월동주'의 의미 변화—전쟁의 논리인가 공존의 논리인가, 54호, 17–23
1988	3월	한국의 '페레스트로이카'로 새 시대를 열어야, 68호, 20–24

	8월	탈냉전 시대의 한국인, 73호, 17-22
1989	4월	김일성 독재의 도구, 주체사상, 81호, 38-43
1990	1월	위기관리 능력의 비축이 요구 되는 인동의 계절, 90호, 38-45
	9월	평양에 다녀온 사람들이 전하는 북한 생활, 98호, 84-89
1991	9월	북한은 '두 개의 국가'를 원한다, 110호, 66-72
1992	1월	한반도 평화와 경제 구국의 전환점 마련하는 새해가 되었으면, 114호, 17-23
	8월	제2의 도약 위해—성숙한 시민 정신 기를 때, 121호, 19-23
1993	1월	법의 지배와 도덕의 회복으로 질서 있는 안정기 마련해야, 126호, 17-21
	5월	자주적인 민족 사관 정립한 신채호, 130호, 82-87
1994	12월	프랜시스 후쿠야마: 공산주의 몰락, 자유 민주주의 승리로 역사 끝나, 149호, 57-61

『한국논단』

1989		북한형 민주주의의 허와 실(창간특집: 한국 민주주의의 이상과 현실), 66-75
1990		6·25를 전후한 지식인의 사상적 갈등(특집정담: 한국전쟁 40주년을 회고한다—노명식 · 신일철 · 양호민), 10호, 62-80
2003	10월 20일	북한판 3천 궁녀들의 고민을 아는가?—북한의 실상을 못 보게한 햇볕정책의 실책, 169호, 40-45
2004	11월	친북은 진보 반북은 보수인가?, 181호, 8-11

『한국사 시민강좌』(일조각)

1992 2월 20일 최제우의 후천개벽적 이상사회상, 10집, 87−96

1999 8월 20일 주체사상, 25집, 220−241

2002 2월 20일 최제우—인간존엄성에 기초한 자유민권의 정신, 30집, 190−202

『퇴계학보』(퇴계학 연구원)

1976 도레미탕, 12집, 8−10

1990 10월 31일 권두사, 67집, 5−6

1991 1월 31일 이퇴계의 천견 · 천애의 정치사상—무진 6조소를 중심으로, 68집, 142−148

1997 9월 30일 권두사, 95집, 5−6

1998 12월 30일 글로벌세계화와 '유교적 가치', 100집, 9−47

1999 9월 30일 권두사, 103집, 5−6

『기러기』(흥사단)

1997 7월 1일 통일의 파라다임 변화, 366호, 4−6

1998 2월 1일 자유시장사회의 윤리와 도산정신, 372호, 12−14

6월 1일 도산의 자강주의와 시장의 철학(3), 376호, 14−20

1999 3월 1일 도산의 "독립"외교와 그 전략적 사고—3·1독립선언은 무력투쟁선언이 아니라 민족자결선언이다, 383호, 20−23

2003 11월 1일 안수산 여사의 생애는 '무실역행' 인생교본(참배칼럼), 434호, 4−5

『도산회보』(도산 안창호 기념사업회)

1999 3월 15일 도산의 총력전적 독립전략—북한의 군사만능주의의 말로를 보며 외교전략의 중요성을 다시 생각한다, 35호, 3

2001 1월 1일 세계속의 한국에 도약대는 도산의 시민정신(도산사상 대토론회), 42호, 8

2003 4월 15일 도산칼럼: 도산이 선각한 정직의 깊은 뜻, 50호, 1

2005 3월 15일 도산칼럼: 광복에 대한 도산의 확신, 56호, 1

『서우철학상 회보』(서우철학상운영이사회)

1989 6월 20일 단재 신채호의 역사사상(수상자 글), 1호, 2–5

1992 5월 30일 번역 부문 선정 후기, 화이트헤드의 「과정과 실재」, 제4회, 2–3

1997 6월 5일 서우철학상 수상에 즈음하여, 제9회, 인사말, 1–2

1998 6월 5일 서우철학상 수상에 즈음하여, 제10회, 인사말, 1–2

1999 6월 11일 서우철학상 수상에 즈음하여, 제11회, 인사말, 1–2

2000 6월 9일 서우철학상 수상에 즈음하여, 제12회, 인사말, 1–2

『자유공론』(한국자유총연맹)

1959 8월 1일 화이트헤드의 유기체의 철학—Whitehead 연구 3, 2권 8호, 152–165

1998 7월 1일 글로벌 스탠더드의 한국자주적 비전(칼럼), 376호, 24–27

8월 1일 김일성의 6.26 방송연설: 이것이 바로 남침의 증거다(칼

럼), 377호, 20–23

9월 1일 '달래기' 포용전략의 장점과 한계, 378호, 20–23

1999 7월 1일 김정일 35년 통치술의 딜레마—막후공작 정치형의 집요한 승부사, 388호, 66–68

8월 1일 시민사회 성숙한 '젠틀맨 십'이 절실하다, 389호, 74–76

9월 1일 북한은 '미륵불'에 대한 민씨의 질문에 답하라, 390호, 84–85

10월 1일 '개혁피곤증'—참여의 신바람으로 극복해야, 391호, 74–76

11월 1일 남북의 사상 아편전쟁—북의 주체 사이비종교와 남한 광신자의 각성, 392호, 39–41

12월 1일 '물고기 전쟁론'과 6·25—생소한 한국에서 미군이 저지른 노근리 사건, 393호, 64–67

2000 2월 1일 영어 '공용어론'의 맹점—'애국가'를 영어로 부를 것인가, 국어 제1공용은 당당한 민족적 권리다, 395호, 110–114

5월 1일 남북한 관계개선의 절제된 영단—6월 남북정상 회담, 한신(韓信)의 고사를 생각한다, 398호, 34–35

7월 1일 우리 언론 '김정일 미화' 냉철한 시각 필요, 400호 기념 대토론회, 106

11월 1일 북한의 '비상시' 통치 종식될 것인가, 404호, 54–57

12월 1일 '김정일 쇼크'와 '김대중 쇼크'—남북한 사회의 충격완화 해소능력 차이, 405호, 78–81

2001 1월 1일 신년명사칼럼: '자생적 질서' 존중돼야 '풍파정치' 사라진다—진퇴양난된 개혁주의, '법의 지배'로 해법 찾아야, 406호, 22–26

2월 1일 북의 대내외 정책갈등 대남 전가—김정일의 '상하이 쇼

크'와 고민, 407호, 90-93

5월 1일 북한 변화의 '조울증 증후군'—'역햇볕' 북의 남한 변화유도 우려된다, 410호, 96-99

7월 1일 김일성 유훈과 김정일 시네마 통치의 이중성—김정일 카리스마에 이용되는 6.15 공동선언, 412호, 14-18

9월 1일 스탈린시대 낡은 열차 타고 레닌 묘 참배: 주한미군철수 모스크바 선언 성과 자랑, 414호, 38-42

10월 1일 테러만행, '문명충돌'로 미화할 수는 없다—테러집단과 아랍문명을 동일시 해선 안 돼, 415호, 34-38

12월 1일 대북정책의 양보할 수 없는 '원칙' 확인—북한 '고자세' 협상술의 한계 드러나, 417호, 54-58

2002 2월 1일 신사고—제2중국 대신 '구사고' 우리식 강조: 체제말기 豫兆 무기력 노출—집중분석 2002 남북관계, 419호, 38-41

6월 1일 오늘의 북한은 '전 인민의 상인화' 세상—북한의 '장마당' 자본주의의 실상 드러나, 423호, 60-64

7월 1일 히딩크와 하멜표류기—한국을 세계에 알린 두 사람과의 묘한 인연, 424호, 76-77

8월 1일 6.29 북한 '자살골'의 다급한 이유—배급제 붕괴, '원에 의한 통제'의 7월 화폐개혁과 유관하다, 425호, 42-29

9월 1일 동독민의 '공화국 탈출' 47년을 되돌아 본다—35억 마르크 받고 3만 4000명을 서독에 넘겨, 426호, 98-101

2003 5월 1일 이라크전이 북한에 주는 교훈, 434호, 52-56

8월 1일 스탈린형 개인숭배—계획지령경제로 파산 직면, 437호, 50-59

12월 1일 송두율은 주체사상의 대남선전선동 일꾼일 뿐이다—김

부자 숭배의 광신자—외눈에 불과한 내재적 접근, 441호, 24-30

『미사일』(공군본부 정훈감실)

1961 12월 15일 자아상실의 종착점—근로하는 생산적 인간의 휴머니즘, 제8호, 14-15

1962 8월 한국 민주주의가 디디고 서야 할 것—'민주주의의 한국화'를 위한 정신적 자세, 제16호, 18-20

『Executive Essay』(자유기업원)

2000 7월 25일 시민사회 에토스에 중점을 둔 개혁, 92호

2003 12월 4일 신용평가가 인간 평가의 잣대가 되어야 한다—신용카드 불량자 316만의 의미, 246호

2004 2월 19일 북한의 시장경제 초보연출은 거짓이다, 253호

2005 2월 3일 이제는 자유주의 운동이다(2005년 12월, 「자유민주주의와 시장경제」(2판), 김정호 엮음, 자유기업원, 24-27)

『한국발전리뷰』(한국발전연구원)

2001 8월 1일 '敵'으로만 보지 말고 정-반-합 이룰 '맞수'로, 106호, 88-98

2002 4월 1일 대화가 엮어내는 민주적 시민정치, 112호, 52-61

『emerge 새천년』(중앙일보)

2000 9월 1일 자유주의와 한국사회의 전통사상, 창간 1주년 기념 심포지엄: 자유주의와 한국사회, 7-27

10월 1일 자유주의와 한국사회의 전통사상, 14호, 99-114

11월 1일 자유주의와 한국사회의 전통사상, 15호, 99-115

12월 1일 남북한 관계의 변화와 동아시아, 16호, 60-72

2002 10월 1일 노직(Nozick)의 리버태리안 자유주의 철학, 38호, 204-222

『바른사회』(바른사회를 위한 시민회의)

2002 5월 11일 숫자풀이로 북한을 본다

8월 평등지상주의의 시종—좌와 우의 '중도'에 '바른 사회'가 있다, 22-25

2003 12월 2일 송두율의 김부자 '접견'적 북한접근법(칼럼)

2004 1월 28일 북한 인권 관계 세미나 축사, 국가인권위원회 배움터

9월 1일 역사관 빈곤 드러낸 중국 '동북공정', 14호, 32-33

한국하이에크소사이어티 자유주의 시리즈

2001 12월 30일 기조강연: 자유사회의 옹호를 위한 철학적 담론, 『이제는 자유를 말할 때』(창간호), 율곡출판사, 3-17

2002 12월 10일 '한국병'을 고칠 수 있는 Hayek적 처방—'인치'에서 '법치'로의 발상전환, 『자유와 법치』(2호), 에머지(주), 13-29

2004 1월 30일 한국의 자유주의, 새로운 활로의 개척, 『기업과 정부』(3

호), 평민사, 9–38

『공산권연구』

1983 8월 1일 권두언—마음의 뿌리'로서의 조국광복, 54호, 8–10

1990 9월 연변 조선족 자치주의 성립과정(1), 139호, 13–24

『극동문제』

1993 8월 신보수주의의 사상적 배경, 174호, 14–18

9월 역사의 종언론과 소련 · 동유럽사회주의의 해체, 175호, 14–27

1995 6월 북한 '주체철학'의 몇 가지 문제, 196호 15–27

1996 7월 과격 진보주의의 환상, 209호, 56–58

1997 11월 시장형 사회주의와 강택민, 225호, 28–30

1998 3월 국영화 사회주의의 실패—시장적 사고로 전환, 229호, 64–66

10월 북한 신헌법의 이데올로기, 236호, 23–25

1999 1월 햇볕에서 포용 공존공영에로, 239호, 8–15

2000 1월 김정일 체제의 관리경륜과 그 연명술—1974년 이래의 북한판 '세도정치'(2), 251호, 47–56

『북한학』

1975 공산주의의 교조 형성과정, 신정암

변증법의 딜레마

2000	8월 22일	김정일 체제 관리경륜과 그 연명술: 1974년 이래의 북한판 '세도정치', 『북한학연구』, 창간호, 고려대학교 북한학연구소, 17-42
2003	11월 17일	김정일 정치의 시네마폴리티카: 레닌주의 '의식화'와 영화예술의 결합, 『북한학보』 제28집, 북한연구소 · 북한학회, 133-167

『북한』(북한연구소)

1975	4월	1950년대 북한의 국사관 형성, 40호, 50-93
1983	5월	이데올로기란 무엇인가?, 137호, 36-51
2002	5월	북한인권문제의 해법: 경제지원은 하되 인권개선을 보장받는 상호주의 원칙이라야 한다, 365호, 32-39; 북한의 인권상황, 60-62
2003	9월	북한 민생고 바로 알기 북한—북한의 화장지 고충을 상상해 보았는가, 381호, 40-50
	11월	서울이 평양 같은 느낌은 참말인가, 383호, 38-47
2004	2월 15일	북한 체제실패의 몇 가지 근본원인, 386호, 172-179
	3월	친북반미는 북단 대남전술에 말려드는 것: 수령맹신 계급주의 북한에는 민족주의가 없다, 387호, 37-45
2005	2월	북한붕괴설 왜 나도는가?, 398호, 30-34
	6월	6·25 남침과 그 후 55주년의 의미, 402호, 29-34

『Korea Focus』(한국교류재단)

1994	2월 28일	Vol 2. No 1. 문민 시대 첫 해를 보내면서 (文民時代初年

を送りながら) 12−14

1998	7.8월	Vol 6, No 4 Moral Hazard in New Market Era, 135−137(문화일보 1998년 6월 16일자)
	9.10월	Vol 6, No 5 North Korea's New Constitution, 103−105(문화일보 1998년 9월 12일자)
	5.6월	Vol 6, No 3 Paradigm Shift in Inter—Korean Relations, 102−104(문화일보 1998년 5월 14일자)
2001	7.8월	Vol 9. No. 4 Counting on Japan's Sense of Right and Wrong, 15−17. (동아일보 2001년 6월 8일자)

『문학사상』(문학과 지성사)

1975	7월 1일	신채호의 진화론적 사관, 문학과 지성사
	8월 1일	동양에는 비극이 없는가
1977	1월 1일	명가의 형식논리적인 싹, 52호, 166−170

『신동아』

1966	8월	풍류도란 어떤 것인가?, 118−123
1971	9월	일제의 한국문화침탈의 기조, 336−343
1979	3월	己未 60년, 3·1 정신은 어디에 있는가, 좌담회—김성식 · 조기준 · 차기벽, 90−107.
1991	9월	토론: 사회주의의의 패배, 대안은 社民主義?, 144−173

『월간조선』

1980 4월 프랑크푸르트 학파—철학의 비판기능을 회복하기 위하여, 145-153

『월간중앙』

1975 4월 자아상실 3제, 306-311.
5월 절대생활권의 부재, 148-153
6월 끽연애국론, 280-282

『여원』

1960 8월 그는 출마할 자격이 있는가, 60호, 90-93
12월 부부간의 예절상실 시대인가, 64호, 108-111

『주간조선』

1979 1월 16일 (521) 한국 교육의 근본적 문제점
5월 22일 (539) 일차원적 인간
6월 3일 (540) 이데올로기의 종언
6월 10일 (541) 사회학적 상상력
6월 17일 (542) 미디어의 이해
6월 24일 (543) 역사주의의 빈곤
7월 1일 (544) 내셔널리즘
7월 8일 (545) 자유에서의 도피

	7월 15일	(546) 아이덴티티—청년과 위기
	7월 22일	(547) 역사란 무엇인가
	7월 29일	(548) 호모루덴스
	8월 5일	(549) 공산주의라는 종교
	8월 12일	(550) 샤머니즘, 엑스타시 기법
	8월 19일	(551) 비극론
	8월 26일	(552) 파르티잔 이론
	9월 2일	(553) 시지프의 신화
	9월 9일	(554) 이데올로기와 유토피아
	9월 16일	(555) 변증법적 상상력
	9월 23일	(556) 정신 분석 입문
	9월 30일	(557) 슬픈 열대
	10월 4일	(558) 철학적 분석 입문
	10월 11일	(559) 변증법적 유물론 비판
	10월 18일	(560) 서양의 지혜
	10월 23일	(561) 중국철학 小史
	11월 13일	(564) 수단적인 이성의 비판
1980	4월 1일	(583) 자유와 자주의 휴머니즘
1982	1월 3일	(673) 도구적 이성과 윤리
1982	10월 24일	(714) 철학적 사색의 모험
1983	7월 17일	(751) 현대 사회의 철학 교양
2004	8월 26일	(1818) '동북공정은 일제 군국사관의 복제품, 22-23

『동아일보』

1958	9월 9일	(도서실) 교양철학 입문

1959	9월 6일	(도서실) 현대철학의 혁명
	11월 11일	인간의 새로운 모색(상)
	11월 12일	인간의 새로운 모색(하)
	12월 13일	(도서실) 인생 여권
	4월 5일	역적으로 몰린 수운
	5월 31일	네오 휴매니즘과 현실 (상) 인간이외에는 아무런 입법자도 없다.
	6월 1일	네오 휴매니즘과 현실 (하) 지식인의 역할이 문제점
1960	1월 7일	우리문화의 방향(완) 박종홍 대담
	10월 5일	현대철학과 종교의 방향
1964	3월 16일	최수운의 민중사상
1967	1월 7일	수박판매의 철학문제
	1월 21일	한국인이 없는 교육
1971	5월 8일	박대통령에 바란다(5)—흑색선전 추방
1972	7월 31일	폐습(23)—적당주의
1977	1월 1일	재출발
	1월 8일	자명한 진리
	1월 17일	한 번 승부 한다
	1월 22일	李參平(이삼평)
	1월 29일	독백교실
1983	3월 18일	자유복의 의미
	4월 25일	盜犯(도범)개념의 혼란
	6월 6일	일제 잔재의 청산
	8월 22일	놀이문화의 반성
	12월 26일	과학연구의 자유화
1984	2월 21일	사지선다형은 알맞는가

	2월 29일	3·1절은 겨레의 명절이다
	7월 7일	致富(치부)경쟁의 가치관
	8월 14일	진정한 광복 이룰 때 왔다. 8.15의 의의를 다시 생각한다.
1985	3월 1일	민족국가의 새 시대 선언—3·1은 세계사적 전기, 대담(신용하)
1986	7월 21일	독립운동사의 광복
1987	3월 12일	현대사의 의미와 역사적 이해
	8월 12일	민주적 합의와 정치문화
1988	9월 9일	북한자료의 解禁(해금)
	12월 30일	군사주의정치문화의 종언
1989	5월 23일	공산권의 민주화운동
	9월 1일	공포에 의한 평화 반세기
	12월 30일	청산할 것 다 털고 새한국인으로 거듭나자
1990	5월 18일	일(日)은 죄책감 바탕한 사죄를
1991	8월 24일	전 김일성대 부총장 박일 씨가 밝히는 '비사'(대담)—김일성 해방 전엔 소군과 무관
1992	2월 13일	일(日) 지식인의 윤리불감증
	4월 1일	민족부흥의 비전을 찾자(특별대담: '전환기' 한국 어디로 가야하나—이정복. 신일철)
	6월 14일	북한은 과연 변하고 있는가
	8월 15일	민족부흥의 감격을 되살리자
	12월 30일	'문민정치' 새날이 밝아온다
1993	10월 25일	주체사상은 국민동원 위한 정치 종교
	12월 30일	새 아침 새 지평: 문민시대의 첫해를 보내며
1994	3월 1일	새 아침 새 지평: 3·1정신과 민족자강의 길
	5월 14일	동아시론: 사회의 개혁의 노하우

	6월 26일	신일철 칼럼: 한국전과 그 연장전
	7월 31일	신일철 칼럼: 김정일의 개방반대론
	8월 28일	신일철 칼럼: 주체없는 '주체사상'
	9월 23일	상대적 빈곤감 줄여가야
	10월 2일	신일철 칼럼: 개천절과 민족애
	10월 30일	신일철 칼럼: 내부의 적 '적당주의'
	11월 27일	신일철 칼럼: 군을 '인생의 도장'으로
	12월 25일	신일철 칼럼: 무정한 사회 유정한 사회
1995	8월 13일	광복 50돌 특집: 근대 100년을 돌아보며 "한민족 저력 바탕「새시대」창조"
	12월 28일	동아시론: 시간의 변증법
1996	4월 11일	동아시론: 이런 사람을 뽑아야 한다
	8월 22일	동아시론: 한총련의 시대착오
1997	4월 3일	황장엽의 '시장적 사회주의'
1998	6월 26일	50년 6월26일 김일성 특별방송—준비된 남침 입증 새 증거(6·25남침의 명백한 증거—6·26 김일성 특별방송의 분석, 3쪽)
1999	6월 29일	부다페스트의 동상묘지
	11월 8일	교육도 이젠 서비스시대
2000	3월 25일	북 개방의 길로 가려나
	6월 7일	남북 간에도 정식 국호 사용하자
2001	6월 8일	일본의 양심에 기대한다
	7월 6일	언론 입 막으면 정권 썩는다
2002	6월 23일	통 큰 정치로 '골든골'을
	7월 22일	北 배급제 폐지는 허구다
2003	8월 12일	정회장 조문 북 결례 지적해야

『조선일보』

1964	8월 14일	한국적 풍토와 인간성의 변모 (내일을 위한 회고와 반성 (3))
1965	1월 21일	남에게 머슴 산 잡종문화(한국문화 투시, 나의 진단 (3) 그 사상적 기반)
	2월 28일	3·1정신과 무저항주의, 미숙한 시민계급의 지도력
1966	3월 10일	『연구실여적』『天』의 개념소고
1971	1월 27일	(一事一言) 오물은 만원이다
	2월 3일	(一事一言) 잠든 만년 재수생들
	2월 9일	(一事一言) 미지수의 묘미
	2월 17일	(一事一言) 존경할만한 적수
	2월 23일	(一事一言) '서울의 개성'을 살리자
	3월 3일	(一事一言) 상상적 대일청구권 행사
	8월 1일	(나는 이렇게 생각한다) 개발특혜족의 질색
1972	3월 8일	(시론) 다방적 도시문화. 토속적 대중살롱이 생겨나야 한다
1978	11월 15일	(자유로부터 도피) 대중의 자유포기 심리 규명
1979	1월 12일	국사 논쟁과 재판
1980	3월 8일	새로운 조국관. 정통성 외면하면 민주목표 달성 못해
1982	2월 4일	(아침논단) 입시난조의 의미. 임시변통 아닌 근본적인 검토 필요
	3월 3일	(아침논단) 3·1 운동의 역사 해석. 근대적 민족사의 시발점이며 '새 조국'의 탄생이기도
	4월 10일	(아침논단) '사회 발견'의 독서. 급진론의 무서운 이상 깨우치는 것이 진정한 지적 성숙
	5월 8일	(아침논단) 대학 도서관의 허실: 도서관의 창으로 교육의 내실을 들여다 볼 기회 왔다.

	6월 5일	진화론의 한국적 수용
	7월 6일	시로 본 국토자연
	8월 10일	(아침논단) 재군국화 일본의 내심: 아시아의 재침의 시동 아시아 연대로 막아야
	10월 5일	(아침논단) 독립운동사의 교육: 피참사 위주의 교과서를 고쳐 써야 한다
	11월 2일	(아침논단) 우리네의 언쟁문화, 욕설과 응수: 깨끗한 종결 방식이 아쉽다
	12월 2일	(아침논단) 참고서 문화의 반성: 탐구의 희열이 없이 암기 지옥의 염증만
	12월 30일	(아침논단) 세모에 느껴보는 시대감각
1983	11월 3일	(시론) 방황하는 '10대 정신'에 지적 양식 고교의 철학교육 부활을 반기며
1984	1월 1일	정성을 다해 정해진 대로, 규범을 잃어버린 산업화
1987	10월 30일	(서평) 인물로 본 개화기이후의 지성사. 신용하 지음『한국근대사회사상사』
1993	10월 23일	보은 취회는 전기적 민족운동
1999	7월 31일	(논단) '주용기리더십'서 배울점
2000	6월 22일	평화공존 시대의 안보개념
	7월 15일	(논단) '역사적 선택' 앞에 선 북한
2001	11월 24일	(서평) 김준엽의『장정』

『문화일보』

1996	1월 15일	1만 달러 고개의 결단
	1월 30일	비전 없는 반지성 시대

	2월 10일	이지매와 독도망언
	3월 7일	주입식에서 탐구학습으로
	3월 25일	인권 개념 없는 '주체사상'
	4월 9일	북 '도발'은 절망감 때문
	5월 10일	과격 진보주의 환상을 깰 때다
	6월 8일	탈북러시는 체제 위기 조짐
	7월 6일	김일성의 5가지 잘못
	8월 10일	뒷걸음치는 시민윤리
	9월 13일	통일이념의 딜레마
	10월 26일	'민주시민' 교육
	11월 20일	사회정의의 길
	12월 07일	'표정죄'를 아십니까
1997	1월 7일	고신뢰사회를 만들자
	1월 14일	'풀죽' 인정한 북한 신년사
	2월 13일	주체사상의 조종(弔鐘)
	4월 15일	황장엽의 페레스트로이카
	5월 12일	'전쟁 설마론'을 경계한다
	6월 18일	도덕적 구심점이 없는 사회
	7월 24일	인위적 조작만능의 사고
	8월 18일	과격 학생운동의 막다른 골목
	9월 20일	멈출 수 없는 중국의 실용노선
	10월 21일	대학정원 자율화의 복병
	11월 14일	주체성 빠진 '세계화 환상'
	12월 19일	강력한 리더십 필요하다
1998	1월 10일	'정실자본주의'는 가라
	2월 12일	'시장적 사고'로 전환

	3월 9일	화장실 문화
	3월 13일	소로스의 한국예찬
	4월 18일	남북협상의 '상호주의' 원칙
	5월 14일	남북관계 패러다임 전환
	6월 17일	신시장시대의 도덕불감증
	6월 24일	남북경협 새시대 도래
	7월 14일	햇볕론 재정립해야
	8월 12일	야당 존재방식의 재발견
	9월 12일	북 신헌법의 이데올로기
	10월 22일	민족화해시대의 북한관
	11월 19일	'냉전의 꼭두각시극' 연장 안 된다
	12월 15일	'판문점 사건'의 의식구조
1999	1월 12일	북 장마당 경제 북돋워 주자
	3월 6일	남한 2년의 황장엽 철학
	4월 1일	북 개혁개방 철학소개
2004	12월 14일	대우학술총서 최근 5년의 성과

『세계일보』

1998	9월 10일	사회지도층의 윤리빈곤
2000	1월 1일	새천년 어떻게 열어갈 것인가—이웃과 더불어 살려는 사고의 전환 필요
2002	5월 11일	월드컵과 화장실 선진화

『한국경제』

2000	8월 1일	시장의 신호를 읽는 개혁 돼야
2003	10월 14일	북한 '내재적 접근론'의 허구
2004	1월 1일	좌파적 오류 버리고 시장주의로 돌아가야
	2월 17일	파스칼과 로또경제
	4월 13일	한국도 '아르헨티나 병'에 감염되나?
	6월 24일	'평화공존' 6·15선언 되려면
	9월 13일	북한 화폐개혁이 실패한 이유
	10월 23일	신행정수도법 위헌 결정 원로 경제전문가 긴급제언—결과에 승복…경제회복 주력하라

『경향신문』

1960	11월 23일	신프론티어 정신의 대두
1962	11월 13일	종합지의 증언성
1963	8월 16일	일본이여 유실물을 찾아가라
1976	10월 8일	古地名(고지명) 부활절
	10월 15일	싸움 風土考(풍토고)
	11월 3일	정치적 니힐리즘

『국민일보』

2000	10월 17일	레비스트로스 친족의 기본구조

『중앙일보』

2004 8월 13일 역사관 빈곤 드러낸 중국 '동북공정'

『매일경제』

1969 10월 21일 湖畔(호반)의 집념

『국방일보』

2000 1월 26일 10568호 전우애의 세계—목숨바쳐 수호할 가치

10574호 북한 '강성대국'의 맹점

10593호 노자의 '무위자연' 정치

10599호 6·25는 한국 방어전의 승리

10605호 절제의 병법

10611호 도레미파탕

2000 8월 5일 재해복구와 군의 '벌런티어' 정신

9월 6일 '국민의 정부' 2년여 만의 성과

남북철도 복원의 '꿈과 현실', 『국방논단』, 47-51

『독립신문』

2004 2월 25일 북한의 시장경제 초보연출은 거짓이다

10월 5일 국보법이 자유대한 체제수호의 잣대가 되고 있다

『고대교우회보』

1997	8월 5일	초창기 보전지성들의 자강사상, 325호, 6
2000	8월 5일	고대 교풍 100년 37, 보성전문의 교풍 '야성'의 의미(상) 보전 '와일드' 기질은 일제에 대한 일종의 시민불복종 저항, 361호, 10
	9월 5일	고대 교풍 100년 38, 보성전문의 교풍 '야성'의 의미(하) 보전의 '야성', '자강주의'는 고대단결정신의 모태, 362호, 8
	12월 5일	고대 교풍 100년 41, 고려대학교의 출범과 학풍형성, 유니버시티로 약진한 고려대학교의 도약기, 365호, 8
2004	8월 5일	'북한 체제 실패의 원인과 처방', 제234회 월례강좌 지상중계, 409호

『고대신문』

1999	11월 15일	인터뷰: 북한의 실상에 대한 실체 개혁 주도할 열린 지식층 부재, 형식적 권력교체 체제변화 난망, 1361호
2000	7월 31일	새세기에 적용하는 '시장적 사고'—자율질서 존중하는 '시장적 사고' 요청, 1379호
2002	4월 15일	4월 혁명은 건전한 시민정치의 거울—4·18은 평화적 자유시민혁명의 선구 신세기 고대신문은 대학공동체의 '단합된 약진'의 기수가 되어야, 3쪽 분량 '사색하는 고대'로 학풍쇄신, 5쪽 분량 전통의 닻을 올리고, 미래로 뱃머리를 돌려라

『낚시춘추』

1971	5월	절묘한 순간의 예술
	6월	낚시광의 초상
	7월	야광찌의 獨舞
	8월	집단 생활의 지혜
1972	3월	봄이면 생각나는 首鄕의 봄바람 二題
	4월	낚시인의 모랄
	7월	내수어족 보호와 낚시
	8월	낚시 용어 콘사이스
	10월	낚시 용어 콘사이스
	11월	낚시 용어 콘사이스
	12월	낚시 용어 콘사이스
1973	6월	초대형 붕어의 행운
	8월	어족은 누가 보호할 것인가
1974	1월	낚시 만세
	3월	낚시 익살 예찬, 釣友愛
	5월	낚시의 원리
	6월	월척 경로심
	7월	붕어는 죽어서 큰다
	8월	이권 싸움판이 되어 가는 수면, 붕어 낚시 秘藥
	9월	기다리는 정
	10월	낚시 실락원
	11월	낚시 놀부전
	12월	역마살
1975	1월	낚시 소요유

	3월	弔釣針文
	4월	명당자리
	5월	밤을 낚는다
	6월	끈적끈적한 손
	7월	보이지 않는 단체
1978	3월	잃어버린 야성
1980	1월	80년대 낚시의 명암
1984	3월	낚시인의 待春賦
1986	2월	관심으로 사는 존재
1989	7월	자연을 사랑하는 낚시
2001	9월	'잘 쉴줄 아는 민족이 부흥한다'—주2일 휴무제?—노동 정책은 있으되 레저 정책은 없다, 200–203

강의록

1982		1학기 서양철학사 기록: 김성호
		2학기 사회철학 기록: 김성호
		2학기 역사철학 기록: 김성호
1983		2학기 현대영미철학 기록: 김성호
		2학기 지식의 문제 기록: 김성호
1985		2학기 현대철학의 사조 기록: 김성호
1991		1학기 서양 철학사 기록: 김남현
1993	4월 26일	신보수주의의 사상적 배경, 고려대 언론대학원 최고위언론과정 제15강좌, 고려대 언론대학원, 1–4
	10월 20일	신보수주의의 사상적 배경, 고려대 언론대학원 최고위언론과정 14, 고려대 언론대학원

1994 3월 7일 신보수주의란 무엇인가?, 고려대 언론대학원 최고위 언론과정 2, 고려대 언론대학원

9월 12일 탈공업사회의 사상, 고려대 언론대학원 최고위언론과정 제5강좌, 고려대 언론대학원, 1-6

10월 14일 신보수주의의 사상적 배경, 고려대 정책과학대학원 고위정책과정, 고려대 정책과학대학원

1998 9월 30일 시장의 논리와 '아시아적 가치', 고려대학교 언론대학원 최고위 언론과정, 제12기 7강좌, 고려대 언론대학원, 1-16

1999 11월 10일 언어 · 시장의 다원주의적 가치관, 고려대 언론대학원 최고위언론과정, 제14기의 17강좌, 고려대 언론대학원, 1-11

2000 8월 3일 시장의 논리와 자유기업사회의 '정신', 삼성전자와 함께하는 2000 하계 교사 이코데미아, 27-57

2001 4월 27일 21세기 새정치패러다임의 개척, 한나라당 정치대학원 제1기 워크샵 강의자료, 10-17

12월 7일 북한인권개선운동의 의의, 북한인권시민연합 주최 세계인권선언 53주년 기념강연회(강연녹취록)

2002 10월 31일 북한의 '우리식 인권' 개념의 허구, 제3기 북한인권 난민문제아카데미 제4강

12월 16일 김정일의 시네마성(性) 정치, 『성공하는 CEO의 특별한 과외수업』, 고려대 행정대학원 최고관리과정, 이명훈 편, 새로운 사람들, 243-260

2003 1학기 『교양인을 위한 철학』, 서울디지털대학교

2004 3월 자유시장경제의 원리와 하이에크 1-25; 정보화시대의 세계관 29-37, KT-MBA과정 제11기, 서울대 경영대학

2005 한국의 미래와 대학생의 소명, 제6기 하이에크 아카데미 강의록, 14쪽 분량

시장경제의 철학, 1-25, KT-MBA과정 제12기, 서울대 경영대학

철학 키워드 해설(31개), 22쪽 분량

북한 김정일체제의 말기현상(강의개요), 13쪽 분량 (2003년 2월 10일 이후 강의함)

서울디지털대학 교양인을 위한 철학 동영상 원고

미확인

1992년 7월의 북한의 '1:1' 화폐 교환

2000년 북한맹(北韓盲)을 경계한다—'포용'과 '정시'(政視)를 병행해야 한다, 4쪽 분량

2001년 북한의 신년사설 등 새해논조가 수상하다—'고난의 행군'에서 '승리의 진군'의 의미, 19쪽 분량(북한은 평양회담을 김정일 우상화에 이용했다—'고난의 행군'에서 '승리의 진군'의 시네마 연출)

신해영의 '충군애국'형 국가주의—근대적 국가에의 윤리형성, 31-53 (저자불명)

20세기 한국 지성: 한말에서 일제말까지의 근대적 지성의 형성, 1-23

미국 Student Protest의 경우—그 발생과 소멸과정을 중심으로, 19쪽 분량

한국적 경영은 천민자본주의인가—산업사회의 시민윤리적 에토스, 16쪽 분량

'교양세미나'의 성격과 실시방법(안), 16쪽 분량

북한체제 55년은 개혁기피의 쇠퇴과정, 14쪽 분량

Kuhn의 과학철학, 14쪽 분량

교양과 대학인—새로운 완성에의 모험, 39-48

(러시아 방문에서) 김정일은 레닌주의 수구파로 재확인되었다—북한의 변화는

기대난망이다, 7쪽 분량
평양의 '빈민가' 실상이 북한통치를 심판한다, 10쪽 분량
Digital과 Analog의 논리적 의미, 9쪽 분량
중앙지령형 개혁의 "발상전환", 8쪽 분량
금성출판사판『한국 근 · 현대사』의 좌파 편향적인 사관, 8쪽.
'인간중심철학'(황장엽)에 대한 논평, 7쪽 분량
김정일대남전술의 한계가 드러났다—NLL 농간의 자가당착, 7쪽 분량
한국 자유주의와 뉴라이트, 7쪽 분량
북한의 신년사설에는 '신사고'가 없다, 6쪽 분량
남북한 현대사: 서로 다른 체제의 통합서술은 무리이다, 6쪽 분량
『노동신문』(1.18) '반개방투쟁선동논설'의 독해—사회주의가 붕괴되면 간부가 첫 탄압대상이 된다, 6쪽 분량
친북 반미는 북한맹(盲)에서, 6쪽 분량
재산권적 측면에서 본 독일 통일, 6쪽 분량
경의선 복원의 푸른꿈과 그림자, 6쪽 분량
서울 환도와 다시 찾은 석탑의 전당, 5쪽 분량
'동북공정'은 일제 군국 사관을 닮아가고 있다, 5쪽 분량
보혁이념 갈등은 종언되어야 한다, 5쪽 분량
세상에는 '공돈'이 없다는 것을 가르치는 미국의 신용교육, shin@ybmsisa.co.kr, 4쪽 분량
후진성극복 '한국근대화' 비젼의 산실, 4쪽 분량
전란 중의 대구원대동 '고대'의 개교, 4쪽 분량
김정일의 개혁개방 기피증—막후 공작형의 집요한 승부사, 4쪽 분량
고구려사 왜곡 '공정'은 '과거의 정치화' 오류, 3쪽 분량
'반국가단체론'의 패라독스, 3쪽 분량
KBS 사회교육방송 '노동당간부들에게' 진행, 꿈에 본 평양의 봄, 3쪽 분량

시민정치윤리의 성숙, 3쪽 분량

김정일 정권의 인색한 변화조짐, 3쪽 분량

개혁주의 정치의 한계가 보인다, 2쪽 분량

투명성이 생기는 북한, 2쪽 분량

'교실붕괴' 증후군, 2쪽 분량

3·1정신을 되살려 나가자, 2쪽 분량

평화공존시대의 통일관, 2쪽 분량

신시장시대의 경제윤리, 2쪽 분량

인권의 만민 보편성, 2쪽 분량

자유주의적 문명질서를 수호하는 운동이다, 2쪽 분량

『천리마』(2002년 4월호) 논설이 북한군내 개방과 반란 인정, 2쪽 분량

제5편 중국과 한국의 사상 23, 한국의 철학사상

시장 외 대안 없다 정부 개입 일절 반대

필진 소개

김성진 고려대학교 철학과를 졸업했고 독일 프라이부르크대학에서 철학박사 학위를 받았다. 한림대학교 인문대학 철학과 교수, 독일 DAAD 지원 프라이부르크 대학 연구교수, 미국 콜로라도 주립대학 연구교수, 한림대학교 교무처장, 인문대학장, 국제학부 학장, 한국서양고전학회장, 한국환경철학회장, 한국기독교철학회장을 역임했다. 현재 한림대학교 철학과 명예교수이다. 『왜 철학상담인가?』, 『죽음 그리고 자살』 등의 저서가 있다.

김용휘 고려대학교 철학과 및 대학원을 졸업하고 현재 한양대학교 철학과 강사로 동양철학과 한국철학을 강의하고 있다. 천도교한울연대 공동대표로 생명평화운동을 하고 있으며, 생명학연구회 총무, 방정환학교(사) 추진위원장으로 활동하고 있다.

김정현 고려대학교 철학과 및 동 대학원 철학과를 졸업하고 독일 뷔르츠부르크대학에서 철학박사를 취득했다. 현재 원광대학교 철학과 교수이고 한국니체학회 회장 및 세계표준판『니체전집』 편집위원을 역임했다. 저서로는『니체의 몸 철학』, 『니체, 생명과 치유의 철학』, 『철학과 마음의 치유』 등이 있다.

김창래 고려대학교에서 신일철 교수의 지도로 철학을 공부했고 독일 본대학에서 철학박사 학위를 받았다. 현재 고려대학교 철학과 교수이다.

문창옥 연세대학교 철학과와 동대학원을 졸업했고(철학박사), 현재 연세대학교 철학과 교수로 재직하고 있다. 『화이트헤드 과정철학의 이해』, 『현대철학의 모험』(공저), 『동서학문과 창조』(공저) 등의 저서를 냈다.

박병철 고려대학교 철학과를 졸업하고, 미국 보스턴대학교에서 석사 및 박사학위를 받았다. 현재 부산외국어대학교 파이데이아창의인재학과 교수로 재직하고 있다. 비트겐슈타인, 러셀, 언어철학을 주 관심사로 연구해 왔고, 지은 책으로는 『비트겐슈타인 철학으로의 초대』, 『버트런드 러셀의 삶과 철학』 등이 있다.

손병석 현재 고려대학교 철학과 교수로 재직중이다. 하버드대학교 철학과 객원교수를 거쳤으며 국제 그리스 철학회 명예회원이다. 대표적인 저서로는 『호모주리디쿠스—정의로운 인간을 찾아서』, 『고대 희랍 로마의 분노론』 등이 있다.

신중섭 고려대학교 철학과와 대학원을 졸업하고 현재 강원대학교 윤리교육과 교수로 재직하고 있다. 관심 분야는 과학철학 및 사회철학이다.

양성만 고려대학교 철학과 대학원을 졸업하고(철학박사), 현재 우석대학교 교양학부 교수로 재직하고 있다.

윤평중 현재 한신대 철학과 교수로 재직 중이며 대학원장 및 학술원장을 지냈다. 저서로 『시장의 철학』, 『급진자유주의 정치철학』, 『담론이론의 사회철학』 등이 있다.

이유선 고려대학교 철학과 및 동대학원에서 신일철 교수의 지도로 박사학위를 취득한 후 미국 버지니아대학교에서 로티의 지도로 박사후 과정을 마쳤다. 『리처드 로티』, 『아이러니스트의 사적인 진리』, 『사회철학』 등의 저서를 냈고 현재 서울대학교 기초교육원 강의교수로 재직하고 있다.

이재영 고려대학교 철학과에서 학사, 석사, 박사학위를 받았고, 현재 조선대학교 철학과 교수로 재직하고 있다. 범한철학회장, 서양근대철학회장, 조선대학교 인문학연구원장, 인문대학 학장을 역임했다. 『영국 경험론 연구』, 『마음과 철학』(공저) 등의 저서가 있다.

정인재 고려대학교 대학원에서 문학석사를, 타이완 중국문화대학교 대학원에서 철학박사 학위를 취득했다. 서강대학교 철학과 교수를 지냈으면 현재 서강대학교 국제인문대학 철학과 명예교수이다. 저서로 『양명학의 정신』이 있고, '서우철학상'과 '벽사학술상'을 수상했다.

최희봉 고려대학교 대학원 철학과에서 석사학위 취득 후 영국 노팅엄대학에서 박사학위를 취득하였다. 현재 강원대학교 철학과 교수로 재직 중이다. 서양근대철학회 편집위원장 및 학회장을 역임했고 현재 한국철학상담학회 부회장 직을 맡고 있다.

한승완 고려대학교에서 독문학과 철학을 수학한 후 독일 브레멘대학교에서 박사학위를 받았으며, 현재 국가안보전략연구원에 재직중이다. 저서로 『공동체란 무엇인가?』(공저), 『한중일 시민사회를 말한다』(공저) 등이 있다.

홍은영 고려대학교에서 철학박사 학위를 받은 뒤, 프랑스 소르본대학(파리1)에서 박사과정을 수료하고 DEA학위를 받았다. 고려대 철학연구소, 서울여대 인문과학연구소 연구교수를 거쳐 현재 고려대 철학과와 서울대학교 기초교육원에서 강의하고 있다.

신일철, 그의 철학과 삶

초판 발행 1쇄 2016년 6월 10일

지은이 이재영 외

펴낸곳 고려대학교출판문화원

www.kupress.com
kupress@korea.ac.kr
02841 서울특별시 성북구 안암로 145
02-3290-4230, 4232
Fax 923-6311

찍은곳 한국컴퓨터인쇄정보

ISBN 978-89-7641-904-0 93100

값 36,000원